折射集
prisma

照亮存在之遮蔽

南京大学人文基金资助
学衡历史与记忆译丛
孙江　主编

文化记忆研究指南

〔德〕阿斯特莉特·埃尔
〔德〕安斯加尔·纽宁　主编
李恭忠　李霞　译

A Companion to
Cultural Memory
Studies

ASTRID ERLL
&
ANSGAR NÜNNING

南京大学出版社

南京大学人文基金资助
本书系 2013 年度国家社科基金重大项目
"现代中国公共记忆与民族认同研究"阶段性研究成果
（项目批准号：13&ZD191）

*

学衡历史与记忆译丛编委会

*

主　编　孙　江
副主编　张凤阳　陈蕴茜
编　委　于京东　马　钊　王海洲　王晓葵　王　楠
　　　　刘　超　李里峰　李恭忠　范　可　周晓虹
　　　　周海燕　黄东兰　黄兴涛　麻国庆
　　　　〔德〕Marc Matten（王马克）
　　　　〔日〕南诚　〔英〕Andrew Hoskins
助　理　谢　任　闵心蕙　宋逸炜

目录

1	文化记忆研究导论 / 阿斯特莉特·埃尔	

第一编　记忆之场

23	位置记忆——记忆之场 / 皮姆·邓布尔
33	意大利的记忆之场 / 马里奥·伊斯能希
45	作为记忆之场的"中欧" / 雅克·勒莱德尔
59	美国历史和文化中的记忆之场 / 乌多·黑贝尔
78	记忆之场与战争阴影 / 杰伊·温特

第二编　记忆与文化史

97	记忆与心态史 / 阿龙·康菲诺
107	文化记忆的发明 / 迪特里希·哈特
123	经典与档案 / 阿莱达·阿斯曼
137	交往记忆与文化记忆 / 扬·阿斯曼
150	世代/世代性、世代传递与记忆 / 于尔根·罗伊勒克
159	文化记忆:欧洲的视角 / 维塔·弗图纳蒂、艾琳娜·兰姆博蒂

第三编　社会学、政治学和哲学的记忆研究

175	哈布瓦赫论"集体记忆" / 让-克里斯托弗·马塞尔、劳伦特·穆基埃利
187	从集体记忆到关于记忆实践和记忆产品的社会学 / 杰弗里·奥立克
202	后威权社会里的记忆 / 安德烈亚斯·朗格诺尔
215	记忆与政治 / 艾瑞克·梅耶
225	社会遗忘:系统论的路径 / 艾琳娜·埃斯波西托
237	记忆和回忆:建构主义的路径 / 齐格弗里德·施密特

250 保罗·利科"能力自我"理论中的记忆和忘却 / 莫琳·容克-肯尼

第四编 心理学的记忆研究

265 心理学、叙事与文化记忆：过去和现在 / 于尔根·斯特劳布

283 对"文化创伤"概念的异议 / 伍尔夫·康斯坦纳、哈罗德·维恩布克

297 体验与记忆：过去当中包含的想象性的未来 / 大卫·米德尔顿、斯蒂文·布朗

312 集体记忆的认知分类学 / 大卫·马尼尔、威廉·赫斯特

325 语言与记忆：社会和认知的过程 / 杰拉德·埃希特霍夫

341 文化记忆与神经科学 / 汉斯·马科维奇

353 交往记忆 / 哈罗德·维泽尔

第五编 文学与文化记忆

373 文学的记忆性和互文性 / 雷娜特·拉赫曼

385 文化记忆与文学经典 / 赫伯特·格拉贝斯

398 传记、文化记忆与文学研究 / 马克斯·桑德斯

413 记忆的文学再现 / 柏吉特·纽曼

427 记忆的机制：介于纪念性和变体之间的文本 / 安·芮格妮

第六编 媒介与文化记忆

441 记忆的纹理：关于大屠杀历史的纪念物 / 詹姆斯·杨

454 摄影：记忆的外化与痕迹 / 詹斯·鲁查兹

470 新闻的记忆工作 / 芭比·塞里泽

483 文学、电影与文化记忆的媒介性 / 阿斯特莉特·埃尔

496 记忆与媒介文化 / 马丁·兹罗德

508 人名索引

535 术语索引

539 作者简介

文化记忆研究导论

阿斯特莉特·埃尔

一、构建文化记忆研究的基础概念

文化和记忆之间的关系作为跨学科研究的一个关键问题，涉及历史学、社会学、艺术、文学、传媒研究、哲学、神学、心理学和神经科学等广泛领域。在过去的二十年里，相关研究在世界多地兴起，从而以一种独特的方式把人文学科、社会研究和自然科学整合在一起。文化记忆概念的重要性不仅仅体现为 1980 年代以来有关特定民族、社会、宗教和家庭记忆出版物的快速增长，而且体现为一个更新的趋势，即在这一风起云涌的领域内提供该技艺状况的概览和整合不同研究传统的努力。理论性论文选集的出版，比如《集体记忆读本》(Olick et al)、新杂志《记忆研究》，都表明有必要以这一广泛的讨论为聚焦点，去思考这个充满希望但仍显散乱零碎的领域里的理论和方法论标准（参见 Olick；Radstone；Erll）。这部指南展现了 41 位作者的共同努力，他们在过去几十年里从多种多样的跨学科视角致力于该新兴领域的发展；同时，它也是将记忆研究整合为一个更加连贯一致学科的努力的一部分。它决定性地开启了记忆研究的文化和社会视角，并为奠定其概念基础迈出了第一步。

"文化的"(或如你们喜欢用的词,"集体的""社会的")记忆当然是一个内涵五花八门的概念,其用法通常模棱两可、含混不清。在这把宽泛的术语大伞之下,而今汇集着神话、纪念碑、史学、对话记忆、文化知识形态、神经元网络等各种各样的表现方式、职业活动以及结构。莫里斯·哈布瓦赫(Maurice Halbwachs)在有关集体记忆的研究中首次提出文化记忆的概念,此后,"文化记忆"便因其内涵的复杂性而引起极大争议(特别是在1925、1941和1950年)。哈布瓦赫的同时代人马克·布洛赫(Marc Bloch)指责他不过是将此概念从个人心理学的层面转换至集体心理学的层面。甚至直到今天,学者们仍在挑战集体记忆或者文化记忆这个概念,例如,有人声称,既然我们已经建立了像"神话""传统""个人记忆"之类的概念,就没有必要在现有的知识库里增添一个看似新颖实则常常误导他人的词汇(参见Gedi and Elam)。当然,这些批评者忽视了一点,就是这些相对新颖的"记忆"用法的涵盖效力有助于我们理解(有时功能性的,有时类推的,有时比喻的)诸如古代神话之类的现象与现时体验的个人回忆之间的关系,亦使心理学、历史学、社会学和文学诸学科可以展开令人振奋的对话。

这部指南基于对文化记忆的一种宽泛理解,暂且将其界定为"社会文化语境中现在和过去的互动"。这样来理解该术语,我们就有可能把广泛的现象谱系纳为文化记忆研究的对象:从社会语境中的个体记忆行为到(家庭、朋友、退伍老兵的)群体记忆,再到带有"被发明的传统"的民族国家记忆,最后到诸如大屠杀、"9·11"之类的众多跨国记忆之场(lieux de mémoire)。同时,文化记忆研究并不局限于赋予过去意义的研究,或者意在通过叙事来践行,或者与身份认同建构携手并行——虽然到现在为止,大部分记忆研究无疑关注的正是这一纽带(有意图的记忆、叙事以及身份认同)。因而,本研究领域仍对无意识、模糊的文化记忆方式保持开放（见本书哈罗德·维泽尔的文章），对诸如视觉、肢体之类与生俱来的非叙事记忆形式保持开放立场。

但是，如果记忆研究的主题和对象实际上无所限制（一切事物都或多或少与记忆有关），那么，我们的新领域跟其他学科有何区别？针对阿龙·康菲诺的观点，我认为文化记忆研究的特征并不在于大量无限可能的**主题**，而在于其**概念**，即构想研究主题和接近研究对象的特殊方式。然而，尽管有了二十年紧锣密鼓的研究，文化记忆研究概念工具盒的设计仍在初兴阶段，因为（用康菲诺在本卷中的话来说）记忆研究当前"更多的是在实践，而不是理论化"，即以各自的词汇、方法和传统在不同学科和民族国家学术文化内得到实践。我们需要做的，就是审视记忆研究中使用的概念，从而通过这样的做法跨越智识和语言的边界。

即便粗略检视一下莫里斯·哈布瓦赫以来记忆研究中出现的大量不同术语，都能清楚地显示出那些探求该领域概念基础的研究者面临的挑战：集体记忆（mémoire collective/collective memory），记忆的社会框架（cadres sociaux/social frameworks of memory），社会记忆（social memory），记忆女神谟涅摩叙涅（mnemosyne），记忆技巧（ars memoriae），位置想象（loci et imagines），记忆之场（lieux de mémoire/sites of memory），被发明的传统（invented traditions），神话（myth），记忆（memoria），遗产（heritage），纪念仪式（commemoration），文化记忆（kulturelles Gedächtnis），交往记忆（communicative memory），代际性（generationality），后记忆（postmemory）。该清单不胜枚举。

首先，如此丰富的记忆概念表明，文化记忆并不是单一学科的研究对象，而是跨学科的现象。记忆研究不存在独享权威的立场、方法（有关这一点的系统性历史原因，参见本书第二、三编）。文化记忆研究是一个许多学科利用各自独特的方法和视角做出贡献的领域。这不仅导致了相关术语的丰富性，而且导致了术语间的相互脱节。同时很清楚的是，文化记忆研究也只有从一开始就基于不同学科的合作才能成功。因此，文化记忆研究不仅仅是一个多学科的领域，而且从根本上是一个交叉学科的项目。许多令人兴奋的合作形式已经促成。的确，文化记忆中最强大、最令人震惊的研究正是基于交叉学科的互动——媒介研究和文化史（阿斯曼夫妇）、历史学和社会学（杰弗里·奥立克）、神经科学和社会心理学（哈罗德·维泽尔；汉斯·马科维奇）、认知心理学和历史学（大卫·马尼尔、威廉·赫斯特）以及社会心理学和语言学（杰拉德·埃希特霍夫；均见本书）之间的互动。学科间更密切的对话将有助于揭示记忆和文化之间丰富多彩的交集。然而，这就要求对术语进行细致入微的处理，仔细区别某些概念独特的学科性用法，以及字面的、比喻的和转喻的意思（参见本书第二编）。

二、搭建文化记忆研究的框架：维度、层面和模式

如果我们想为文化记忆研究搭建一个框架，就不可避免地要着力于概念。下文我将提出一些基本的定义和概念差异，也许有助于避免误解，解决文化记忆研究领域内以及与之有关的某些不时引发的争议。

1. 文化和记忆的维度：物质、社会与心态

集体记忆（mémoire collective）是文化记忆研究最重要、迄今最

常使用的概念，早在1920年代就由莫里斯·哈布瓦赫引入相关讨论中，至今仍然争议不断。这部指南以"**文化记忆**"作为书名，这首先要归因于哈布瓦赫所用术语极具争议的本质，及其引发的对该领域而言诸多全新的错误联系。其次，根据上文给出的定义，"**文化记忆**"一词所强调的方面，既有记忆的联系，也有社会-文化的语境。然而，"文化的"一词并不像伯明翰学派（虽然该学派确实对文化记忆研究有贡献）所认为和应用的那样，指向与**文化研究**的一种特殊亲近感。相反，我们的文化概念更多根植于文化科学（*Kulturwissenschaft*）的德国传统，以及人类学的传统，即文化被界定为一个共同体的独特生活方式，引向自我编织的意义之网（参见 Geertz）。

根据人类学和符号学理论，文化可以被视为三维的框架，由社会（人民、社会关系、制度）、物质（人工制品和媒介）和精神（由文化界定的思维方式和心态）三个方面构成（参见 Posner）。照此理解，"**文化记忆**"一词足以担当总括"**社会记忆**"（社会科学中记忆研究的起点）、"**物质或媒介的记忆**"（兴趣焦点在于文字和媒体研究）和"**心灵或认知记忆**"（心理学和神经科学的专门领域）的术语。当然，这一简要的划分仅仅是一个探索性的工具。现实当中，所有这三个维度都参与了文化记忆的制作。因此，超越各种界限就成了文化记忆研究的特征。一些学者考察了物质与社会现象的互动（例如记忆的纪念物和政治学，参见梅耶）。另一些学者检视了物质与心灵现象的交叉互动（比如心态史做出的努力，参见阿龙·康菲诺）。还有些学者研究了认知与社会现象之间的关系（正如对话式记忆所做的那样，参见大卫·米德尔顿和斯蒂文·布朗；均见本书）。

2. 记忆的不同层面：个体与社会

重要的认识是，无论"文化记忆"还是"集体记忆"，出发点都是一种有效的隐喻。"记忆"（发生在个体大脑中的认知过程）的概念通过隐喻被转移到文化层面。在这一隐喻的意义上，学者们谈到了"民族记忆""宗教共同体的记忆"，乃至"文学记忆"（根据雷娜特·拉赫曼的看法，这种记忆就是互文性）。文化记忆研究的这两个面向之间的关键区别，正是杰弗里·奥力克让我们感兴趣之处，他坚持认为，"这里涉及两种极为不同的文化概念，一种将文化视为存在于人们内心的主观的意义范畴，而另一种则将文化视为社会当中客体化的可以公开获得的象征模式"（Olick 336）。换句话说，我们必须区别文化和记忆的两个交叉层面：一方面是个体记忆和集体记忆，或者更精确地说，认知的层面；另一方面是社会和媒介的层面。

文化记忆的第一个层面与生物性记忆有关。它使我们注意到这样的事实，即任何记忆都不是纯粹个体性的，相反，它们总是由集体语境所决定的。我们从一起生活的人和使用的媒介那里获得图式，来帮助自己回忆过去、编制新的体验。我们的记忆常常由外在因素引发并由它们决定，比如朋友间的对话、书籍、地点等。简言之，我们在社会文化的语境中记忆。在这个层面，我们使用的"记忆"一词是指其字面意义，而"文化的"这一定语则是一种转喻，意思是"社会文化的语境及其对记忆的影响"。尤其是在口述史、社会心理学和神经科学当中，对于文化记忆这一术语的理解都以第一个层面为准。

文化记忆的第二个层面是指象征性的秩序、媒介、制度和实践，社会群体藉此建构起一种共享的过去。这里使用的"记忆"是隐喻式的。社会并不会进行字面意义上的记忆；不过，建构一种共享过去的努力跟个体记忆过程非常相似，如根据当下的知识和需要来创造各种版本的过去，其中就包含着固有的选择性和视角。文化史和社会科学已经对集体记忆的第二个层面进行了大量研究，由此产生了两个最有影响的概念：皮埃尔·诺拉的"记忆之场"（*lieux de mémoire*）以及阿斯曼夫妇的"文化记忆"（*kulturelles Gedächtnis*）。

两种形式的文化记忆可以在分析层面区别开来，但在实践性的认知和社会/媒介层面，它们却不断相互作用。并不存在诸如前文化之类的个体记忆，但也不存在脱离个体、仅仅在媒介和制度中得到具身化（embodied）的大写的集体记忆或者文化记忆。正如社会-文化的语境塑造了个体记忆那样，一种由媒介和制度再现的"记忆"也必须由个体、记忆共同体的成员来实现，可以认为他们就像哈布瓦赫所说的那样共享着有关过去的概念。没有这种实现过程，各种纪念碑、仪式和书籍就只是死的存在，无法对社会产生任何影响。

尽管隐喻总是如此，但一些特征能在洞察中获得转化，别的特征则不能。比如说，文化记忆这个概念已经成功地把我们的注意力引向了民族国家的过去与其民族认同之间的密切联系。记忆和认同在个体层面紧密相连，这是一种常识，至少可以追溯到约翰·洛克（John Locke），他坚持认为：并不存在诸如本质主义的认同之类的东西，相反，认同需要通过记忆行为来建构和重构，即记住自己是谁、把过去之自我与现在之自我联系起来。文化记忆的概念开启了在集体层面研究这些过程的路径。更成问题的是在创伤研究领域，学者们（随意）将记忆概念移用于个人和社会层面。乌尔夫·康斯坦纳和哈罗德·维恩布克揭示了其中的伦理缺陷，即试图把个体心理跟对过去的媒介和社会再现混为一谈（见本书他们的文章）。

总的来说，文化记忆研究集中关注与社会、媒介**和**认知相关的过程，以及这些要素之间不间断的相互作用。这一事实在本书中的反映，就是各编的内容分别对应着不同的学科或者学科群（历史学、社会科学、心理学、文学和媒介研究），它们都擅长于文化记忆的某个特定层面，同时，本书也吸收了尽可能多的跨越学科界限的路径。因此，读者会发现本书各部分所采用的研究路径之间有着大量的交叉联系。

3. 记忆的模式："如何"去记忆

这篇导言最后要对不同的记忆模式进行区分，旨在直面记忆研究内部以及与之有关的另一种激烈争论。哈布瓦赫留下了一个有欠恰当的遗产，即历史和记忆之间的对立。哈布瓦赫认为历史是抽象的、总体化的、"死亡的"；而记忆则是个别的、有意义的、"活着的"。这种两分法本身就是19世纪历史主义及其异议者的遗产，它被皮埃尔·诺拉采纳并且广为流传，后者还备受争议地将历史和记忆区别开来，并将自己的"记忆之场"定位于二者之间。"历史抑或记忆"的研究通常背负着受情感支配的二元对立：不是好就是坏，不是有机的就是人为的，不是活着就是死亡，不是自下而上就是自上而下。尽管"文化记忆"已经成为一个姿态万千的术语，但其内涵往往还不如集体性的单数名词"历史"一词那么清楚（参见Koselleck）：到底是选择性的、有意义的记忆，还是模糊费解的全部**历史事件**？从方法论而言是毫无章法的、与认同有关的记忆，还是科学的、貌似客观中立的**历史学**？是在小共同体内产生的本真记忆，还是受意识形态支配的官方**历史形象**？"历史和/或/作为记忆"这个问题，并不是以文化方式再现过去的一种非常有效的方法。它是记忆研究中死去的一端，也是其中的一个致命弱点即"阿基里斯之踵"

(Achilles' heels，参见本书杰弗里·奥立克的文章）。

我建议消除"历史抑或记忆"这种无用的二元对立，代之以另一个概念，即文化中的不同**记忆模式**。这一路径源自如下基本观点：过去不是既定的，相反，它必须不断地被再建构、再表现。因此，我们有关过去事件的（个体和集体）记忆能够呈现为相当不同的模样。这一点不仅适用于**何者**（事实、数据）被记住，也适用于它**如何被记住**，即过去所呈现出来的品质和意义。由此产生的结果就是：相同的过去事件有着不同的记忆模式。例如，一场战争可以被记忆为一个神话事件（"作为末世的战争"）、政治史的一部分（第一次世界大战是"20世纪的重大原生灾难"）、一种创伤经历（"战壕纵横、炮弹呼啸、万枪齐发的恐惧感"等等）、家庭史的一部分（"我叔祖参加过的战争"），以及激烈的争端的焦点（"老家伙们、法西斯分子、男人发动的战争"）。神话、宗教记忆、政治史、创伤、家庭记忆和世代记忆，都是提及过去时的不同模式。由此观之，历史也是文化记忆的另一种模式，而史学就是其特殊的中介。这根本不会降低其重要性，也不会贬低历代史学家的价值。自从19世纪初以来，历史学已经发展为最具规范性、最为可靠的建构过去的方法（即便其特有的运作方式受到了福柯和其他学者的合理批评，并且可能需要其他模式加以补充）。

三、 文化记忆研究的谱系和分支：本书的构思

本书的基本安排体现了历史性和系统性，或者说兼具历时性和共时性。我们虽然主要聚焦于**当前的**研究和文化记忆研究的概念，但也提供了有关该领域不同根基的洞见。有关记忆和文化的思想史可以追溯至柏拉图，而现代意义上的文化记忆则发端于19世纪末20

世纪初（参见本书杰弗里·奥立克、哈罗德·维恩布克、让-克里斯托弗·马塞尔和劳伦特·穆基埃利等人的文章）。目前的研究领域建立在1980年代以来兴起的一股文化记忆研究"新潮流"之上（参见本书阿龙·康菲诺、迪特里希·哈特、维塔·弗图纳蒂和艾琳娜·兰姆博蒂等人的文章）。

莫里斯·哈布瓦赫最早清晰而系统地写出了有关文化记忆的著作。读者如果通读本书，就基本上不会怀疑他的集体记忆研究构成了今天记忆研究的奠基性文本——研究者不管自认为属于哪个学科、哪个国家，都明确接受这一点。哈布瓦赫不仅发明了基本的术语"集体记忆"，他至少还在三个方面对文化记忆研究做出了贡献。首先，借助"记忆的社会框架"（cadres sociaux de la mémoire）这个概念，他清晰地表达了如下观点：个人记忆根本上是由社会-文化语境或者框架所决定的，并常由其激发出来。这样，他就指向了文化图式理论和心理学的语境路径。其次，他对家庭记忆和其他私人记忆实践的研究，对口述史产生了重要影响。再次，他（在《福音书中圣地的传奇地形学》一书里）对宗教共同体的记忆的研究，强调了文化记忆的地形学方面，从而预示了"记忆之场"这一概念的出现；他考察了其记忆可以回溯数千年的共同体，从而为阿斯曼夫妇的"文化记忆"奠定了基础。

不过，虽然哈布瓦赫的著作根植于法国社会学传统，但记忆研究从一开始就是国际性的跨学科现象。1900年前后，来自不同学科和国家的学者就对文化与记忆之间的相互交叉现象产生了兴趣：尤其是弗洛伊德（Sigmund Freud）、柏格森（Henri Bergson）、涂尔干（Emile Durkheim）、莫里斯·哈布瓦赫、阿比·瓦尔堡（Aby Warburg）、阿诺尔德·茨威格（Arnold Zweig）、卡尔·曼海姆（Karl Mannheim）、弗雷德里克·巴特利特（Frederick Bartlett）和瓦尔特·本雅明（Walter Benjamin）。（亦见本书杰弗里·奥立克的文章。）这些学者有时会批判性地相互借鉴彼此的作品（比如，哈布瓦赫与涂尔干，布洛赫和巴特利特与哈布瓦赫）。但更常见的情形是，这些早期研究相互之间并无关联。早期的记忆研究因而是新兴现象的一个典型例子，几乎同一时间突然出现在不同地方——1980年代"新记忆研究"的兴起，重演了这种过程。

如果说哈布瓦赫是记忆研究领域最容易被记住的奠基者，那么阿比·瓦尔堡或许就是最容易被忘记的人。这位德籍犹太艺术史家是跨学科的文化研究领域一位早期的活跃代表（参见 Gombrich）。他的著名观点是：为了洞察文化记忆的过程，研究者们不应当再坚守学科壁垒（*grenzpolizeiliche Befangenheit*）。此外，阿比·瓦尔堡还关注了记忆的**媒介性**。他的作品与其说是明确的理论性概念的源泉，还不如说是为后来学者提供灵感的矿山。在一个名为"Mnemosyne"的大型展览项目（1924—1928）中，他揭示了特定"情感方式"（"pathos formulae"，Pathosformeln，即用于编码情感紧张的符号）如何在不同的艺术作品、时代和国家之间迁移。社会学家哈布瓦赫和精神病学家弗雷德里克·巴特利特（他使"文化图式"的概念广为人知）立足于社会和认知层面，为文化记忆研究奠定了基础；而阿比·瓦尔堡给今天的研究留下遗产，树立了一个榜样，即如何通过有形客体的层面来趋近文化记忆。

第二次世界大战之后，哈布瓦赫和其他一些记忆研究者的作品在学者小圈子里激起的兴趣消退了。直到1980年代（在"史学死亡"、叙事转向、人类学转向之后），"集体记忆"先是缓慢地，然后以惊人的速度发展为一个时髦的行话，不仅在学术圈，而且在政治舞台、大众媒体和艺术领域颇为流行。"新文化记忆研究"再次成为一个新兴现象，几乎同时发生在许多学科和国家。1980年代有法国历史学家皮埃尔·诺拉的"记忆之场"(参见本书皮姆·邓布尔的文章),以及阿斯曼夫妇为核心的一批德国研究者的出版物,后者关注古代社会的媒介和记忆(参见本书迪特里希·哈特的文章)。与此同时,在心理学领域,行为科学的和单纯认知的范式,也被人类记忆的社会生态路径以及对话性和叙事性记忆研究取代(参见本书于尔根·斯特劳布以及大卫·米德尔顿和斯蒂文·布朗的文章)。历史和政治的变化成为新记忆研究的催化剂。在纳粹大屠杀的40年后,亲眼看见浩劫的那一代人开始离世,这引发了文化记忆形式的一个重大变化。失去了活生生的自传式记忆,社会就只能依赖于媒介(例如纪念碑,参见萨拉·杨的文章)来传递体验。创伤和见证问题不仅在大屠杀研究的语境中得到讨论,而且为性别研究和后殖民研究所关注(参见本书伍尔夫·康斯坦纳、哈罗德·维恩布克的文章)。尤其晚近以来,全球政治的剧变,如众多共产党国家和威权统治的垮台,将新的记忆现象推向了前台,如"转型正义"(transitional justice,参见本书安德烈亚斯·朗格诺尔的文章)。更概括地说,当代媒介社会的特征引发了如下假定:跟以往任何时候相比,今天的文化记忆也许更加依赖于媒介技术和媒介产品的流通(参见本书艾琳娜·埃斯波西托、安·芮格妮、阿斯特莉特·埃尔、哈罗德·维泽尔、马丁·兹罗德等人的文章)。

这部指南分为六编。为了与学术谱系和各学科分支的双重焦点保持一致,每一编都与文化记忆研究的历史性**和**系统性方面有关。第一编主要探讨新兴的国际性跨学科记忆研究当中可能最有影响的概念,即皮埃尔·诺拉的"记忆之场",他在同名的多卷本著作(1984—1992)中引入了这个概念,描述了法国"记忆之场"的特征。"记忆之场"的概念很快跨越了国界,在意大利、德国、加拿大、中欧和美国有关记忆之场的著作中被采用。然而,该术语的无所不在无法掩饰如下事实,即"记忆之场"依然是文化记忆研究当中一个最不成熟、有欠理论化的概念。一方面,它非常有助于研究广泛的记忆现象(从字面意义上的"场所"到媒介再现、仪式和共同信念),但正是由于其无限的外延,以至于该术语并没有在概念上定形,从而非常值得学者们开始新一轮的检视(参见本书安·芮格妮的文章)。在本书中,皮姆·邓布尔将"记忆之场"的隐喻根源追溯至古典的记忆术,后者肇始于有关西摩尼得斯(Simonides of Ceos)的神话。西塞罗和昆体良的修辞学论著中则描述了关于位置想象(*loci* and *imagines*)的方法,他揭示了皮埃尔·诺拉的概念的法国特征,评价了它的可翻译性,同时还思考了"记忆之场"的比较研究前景。如下文章提供了有关这种记忆之场的比较视角的一些要素:马里奥·伊斯能希考察了意大利的记忆之场;雅克·勒莱德尔将中欧视为记忆之场;乌多·黑贝尔考察了美国文学的、视觉的、表演的、物质的、现实的和跨民族的记忆之场;杰伊·温特则提供了有关20世纪战争纪念的空间场域的比较观点。

第二编呈现了根植于文化史的记忆研究的情况。阿龙·康菲诺揭示了记忆研究与心态史在思想和方法上的相似性,他回溯至年鉴学派之父吕西安·费弗尔(Lucien Febvre)和马克·布洛赫(Marc Bloch),从而表明皮埃尔·诺拉的"记忆之场"如何出自该传统。然后他批判性地考察了当前的记忆研究以及它给历史学家带来的机会和陷阱。接下来的三篇文章在许多方面都构成了一个整体,这并不让人感到惊讶,因为其作者都是以海德堡大学为基地的跨学科学者群,1980年代以来,他们就在从事文化记忆研究。迪特里希·哈特重新勾勒了这一研究语境中"文化记忆的发明"过程;阿斯曼夫妇提出了一些非常有影响力的概念,例如他们区分了"文化记忆"和"交往记忆"、"经典"和"档案";于尔根·罗伊勒克勾画了近期的世代记忆路径,它同样源于1920年代;卡尔·曼海姆的作品位于文化记忆研究的奠基性文本之列,因为世代内部和代际之间的记忆是一种重要的集体记忆形式,随着"世代性"和"传承性"等术语的发展,他的遗产得到了更新。维塔·弗图纳蒂和艾琳娜·兰姆博蒂为本书第二编收尾,她们不仅全面综述了一系列的概念,而且提供了国际性、跨学科的文化记忆研究的实践情况,即它在欧洲主题网络ACUME内的运行状况。

第三编转而关注哲学和社会科学领域出现的不同的记忆研究类型。在这里,记忆研究的历史及其倡导者莫里斯·哈布瓦赫再次得到了应有的荣誉:让-克里斯托弗·马塞尔和劳伦特·穆基埃利介绍了莫里斯·哈布瓦赫有关集体记忆的作品,他们认为这是"独特类型的现象学的社会学"。杰弗里·奥立克高屋建瓴地勾画了从哈布瓦赫开始一直到当前的"记忆实践和产物的社会学"的发展历程。安德烈亚斯·朗格诺尔和艾瑞克·梅耶的文章则探讨了当代记忆政治中产生的特定社会、政治和伦理问题。朗格诺尔概述了后威权社会的记忆形式,并对转型正义问题做了详尽的阐述。梅耶发展了有关文化记忆的政策研究视角。艾琳娜·埃斯波西托和齐格弗里德·施密特的文章代表了系统理论和激进建构主义对记忆研究的贡献。埃斯波西托对文化记忆的强有力的另一个侧面进行了理论化处理,即社会遗忘。本编最后是莫琳·容克-肯尼的文章,她扼要、批判性地复述了保罗·利科为记忆、遗忘和宽恕研究引入的哲学和诠释学视角。

第四编包含的心理学概念架起了一座桥梁,连接从人文和社会科学到自然科学的记忆研究。不同学科(包括神经科学;心理治疗;

叙事、社会和认知心理学）的代表人物提供了关于文化记忆的各自洞见。于尔根·斯特劳布采用历史的视角，将心理学的记忆研究谱系追溯到 19 世纪后期，描绘了从那时至今叙事心理学的历史发展过程。伍尔夫·康斯坦纳和哈罗德·维恩布克强烈"反对文化创伤这一概念"。他们从心理治疗研究的角度出发，重构和批判了文化记忆研究当中对于创伤概念的各种用法和滥用。大卫·米德尔顿和斯蒂文·布朗的文章从争议性的记忆过程切入，强调了体验与记忆之间的重要联系。大卫·马尼尔和威廉·赫斯特勾勒了他们所说的"集体记忆的认知分类学"，从而揭示了群体记忆如何在个体心灵中得到再现。杰拉德·埃希特霍夫提出了关于语言和记忆关系（这是文化记忆的真正根基）的新的跨学科研究。汉斯·马科维奇介绍了神经科学中的记忆研究，并讨论了社会环境如何形塑个人的大脑。作为本编的圆满结尾，哈罗德·维泽尔提出了他的本质上是跨学科研究的关键概念，它们涵盖了口述史、社会心理学和神经科学。

第五和第六编转向文化记忆的物质和媒体维度。第五编的文章再现了文学研究中发现的主要记忆概念（参见 Erll and Nünning）。蕾娜·拉赫曼揭示了古代的位置想象（*loci imagines*）方法如何与文学想象联系在一起，并将她那颇有影响力的"互文性"(intertextuality)概念描述为"文学的记忆"。赫伯特·格拉贝斯有关文学正典的文章，则将文学与记忆研究的视角从文本之间的关系转向文学作品的社会选择和评价体系层面。马克斯·桑德斯论"传记"的文章关注那些与文化记忆有极为明显的联系的文学作品：书信、日记、传记、自传、回忆录等。不过，他还表明传记远不止这些品类，实际上我们能在大部分文学性的文本中发现个体记忆和文化记忆。柏吉特·纽曼采用叙事学的路径，描述了"记忆模仿"的形式和功能，概述了文学如何表述记忆。安·芮格妮强调了文学作为一种媒介在文化记忆的生产当中发挥了积极和重要的作用。她把记忆理解为一个动态的过程（而不是一种静态的实体），虚构性的叙事能够承担一系列不同的功能，比如"中继站""稳定器""催化剂""回忆对象""校准器"等。

安·芮格妮的论文聚焦于媒介性和记忆，该文已经指向了本书最后一编的关注点，即记忆在媒介文化中的作用。学科的汇聚在这里超过了以往任何时候。来自文学研究、历史学、媒介研究、新闻学、传播学的学者们，对关于媒介和文化记忆之间的交叉（当然，这也就是本编的标题）的一系列问题发表了看法，这些问题构成了记忆研究的一个最基本关注点和最大挑战。文化记忆的关键在于媒介概念，因为唯有通过媒介的外化（从口头演讲到写作、绘画再到因特网的使用），个体记忆、文化知识和各种历史的版本才能被共享。因此，并非偶然，本书先前各编出现的许多论文也可纳入媒介这一编。有关文学的这一编当然也是如此，因为文学也可以被视为文化记忆的一种媒介。本书其他许多文章，比如乌多·黑贝尔、扬·阿斯曼、阿莱达·阿斯曼、齐格弗里德·施密特、艾琳娜·埃斯波西托、杰拉德·埃希特霍夫和哈罗德·维泽尔等人的文章，都体现了浓厚的媒介视角的特征——从媒介性的记忆之场到交往技术对社会遗忘的作用，再到作为记忆的基本媒介的语言。

第六编始于詹姆斯·杨的一篇论文，论述了有关大屠杀历史的纪念物，这可能是一种最重要的人为的文化记忆媒介，也是最为错综复杂的媒介。詹斯·鲁查兹审视了相片的双重角色，即它既是记忆的媒介外化形式，又是过去的痕迹。芭比·塞里泽探讨了新闻和记忆之间的联系，她认为新闻尽管高度强调现时性，但仍然可以被视为一种记忆实践。 我将文学和电影看作文化记忆的中介。本书最后一篇文章由马丁·兹罗德撰写，从更普遍的视角考察了记忆研究如何可能逐渐聚焦于媒介文化。

我们希望把跨学科和跨国界的记忆研究中的许多不同声音汇集到一起,纵览记忆研究的发展历史和关键概念,从而能够为这个新兴领域给出某种界定。最重要的是,我们还希望,那些像我们一样为"思考记忆"的可能性而着迷的学者们,在阅读本书后能够受到鼓舞,进一步开展精细的、令人兴奋的研究。

(感谢安·芮格妮对本文较早版本的批判性阅读和建设性评论。)

参考文献

Assmann, Jan. *Das kulturelle Gedächtnis: Schrift, Erinnerung und politische Identität in frühen Hochkulturen*. Munich: Beck, 1992.

Bartlett, F. C. *Remembering: A Study in Experimental and Social Psychology*. Cambridge: Cambridge UP, 1932.

Bloch, Marc. "Memoire collective, tradition et coutume: a propos d'un livre recent." *Revue de Synthése Historique* 40 (1925): 73–83.

Confino, Alon. "Collective Memory and Cultural History: Problems of Method." *American Historical Review* 105.2 (1997): 1386–1403.

Erll, Astrid. *Kollektives Gedächtnis und Erinnerungskulturen: Eine Einführung*. Stuttgart: Metzler, 2005.

Erll, Astrid and Ansgar Nünning, eds. (In collaboration with Hanne Birk, Birgit Neumann and Patrick Schmidt. *Medien des kollektiven Gedächtnisses: Konstruktivität-Historizität-Kulturspezifität*. Berlin: de Gruyter, 2004.

—. and Ansgar Nünning, eds. Gedächtniskonzepte der Literaturwissenschaft: Theoretische Grundlegung und Anwendungsperspektiven. Berlin: de Gruyter, 2005.

—. "Where Literature and Memory Meet: Towards a Systematic Approach to the Concepts of Memory in Literary Studies." *Literature, Literary History, and Cultural Memory*. REAL: Yearbook of Research in English and American Literature 21. Ed. Herbert Grabes. Tübingen: Narr, 2005. 265–298.

François, Etienne, and Hagen Schulze, eds. *Deutsche Erinnerungsorte*. 3 vols. Munich: Beck, 2001.

Gedi, Noa, and Yigal Elam. "Collective Memory: What Is It?" *History and Memory* 8.1 (1996): 30–50.

Geertz, Clifford. *The Interpretation of Cultures: Selected Essays*. London: Hutchinson, 1973.

Gombrich, Ernst H. *Aby Warburg: An Intellectual Biography*. London: Warburg Institute, 1970.

Halbwachs, Maurice. *Les cadres sociaux de la mémoire*. Paris: Alcan, 1925.

—. *On Collective Memory*. Ed. and trans. Lewis A. Coser. Chicago: U of Chicago P, 1992.

—. *La mémoire collective*. Paris: Presses Universitaires de France, 1950.

—. *La topographie légendaire des évangiles en terre sainte: Etude de mémoire collective*. Paris: Alcan, 1941.

Koselleck, Reinhart. *Futures Past: On the Semantics of Historical Time*. Trans. Keith Tribe. Cambridge: MIT Press, 1985.

Memory Studies. Andrew Hoskins, principal ed. Los Angeles: Sage, since 2008.

Nora, Pierre, ed. *Les lieux de mémoire*. 3 vols. Paris: Gallimard, 1984 – 1992.

Olick, Jeffrey K. "Collective Memory: The Two Cultures." *Sociological Theory* 17.3 (1999): 333 – 348.

Olick, Jeffrey K., Vered Vinitzky-Seroussi, and Daniel Levy, eds. *The Collective Memory Reader*. Oxford: Oxford UP, 2011.

Posner, Roland. "What is Culture? Toward a Semiotic Explication of Anthropological Concepts." *The Nature of Culture*. Ed. W. A. Koch. Bochum: Brockmeyer, 1989. 240 – 295.

Radstone, Susannah, ed. *Memory and Methodology*. Oxford: Berg, 2000.

Rigney, Ann. "Plenitude, Scarcity and the Circulation of Cultural Memory." *Journal of European Studies* 35.1 – 2 (2005): 209 – 226.

第一编　记忆之场

位置记忆——记忆之场

皮姆·邓布尔

一、西塞罗与昆体良:位置记忆法

很久以前,古希腊诗人凯奥斯岛的西摩尼得斯(Simonides of Ceos)目睹了一场可怕的事故。特萨利亚的克拉农城的富翁斯科帕斯(Scopas in Crannon in Thessaly),家里宴客厅的屋顶突然坍塌,压死了厅里所有的人。西摩尼得斯刚好出去了一阵,于是成了唯一的幸存者。悲伤的亲友们面对面目全非的尸体,没法辨别谁是谁。然而,当他们问到西摩尼得斯时,他却能将死者一一指认出来,因为他记得事故发生之前每个人所坐的位置。西摩尼得斯由此意识到定位对于记忆的重要性,揭示了"位置"如何有助于保持好的记忆。这则关于记忆术是如何发明的古希腊故事广为流传,并载入了那些讨论修辞学的拉丁文本。

公元前1世纪的西塞罗有一本著名的书《论演说家》,书中提到了西摩尼得斯的发现(他又小心地加上了一笔,或者是"其他某个人"的发现):

> 要清楚地记住某事物,最有用的就是次序……想要训练这种才

能的人，必须选好位置（loci），在心里构想自己所要记住的事物的图像，并将它们安排在那些位置上，这样，位置的次序可以保持事物的顺序，事物的图像则可以指明事物本身……（2.86.353－354）

然后，西塞罗给出了如下经常被后人引用的比喻：我们应该"把位置当作写字的蜡板，而把图像当作写在蜡板上的文字来使用"（2.86.354）。在西塞罗看来，"我们所有的感觉当中，最敏锐的就是视觉"（2.87.357），因此，耳朵所听闻、心思所感知的内容，如果在眼睛的帮助下存留于头脑中，就最能够被记住。这样，无形的东西呈现了具体的外表。关于位置记忆法（loci memoriae），西塞罗这样写道："必须用到许多位置和图像，位置必须清楚、明确，互相之间有一定距离；图像则要生动、轮廓清晰，易于区别，且能迅速呈现并铭刻于心。"（2.87.358）

寄名于西塞罗的大部头作品《修辞学》一书，经常与他的其他作品一起出版，但该书作者其实另有其人，只不过不那么出名而已。该书对位置记忆法有更详细的描述，并且区分了两种记忆，一种是自然的，另一种是人工的：

> 自然记忆是嵌入心灵的记忆，与思维同时产生。人工记忆是通过某种培养和训练而强加的记忆（16.28）。人工记忆包括背景（loci）和形象。比如，我们可以记住一栋房屋、一片柱间场地、一处壁龛、一道拱门等（16.29）。如果每隔五处背景就做一个标志的话，我们也许根本就不会在背景的数量上出错。比方说，[如果]在第五处放置一只金手……这样，就很容易将每五处连续的背景标注出来（18.31）。

在印刷媒介出现之前,这些似乎都是记忆术的常识。最有影响的演说教材是由昆体良(Quintilian,公元前1世纪)编纂的。他的《演说术教程》一书颇具启发性:

> 如果心中对位置有强烈的印象,记忆就变得容易,任何人都可以通过实际试验认识到这一点。因为,当我们隔了一段时间以后回到某个地点时,我们不仅会认出这个地点本身,还会记起在那里做过的事情,想起在那里见过的人物,甚至是曾经在我们心头闪过的无言的思绪。……有的地点极为宽广、变化多端,比如一幢有很多个房间的大屋子(vol. 4,bk. 11,2.17 - 18)。比方说,第一个想法放在前院;第二个想法呢,放在起居室;其余的想法则围绕着院中蓄水池有序安放,一一对应于各个卧室和客厅,甚至是院中的雕像,等等。结束之后,一旦需要唤起关于这些事物的记忆,就可以依次"走访"这些地点(vol. 4,bk. 11,2.20)。

作为一位优秀的老师,昆体良也提醒读者不要高估位置记忆法的用处:"这种做法对于下列情形或许有效:经历了一场拍卖会之后,经纪人能够清楚地陈述每个人都买走了什么东西,他们的陈述又在收钱者的账簿中记录了下来……"(vol. 4,bk. 11,2.24)然而,位置记忆法"对于学习已不那么有帮助……因为思想与物质性的东西不同,没法唤起同样的形象"(vol 4,bk. 11,2.24)。昆体良几次提醒读者,有些东西是不可能通过符号来表征的(vol. 4,bk. 11,2.25)。

二、皮埃尔·诺拉：记忆之场与民族认同

继西塞罗和昆体良所说的位置记忆法之后，出现了诺拉所说的"记忆之场"(*lieux de mémoire*)。集体记忆虽然是一个含糊、暧昧的概念，不过正如诺拉（P. Nora）在为法国百科全书《新史学》撰稿时所指出的，对于历史学研究的创新而言，这一概念也许是至关重要而富有成效的，就跟"心态"概念在三十年前那样（"La mémoire collective" 401）。1977 年，他在法国社会科学高等研究院 (*École des Hautes Études en Sciences Sociales*) 开设就职研讨班，同时启动了《记忆之场》研究项目，不仅使记忆之场这一概念具有了新的意义，而且还使它成为一个非常成功的重要项目。

对古代人来说，位置记忆法是缺乏现代传媒的社会所必不可少的记忆术（亦见本书扬·阿斯曼的文章）。对于西塞罗和昆体良而言，位置记忆法是实用性的精神工具，跟意识形态无关。位置记忆法不是由社会价值、历史观或者未来观所决定的。诺拉所说的记忆之场也是一种记忆装置，却是极度意识形态的，充满了民族主义色彩，远非中立或者不做价值判断的。绝大多数记忆之场都是被创造、被发明或者被修订出来的，意在为民族国家服务。记忆之场首先是法兰西民族认同政治的一部分，其功能是将一些关键的民族历史概念烙入法国公民的"精神工具箱"(*outillage mental*)中。

1984 年，在为《记忆之场》第一卷撰写的导言中，诺拉说得很清楚。秉持欧洲将趋于整合的视角，他毫不含糊地提出了点验法国的记忆之场的必要性："在我看来，民族记忆的急速消失，呼唤我们去点验一遍那些作为它[即民族记忆]的选择性化身的场所。通过人类的意志力和几个世纪的努力，这些场所已经成为醒目的符

号:庆典、徽章、纪念物、纪念活动,以及演说、档案、辞典、博物馆。"("Présentation"vii)

三、法兰西"特性":共和普遍主义

在结论中,诺拉同样非常清楚地说明了法国的特殊地位。他似乎相信存在着某种法兰西"特性"(specificité),一种与君主制英国和德意志帝国相对而言的法国"特殊道路"。"跟它们不同的是,法兰西共和国投入了大量精力用于系统的记忆建构,这种记忆同时具备专制、统一、排外、普遍的特征,并且具有强烈的历史色彩。"("De la République" 652)

不过,如果进一步考察的话,法兰西共和国似乎仅仅在一个非常重要的方面有所不同:普遍主义。英国和德国的记忆之场,不管是象征符号、教科书、辞典、纪念碑、纪念活动还是博览会,都是专制、统一、排外且具有强烈历史色彩的。英国和德国的政治制度中所缺乏的关键要素就是普遍主义,后者在法国大革命中得到了具体化,在《人权和公民权宣言》中得到了成文的表达。普遍主义是法国共和制度的典型特征,也标志着动荡的19世纪里两个法兰西君主国与两个法兰西帝国之间的差异。这些非共和式的法国政治制度与英国和德意志帝国一样,都是专制、统一、排外的,都以历史为导向。

四、"记忆之场"的翻译

诺拉的项目取得了很大成功。最近,德国、意大利、西班牙、荷兰也出版了关于国家记忆之场的类似项目和研究成果,其他国家不久也会跟进(亦见本书马里奥·伊斯能希、乌多·黑贝尔、雅克·勒莱德尔等人的文章)。有感于此种容易面向大量读者的历史学研究路径所取得的成功,各国的出版商们正在致力于推出各自国家的多卷本记忆之场系列论著。

在一些欧洲语种(如西班牙语和意大利语)当中,"记忆之场"(*lieux de mémoire*)这个概念的翻译没有遇到多大问题,但在不那么罗马化的欧洲语言当中,要找到一个合适的对译概念却并不容易。在古代拉丁修辞学著作的英文翻译里,位置记忆法(*loci memoriae*)被译为"记忆的背景"。记忆之场这个近代的法语概念,经常被翻译为更加具体的术语"记忆的场所"(sites of memory)。如果在更加抽象的层次来运用记忆之场这一概念,则需要一个不同的英文译语。

在德语当中,问题不仅仅在于空间指谓,还有"记忆"这一术语,都不太容易进行翻译(亦见本书迪特里希·哈特的文章)。德国的系列研究题为 *Erinnerungsorte*,其中收录了诺拉的论文,他仔细斟酌了 *lieux*(场)一词的合适译语,采用了 *Herde*(中心)、*Knoten*(节点)、*Kreuzungen*(交叉)等词汇,甚至还用到了 *Erinnerungsbojen*(浮标)一词(François and Schulze 3:685)。其实,如果要选择一个航海术语作为隐喻的话,"锚"或许比"浮标"更加合适。不过,更成问题的是将"记忆"翻译为 *Erinnerung*。*Erinneren* 是一个有力度的近代德语词汇,意思是"内化",它来自一个更加古老的词汇 *inneren*,具有教导的内涵,甚至可以有"学习""教学"的意思。比如,马丁·路德在翻译圣经时就经常使用 *erinneren* 一词。

在任何一种语言里,恰当的翻译都会遇到不同的翻译问题,这些问题可能跟概念史有关。比如,在16、17世纪的弗兰德语以及荷兰语当中,德语新词 *erinneren* 尚未被人们接受。虽然该词在拉丁文当中被译为 *revocare in memoriam*,但它被视为来自东部省区的方言

(Kiliaan 112)。17世纪权威的荷兰文圣经译本中从未使用过(*h*)*erinneren*一词。甚至在18世纪初，它仍然被视为一种德意志风尚(Sewel 129)。在荷兰语当中，*memorie*和古荷兰语词汇*geheugen*一样，都是一个普通的词汇。随着19世纪德语在荷兰的影响力日益增强，*herinnering*成为一个普通的荷兰语词汇，并且丧失了其原有的德语色彩。在当代荷兰语当中，*memorie*一词不再频繁使用，而是具有庄重的、旧式的内涵。因此，荷兰文的四卷本项目取了一个贴切的名字——*Plaatsen van herinnering*（Wesseling et al.）。

"记忆之场"并不是一个跨国术语，就像民主那样。翻译中遇到的问题不仅是定义问题。从欧洲历史比较的视角来看，必须避免将记忆之场这一概念做实证主义的具体化处理，而且需要着重考虑语言和概念的差异。

五、记忆之场的比较

另一个挑战是对不同国家的记忆之场进行比较（den Boer and Frijhoff）。考虑到欧洲各国的民族国家建构这一普遍背景，人们可能会预见各国之间在结构上的相似性要比差异性更加明显（亦见本书维塔·弗图纳蒂和艾琳娜·兰姆博蒂的文章）。

比较式路径有两个优点。首先，通过理解一个民族如何嵌入欧洲及全球的历史，民族的历史将会更为丰富。从来没有哪个民族是与世隔绝的，相反，民族在很大程度上受制于跨国的语境。其次，比较研究可以打开关于欧洲记忆之场的跨国视角。天主教、人文主义、启蒙运动以及科学发展，是欧洲文化史的关键成分，它们提供了许多重要的跨国记忆之场，比如圣本笃（Regula Benedicti）的"祈祷和劳动"（*ora et labora*）、坎贝斯的托马斯（Thomas à Kempis）的《效法基督》、皮科（Pico della Mirandola）的《论人的尊严》、对伽利略的审判、斯宾诺莎的《伦理学》、牛顿的苹果、林奈（Linnaeus）的分类体系、兰克（Ranke）的历史讨论班、巴斯德的疫苗、爱因斯坦的相对论以及玻尔的量子力学（参见 Nora, "La notion"）。

至于欧洲政治史上的记忆之场，我们也没法忽略维也纳会议、凡尔赛和圣日耳曼和约，以及希特勒第三帝国的灭亡和铁幕的形成。在 20 世纪上半叶欧洲民族主义的鼎盛时期，凡尔登和奥斯维辛代表着最可怖的记忆之场。

值得注意的是，甚至早在民族主义竞争的灾难性后果和两次欧洲战争的可怕经历呈现出来的很久以前，厄内斯特·勒南已经尝试了一种超民族的视角。普法战争（1870—1871）在相当程度上强化了民族建构的过程。 十年之后，围绕什么是民族这个问题，勒南做过一次著名的演讲，并预测说："民族不是永恒的东西，它们有开端，也会有终结。它们很可能会被一个欧洲联盟取代，不过那不是我们所生活的这个世纪的事。就目前而言，民族的存在是好事，甚至是有必要的。"（Ernest Renan 53）

历经激烈的军事对抗及平和的商业繁荣，欧洲的民族建构一直在进行。没有哪个欧洲民族能够实现光荣孤立或者任何形式的隔离。然而，直至今日，总体而言民族国家的观点仍然主导着历史教育。受到 19 世纪民族偏见的影响，民族历史经常被误解，有时甚至还被扭曲。对于中世纪和近代早期的历史而言，民族的观点是一种毫无意义的时代错置。关于记忆之场的比较研究，有助于分析 19 世纪民族认同政治的形貌——相对于那些试图创造"民族典律"的努力而言，这是一项更为重要的工作（亦见本书阿莱达·阿斯曼和赫伯特·格拉贝斯的文章）。

当代欧洲迫切需要一种超民族的认同政治。为了教导年轻的公民，欧洲各国需要老师们至少能对欧洲有一定程度的了解、热爱和同情。继关于各国的"记忆之场"之后，未来欧洲还需要一种新的"位置记忆"：不是作为一种记忆工具来指认那些残缺不全的废址，也不是作为民族认同政治的装置，而是为了学习如何去理解、宽恕和忘却（亦见本书莫琳·容克-肯尼的文章）。

参考文献

Cicero. *On the Orator*, *Books I-II*. Trans. E. W. Sutton and H. Rackham. Cambridge: Harvard UP, 1967.

[Cicero.] *Ad. C. Herennium Libri IV de Ratione Dicendi (Rhetorica ad Herennium)*. Trans. Harry Caplan. London: Heinemann, 1954.

den Boer, Pim, and Willem Frijhoff, eds. *Lieux de mémoire et identités nationales*. Amsterdam: Amsterdam UP, 1993.

François, Etienne, and Hagen Schulze, eds. *Deutsche Erinnerungsorte*. 3 vols. Munich: Beck, 2001.

Kiliaan, Cornelius. *Etymologicum teutonicae linguae: sive dictionarium Teutonico Latinum*. Antwerp: Plantijn-Moret, 1599.

Nora, Pierre. "Entre mémoire et histoire: La problématique des lieux." *Les lieux de mémoire I: La République*. Ed. Pierre Nora. Paris: Gallimard, 1984. xv-xlii.

——. "La mémoire collective." *La Nouvelle Histoire*. Ed. Jacques Le Goff. Paris: Retz, 1978. 398–401.

——. "La notion de lieu de mémoire est-elle exportable?" *Lieux de mémoire et identités nationales*. Eds. Pim den Boer and Willem

Frijhoff. Amsterdam: Amsterdam UP, 1993. 3 - 10.

—. "Présentation." *Les lieux de mémoire I: La République*. Ed. Pierre Nora. Paris: Gallimard, 1984. vii - xiii.

—. "De la République à la Nation." *Les lieux de mémoire I: La République*. Ed. Pierre Nora. Paris: Gallimard, 1984. 651 - 659.

Quintilian. *The Institutio Oratoria of Quintilian*. Vol. 4. Trans. H. E. Butler. London: Heinemann, 1961.

Renan, Ernest. "What Is a Nation?" *Becoming National: A Reader*. Eds. Geoff Eley and Ronald Grigor Suny. Oxford: Oxford UP, 1996. 41 - 55. Trans. of "Qu'est-ce qu'une nation?" 1882. *Oeuvres complètes d'Ernest Renan*. Ed. Henriëtte Psichari. Vol. 1. Paris: Calmann-Lévy, 1947. 887 - 906.

Sewel, Willem. *Nederduytsche spraakkonst*. Amsterdam: Erven J. Lescailje, 1733.

Wesseling, H. L., et al., eds. *Plaatsen van herinnering*. 4 vols. Amsterdam: Bakker, 2005 - 2007.

意大利的记忆之场

马里奥·伊斯能希

书写统一的意大利的记忆之场,要把它放在不统一的众多因素和发展的背景下来考察。不统一是各种事件、记忆和叙事的构成要素之一。

一、从国度到国家

18世纪末19世纪初,刚刚出现的意大利民族(Nation Italy),借助半岛辉煌的过去这一原初的象征性遗产有了最初的形式,作为意识和一个共同空间的计划逐渐发展起来。几个世纪以来,其他民族所目睹、遭遇的是过去,但却是居住着所谓"死亡人口"的一片"废墟"的过去。建立一个新的意大利民族,意味着要用一种不同的观点来看待过去。两千年以前,半岛的第二批人群被罗马统一了起来。 统一前的几百年间,即14至16世纪,文化、艺术曾经蔚为昌盛,但是当强大的绝对主义王朝在欧洲发展起来的时候,意大利却处于各城邦和领地在政治和军事上分裂的状态。这既带来了荣耀,也带来了障碍。意大利复兴运动(*Risorgimento*)有一个前提:意大利是——或者将是、将重新变得——伟大的。 关于过往历史和曾经伟大(相对于当前的衰落而言)的记忆构成了复兴运动的基础。由此，意大利民族和意大利国家就被理解、建构和自我正当化为一个伟大的再生过程，这一过程以记忆为基础，由记忆所构成。知识分子和政治家们扮演了助产士的角色，他们求助于这种重新唤醒工作，试图找出一个已经消失的、集体性的"我们"。

19世纪的头七十年是奠基时期，主要代表是两部伟大的文学作品，它们体现着那些"发明"了意大利的文人学者们的基本特征。一部是乌戈·福斯科洛（Ugo Foscolo）的《墓地哀思》（*I Sepolcri*，1807），这是最早一部作为意大利民族的先知和预言的诗歌作品。另一部是批评家兼牧师弗朗切斯科·德·桑克提（Francesco de Sancti）的《意大利文学史》（1871），这是一部总结意大利认同的重要作品。当时意大利的教堂钟塔响遍了罗马征服之处——市政钟塔不再由悲悼的教士们，而是由欢庆的俗人所控制——统一最终由此实现（桑克提亲自记载了这一点）。在此还应补充的是，就在同一年，即1871年，诗人福斯科洛的遗骸被移至佛罗伦萨圣十字教堂——他那部1807年的诗歌作品中曾经提到过这座安葬着意大利众多伟人的殿堂。

"哦！意大利人！请你们注意历史。"福斯科洛如此宣称。1809年，他在帕维亚大学开课，其课程对支持传统公民认同的规章和精神风貌暗中构成了破坏；外国统治者很快就发现有必要对他进行审查。福斯科洛的父亲是威尼斯人，母亲是希腊人，他自己出生于扎金索斯岛（Zakynthos），这是爱奥尼亚海中的一个岛屿，是一个现代版的流浪者奥德修斯所追寻的故乡伊萨基（Ithaca）。因此，他有三个家乡：扎金索斯岛、威尼斯和意大利。这种身世，使他的诗歌作品中既有古典和浪漫的比喻，也有对希腊和意大利的同情。他的笔下呈现了过去曾经辉煌、现在已经衰落的文明，提出了对19世纪以后的历史的吁求，发出了对情感和行动方面的理想主义者和志愿者的召唤。搬到威尼斯愈发加剧了这位诗人和公民的失落和剥夺感，当时那里正处于法国和奥地利手中，前者是"新秩序"的领袖，后者则是旧制度的首领。福斯科洛扮演了放逐者的角色，既被逐离了小的家乡，又被逐离了大的祖国，这种分离使他得以将它们跟记忆和怀旧联系起来。此种情况原本很少发生，除非命运之神将人贬至某一虽然富饶却令人痛苦不堪的"他乡"。不过，对于18世纪意大利的爱国者而言，人在国外生活、真实的祖国留存在思想和梦中，这种情况很正常。这就是马志尼（Giuseppe Mazzini）的命运：领导者、民族之父，"统一、独立、共和"三格言的提出者，1831年成立的意大利第一个政治团体"青年意大利"（*Giovane Italia*）的领导人，终身的被放逐者（尽管他于1872年死在意大利），为僵而不死的君主制政治所蔑视，以化名生活，几乎就像一名普通的英国"布朗先生"（参见Ridolfi）。延续了好几个世纪的萨伏依王朝的撒丁尼亚-皮埃蒙特王国成为领先的国家。它成功地主导了民族运动，将"行动党"（*Partito d'Azione*）的民主主义者们的活动限制在抗议的范围，或者使其从属于温和君主制的方案。1850年代，这个国家成了难民的放逐之所，接受了意大利、英国、法国和瑞典的数千政治流亡者。在都灵，他们重新表达自己那已显消褪的后1848年革命抱负，以及对各自祖国的记忆（参见Tobia）。

从"希腊人"到威尼斯人再到意大利人，福斯科洛这种个人经历被伊波利托·涅沃（Ippolito Nievo）收入其《一个意大利人的自白》一书，由此成为一种历史和人物故事小说的叙事路径，并且形塑了一种比城市自治语境更为宽泛的民族、民族意识和公民权。涅沃是一位杰出的青年作家（他是加里波第千人军中的一员），刚刚叙述和阐发完自己所经历的全部历史周期，在30岁时英年早逝。在这里，叙述过程（此处的叙述主角是一位经历并描写过意大利复兴运动时期的八旬老人）同样代表着并且在政治上接受一种地域和精神方面由小到大的旅程——此处是从威尼斯人到意大利人。现实表明，解构那些旧的、分散的认同并将它们重构为一个新的统一体，这个过程要比单纯的文学描写更加困难，更费时间。

回顾历史以便给作为一个国家的意大利提供基础（参见Romano），这意味着不仅要对付城市自治主义（municipalism），它是一种永久性的分裂因素、城邦和市政活力的消极方面；还要处理罗马天主教在地理和精神方面的中心地位，马基雅维利的《君主论》(1513）已将此问题视为反对统一的最有力的结构性障碍。第三次大分裂本身就是统一过程的后果，即对南部与北部的发现、识别和强调，这两大区域在物质基础和象征形态上都截然不同。

二、记忆的河流

为了解统一的意大利的记忆之场，需要关注三个层面的运作方式。直到1861年为止，意大利民族和国家的建设方式，实际上就是选择一些过去（两千多年的漫长历史上）的文化产物并将其重新组织起来。1861年以后，在二度阐释的压力下，意义和距离发生了变化，此时的目标是建立和传播一套集体记忆和一种关于昨日事件的公共叙述，换句话说，这些事件导致了意大利王国（在不到半个世纪里逐步）诞生。记忆领域发生的第三重运作涉及历史编纂，这已经是我们的任务。 一百五十多年以后的今天，关于我们如何起源的伟大故事已经丧失了不少光环，该由我们做出结论了。

我们关于意大利的记忆之场的文集，构思、写作、（口头）发表于1990年代中期，跟某些地方正在浮现的修正主义和反统一精神并没有共同之处[比如威尼托和伦巴第的新联盟运动中表达的城市自治主义、地区主义甚至是分离主义,有一定影响力的右翼天主教群体"解救联盟"(Comunione e Liberazione)的教士复国主义,以及带有旧制度烙印的反记忆、反历史主义]。然而,我们也不希望被后统一时代的公共话语锻造的高傲束缚,后者更大程度上是一种施加给记忆的霸权压力,一种对于历史的政治运作和公开利用,当然不是一种对于事件的平衡、可靠的表述。通常的情形是,就其方式而言,沉默、遗失和遗忘的重要性并不逊于对其他事实的强调。研究19世纪意大利史的学者们所关心的,是(而且已经是)重新整合那些已被遗忘的政治目标,恢复共和派的重要性,如马志尼、卡塔内奥(Cattaneo)和加里波第(Giuseppe Garibaldi),他们曾经"发明"过意大利民族并坚持这一理想;又如教士,他们在正统原则和教皇的名义之下阻挠这一理想的实现,使公民情感在忠实的土著教徒(也就是相当一部分人口,当时大约有2000万)当中变得枯萎;再如为数不少的南方人,他们并不一定对"那不勒斯故乡"有怀旧之情,并且与土匪同谋,但他们也可能做过斗争或者坚持斗争过一段时间,来经历内心世界的被迫调整,并将皮埃蒙特人的占领当作民族的解放加以接受。最重要的是,历史学家们研究记忆,其任务显然并不在于为真实的过程做出事后的补偿或者意识形态的纠正。当某些记忆有能力将自己凸显出来、使别的记忆边缘化甚或被取消的时候,就像1861年之后温和的君主制记忆那样,它们自己就会变成"事实",延续几个世代,尽管给人们提供的是一些虚假的意识。因此,我们所希望重构的是各方的冲突,不管是公开表达出来的还是没有说出口的,不管是胜利者还是失败者,但不包括教条。毕竟,历史的河流不是笔直的人工运河,而是充满了拐弯、迂回和继起。共和记忆(也包括那些反对统一的、教士的、前波旁王朝和前奥地利的记忆)的流水可能会低落下去,但它们在地底下继续流淌,有时候还会再度浮出地表。

开明君主制的典型代表,就是公共广场上"守纪律的革命者"的纪念碑。第三次独立战争期间的1866年,政府下令加里波第削减其志愿军,他们被派往北部城镇特伦特(Trent),因为他们赢了奥地利人"太多"回合。这位左派军事领袖以一道简洁的电报予以回复:"遵命!"在意大利人的想象当中,一个不同的、反叛的加里波第形象,作为一种反面记忆和政治资源一直存在,从来没有被彻底消除,持续了好几代人,左派(到了20世纪则是右翼)让它成为一种真实,将它重新激活。天主教长期盛行:1861年,一句格言"要么选别人,要么被选上"否定了自由主义和民主;1864年,自由主义和民主在罗马教廷的《禁书目录通谕》(Syllabus)中被驱逐;20世纪初,天主教民主党(Christian Democrats)可耻地拒绝了自由主义和民主;新建立的意大利人民党,也被梵蒂冈奉为"天命之子"(Man of Providence)的墨索里尼清除。第二次世界大战以后,自由主义和民主也很盛行,其表现形式是教派基础上的温和的平民党(参见Tassani; Riccardi; Bravo)。这恰好发生在大多数意大利人都否认自己曾经是法西斯主义者之时,几十年来,法西斯主义作为真实事实和记忆似乎都消失了,似乎纯粹只是一种"离题"。

三、历史与记忆

意大利的记忆之场项目构思之时,记忆似乎已经贬值,有点风险,因而我们采取了"记忆战争"这一路径(Isnenghi, "Conclusione")。尽管如此,我们尽量不把历史放在从属于记忆的地位。如果放在今天来做的话,我甚至会对历史看得更重。在一部关于记忆的著作当中,这意味着坚持机制、演员、建构手段、记忆的非中立性（记忆服从于、从属于特定自发的或者有组织的群体），以及记忆的冲突性。（自从哈布瓦赫以后，我们就明白这一点，但今天我们生活在一个"失效记忆"和"证人专政"的时代。）萨伏依君主政体获得了胜利。北部城市都灵，相对于意大利半岛其他地区而言处于边缘位置，而且从许多方面来看，其历史都不如威尼斯、佛罗伦萨、罗马、那不勒斯和米兰重要。但这个城市却在19世纪中期成功地扮演了中心角色。正是在此期间，这个历史上曾经有过多个中心和首都的国度逐渐形成为一个国家。如果说罗马注定是首都的话，都灵无论如何都必须接受并且受制于这个事实：在世界和大多数意大利人眼里，罗马首先是教皇的城市，然后是国王的城市。

因此，多元性是一个关键概念；意大利是多中心的，是一个充满张力和驳议的公共舞台，统一之后地位得到提升的埃马努埃莱（Vittorio Emanuele）、加富尔（Cavour）、马志尼、加里波第四大伟人形象并不足以作为很好的代表，至少还应加上自充的"开明教皇"庇护九世（Pius IX），他本来应该成为"善与恶"的调解者，相反，他却不厌其烦地致力于宣扬自己的至高无上，拒绝接受意大利复兴运动。在这个国家培育公民权，是一项艰巨的任务，特别是还有许多文盲，他们习惯于相信自己的牧师。在意大利王国的最初四十年里，教士们一直为教会的等级体系所诱惑，拒不承认由一场世俗革命所催生的"法律上的意大利"的存在，因为这种革命通常是共济会式的，而且往往带有犹太人的色彩。与此相对的是，他们提出了"真实的意大利"这一说法，认为这是唯一可被人感知到的国家，也就是"归尔甫派"（Guelphs，即亲教廷派）的国家。"归尔甫派"、"吉伯林派"（Ghibellines，即支持神圣罗马帝国派）这两个最古老的名字，以及记忆的积淀和语言，都被挖掘出来，二元对立由此长存。

近半个世纪里，在教皇庇护九世、利奥十三世以及庇护十世时期，相当一部分天主教成员都在炫耀如下决定：将"真实的意大利／法律上的意大利"这对有效的对立性术语加以充分利用。"真实的意大利"是一个自我指称的天主教世界的结果，它抵制国家（不仅仅是"不合法的"意大利国家）、抵制开明君主制的"法律上的意大利"。而"法律上的意大利"，则通过加富尔政府的遗产及历史上的左派政府，其社会基础得到了（尽管不是很大程度上的）扩展，并且随着外部的共和派和加里波第的外部追随者们进入议会舞台而得到加强。这种关于19世纪晚期统一后的意大利的两极化形象，其不足之处在于少了一些那个时期的有趣立场，比如天主教的复国主义态度，以及毫不妥协的教权主义运动。这个框架中还可以加入第三个意大利，它在公共辩论中发展出了一些鲜明的特征：广泛的左翼运动、"死不悔改的"行动党残余力量、共和派及民族统一党人，以及新近诞生的社会党，特别是在1890年代，当时在安德雷亚·科斯塔（Andrea Costa）、菲利普·图拉提（Filippo Turati）领导下，社会主义者与无政府社会主义脱离关系，开始参与政治竞选。巴枯宁（Bakunin）、梅利诺（Merlino）、卡菲罗（Cafiero）等人领导的国际主义者尽管否认国家的存在，但最终还是对国家舞台的澄清做出了贡献：经过几次失败的尝试，其中一些人在1900年成功地暗杀了翁贝托一世（Umberto I）。意大利国家又是反国家的：意大利王国本身既否认"白"，也否认"红"。实质上有三个相互冲突的"意大利"。回溯历史，民族法西斯主义历史学家乔阿基诺·沃尔佩（Gioacchino Volpe）的著作《进展中的意大利》（*L'Italia in cammino*，1927），其标题提供了一个概念性的框架，可以容纳我们所说的"进展中的三个意大利"的主体、特性和记忆的构成及其冲突情况。这个框架可以确保好几种结果：拟议中的主体的多样性和辩证关系；同一个公共舞台上展现的——特别是紧张的、令人瞩目的——分裂和冲突；以及历史动力的演变过程。

　　因此，我们需要强调"意大利作为一个国度"的统一和不统一这两个特定要素，这个国度尚未最终完成，仍**处于进程当中**。"象征和神话""结构和事件""人格和日期"，意大利版的《记忆之场》各卷所包含的这些变量和标题，呈现了好几代"意大利人"的生活并赋予其结构和意义。它们也处于进展当中，并且，"进展当中"并不必然意味着前进，朝着一个方向趋于统一。

　　20世纪，意大利人卷入了两大历史性的事件，那就是第一次世界大战和法西斯主义，它们分别构成了从精英社会到大众社会的转变过程中的两个片段，也可以被视为在高级的统一形态之内解决不统一因素的机会和动因。世界大战问题在媒体上争论了十个月，大众之间的争论远甚于国会。战争在许多人那里是渴望，是主动的选择，不过对许多人而言也是被强加的。战争代表着新的对立、新的二元主义，以及对新的分裂的记忆的阐述（Isnenghi, "Grande Guerra"）。对"历史上的敌人"哈布斯堡帝国、奥地利的胜利催生了一种从未有过的统一，同时也导致了经历、表述以及大量公共和私人叙述中的新的分裂。第一次世界大战的八十年后，关于战争应该与否、战争的支持者对错与否，观点上的冲突仍未平息，也还未成为纯粹历史研究的对象。在意大利复兴运动之后，也没有任何大规模的社会、政治和文化再统一项目或者努力，能够成功地创造出差异之上的统一局面。独裁者和单一党派允许不同的思想路线存留于经济、艺术和城乡生活概念等各个领域。不仅如此，一些重要的势力也得到了保留，比如君主制、武装力量、教会，它们推动并精心策划了1943年的政权更迭。实际上，它们主要在反法西斯的少数派当中滋长了对于**另一个**意大利的需求和渴望。因此，历史学家们在重新研究这些过程和思想上的重新分布状况时，仍然必须对所有这些不同的层面保持一种平衡的观点,在这里也包括以下各点:关于罗马共和国和罗马帝国的记忆,对复兴运动的重新强调——特别要强调记忆策略中的自由主义和议会因素,以及国内和国外放逐者当中复调旋律的乡愁对象;还有关于"维托里奥·威尼托(Vittorio Veneto)的意大利"的记忆,也就是墨索里尼声称已经给埃马努埃莱三世(Vittorio Emanuele Ⅲ)"带来"的凯旋部队和邓南遮(D'Annunzio)的"更伟大的意大利"。当时向罗马的进军终止于基吉宫(Palazzo Chigi),而不是监狱(Isnenghi, "Marcia")。荒谬的是,在"极权主义"国家之下实现社会再统一这种简洁的愿景,却被这种政权自己给粉碎了,1938年,它决定废止大约4万名犹太人的公民权利,这些人突然成为"国内的外国人",尽管其中许多人——以及他们的父辈——在创建意大利国家的过程中曾经发挥过积极的作用。

统一和不统一同时构成了意大利历史的两大永久性坐标,对于理解这一点而言,最重要的是第二次世界大战。这里不可能去解开二战事件和记忆的复杂层面。二战之中又有好几次连续的、相互交织的战争,其主要分界点是1943年的两个重要时刻:7月25日,墨索里尼政府终结;9月8日,战争结束,或者说无条件投降。民族解放委员会(Comitato di Liberazione Nationale)作为反法西斯抵抗运动以及从君主制转向共和制的主导力量,试图建立一种结构来包容重新出现的多元立场和政党。然而,意大利在1943至1945年间遭受的彻底破坏,让它不再相信自己是一个大国。种种压力和形象催生了一个充满张力的场域,结果法西斯主义以共和的面貌再度复活,它们与反法西斯主义者在民族和祖国概念上展开竞争,并在"新欧洲"的名义下战胜了反法西斯主义者。1940至1945年间,围绕战争相关问题出现了许多文章,比如亲历者列维里(Nuto Revelli)的"从俄国撤退",以及乔凡尼(Marco Di Giovanni)、罗夏特(Giorgio

Rochat)、弗兰齐内利（Mimmo Franzinelli）、巴洛内（Adriano Ballone）、莱尼亚尼（Massimo Legnani）、加勒兰（Nicola Galleran）等学者的论文。第二个阶段是战后，两个重要因素构成其制度、政治和精神方面的界标。一是反法西斯主义与法西斯主义之争，为1948年正式生效的共和制宪法所认可；二是反共产主义与共产主义之争，它跟冷战一起构成了实质性的宪法，比正式的宪法更加有效力，在政治领域一直未被废止，甚至在1989年以后依然如此。

参考文献

Bravo, Anna. "La Madonna pelegrina [The Pilgrim Madonna]." Isnenghi, *Simboli* 525–536.

Di Cori, Paola. "La leggi razziali [The Racial Laws]." Isnenghi, *Simboli* 461–476.

Isnenghi, Mario, ed. *Simboli e miti dell'Italia unita* [Symbols and Myths]. Rome: Laterza, 1996. Vol 1 of *I luoghi della memoria* [Sites of Memory]. 3 vols. 1996–1997.

—, ed. *Strutture ed eventi dell'Italia unita* [Structures and Events]. Rome: Laterza, 1997. Vol. 2 of *I luoghi della memoria* [Sites of Memory]. 3 vols.1996–1997.

—. "Conclusione." Isnenghi, *Strutture* 427–474.

—. "Garibaldi." Isnenghi, *Personaggi* 25–45.

—. "La Grande Guerra [The Great War]." Isnenghi, *Strutture* 273–310.

—, ed. *L'Italie par elle meme: Lieux de mémoire italiens de 1848 à nos jours*. Paris: Editions Rue d'Ulm, 2006. Trans. of selections from *I luoghi della memoria* [Sites of Memory]. Rome: Laterza, 1996-1997.

—. "La Marcia su Roma [The March on Rome]." Isnenghi, *Strutture* 311-330.

—, ed. *Personaggi e date dell'Italia unita* [Personalities and Dates]. Rome: Laterza, 1997. Vol. 3 of *I luoghi della memoria* [Sites of Memory]. 3 vols. 1996-1997.

—. "La piazza [The Place]." Isnenghi, *Strutture* 41-52.

Passerini, Luisa. "Mussolini." Isnenghi, *Personaggi* 165-186.

Riccardi, Andrea. "I Papi [The Popes]." Isnenghi, *Personaggi* 401-425.

Ridolfi, Maurizio. "Mazzini." Isnenghi, *Personaggi* 3-23.

Romano, Ruggiero. *Paese Italia: Venti secoli di itentità*. Rome: Donzelli, 1994.

Sanga, Glauco. "Campane e campanili [Bells and Belltowers]." Isnenghi, *Simboli* 29-42.

Tassani, Giovanni. "L'oratorio [The Oration]." Isnenghi, *Strutture* 135-172.

Tobia, Bruno. "Le Cinque Giornate di Milano [The Five Days of Milan]." Isnenghi, *Strutture* 311-330.

作为记忆之场的"中欧"

雅克·勒莱德尔

"中欧"(*Mitteleuropa*)的形成可以追溯到神圣罗马帝国,以及德意志人在帝国东部的早期殖民地。沿着玛利亚·特蕾西娅(Maria Theresa)和腓特烈二世(Frederick Ⅱ)确立的奥地利-普鲁士之间的分界线,哈布斯堡王朝和1871年宣告成立的德意志帝国分别继承了神圣罗马帝国的版图(拿破仑时代神圣罗马帝国被废止,1815年又以德意志同盟的形式部分复活,最终被1866年的奥地利-普鲁士战争彻底摧毁)。20世纪,"中欧"(*Mitteleuropa*)作为地缘政治概念,成为心态版图中德语区中部欧洲的标志;这个概念与弗雷德里希·瑙曼(Friedrich Naumann)的开明的民族主义意识形态相连,后者在1915年界定了德国的战争目标。瑙曼的理念细化为一个泛德意志计划,范围限定在中部欧洲地区。由此导致的结果是,今天讲德语的历史学家和政治学家们都倾向于回避 *Mitteleuropa* 一词,而愿意采用 *Zentraleuropa*(其意思更接近于法语中的"欧洲中部"和英语中的"中部欧洲")和 *Mittelosteuropa*(欧洲中间)这两个术语。

中欧(*Mitteleuropa*、*Zentraleuropa* 或者 *Mittelosteuropa*)为何对于记忆之场的历史而言至今仍有意义?因为从启蒙运动到第二次世界大战,这片区域通过个体的民族认同一直为欧洲大陆提供认同中心。20世纪的一系列事件,包括第一次世界大战、纳粹主义和德国浩劫、第二次世界大战、斯大林主义和新斯大林主义，都努力瓦解"中欧"，或者让它解体。可以说，1919—1920年和1945年的和约签订后，"中欧"作为一个整体，已经成为一个记忆之场、一片记忆空间。

随着德意志文化的传播，从18世纪末开始，一种对抗性的空间格局逐渐形成：一方是德意志文化和其他文化认同，另一方是德意志人-斯拉夫人、德意志人-犹太人、德意志人-匈牙利人、德意志人-罗马尼亚人的文化混合体。因此，文化意义上的"中欧"是一个定义含混的概念。在某些语境中，它使人想起民族主义和帝国主义时代欧洲经历过的灾难性命运。在别的语境里，它又指向一种混合了多元文化，位于东欧和西欧的中途、南欧和北欧的交叉地带的文明。

欧洲大陆的"中部"潜伏着其他一些比"中欧"更为古老的记忆之场，它们随时准备浮出水面。拜占庭主导下的欧洲与中部欧洲的区别，以及后来伊斯兰教和基督教之间的区别，导致了一些宗教和文化方面的边界，它们将东正教信徒与巴尔干地区仍然存在的少数穆斯林群体分隔开来，并将天主教信徒与新教信徒分隔开来。这些边界就是一种记忆之场，它们往往可以说明为何会出现厌恶俄国和反对塞尔维亚之类的排斥话语，或者是后共产主义时代的种种冲突，尤其是前南斯拉夫地区的冲突。然而，由于欧洲文化的世俗化，当代的冲突已经不可能引发宗教战争，这些宗教边界是由新的民族主义宣传所操纵的一种记忆之场。不过，将它们遗忘也不太合适：如当我们试图去界定"基本价值观"和欧洲的文化认同时，"中欧"就会提醒我们，伊斯兰教和犹太教都在欧洲留下了不可磨灭的印记，拜占庭东正教不仅存在于欧洲的东部边缘地区，也存在于文化地理意义上的欧洲中心地带。

另外两道更早出现并且至今尚存的边界，同样属于"中欧"这一记忆之场。其一是俄国与中欧之间的边界。在亲斯拉夫的俄罗斯人看来,天主教徒、新教徒和中部欧洲地区无宗教背景的斯拉夫人都有违于一条法则,即斯拉夫人的灵魂归属于东正教会。在俄国的西方论者看来,中欧只不过是前往德国、法国、意大利和英国途中所必须穿越的一处连接性通道而已。俄国人一直认为,波兰所占据的这片地方,原本在一定程度上可被视为俄罗斯帝国不可分割的一部分。当然,"中欧"的定义主要还是相对于俄国而言的,后者在政治和文化方面的衰退,在中部欧洲的人看来似乎是一种威胁。这一记忆之场,也就是"中欧"与俄国之间的边界,是有可能重新浮现的,如果提到俄国与欧盟之间更紧密的联系的话。

其二是"巴尔干人"与中部欧洲地区人口之间长期存在的边界,它同样构成了中欧的记忆之场。"巴尔干猿人"(*homo balkanicus*)原本是西方人用以表示原始欧洲人的一个漫画形象,仅在其民俗传统内部才显得别致,当他操刀动戈时则显得野蛮。欧洲人关于"巴尔干地区"的话语往往强调一种缺乏积极性格的东方主义。这些话语源于一种文化殖民主义,后者期望西方文明能给那些碎片化、不发达的地方带去一点秩序和理性。"巴尔干地区"跟哈布斯堡王朝统治下的中欧东南部地区形成了对照。直到今天,欧盟向"巴尔干地区"的扩张依然没有完成,遇到了不少困难,其中象征符号方面的约束是一个并非不重要的障碍。

欧洲西部界线的划定,一点也不比欧洲东部简单。德语区各国属于中欧还是西欧?当德意志帝国和哈布斯堡王朝跟俄国和奥斯曼帝国保持联系时,它们无疑是中欧的一部分。1949 至 1990 年间,联邦德国属于西欧,而民主德国却是"东欧"的一部分,处于苏联的影响之下。

1990 年,苏联解体、中欧各国自立、德国统一之后,中欧似乎再度复活了。欧洲共同体缔结之后，欧洲的中心不再是柏林—布拉格—维也纳—布达佩斯轴线，而是鹿特丹—米兰轴线。欧盟的东扩能否让欧洲恢复其历史上的中心？或者中欧将不再是欧洲的中心，而成为罗马条约之下的欧洲的边缘地带，"中欧"现在的地位只是一个记忆之场？

这个记忆之场曾经成为某些知识分子和反苏异议群体的法宝。1980年代，哲尔吉·康拉德（György Konrád）在布达佩斯，捷克人米兰·昆德拉（Milan Kundera）和南斯拉夫人丹尼洛·契斯（Danilo Kis）在巴黎，分别再度发起了关于"中欧"的讨论。昆德拉的书1983年11月初版于巴黎，次年4月在美国再版，使用了《中欧的悲剧》这一书名，很快声名大噪。昆德拉声称，1956年11月布达佩斯反苏抵抗运动的成员们是在为自己的祖国而战，为欧洲而战。该书以1968年"布拉格之春"的被镇压为题材，再度唤醒了关于中欧的记忆、关于一个黄金时代的神话，这个时代终结于20世纪的头二十几年。

然而，关于中欧的记忆也包含着宿命的插曲，后者更强调那些面临死亡威胁的"弱小民族"的历史。中欧各民族都知道衰落和消亡意味着什么。那些伟大的中欧小说，比如赫尔曼·布洛赫（Hermann Broch）、罗伯特·穆齐尔（Robert Musil）、雅罗斯拉夫·哈谢克（Jaroslav Hasek）、卡夫卡等人的作品，都体现了对一个问题的沉思，即欧洲的人道精神可能会终结。简言之，中欧的悲剧就是欧洲的悲剧。昆德拉在结尾处说，铁幕降下之际，中欧人民才意识到，欧洲的文化（科学、哲学、文学、艺术、音乐、电影、视听、教育、大学以及多语言的文化）在欧洲人自己眼里已经不再具有价值，充其量只是构成了一个记忆之场。

几乎同一时期，匈牙利作家康拉德也在1984年6月发表了一篇德文版文章《中欧的梦想》,该文最初提交给当年5月在维也纳举行的一次会议。在他那里,"中欧"唤起了关于奥匈帝国"美丽年代"的记忆。他这样写道:中欧的精神是一种世界观,一种能够容纳复杂性和使用多种语言的审美敏感,一种基于理解(甚至是对自己死对头的理解)的战略。康拉德确信,中欧的精神在于以多元性作为自身的价值观;它代表着"另一种理性"、一种反传统政治,即保卫市民社会免受政治的侵害。

在中欧,"文学意义上的共和国"长期以来差不多都是共和国理想的核心。中欧文化认同的最初构造,出现于文艺复兴和巴洛克风格在维也纳、布拉格、克拉科夫以及(匈牙利的)布达等地传播开来之际。这一"迟来的"文艺复兴运动融合了巴洛克时代的艺术和文化思潮,对整个中欧地区产生了重大影响。在欧洲建立一个文学共和国,最重要的决定性因素是如何应对奥斯曼帝国的威胁,为此,康拉德·塞尔提斯(Conrad Celtis)在1500年前后成立了多瑙河人文主义者联合会(Sodalitas litteraria Danubiana),将德意志、匈牙利、斯拉夫、波西米亚以及瓦拉几亚的人文主义者统一起来。

宗教改革与反改革时期,德意志北部和中部地区跟拉丁文化和意大利文化主导的中欧决裂,形成了一个新的文化体系。宗教改革运动在一些地区激发了第一波民族文化意识的浪潮,比如捷克和斯洛伐克。相比之下,反宗教改革运动则将巴洛克文化提升至官方风格,直至两百多年以后,到了18世纪末,约瑟夫二世的政策首次将德国启蒙运动和巴洛克文化综合起来,目标始终在于确立德语作为继拉丁语、意大利语和法语之后的"中欧"通用语言的地位,由此激发了一些民族对于德意志化的持续抗议。

通过语文学(弘扬口头和书面的文学传统)和语言学(编纂拼写、语法和词汇)来创造国民文化,这跟一种德国的模式相互呼应,后者可以称之为"赫尔德模式"。赫尔德（Herder）的理论体系在中欧人当中的扩散，构成了文化意义上的"中欧"形成史上的一个必不可少的重要阶段。匈牙利、罗马尼亚、波兰、捷克、塞尔维亚、克罗地亚、斯洛文尼亚，所有这些地方的知识分子，都通过阅读赫尔德的著作锻造了一种信念，即没有对母语的热爱，就不可能有对祖国的热爱。诗人是真正的民族之父，远比统治者更加重要，后者蔑视语言的边界，只承认由王朝所界定的地盘。

"文学意义上的共和国"构成了文化和民族意义上的认同，就此而言，"中欧"是一个具有决定性意义的记忆之场。或许可以说，"中欧"作为一个最值得关注的记忆之场，其意义在于通过文化来创造国民这一模式，而不是单纯强调政治和军事意义上的国家。

中欧各历史民族被强行纳入了德意志帝国和哈布斯堡帝国，由于这一延误，直到19世纪以后，这些民族才开始主张自己的独立，并努力将自己的诉求与更早以前关于民族独立和民族之伟大的回声联系在一起。20世纪，中欧的帝国消亡了，关于联盟秩序和世界主义文化的表述重新浮现，后者往往跟奥地利的传统相连。"中欧只是一个象征着当前的需要的术语"，1917年12月，霍夫曼斯塔尔（Hugo von Hofmannsthal）在一篇演讲中这样说（"Die österreichische Idee"，457-58）。为了撰写一篇关于欧洲这一理念的论文，他做了很多笔记，其中对"中欧"记忆之场有如下定义："千年的欧洲奋斗，千年的欧洲使命，千年的欧洲信念，在我们看来，居住在两个罗马帝国土地上的日耳曼人、斯拉夫人和拉丁民族，都选择了承载一种共同的命运和遗产——在我们眼里，欧洲就是地球的底色。"

面对第三帝国的冲击，哈布斯堡神话以及德意志民族关于神圣罗马帝国的记忆，在约瑟夫·罗特（Joseph Roth）和斯特凡·茨威格(Stefan Zweig)那里被转化为一种各民族共存于一个世界性的文化空间当中的怀旧式乌托邦,一个覆盖着从意大利到波罗的海沿岸的中欧广大地区的文学意义上的共和国。

此后哈布斯堡王朝的历史,可以被解释为对族群、语言及文化上的多元性进行社会-文化协调化的过程。1867年在新的原则基础上成立的开明帝国,以一个个"王室领地"框架内的合并形式来管理冲突、构造多元主义,试图通过这些制度来改善各民族之间的关系。这就是克劳迪奥·马格利斯(Claudio Magris)如此娴熟地提到的"哈布斯堡神话"的意义。欧根亲王(Prince Eugene)采用君主制作为图腾,此后这种国家意识形态被哈布斯堡王朝推向前台;1866至1871年间它尤其受到重视。当时奥地利脱离了一直由自己主导的神圣罗马帝国,跟1871年新成立的德意志帝国相互竞争,不得不为自己创造一种新的政治地理认同,其基础就是剩下的东部和东南部地区。一个多元的社会和多元的国家,这种哈布斯堡神话为所有人提供了精神钢盔;但它仅仅是一种宣传上的伪装,背后其实是德意志帝国和奥匈帝国这两大霸权力量之间的斗争,当时它们竞相捍卫并扩展自己的特权和利益,而表面上是出于普世的利益和"超越民族藩篱"的高尚理由。

跟德意志帝国在其东部的波兰语地区推行的德国化政策进行比较,是"哈布斯堡神话"的一个有机组成部分。也有必要将多瑙河流域这个(奥匈)帝国的奥地利语部分和匈牙利语的外莱塔尼亚(Transleithania)部分区别开来。以文化多元主义为特征的哈布斯堡模式的整合力量在内莱塔尼亚(Cisleithania)所向披靡,甚至能让神话与现实变得混淆,但在匈牙利却没有发挥作用。在属于奥匈帝国匈牙利部分的斯拉夫语地区,人们无疑从未感到自己是斯拉夫-匈牙利文化共同体的一员,外莱塔尼亚的罗马尼亚人也是如此。正是内莱塔尼亚让"哈布斯堡神话"变得浪漫化，使之成为一个关于世界主义"中欧"的记忆之场，在这里，文化多元性能够形成一种和谐的多元主义。

第二次世界大战以后，"中欧"成为关于被德国浩劫摧毁的犹太人在中欧的记忆之场。犹太村镇的文化、意第绪语（犹太人使用的通用语言）的当代复兴，以及哈西德派犹太教的传播，勾画了一些新的中欧版图。这种"中欧"的犹太文化，同时也是被各民族文化所吸收的犹太文化。在卡夫卡时代的布拉格，被同化的犹太人既是德国文化又是捷克文化的一部分；在加利西亚的精神首都、约瑟夫·罗特的诞生地伦贝格（Lemberg），犹太人被划分为德语文化和波兰文化两部分；在因为保罗·策兰（Paul Celan）而出名的布科维纳的大都市切尔诺维茨（Czernowitz），犹太人在到底是归化于德国文化还是罗马尼亚文化之间摇摆不定。

在奥地利的马克思主义传统当中，中欧被建构为工人阶级的记忆之场。哈布斯堡时代，奥地利社会民主工党发现自己很难超越"阶级"与"民族"之间的矛盾。针对民族主义的潮流，维克多·阿德勒（Victor Adler）倡导一种超民族的官方话语，希望自己的政党变成一个帝国党。但从1890年代开始，即便在他那里，民族主义的观点也战胜了国际主义的阶级团结。在内莱塔尼亚议会当中，社会民主工党阵营分裂为五个民族主义俱乐部。工会试图将民主主义者统一于一家工厂、一个产业、一个组织的框架之内。总之，奥地利的社会民主主义就是哈布斯堡君主制的一面镜像：其"政治神话"是超民族的，现实却是民族路线带来的分裂。

"中欧"是一片欧洲的记忆空间，它包含了欧洲认同的两个构成要素：第一，是文化和语言上的多元性；第二，要将这种多元性结构化，又很难不向"整体性的"企图让步，即构造一个同质性的社会，而这个过程往往又伴随着民族主义。

直至1920年代,在一些方言区域,"中欧"通用语言德语才被添加为"民族"语言之外的一门国际语言,有时跟另一种国际语言(比如法语)构成了竞争。随着民族意识的成长和文学语言的确认,德语逐渐沦为"第二语言",旨在使中欧地区内部能够进行国际交流。

真正的多语言主义应该包括中欧地区的两种或者三种语言,此种现象一般局限于某些接触地带由于混血婚姻生下的儿童,以及一些大都市(比如的里雅斯特 [Trieste]、布拉格、布拉迪斯拉发 [Bratislava]、切尔诺维茨、伦贝格)的精英阶层当中。应该提及的是,波兰语-立陶宛语组合、斯洛伐克语-匈牙利语组合,或者是奥地利语-意大利语-斯洛文尼亚语组合,这样的多语言现象,要远远少于某种中欧民族语言跟德语或法语相互组合的情况。一名来自"中欧"的知识分子,如果选择使用母语之外的语言来撰写其文学或学术著作的话,他的选项只有德语、英语或者法语,很少会选择中欧地区的其他语言。

作为一个能够容许多语言主义、滋长"混合认同"的多元文化的记忆之场,"中欧"同样也是民族主义趋于消退的记忆之场。正如奥地利格拉茨大学教授龚普洛维奇(Gumplowicz)所分析的那样,中欧就是一个"种族斗争"的舞台,各个社会和族群在此展开战争。他的"种族"理论被一种霍布斯式的悲观主义主导,构成了对于中欧多元性的其他解释框架。

在内莱塔尼亚,哈布斯堡王朝试图通过制度性的妥协,来调节每个地区不同种族-语言群体之间的平衡,从而保证各个民族的文化自主性。比如在摩拉维亚,你不可能同时既属于捷克文化又属于德语文化,二者中必须选择其一。大多数犹太人选择了德语认同。在内莱塔尼亚,这种没有压迫的多族群"同居"并未导致"超民族性"的出现，反而导致了哈布斯堡公民身份与各种"私下里的民族认同"的奇怪交融，比如私下里认为自己是捷克人、波兰人、塞尔维亚人、克罗地亚人、斯洛文尼亚人、意大利人、罗马尼亚人、立陶宛人，或者是德国人。哈布斯堡王朝的犹太人，是否如同约瑟夫·罗特所暗示的那样具有"超民族的"特性？实际上，奥匈帝国的犹太人跟其他所有人一样，也被卷入了确认单个民族的运动，采用了自己所在地区的主导民族的语言。

从中欧地区不同社会的视角来看，关于"中欧"这个概念显然存在着深刻的分歧。对于大多数波兰人而言，对"中欧"的记忆不可避免地跟三个帝国对波兰的连续瓜分联系在一起。两次世界大战之间，波兰拒绝恢复为一个中欧的联邦体，而是援引自己民族的历史经验，希望成为一个重要的地区大国，从而对《凡尔赛合约》所维系的德国在波兰的飞地发起挑战，同时还对东部怀有强大的领土野心。

在波西米亚，通过《圣日耳曼昂莱条约》（Saint-Germain-en-Laye）实现的民族独立，是否消除了对于古老的多瑙河大公国秩序的怀旧情绪？1920年代捷克的知识分子们是否忘记了帕拉茨基（Frantisek Palacky）的"奥地利-斯拉夫主义"？1848年以后，捷克自由派坚持认为，出于欧洲和全人类的利益，即便哈布斯堡王朝不存在，它也要被创造出来！实际上，哈布斯堡-波西米亚帝国（它属于神圣罗马帝国）提供了针对俄罗斯帝国主义的最佳保护。二战以前波西米亚地区经济和政治的高度现代化，证明捷克民族有能力在内莱塔尼亚心脏地带繁荣成长。但是，第一次世界大战摧毁了中欧人民在哈布斯堡时代曾经拥有的信念。1914年夏天以后，哈布斯堡背叛了自己的历史使命，纯粹成为德国的"鲜明代表"，中欧各弱小民族则沦为被压迫民族，正如雅罗斯拉夫·哈谢克的小说《好兵帅克》所揭示的那样。

匈牙利曾经是中欧的一个历史民族,后来被哈布斯堡王朝从奥斯曼帝国手中夺回。在这里,"中欧"是一个仍然保留着积极内涵的记忆之场。1867年奥匈帝国合并之后,布达佩斯成为首都,在19世纪的最后三十多年至第一次世界大战期间,经历了政治、经济和文化方面最为辉煌的时期。《特里亚农条约》对匈牙利人而言是一种灾难性的经历,却是"中欧"记忆付诸实现的部分理由。

"中欧"作为记忆之场,也事关法国与德国、法国与奥地利之间的紧张关系,以及跟意大利的冲突关系;从德意志帝国主义的"精神版图"来判断,这些紧张和冲突是"中欧"命运的决定性因素,因为意大利各地最初属于神圣罗马帝国,后来又属于哈布斯堡王朝。19世纪末以来,法国的历史学家们对"民族的监狱"进行了批判——主要将其归咎于斯拉夫人。对"中欧"这个术语最系统的解构来自研究捷克历史的专家厄内斯特·丹尼斯(Ernest Denis),他是贝奈斯(Benes)和马萨里克(Masaryk)的朋友,积极倡导"捷克斯洛伐克"这一理念,同时也是"南斯拉夫"这一理念的捍卫者。这些负面的阐释跟法国当时的主流观点相互呼应,把"中欧"理解为德意志帝国和哈布斯堡王朝的一项帝国主义工程。在1919—1920年和平会议的筹备委员会当中,地理学家马托纳(Emmanuel de Martonne)扮演了重要角色,他提出了划分匈牙利、南斯拉夫、罗马尼亚、波兰边界和波兰走廊的建议。1930—1931年间,他出版了《世纪地理》第4卷,该书即题献给"欧洲中部"(*L'Europe Centrale*)。跟"中欧"(*Mitteleuropa*)理念相比,这个法语的中欧概念对1919—1920年的和平条约产生了影响,开启了中欧地区的"小型协约"(small entente)政治。

从意大利的视角来看,"中欧"(*Mitteleuropa*)一词很容易让人想起第一次世界大战爆发前夕在意大利东北部地区发生的一场论争，论争的主题是将意大利人、德国人、奥地利人和斯拉夫人联合为一个区域性的共同体，其维系纽带将比哈布斯堡王朝的联系更加深厚。1920年代，的里雅斯特依然是奥地利-意大利-犹太-斯拉夫文化的交汇枢纽。在法西斯主义体制下，意大利试图扮演中欧及巴尔干地区最重要的角色，但没能穿透纳粹的控制（亦见本书马里奥·伊斯能希的文章）。

德国统一、苏联解体、中欧各国自立之后，人们也许会预期"中欧"将重构自身。法国人，或许还有英国人，可能很担心这个负面的记忆之场将重新复活，一个受德国（和奥地利）影响的地带将重新确立。在直到1918年仍然属于哈布斯堡王朝的土地上，"中欧"依然保持着"美丽时代"的魅力，后者在1980年代被重新发掘出来，成为一个流行的话题。

不无悖论的是，就在中欧刚刚被纳入东扩的欧盟范围之际，"中欧"却似乎丧失了它的重要性。然而，对于这个中欧记忆之场的遗忘，不是正好表明欧洲本身已经丧失了自己的记忆和认同标志吗？在欧盟的新成员国中，民族情绪的复苏，受制于苏联集团数十年之后对经济和文化全球化的渴望，以及北约似乎比欧洲更能提供保护这种战略考虑，是否会将作为欧洲人的情感完全吞没？对"中欧"这个记忆之场——其记忆内涵之一是民族主义和法西斯主义导致的浩劫——的压制，并没有带来民主化的政治文化，新纳粹主义和排外的民粹主义难道不是已经揭示了这一事实？相反，"中欧"确实是历史意识萎缩的目击者，没有了历史意识，欧盟的加强也许就无从谈起。

（本文由 Anna-Lena Flügel 翻译成英文。）

参考文献

Csáky, Moritz, and Elisabeth Grossegger. *Jenseits von Grenzen: Transnationales, translokales Gedächtnis*. Vienna: Praesens, 2007.

Droz, Jacques. *L'Europe central: Evolution historique de l'idée de "Mitteleuropa"*. Paris: Payot, 1960.

Europe central - Mitteleuropa. Spec. issue of *Revue germanique internationale* 1(1994).

Hofmannsthal, Hugo von. "Die Idee Europa." 1917. *Reden und Aufsätze II, 1914 - 1924*. Frankfurt am Main: Fischer, 1979. 43 - 54. Vol. 9 of *Gesammelte Werke in zehn Einzelbänden*. Bernd Schoeller und Rudolf Hirsch, eds. 10 vols.

—. "Die österreichische Idee." 1917. *Reden und Aufsätze II, 1914 - 1924*. Frankfurt am Main: Fischer, 1979. 454 - 58. Vol. 9 of *Gesammelte Werkein zehn Einzelbänden*. Bernd Schoeller und Rudolf Hirsch, eds. 10 vols.

Konrád, György. "Der Traum von Mitteleuropa." *Aufbruch nach Mitteleuropa: Rekonstruktion eines versunkenen Kontinents*. Eds. Erhard Busek and Gerhard Wilfinger. Vienna: Edition Atelier, 1986. 87 - 97.

Kundera, Milan. "Un Occident kidnappé ou La tragédie de l'Europe central." *Le Débat* 27 (1983): 1 - 22. [English: Kundera, Milan. "The Tragedy of Central Europe." *New York Review of Books* 26 Apr. 1984: 33 - 38.]

Le Rider, Jacques. *La Mitteleuropa*. 1994. Paris: Presses Universitaires de France, 1996. [German: Le Rider, Jacques. *Mitteleuropa: Auf den Spureneines Begriffes*. Trans. Robert Fleck. Vienna: Deuticke, 1994.]

Le Rider, Jacques, Moritz Csáky, and Monika Sommer, eds. *Transnationale Gedächtnisorte in Zentraleuropa*. Innsbruck: StudienVerlag, 2002.

Magris, Claudio. *Il mito Absburgico nella letteratura austriaca moderna*. Turin: Einaudi, 1963.

Naumann, Friedrich. *Mitteleuropa*. Berlin: Reimer, 1915.

美国历史和文化中的记忆之场

乌多·黑贝尔

一、 概念框架与美国的记忆研究

美国的记忆文化反映了殖民地时期以来北美历史的特殊背景及其发展。所谓"新世界"这一谚语所传达的新颖性,北美共和国被明确定位为一个史无前例的普世救赎之约,以及北美大陆和美国内部多元族群社会之间的各类冲突,这三个因素非但没有限制,反而促进了一个多义的记忆之场网络的出现、刻意建构和不断修正。现有的一些理论路径已经阐明,在民族建构和社群传承过程中,想象的共同体和被发明的传统包含了哪些政治、社会和文化权力,这些路径也给我们提供了概念框架,来评估文化记忆和集体纪念对于美利坚民族的形成和稳定所具有的重要意义——这个民族是在历史上的政治和社会对抗行为中讲究修辞地创造出来的。与此同时,那些体现了与欧洲人接触之前北美土著成就的考古遗址,以及哥伦布以前欧洲旅行者在西半球留下的踪迹,都时刻提醒我们,美国的文化记忆并不是从1492年才开始的,不应该将其化约为以盎格鲁人为中心的场域。美国研究的多学科特性、多元文化议程,以及这个学科近来对于(视觉、表演、空间、虚拟和跨国的)理论转向的显著介入,使得该领域的学者能够以全面的视野,来解释美国记忆的各种文化在话语和非话语的表征中所表现出来的异质性,并可以探讨在一个民主、多元的社会中,为了争夺纪念性的参与和权威而进行的政治和经济竞争。在美国文化史和美国研究领域里被广泛接受的一些概念,都跟记忆研究领域的社会文化论和建构论取向有着密切的联系,比如亨利·康马杰(Henry S. Commager)强调美国人一直在追寻某种有用的过去,罗伯特·贝拉(Robert Bellah)提出了关于美国公民宗教(civil religion)的概念,新历史主义者则将美国文化理解为一个修辞意义上的战场。

二、 文学性的美国记忆之场及有关作品

美国文化记忆的文学建构,是与16—17世纪欧洲对北美大陆的殖民同步开始的。在今日美国疆域的西北、南方和西南地区,当年都会发生欧洲殖民者与土著之间最初的跨文化遭遇,之后也都爆发了持久的冲突。众多不同语种的文献,为我们保存下了这些奇妙的时刻。在殖民地时代的英语文学中,纪念的冲动一直产生着意识形态上的影响,这种影响在17世纪清教氛围下的新英格兰地区的历史作品那里达到高潮。威廉·布拉福德(William Bradford)、约翰·温斯罗普(John Winthrop)和科顿·马瑟(Cotton Mather)的历史著作,为美国人纪念盎格鲁中心主义的起源神话制定了一套标准的程式。这一程式围绕1620年清教徒先辈抵达"普利茅斯岩"(Plymouth Rock)的叙述而展开。直至今日,在每年十一月的第四个星期四,也就是感恩节这一全国性的家庭节日里,仍然可以看出。17世纪的历史编撰者试图用清教的"山巅之城"(city upon the hill)这个概念来应对不断变化的世俗历史,这一点在科顿·马瑟的《美洲基督教史》

(1702)一书的导论里有最好的阐述:"可是,不管新英格兰能否在其他地方存在,它必将在我们的历史里永存!"17世纪,有很多著名的牧师和政客多次被委任来撰写官方认可的新英格兰历史,从中我们可以看出利用历史编撰学文本来操纵纪念权威的决心,这在政治危机和文化冲突的时刻体现得尤为突出。其中最著名的是纳撒尼尔·莫顿(Nathaniel Morton)的《新英格兰回忆录》和威廉·哈布巴德(William Hubbard)的《新英格兰通史》。在接下来的岁月里,特别是美利坚合众国成立之后,这种为了实施意识形态控制和文化遏制而建构历史记忆之场的冲动继续结出了累累硕果。乔治·班克罗夫特(George Bancroft)的《美国史》初版于1837年,直到1880年代仍在修订再版,至今仍然是美国历史记忆之场中最好的一个实例。

19世纪,特别是在1812—1815年英美战争和1861—1865年内战之间的那段岁月里,大量历史小说纷纷问世,在建构和维系一种美利坚民族文化和认同的过程中,它们扮演了文学性的记忆之场的角色(参见本书安·芮格妮的文章)。文学批评家们,比如乔治·塔克(George Tucker)、沃尔特·钱宁(Walter Channing)、鲁弗斯·乔特(Rufus Choate)、约翰·尼尔(John Neal)和威廉·西姆斯(William Gilmore Simms),都呼吁要刻意创造出一种美利坚民族文学。詹姆斯·库珀(James Fenimore Cooper)、詹姆斯·鲍尔丁(James Kirke Paulding)、约翰·尼尔、莉迪亚·柴尔德(Lydia Maria Child)、威廉·西姆斯、约翰·弗雷斯特(John W. DeForest)和纳撒尼尔·霍桑(Nathaniel Hawthorne)等人的历史小说,则呼应了一种集体性的渴望,即通过小说虚构来纪念殖民地时代和美国历史的早前阶段。它们也为当时的文化和政治问题及冲突,比如印第安人迁移政策或者奴隶制,提供了历史先例。到了19世纪末,地区差异问题在美国历史观和认同观念中凸显出来。当时所谓"庄园文学"(plantation literature) 充当了一个大众性的（尽管是有争议的）平台，以表达一种怀旧式（有时是公然辩护性的、种族主义的）纪念，纪念的主题是内战以前的"旧南方"，以及所谓的南部邦联的失败命运。在19世纪末20世纪初和解政治的语境下，对内战以前的南方的虚构性追忆仍在持续，它们表现为20世纪美国的视觉和媒介文化，比如《一个国家的诞生》(Birth of a Nation, 1915)、《乱世佳人》(Gone with the Wind, 1939) 之类的好莱坞经典作品，以及电视连续剧《北与南》(North and South, 1985—1994)，后者改编自约翰·杰克斯 (John Jakes) 1980年出版的传统历史小说三部曲，并在国际上大获成功。历史在当代美国文学中的复活，表明虚构性的记忆之场具有源源不竭的文化能量——看看托马斯·品钦 (Thomas Pynchon)、多克特罗 (E. L. Doctorow) 和查尔斯·弗雷泽 (Charles Frazier) 等人的小说，就能明白这一点。

自传写作，此处将其理解为特定文化和跨文化背景下有意识的个体追忆和集体记忆建构之举（参见本书马克斯·桑德斯的文章），它们构成了第三种值得一提的北美文学性记忆之场。约翰·史密斯 (John Smith) 等早期欧洲殖民首领自吹自擂的冲动，与清教皈依程序有关的自我评鉴和示范格式的敦促，以及18世纪北美众多作家们集体性的自我认知，催生了英属北美殖民地早期的大量宗教性或者世俗性人物生平写作。托马斯·谢泼德 (Thomas Shepard)、乔纳森·爱德华兹 (Jonathan Edwards) 的精神自传，玛丽·罗兰森 (Mary Rowlandson) 被印第安人俘虏的故事，萨拉·肯布尔·奈特 (Sarah Kemble Knight)、伊丽莎白·阿什布里奇 (Elizabeth Ashbridge) 的旅行叙事，贵格派信徒约翰·伍尔曼 (John Woolman) 的日记，威廉·伯德 (William Byrd) 关于切萨比克湾一带庄园日常生活的叙述,北美土著萨姆森·奥科姆(Samson Occom)的叙事,以及最重要的本杰明·富兰克林(Benjamin Franklin)的《自传》,代表了17—18世纪北美自传写作的广度和文化多样性。妇女和少数族群作家的自传,以及宗教和政治异议群体的代表们的早期自传,都表明个体追忆之举可以被用于群体关怀的对抗性(甚至是颠覆性)表达。从奥拉达·艾奎亚诺(Olaudah Equiano)的《一个非洲黑奴的自传》(1789)开始,出现了一长串非洲裔北美奴隶的叙事,它们为非洲裔美国人社群保留了关于南方奴役制度的困境和罪恶的跨大西洋奴隶贸易的信息,并将这些信息暴露在白人读者面前。弗雷德里克·道格拉斯(Frederick Douglass)和哈里特·雅各布斯(Harriot Jacobs)的叙事是这种文学类型的典范,他们的文化活动和政治影响,在20世纪美国的非洲裔激进主义者和作家的作品中产生了共鸣,比如马丁·路德·金、马尔克姆·X(Malcolm X)、艾丽丝·沃克(Alice Walker),以及托妮·莫里森(Toni Morrison)。20世纪美国的自传写作,包含了众多来自不同领域的有代表性的美国人的生平事迹,从镀金时代的商业大亨卡耐基(Andrew Carnegie)到新英格兰知识分子和文化评论家亨利·亚当斯(Henry Adams),从最早的女权主义者夏洛特·珀金斯·吉尔曼(Charlotte Perkins Gilman)到移民美国的犹太人玛丽·安亭(Mary Antin),从侨民作家格特鲁德·斯泰因(Gertrude Stein)到印第安部落苏族首领黑麋鹿(Black Elk),无不包括在内。随着1960年代以来族群平权运动和1980年代以来文学经典修正运动的展开,曾经具有盎格鲁中心主义色彩、只用英语写作的北美文学变得进一步多元化,少数族群作家的自传小说和纪念性认同政治形成了更大的声势,比如莫玛黛(N. Scott Momaday)、露易丝·厄德里克(Louise Erdrich)、汤亭亭(Maxine Hong Kingston)、理查德·罗德里格斯(Richard Rodriguez)、桑德拉·希斯内罗丝（Sandra Cisneros），以及贝尔·胡克斯（笔名）。

21世纪初，不断扩展中的编辑项目"美国文库"（The Library of America）成为一种纪念性的汇编工作，其收录范围之广可谓独一无二。

三、视觉性的记忆之场与越来越趋于调和的美国历史和文化

北美西南部地区史前印第安人普韦布洛（Pueblo）土著文化中的摩崖石刻和其他形式的岩画，比后来美国疆域内的其他任何形态的视觉记忆都要早。史前的阿纳萨兹（Anasazi）、莫戈隆（Mogollon）、霍荷坎（Hohokam）和弗莱蒙（Fremont）文化中的绘画艺术，以及哥伦布时代以后纳瓦霍人（Navajos）、阿帕奇人（Apaches）的岩画，其构图带有抽象、仪式性或者具象派的特征。它们可以追溯到欧洲殖民者抵达之前的好几个世纪，在1492年以后欧洲人与印第安人展开接触和冲突的时代仍然延续了下来。它们保存了一些神圣的仪式、神话中的人物形象和古代的象征符号，以及关于某些世俗性和历史性事件的信息，比如西班牙人对西南部地区亚利桑那州谢伊峡谷（Canyon de Chelly）一些部落的屠杀。今天，视觉性的记忆之场依然是美洲土著部落仪式文化的一部分，同时也是美国西南部地区各处国家公园中的重要旅游景点和纪念场所，最著名的例子可能就是科罗拉多州的弗德台地国家公园（Mesa Verde）。

借助视觉艺术来表现欧洲人在北美的殖民活动时，对于所谓登陆场景的处理有着特殊的意识形态意义，人们借此对那些关键性的起源、基础和认同生成时刻进行了纪念性的建构。1493年巴塞尔（Basel）那幅关于哥伦布抵达新大陆的木刻作品，表达了欧洲人对

于美洲的渴望、心理投射和文化图式，而不是真正的美洲现实。16世纪晚期西奥多·德布莱（Theodore de Bry）的版画，开创性地描绘了哥伦布占领西半球的帝国主义行为，它们广泛流行，成为后来的艺术家们处理登陆场景时的参照基础，在美国历史上产生了深远的影响。亨利·撒根特（Henry Sargent）的作品《朝圣者登陆》（1815），目前陈列于马萨诸塞州普利茅斯的朝圣厅（Pilgrim Hall）博物馆；约翰·范德林（John Vanderlyn）的作品《哥伦布登陆》（1847），现在依然是华盛顿国会大厦圆形大厅中的永久性陈列品之一，在众多追忆北美历史上的奠基时刻的绘画作品中，这是一个尤其引人注目的例子；约翰·特朗布尔（John Trumbull）的油画作品《1776年7月4日独立宣言签署》（1820），铭记了美国建国这一关键时刻，至今依然是一个重要的例子，表明年轻的美国曾经通过委托艺术家们创作记忆图标这种方式，来建构一种可用的过去。上述这些作品全都成为参照基准，19世纪美国最成功的平版印刷品生产商柯里尔与艾夫斯（Currier & Ives）和凯洛格（Kellog & Kellog），据此推出了成千上万的大众印刷品。由此可见，美国记忆文化与商业利益之间的联系在19世纪已经非常明显。19世纪这些对于美国建国前后历史的视觉化处理产生的大众影响，由于一些图说历史书籍的出版和广泛流传进一步得到了强化。一些多卷本的著作，比如约翰·弗罗斯特（John Frost）的《图说美国史》（1844），以及本杰明·路辛（Benjamin J. Lossing）的《图说美国革命史手册》（1850），搭建了美国国家历史和认同的纪念结构，书中明显带有美国疆域扩张、人口日益多元化时期的说教色彩。

图标式的美国记忆之场，还包括三幅值得特别留意的20世纪以前的图画。1770年波士顿屠杀事件发生后，保罗·里维尔（Paul Revere）一幅以此为题材的版画作品，立即通过各种印刷版和宽边版本传播开来，至今仍被用作史学著作和儿童读物的插图。它将美国革命阐释为热爱自由的北美殖民者-公民和普通人对英国的军事和政治专制的一场斗争。伊曼纽尔·洛伊策（Emanuel Leutze）的作品《华盛顿横渡德拉瓦河》(1851) 极其典型地表现了乔治·华盛顿的历史角色，将他描绘为富有传奇色彩的史诗般的英雄，他正率领新兴的美国步入光荣和进步的光明未来。伊曼纽尔·洛伊策的另一幅作品《帝国事业走上西进道路》(1861)，是受委托为华盛顿国会大厦创作的一幅壁画，它凝聚了官方的回忆和大众的倾慕，调动了各种人物和场景要素来描绘内战前夕的国家意识形态——"领土扩张是美国的天定命运"（Manifest Destiny）。在那些更加晚近的视觉性的记忆之场当中，诺曼·洛克威尔（Norman Rockwell）的油画作品《免于匮乏的自由》(1943) 颇为引人注目，出于二战宣传之目的，它描绘了一个（盎格鲁）美国人家庭庆祝感恩节的情景。这再次证明，即使到了 20 世纪，绘画作品仍然具有不竭的文化和政治威力。

摄影作为一种新的记录媒介在 19 世纪后半期的兴起，给视觉记忆的构成带来了挑战，并开启了记忆之场的概念化过程，使之成为现代美国媒介文化的一部分（参见本书马丁·兹罗德的文章）。马修·布莱迪（Matthew Brady）的内战摄影，是美国历史上首次通过系列影像方式来表现重大事件的尝试。布莱迪及其团队摄制的照片，在很大程度上取代了此前战争记忆的经典形态和模式（即文学和绘画），时至今日，甚至还在主导着美国人对于内战的集体回忆。类似地，19 世纪末 20 世纪初爱德华·柯蒂斯（Edward Curtis）关于西部和西南部地区土著美国人的摄影，也将"消失的印第安人"这一刻板的形象嵌入了美国人和非美国人的记忆当中。雅各布·里斯（Jacob Riis）的社会摄影保存了 19 世纪晚期美国移民生活的理想与困境。整个 20 世纪，摄影日益成为一种纪念性的"登记簿"，记录美国历史和文化的变迁和危机,比如沃克尔·埃文斯(Walker Evans)和多萝西娅·兰格(Dorothea Lange)拍摄的大萧条时期痛心的农场主形象,安塞尔·亚当斯(Ansel Adams)拍摄的西南部地区的濒危风景,泽普鲁德(Zapruder)拍摄的肯尼迪总统遇刺情况的录像,在越南拍摄到的战争暴行照片,以及玛格南(Magnum)图片社的摄影家们对"9·11"事件带来的民族创伤的迅速捕捉,等等。新闻短片和电视新闻报导(后者越来越倾向于直播,并且面临着互联网的竞争),使众多历史事件和民族创伤在20世纪美国人的集体记忆中留下了持久的、有时是挥之不去的印象,如美国体育史上的一些重大时刻,第二次世界大战当中的决定性进展和行动、肯尼迪总统的葬礼、越南战争、登上月球、尼克松总统辞职、"9·11"事件,以及卡特里娜飓风。20世纪初以来,电影到底如何塑造了美国人的文化记忆,以及大众对美国历史和认同的想象?对此,一些原创电影的持续吸引力以及它们在商业上取得的成功,便能加以说明。它们已经成为影视形态的记忆之场,比如《一个国家的诞生》(1915)、《乱世佳人》(1939)、《刺杀肯尼迪》(1991)、《断锁怒潮》(Amistad)(1997),以及《珍珠港》(2001)。肯·伯恩斯(Ken Burns)拍摄的大众性的电视纪录片,呈现出一个特别有意思的纪念性的万花筒,美国的历史、文化和偶像人物,从托马斯·杰斐逊到刘易斯与克拉克远征(Lewis and Clark expedition),从内战到布鲁克林大桥和自由女神像,无不收录其中。

四、美国记忆的纪念性表演和物质展示

美利坚合众国的成立激发了一种集体的冲动,即庆祝共同的历史成就、确认新近创造出来的集体认同。美国成立初期,地方性、区

域性和全国性的各种节日纷纷涌现，它们吸收了传统宗教和民俗仪式的脚本和剧目并加以改造，关注焦点放在了对这个新生的国家而言具有决定意义的事件、人物和文件上面。对独立战争中特定事件的纪念，对革命领袖生日或就职纪念日的庆祝，以及向美国宪法的制定表示敬意的种种仪式，主导了这个年轻的国家的节日安排。美国建国初期和内战以前的纪念文化，为一种具有美国特色的公民宗教的发展奠定了基础，甚至直到今天，这种公民宗教的政治和文化凝聚功能，很大程度上依然有赖于那些基本上无可匹敌的国家记忆和集体崇敬（collective veneration）场域的持久吸引力来实现。19世纪时，7月4日这一天演变为全国性的固定节假日，一段时间内跟"先辈纪念日"（Forefathers' Day）构成了竞争态势，后者的纪念对象是1620年12月22日所谓"朝圣先辈们"——第一批来自欧洲的清教徒——在普利茅斯的登陆。内战之前的几十年里，宗派冲突和领土扩张助长了全国性记忆之场的功能分裂，以及更加具有地方和区域色彩的重要节日的出现，比如新近获得的领土上的一些重要城市的建城纪念，庆祝伊利运河的开凿这类技术成就，等等。

内战以后的美国，表演性的记忆景观进一步变得多元化和商业化。与内战相关的周年纪念和战争重演活动在全国范围内的流行，以及政治和文化议程各异的一系列内战纪念碑和纪念物在北方和南方的修建，都降低了新英格兰地区的历史和遗产的全国性意义。宾夕法尼亚州的葛底斯堡战场成为全国瞩目的礼拜偶像，很快发展为一处商业化的朝圣和集体礼拜圣地。到了20世纪，这里则成为一处主打记忆招牌的旅游胜地和商业中心。黑人解放纪念活动的兴起，以及各种各样的族群性记忆之场的形成，使美国的节日文化进一步多元化，移民浪潮勃兴的中西部和西部地区尤其如此。特别是，地方史的盛会展现了各个移民群体互不相同的历史和文化遗产，使一度是纯粹盎格鲁中心主义的国家和社会起源叙事变得更加复杂。另一个例子可以揭示美国文化记忆参数的急剧变迁。绰号"公牛比尔"的威廉·科迪（William "Buffalo Bill" Cody）的荒野西部表演（Wild West shows），为1880年代至1900年代的美国和欧洲观众展现了美国西部地区以白人和印第安人为主角的冲突记忆，而当时西部扩张的历史仍处于进行当中。在此背景下，1888年波士顿树立了一座雕塑，用以纪念美国独立运动时期的非洲裔战斗英雄克里斯普斯·阿塔克斯（Crispus Attucks）；1889年，一座"国家先驱纪念碑"（National Monument to the Forefathers）在马萨诸塞州普利茅斯附近隆重落成；1920年，普利茅斯举办了清教徒登陆三百周年纪念活动，乔治·贝克（George P. Baker）的露天表演节目《朝圣精神》成为重要的观光对象。这些现象基本上体现了一种迟来的企望，即恢复那种纯粹盎格鲁中心主义的美国记忆的凝聚力。不过，直到20世纪后半期，即使不是主导力量，貌似纯粹美国式的节日文化仍然保持着政治和文化上的影响力。稍晚以后，围绕着文化多元主义、族群平权、政治正确和认同政治等问题产生了一系列论争。在这种语境下，由来已久的哥伦布日（Columbus Day）庆祝活动，以及对于朝圣者们抵达普利茅斯岩的纪念活动，成为美国那种内敛的欧洲中心主义概念框架的缩影，后者试图倡导一种对于美国历史、文化和认同的更加多元的理解。1998年，一座爱尔兰大饥荒纪念馆在波士顿著名的"自由之路"（Freedom Trail）附近揭幕并落成，这类纪念物记录了美国各族群团体的持续要求，即在美国的历史记忆版图中为自己争取一席之地。

通过收藏品、档案馆和博物馆来汇集和展示北美-美国的记忆，使之成为公众触手可及的记忆之场，这种做法也可以追溯到美利坚合众国的早期岁月。1800年，国会通过了一项建立国会图书馆的法案，为美国最大的档案馆的成立奠定了基础。该馆有一个独具特色的在线项目"美国记忆"(http：//memory.loc.gov/ammem)，它以电子化形式展示了关于美国文化记忆的最丰富藏品。早期成立的一些地方性和州立的历史学会，以及具有全国性影响的私人档案馆，比如马萨诸塞历史学会（1791年成立）、纽约历史学会（1804年成立）、美国文物学会（1812年成立），它们成为一种模板，在此基础上形成了由各州和各大城市历史学会及遗产保护组织构成的错综复杂的网络。两百多年来，这些学会和档案馆的档案政事和文化努力对地方性、区域性和全国性的记忆产生了强大影响，或者为某种记忆提供支持，或者对某种记忆构成竞争。在1930年代的意识形态危机和罗斯福新政当中，出于稳定集体认同的考虑，当局在文化政治方面有意识地支持保护那些濒危的历史资料，此时地方性和州立的档案馆往往成为重要平台，回收了许多具有纪念意义的资料，如非洲裔美洲奴隶的叙述和工作歌谣、1692年萨勒姆镇（Salem）女巫审判案的记录，以及南方的布鲁斯音乐和西部的牛仔音乐。美国博物馆文化的核心代表是史密森尼学会（Smithsonian Institution, http：//www.si.edu），它创建于1846年，目前包括二十多个博物馆，其中大部分位于华盛顿特区的国家广场。一些具有特定纪念意义的展品反复引发争论，比如1994—1995年间展示的二战期间投掷原子弹的B-29轰炸机"艾诺拉·盖伊"号。围绕一些新近开张的博物馆的选址、建筑和展示理念，也引发了很多讨论，比如国立美洲印第安人博物馆，以及尚在建设中的国立非洲裔美国人历史文化博物馆，等等。这些争论和讨论表明，在当代多族群的美国文化当中，博物馆作为具有可见性和影响力的记忆之场，有着深远的政治含义。

　　华盛顿特区的国家广场是美国公民宗教的心脏地带，也是全美博物馆和记忆文化的中心。1790年代，华盛顿选中的建筑师皮埃尔·朗方（Pierre L'Enfant）设计了国家广场的基本轮廓，现在已成为美国公民民族性（民族主义）的朝圣活动的首要目的地，同时也是国内外参观者蜂拥而至的旅游胜地。在更大的地形学和象征背景之下，国家广场连接了政府三个部门的主要建筑：白宫、国会大厦和最高法院。除了史密森尼学会所属的博物馆，这里以及附近地区还有一些重要的全国性组织，比如国家档案馆，为纪念华盛顿、托马斯·杰斐逊、林肯、富兰克林·罗斯福而建立的著名纪念场所；此外还有一些全国性的战争纪念馆，比如第二次世界大战纪念馆、朝鲜战争纪念馆、越南战争纪念馆。国家档案馆的圆形大厅中庄重地陈列着美国历史上一些神圣的文件，国会大厦的圆形大厅里则陈列着一些绘画和雕塑作品，以纪念北美历史上的一系列关键场景、重要的总统和政治家，它们都已成为极其庄严的全国性记忆之场和旅游胜地。1965年以后，"国家广场和纪念公园"成为美国国家公园体系的一部分，从而在体制上和意识形态上跟一个包括了全国400多个单位的更大的系统连为一体。1872年，黄石国家公园建立，这是美国第一处国家公园。此后，美国的国家公园明确致力于自然和历史遗产的保护。它们包括费城独立厅、带有神秘气息的美国革命和内战战场；移民历史上的一些地标，如爱丽丝岛（Ellis Island）和自由女神像；新奥尔良爵士俱乐部、历史人物的诞生地、南方民权运动中的一些教堂，以及总统图书馆，等等。此外，由私人赞助、商业色彩更明显的记忆之场，也逐渐构成了美国记忆文化和记忆事务的一部分。尤其值得一提的是普利茅斯移民村（Plimoth Plantation）和威廉斯堡古镇（Colonial Williamsburg），那里的历史演出，活生生地表现了1620年代普利茅斯清教徒以及18世纪弗吉尼亚州的日常生活，极为典型地反映了历史教训癖和旅游产业的结合如何主导了今日美国的记忆之场。游客们对历史演出的积极参与，以及通过现场或者互联网途径对记忆之场的更多接触,是否加深了美国国家记忆的民主化?这个问题仍然有待讨论。

视觉性的美国记忆之场和各种纪念性的展示,还通过硬币和邮票得到了有形的传播。美国铸币局发行了众多纪念币系列,其中最近发行的"50州25美分纪念币"系列和"西进运动5美分硬币"系列,或许可以很好地体现硬币如何发挥历史文化记忆的传播媒介和场域的功能。1893年,美国邮政局发行了第一套纪念邮票,以纪念在芝加哥举办的哥伦比亚世界博览会,这套邮票中展示了一些关于哥伦布抵达"新世界"的著名绘画。最近的一些例子,比如"9·11"事件之后发行的"团结就是力量"(United We Stand)和"2001年的英雄"系列,以及2006年发行的本杰明·富兰克林诞辰300周年纪念邮票,都表明上述纪念方式仍在使用。政治家、艺术家、体育明星、绘画作品、地标性建筑、国家公园,以及其他许多美国的历史文化地标,都被印在邮票上。

五、 美国记忆之场的跨民族化和虚拟化

北美历史的多族群性和跨民族性,北美文化兼跨西半球、大西洋和太平洋的背景,使美国的纪念场域和纪念仪式总是具有多向度、多元性的特征——尽管所有历史过程和官方行为都难免带有压制、排斥、删除和遗忘的成分。为了纪念1876年卡斯特(Custer)将军率领的美国第七骑兵团与"坐牛"(Sitting Bull)和"疯马"(Crazy Horse)领导的平原印第安部落联盟之间的一场战争,1991年,卡斯特战场国家纪念碑(Custer Battlefield National Monument)被重新命名为"小大角羊战场国家纪念碑"(Little Bighorn Battlefield National Monument),到2003年,又在国家公园管理处的原址添建了一座印

第安人纪念碑。此举很好地显示了跨文化和跨民族的记忆现在已经如何从长期以来单一的美国记忆景观中脱颖而出，并且变得更加引人注目。在南达科塔州的拉什莫尔山国家纪念公园（Mount Rushmore National Memorial），四位总统的头像被铭刻在山岩上，似乎正在相互对话；1948年，"疯马纪念雕像"（Crazy Horse Memorial）在一片树木繁茂的山岭中开凿，一个甚至更加庞大的骑在马背上的"疯马"形象逐渐浮现出来。这同样是一个鲜明的例子，表明了美国的记忆景观正变得越来越具有多义性和分歧性。一些具有民族（民族主义）色彩的重要历史遗迹，比如位于德克萨斯州圣安东尼奥的阿拉莫（Alamo），或者是纽约爱丽丝岛和加州天使岛（Angel Island）这处主要的移民中转站，都已经被赋予了更加多义的叙事，以阐发其背后跨民族的历史内涵。华盛顿特区的国立日裔美国人纪念馆，洛杉矶的"孤注一掷"（Go For Broke）日裔美国人战争纪念馆，以及加利福尼亚州的曼萨纳尔战时安置中心国家历史遗址（Manzanar War Relocation Center National Historic Site），这些跟特定族群的跨文化历史和认同有关的纪念碑、纪念馆、历史标志物和国家公园，显示了美国历史和移民记忆的冲突的一面。华盛顿特区的美国大屠杀纪念博物馆，展现了被学者们称为"美国化"的大屠杀的具体情形，非常具体地揭示了一种国际性的记忆如何被国家所挪用。围绕纽约"9·11"遗址上的纪念物是否足够这一问题，相关争论还在继续。这些争论背后的政治和文化含义无他，正是对"9·11"事件及其记忆之场的纪念权威的争夺。精心制作的网页，为此处提到的绝大多数美国记忆之场提供了几乎不受限制的虚拟入口。参与式结构和互动性的沟通渠道，使这些网页变成了交流和对话的平台，尽管这只是在虚拟的层面进行。跨民族的和虚拟的互动性，到底将在多大程度上进一步推动美国记忆文化的多元化、民主化和商业化，这个问题还有待继续观察。

参考文献

Blight, David W. *Race and Reunion: The Civil War in American Memory*. Cambridge: Harvard UP, 2001.

Bodnar, John. *Remaking America: Public Memory, Commemoration, and Patriotism in the Twentieth Century*. Princeton: Princeton UP, 1992.

Burnham, Patricia M., and Lucretia H. Giese, eds. *Redefining American History Painting*. Cambridge: Cambridge UP, 1995.

Dubin, Steven C. *Displays of Power: Memory and Amnesia in the American Museum*. New York: New York UP, 1999.

Ethnic Autobiography. Spec. issue of *Melus* 22.4 (1997).

Gessner, Ingrid. *From Sites of Memory to Cybersights: (Re) Framing Japanese American Experiences*. Heidelberg: Winter, 2007.

Grabbe, Hans-Jürgen, and Sabine Schindler, eds. *The Merits of Memory: Concepts, Contexts, Debates*. Heidelberg: Winter, 2007.

Grainge, Paul. *Memory and Popular Film*. New York: Palgrave, 2003.

Hass, Kristin Ann. *Carried to the Wall: American Memory and the Vietnam Veterans Memorial*. Berkeley: U of California P, 1998.

Hebel, Udo J., ed. *Sites of Memory in American Literatures and Cultures*. Heidelberg: Winter, 2003.

Heller, Dana, ed. *The Selling of 9/11: How a National Tragedy Became a Commodity*. New York: Palgrave, 2005.

Henderson, Helene. *Patriotic Holidays of the United States: An Introduction to the History, Symbols, and Traditions Behind the Major Holidays and Days of Observance*. Detroit: Omnigraphics, 2006.

Hufbauer, Benjamin. *Presidential Temples: How Memorials and Libraries Shape Public Memory*. Lawrence: UP of Kansas, 2005.

Kachun, Mitch. *Festivals of Freedom: Memory and Meaning in African American Emancipation Celebrations, 1808–1915*. Amherst: U of Massachusetts P, 2003.

Kammen, Michael. "Commemoration and Contestation in American Culture: Historical Perspectives." *Amerikastudien/American Studies* 48 (2003): 185–205.

—. *Mystic Chords of Memory: The Transformation of Tradition in American Culture*. New York: Knopf, 1991.

Le Beau, Brian F. *Currier & Ives: America Imagined*. Washington, D.C.: Smithsonian Institution, 2001.

Levy, Daniel, and Natan Sznaider. *The Holocaust and Memory in the Global Age*. Philadelphia: Temple UP, 2006.

Linenthal, Edward T. *Preserving Memory: The Struggle to Create America's Holocaust Museum*. New York: Columbia UP, 2001.

Linenthal, Edward T., and Tom Engelhardt, eds. *History Wars: The Enola Gay and Other Battles for the American Past*. New York: Metropolitan, 1996.

Lipsitz, George. *Time Passages: Collective Memory and American*

Popular Culture. Minneapolis: U of Minnesota P, 1990.

The National Museum of the American Indian. Spec. double issue of *American Indian Quarterly* 29.3/4 (2005).

Pfitzer, Gregory M. *Picturing the Past: Illustrating Histories and the American Imagination, 1840 -1900*. Washington, D. C.: Smithsonian Institution, 2002.

Rosenzweig, Roy. *The Presence of the Past: Popular Uses of History in American Life*. New York: Columbia UP, 1998.

Savage, Kirk. *Standing Soldiers, Kneeling Slaves: Race, War, and Monument in Nineteenth-Century America*. Princeton: Princeton UP, 1997.

Sayre, Robert F., ed. *American Lives: An Anthology of Autobiographical Writing*. Madison: U of Wisconsin P, 1994.

Schindler, Sabine. *Authentizität und Inszenierung: Die Vermittlung von Geschichte in amerikanischen historic sites*. Heidelberg: Winter, 2003.

Schultz, April. *Ethnicity on Parade: Inventing the Norwegian American Through Celebration*. Amherst: U of Massachusetts P, 1994.

Schwartz, Barry. *Abraham Lincoln and the Forge of National Memory*. Chicago: U of Chicago P, 2000.

Snow, Stephen E., ed. *Performing the Pilgrims: A Study of Ethnohistorical Role Playing at Plimoth Plantation*. Jackson: U of Mississippi P, 1993.

Sturken, Marita. *Tangled Memories: The Vietnam War, the AIDS Epidemic, and the Politics of Remembering*. Berkeley: U of

California P, 1997.

Toplin, Robert B. *History by Hollywood: The Use and Abuse of the American Past*. Urbana: U of Illinois P, 1996.

Travers, Len. *Celebrating the Fourth: Independence Day and the Rites of Nationalism in the Early Republic*. Amherst: U of Massachusetts P, 1997.

Waldstreicher, David. *In the Midst of Perpetual Fetes: The Making of American Nationalism, 1776-1820*. Chapel Hill: U of North Carolina P, 1997.

Weeks, Jim. *Gettysburg: Memory, Market, and an American Shrine*. Princeton: Princeton UP, 2003.

记忆之场与战争阴影

杰伊·温特

"记忆之场"就是一些场所，人们在那里参与公共活动，由此表达"一种关于过去的集体共享知识……这种知识是一个群体的统一感和个性的基础"（Assmann 15）。前往这种场所的人群继承了事件本身固有的意义，又将新的意义加入其中。他们的活动对纪念场所的表达和保存而言至关重要。这种群体消散或者消失以后，记忆之场就会丧失其初始的活力，甚至完全荒废。

诺拉的七卷本项目所介绍的这个术语，其内涵已经拓展至许多不同的文本，从传说到故事、概念，都包括在内。这篇短文对"记忆之场"的定义则更为具体，仅指那些上演着纪念行为的有形场所。20世纪，绝大多数这类场所都铭记着战争中丧生的生命。

这种记忆之场往往有其自身的生命历程。首先是发起和创作阶段，它们由于某些特定的纪念目的而被建构起来，或者被改造而成。然后是一个制度化的阶段，对它们的使用趋于常规化。相关的一些标志，比如指示着某时某地应该举行何种纪念活动的日程表，可能会持续存在几十年，也可能会被突然中止。大多数情况下，记忆之场的重要性，将随着发起该行为的社会群体的消失而消退。

记忆之场在许多层次的人群当中运行，触及团体生活的许多侧面。这种场所在古代和中世纪颇为常见，但其数量的激增却发生在更加晚近的阶段。由此，这个主题引发了许多学术性和大众性的讨论。因此，本文的集中关注对象是19和20世纪民族国家建构时代的记忆之场。

近代时期，大多数记忆之场都嵌入了一些与宗教议程截然不同的事件当中。当然，其中也有一些重叠之处。有的国家，停战日（11月11日）那天去参访纪念场所，会让人想起第一次世界大战的终结，这个日子跟天主教的万圣节（11月2日）非常接近；在一些天主教信徒众多的国家，这两个日期都占据了一种近乎神圣性的公共纪念空间。首先是参拜纪念公墓，然后是参观战争纪念馆或其他场所。欧洲的二战停战日，即5月8日，也是圣女贞德（Joan of Arc）纪念日。那天参加纪念活动的人，既可能采用世俗的典礼，也可能遵循天主教的礼仪，有的人则同时采用两种仪式。通常而言，场所的选择意味着日期有所不同。

在记忆之场举行的纪念活动，是一种因信念而生、由某个大型共同体所共享的行为。被纪念的那个时刻既具有重要意义，又包含着某种具有道德意味的信息。记忆之场将这种信息以物质形态呈现出来。事关民族耻辱的时刻很少以有形的方式得到纪念或者被标记出来，尽管也有一些例外，即激励性的纪念。在以色列的纳粹排犹受害者纪念日，公共纪念活动的标志性口号就是"永不重演"。广岛那些公共建筑的外壳，向每一个人提示着这座城市为原子弹首次攻击所摧毁的那一刻。如果针对一场战争或者一项公共政策的道德质疑一直存在，纪念场所要么很难固定下来，要么成为受争议的场所。正因为此，法国人试图纪念阿尔及利亚战争的结束，美国人试图纪念越南战争的结束，却都没有形成明确的日期或者地点。对于冲突的本质未能达成任何道德共识，因此，何种东西应该被大众记住、应该在何时何地去记住，这些问题也就不会有道德共识（参见 Prost）。

日本首相参拜靖国神社之举，既是对普通士兵的表彰，也是对战争罪犯的崇敬。美国总统里根对比特堡（Bitburg）德国士兵公墓的参观也是如此，那里既安葬着不涉及战争罪行的人，也埋葬着一些原党卫军成员。不过，这两个地方都是一种记忆之场，不管是有争议的记忆还是怨恨的记忆，终归都是一种记忆。

记忆之场的要义在于，它们不仅是灾难性事件幸存者的参照点，也是事件发生以后很久才出生者的参照点。当直接经历其事者故去之后，对于过去的讲述变得流行，"记忆"即成为一个隐喻，记忆之场不可避免地成为二手记忆的场所，也就是说，人们在这里记住的是别人的记忆，是这里所标志的那些事件的幸存者的记忆。

一、纪念和政治权力

围绕记忆之场的学术争论，大多关注它们在多大程度上成了一个社会的主导政治力量的工具（参见本书 Meyer 的文章）。一派观点强调，这些场所举行的公共事件，有助于政治精英们确立其统治的合法性（参见 Nora）。对于其中一些事件，要观察掌握权力的是谁——如巴黎的巴士底日、费城的独立日，或者美国的其他纪念日。而另一些事件则与旧秩序的推翻和新秩序的建立紧密相连：11月7日标志着布尔什维克革命和共产主义政权在俄国的建立，这个日子象征着一种新的秩序及其对全世界敌人的挑战。莫斯科克里姆林宫外的阅兵式，既是一个具有纪念意义的时刻，也是一个极为自豪的时刻，展示了苏维埃部队在俄国和世界历史上的地位。

这种自上而下的路径，强调了记忆之场作为民族、帝国或者政治认同的有形载体的意义。澳新军团节（Anzac Day），即4月25日，被当作澳大利亚国家诞生的时刻得到了庆祝。它纪念的是1915

年澳大利亚和新西兰部队作为英国领导下远征军的一部分在土耳其的登陆。登陆失败的事实，并未削弱这个日子在澳大利亚人眼中的偶像般的性质。正是在这一天，他们挺住了，他们的国家成年了（参见 Inglis）。有很多记忆之场铭记着这个日子。首先，人们可以去澳大利亚各地的战争纪念馆。其次是国家层面的社交场合，即堪培拉的澳大利亚国立战争纪念馆，这座大厦仿照伊斯坦布尔圣索菲亚大教堂（Hajia Sofia）的形状而建成，墙上刻着战争中牺牲的所有澳大利亚士兵的姓名。最后，还有每年一次前往加里波利（Gallipoli）海滩的朝拜活动，直至 21 世纪仍有很多人参加。在那里，澳大利亚人在当年登陆的海滩上继续上演着"加里波利登陆"。

并非所有的纪念活动和记忆之场都跟战争相连。君主或已故总统的诞辰也以类似的方式得到纪念。维多利亚女王的生日，即 5 月 24 日，曾经是英国的"帝国日"（Empire Day），1999 年以后则被当作"英联邦日"（Commonwealth Day）得到庆祝。这种纪念日的创生，是更广泛的运动的一部分，对此一些学者称之为"传统的发明"。也就是说，19 世纪末，新出现的民族国家和老牌的帝国列强都加强了对于仪式活动的运用。权力光环的放大之举，随即为一种具有欺骗性的血统谱系所确认。展示一些特定的仪式（据称它们与遥远、模糊的古代历史上曾经存在过的习俗或者形式有联系），就能有效地掩饰政治变革、不稳定或者不安全等因素（参见 MacKenzie；Hobsbawm and Ranger）。在我们看来，有意思的是，这种传统与某个场所之间仅有微弱的连带关系。由此，对于那些希望发明传统的人而言，他们的选择就更加具有灵活性。

上述这种对纪念活动的功能主义阐释已经遭到了挑战。第二派强调了记忆之场和相关纪念活动如何具有潜力，以帮助其主导群体为摆脱自己的从属地位而公开抗争。许多政治领袖或其代理人都试图设计一些全新的纪念行为,不过官方的纪念脚本也存在着不少空间,可以进行颠覆性的或者是创造性的阐释。11月11日停战日,不同群体都会去战争纪念馆,有的人是为了彰扬军事价值观,有的人则是为了诋毁军事价值观。和平主义者通过现身于这种记忆之场来宣示自己"永不重演"的信条;军人及其支持者则利用这种时刻和这类场所的氛围来美化自己的职业,并借此演示公民的义务,即在未来可能的战争中必要时应该为国献身。同样的时间、同样的空间,表达形式却相互矛盾,这个问题从来没有得到解决(参见 Gregory; Winter)。

这种对记忆之场的政治意义的新阐释,强调了追忆行为的多义性质,以及新群体出于新的原因挪用旧的记忆之场的潜在可能性。由此看来,纪念往往是多种声音的合唱,一些声音比另一些声音更大,但从来不是独唱。将纪念的历史去中心化,可以让我们意识到纪念行为的区域性、地方性和异质性的特征。自上而下的考察路径必须辅以自下而上的路径,去考察各种关于过去的脚本如何在村庄、小镇、省城和政治权力中心的纪念场域中上演。

非常偶然的情况下,这些不和谐的声音会汇集到一起,由此出现一个全国性的记忆时刻。不过在这种情况下,领导者们并不是编组在单个记忆之场当中。这种记忆扩散的例子可见于1919至1938年间每年11月11日11点的两分钟默哀。话务员拉下了所有的通话插头,交通中断,正常的生活暂停下来。然后二战爆发,而突然转向战争并不符合国家的利益。此后,两分钟默哀的日期改为与11月11日最接近的星期天。但在两次世界大战之间的二十年里,它成为一个全国反思的时刻,无处不在。早期社会调查组织"大众观察"(Mass Observation),曾经访问过数百名英国普通人,询问他们在两分钟默哀时究竟想些什么。他们回答说,自己想到的不是国家、胜利或者军队,而是那些不在场的人。这种默哀是对不在场状态的一种冥想。这样,它就从政治性的交响曲滑向了家庭史的领域。当然,家人对于亲人的纪念,是在一个更大的社会和政治框架下进行的。不过,最丰富的纪念形式总是存在于家庭生活当中。正是公共性与私人性、宏大历史与微观历史的交叉,赋予了20世纪的纪念活动以力量,使其呈现了丰富的剧目形态。不过,这些纪念过程非常复杂,意味着记忆之场并不总是纪念行为的焦点。

此外,一些建筑也可以非正式地转变为记忆之场。工人们在电影院里组织一次罢工,妇女在家中创建一个孕产中心或者婴童照顾中心,自然灾害导致的无家可归者找到一所学校作为庇护之处,对于在这类场所度过了生命中某些重要时刻的人而言,它们都可能变成一种记忆之场(参见Hayden)。某些群体自我行事时,官方的证书并非必需品。

二、记忆的生意

非官方记忆之场的保存,必须借助于特定群体的时间和金钱。这是对记忆之场进行界定的一个关键因素:它们需要金钱和时间来创建或者保存。它们需要专家的服务——景观设计师、保洁员、石匠、木匠、水暖工等。它们需要资金,而且不时需要补充资金。我们可以从记忆之场的历史中找到两类开支:一是资本开支,二是经常开支。

创建这种场所,必须购买土地,必须设计并建造出一种合适的象征形式,以聚焦于纪念行为。第一步或许是得到一笔相当大数目的公共资金。私人的土地价格往往比较贵,尤其是在城市地区。然后是建筑师的费用,尤其是在举行公开竞标、向专业人士征集方案的情况下。最后，象征形式一旦选定，就必须采用指定的材料，根据建筑师或者艺术家的设计，将之付诸实施。

纪念项目为国立性质时，建造过程便处于公共监督之下。全国的艺术院校和"专家"群体都必须有自己的说法，他们要宣示自己关于"品味"和"体统"的标准，职业利益和冲突开始起作用。专业人士之间的这种内战大多出现于国立性质的纪念项目中，但同样复杂的程序也会出现在地方层面，一步一步展开，只是公众参与的层次有所不同而已。这些项目通常由地方当局负责，地方名流们出于自己的特定考虑可以让计划发生偏转，而不管舆论将会说些什么。

大多数时候，公共资金只能覆盖纪念项目的一部分成本。公共募捐至关重要，特别是在以新教为主的国家，实利主义的纪念概念占据主导地位。在以天主教为主的国家，"有用的"纪念物这种概念本身就存在矛盾，象征语言和实利语言被认为是相互排斥的。但新教的志愿传统刚好相反。在新教国家，纪念性的项目呈现为多种形式，从神圣到世俗的都有。在英国，医院里有纪念庭院，学校和大学里有纪念奖学金，还有纪念性的板球场地，甚至还有纪念某一匹马的水槽。在美国和澳大利亚，有纪念性的高速公路。最基本的规则是公民私人承担了这些纪念形式的绝大多数费用。国家提供一些补贴和临时性的配套资金，不过钱还是来自普通人的腰包。同样，英国也有一项共享度非常高的公共纪念活动：掏钱购买纸做的罂粟花，戴在自己的衣领上。罂粟花象征着第一次世界大战中"战死的精英一代"，销售所得被用于帮助残疾老兵及其家人。

记忆之场的经常开支，几乎总是由纳税人来支付。战争公墓需要石匠和花匠。英帝国（现为英联邦）战争墓地委员会（War Graves Commission）照管着全世界数百处这类公墓，其维护成本是一项公共负担。私人性的慈善机构（特别是基督教团体）维护着德国的战争墓地。一旦建成，纪念塑像、公墓也好，高速公路也好，也都成为公共财产，需要公共资金的保护，以免损毁。它们往往被当作纪念活动的场所保护起来。

许多纪念活动都倾向于让大众以公开的方式进行纪念，这意味着将大众引向特定的纪念场所。有的纪念场所离家较近。在英国和法国，每个城市、小镇和村庄都有战争纪念馆，每年的停战日纪念仪式正是在这些地方举行。遍布欧洲的各个教派的教堂，都有牌匾来纪念那些战争中的死难者。犹太人的祈祷书里还添加了特殊的祈祷文，以纪念二战期间遭受纳粹迫害的人，后来又用以纪念为以色列军队服役而牺牲的人。

出席地方礼拜堂或者战争纪念馆里的纪念活动，要求公众走出家门，跨越一段距离，到达指定的纪念场所。不过，考虑到两次世界大战中死亡人数之多，以及安葬着数百万男男女女的此类公墓在世界范围内的分布之广，纪念事务也就导致了国际性的旅行。这种旅程始于朝拜，很多都夹杂着观光的成分（参见 Lloyd）。不管怎样，都需要坐火车、坐轮船、订旅馆、雇向导，墓地前需要献上鲜花，还要购买小饰品和纪念品。有的地方，博物馆还主动为朝拜者提供了需要倾听和分享的更多东西。同样，这些与纪念有关的叙述和符号也要用钱来交换。

神圣与世俗成分的混杂很难说是一种创新，它仅仅是一种世俗形式的朝圣。比如在中世纪，西班牙孔波斯特拉的圣胡安（San Juan de Compostela）习惯上被指认为耶稣十二使徒之一的安葬地，这里吸引了数百万前来朝圣的男男女女。作为一种公共纪念行为，战争公墓的朝拜需要跨越很远的距离，有时候非常远。这种朝拜与旅游的区别之处在哪里？这个问题很难回答，然而不管怎么说，关于纪念的事务就是一种——事务。

三、审美的救赎

记忆之场的生命历程不仅仅是政治姿态和物质任务所能形容的。记忆之场往往也是一种艺术形态，包含艺术的创作、安排，以及对一些重要行为的阐释。可以从两个不同的层面对此进行分析：首先是美学的，其次是符号学的，二者有着密切的联系。

有的纪念形式仅属于一个民族，具有独一无二的特征；有的则为多个国度的人口所共享。在法国，作为民族国家的象征，全国数千个小镇的市政厅里都有玛丽安娜（Marianne）的形象，这个形象没法用于德国和英国。在德国，勋章上的铁十字指示着其所纪念的位置和传统。德意志英雄们的森林或者要塞，也被折叠起来嵌入了条顿人的历史当中。

有时一个国家的象征形式会跟别的国家重合，尽管这两个国家可能是对手。第一次世界大战——这是第一场在充分实现了工业化的国家之间展开的工业化的战争——之后，许多纪念形式采用了中世纪的符号标志。在整个欧洲，战争的革命性特征竟然是以一种往后看的符号作为标志。中世纪的英雄和圣斗士形象复活了一个战斗时代，这种战斗是在个人之间进行的，而不是武器和人类肉体之间的非人格化、不均衡的决斗。空中的战争沿袭了骑士的形式和浪漫色彩，中世纪风格在赢家和输家两方都得到了复兴，这在许多教堂那已显褪色的玻璃窗上体现得很明显。在那些地方，对于两次世界大战的纪念与更早的宗教形象和目标非常近似。这样，20世纪的战争就呈现了神圣的色彩，因其记忆之场位于一幢神圣的建筑之内，处于一种神圣法则的语境中。

直至20世纪很晚的时候，战争纪念碑仍在使用人的形式。有的地方选择了古典的男性健美形象来标志"战死的精英一代",也有的地方统一采用了更加坚忍的、勇往直前的男性形象。大多数情况下,在一种压倒性的失败面前,胜利或者局部或者完全显得黯然失色。在这种审美景观内,传统的天主教母题极为常见。悲痛的圣母(Stabat Mater)形象喻示着地方和全国范围内的妇女的集体悲伤。

在新教国家,美学上的争论呈现了准宗教的性质,这些国家的战争纪念碑对清教徒造成了触犯。他们相信16世纪的宗教改革是排斥这种"天主教式"符号标志的,方尖碑才是他们能够接受的形式,并且相对而言也不算贵。在法国,法律上规定战争纪念碑具有公共属性,不能建立在教会的场地上,尽管许多地方团体设法规避了这一规定。在学校和大学里,此类纪念碑的位置触及了这个问题。有的位于学校的附属礼拜堂,这是一种神圣空间;有的位于附属礼拜堂周围,这是具有准神圣色彩的空间;也有的位于世俗空间里,作为公共空间的大街和火车站,也可以为那些战争死难者的名单提供栖身处所。位置指示着意义。

20世纪的战争使丧亲之痛变得"民主化"。此前军队多由雇佣军、志愿军和职业军人构成,而在1914年以后,每个人都走上了战场,战争伤亡的社会影响范围由此发生转变。在英国、法国和德国,几乎每个家庭都曾经失去过某个人,或是父亲、儿子、兄弟、表兄弟,或者是朋友。由于西线战场的胶滞状态,许多丧生者——也许有一半——根本就没有具体的墓穴。于是,将死者姓名标举出来便成为最主要的纪念方式。姓名是死者留下的全部东西,它们被镌刻在石头或者匾牌上,成为地方和全国范围的公共纪念活动的焦点。

纪念场所保存着那些已逝者的姓名。极少数情况下,比如在澳大利亚,战争纪念馆将所有服役者的姓名全都开列出来。这种方式经常引发指责,因为有人清楚地发现,自己的名字并没有刻在碑上。

不过大多数情况下，死者的姓名太多，以至于只能按照字母顺序而非社会等级来排列。绝大多数战争纪念碑都以这种方式列出死者的姓名，少数战争纪念碑根据军衔来排列，也有的根据死亡日期或者年份来排列。但是，纪念碑是为幸存者以及未生还者的家属而建的，他们需要能够很方便地找到留给自己的专属指示标志——死者的姓名。

刻碑留名这一基本做法，成为二战以后纪念形态的基本样式。1945年以后，很多地方只是在第一次世界大战纪念馆里添加了一些姓名。原因部分在于，人们意识到20世纪的这两次大型冲突之间具有某种联系，当然也是出于节约的考虑。越南战争之后，镌刻姓名依然是重要的纪念方式。同时，受第一次世界大战的纪念形态的启发，一些战争纪念碑也得以建立，最著名的就是林璎（Maya Lin）设计的越战老兵纪念碑，位于美国首都华盛顿。她这件作品明显借鉴了蒂耶普瓦勒（Thiepval）索姆河一战失踪人员纪念碑的模型，后者由埃德温·勒琴斯（Edwin Lutyens）爵士设计，1932年开始兴建。

到了20世纪最后几十年，艺术观点和审美趣味发生了很大的改变，以至于用以表现纪念的关键语言变得抽象化。由此，雕塑和装置艺术脱离了特定民族的表现手法，也不像早期那样侧重于人物形象。前苏联的纪念艺术是一个例外，他们坚决走英雄主义的浪漫主义道路，以表现他们所说的伟大的卫国战争的意义。在西欧，很多情况下（当然绝非全部情况下），一些暗示着缺席或者虚无的表现形式，取代了纪念艺术中古典的、宗教色彩的以及浪漫主义的概念。

这一转变明显体现在对于大屠杀的纪念上。对于大屠杀记忆之场，特别是集中营、灭绝营，也包括浩劫发生前犹太人曾经生活过的地方，后人没法像对两次世界大战阵亡者纪念场所那样来处理（参见本书萨拉·杨的文章）。困难在于三个方面。首先，需要避免采用天主教的符号标志来表现犹太人的灾难。其次,严守教规的犹太人对具象派艺术比较反感,后者为正统犹太教传统所禁止或抵制。再次,受害者的死亡没有体现任何进步、意义或者目的感。大屠杀的丧生者或许由此证实了自己的信仰,但一百万的儿童被谋杀,其意义又何在?某种程度上,他们的死亡毫无意义可言,因而大屠杀也就毫无意义。

以特定方式将"毫无意义"表现出来,这是一个挑战。有的艺术家提供了装置艺术,它通过参观者的在场而从字面意义上消失。也有人将已消失世界的照片,张贴在仍然矗立、由非犹太人占有的建筑的外表。还有人采用后现代的形式来暗示方向迷失、空洞和虚无。丹尼尔·李博斯金(Daniel Libeskind)设计的柏林历史博物馆犹太别馆,就是这样一种场所。它曾经被比拟为一颗爆炸的犹太星星,或者是一道石头和玻璃的闪电。不管如何比喻,它就是以一种扰人的、扎心的、非线性的方式,表现出了那种没法表现的东西。

1970年代以后,二战纪念已经与大屠杀纪念混合在一起。这既带来了美学方面的挑战,也带来了社会和政治方面的挑战。世界大战的纪念形式,已经从无数参战者的丧生中探索出了某种意义和内涵。许多这类纪念物都带有警示的含义。"永不重演"就是其终极意义。不过"永不"仅仅持续了不到二十年。因此,二战之后,对意义的探寻愈加变得极其复杂。二战当中丧生的平民比军人更多,这一事实,让纪念艺术的构思变得更加困难。

最后,二战的极端性质,也挑战了艺术——任何艺术——在表达一种丧失感方面的能力,特别是当它与种族灭绝或者原子弹的摧毁联系在一起的时候。前文已经提到奥斯维辛如何否定了对于"意义"的寻常表现手法,尽管仍有一些人试图从中发掘某种救赎性的因素。广岛和长崎原子弹爆炸事件也是如此。记忆之场就是人们确认如下信念的地方：历史具有某种意义。当大多数人都从被标记在时间和空间里的事件中看不到任何意义时，到底哪种场所才算合适？忽视奥斯维辛或者广岛，这是不可能的。但要将它们安置在更早的纪念结构或者形式之内，也是要么有问题，要么荒谬，或者二者兼而有之。

四、仪式

公共纪念行为是由参与者的姿态和语言所决定的，他们汇集在记忆之场，是为了回忆自己过往历史中的特定方面。在这种时刻，人们的行为往往不只限于回顾某个固定的文本，或局限于政治领导人为巩固其权力地位而严格制订的脚本。纪念总是不可避免地与政治冲突相互重叠，但无论如何，不能将纪念化约为权力关系的直接运作。

公共纪念仪式的发展史至少呈现了三个阶段。第一个阶段我们曾经论述过，即纪念形态的建构。不过纪念物的生命周期中还有两个值得注意的阶段。第二个阶段是仪式行为在日程表中的扎根，以及这种行为的日常化。第三个阶段是活跃的纪念场所的转型或消失。

有个例子或许可以体现这一轨迹。1916年7月1日在英国并非国家法定假日，但它是英军在索姆河开始发起攻势的标志日，这一攻势象征着工业化战争的可怕性质。那一天，英国军队的伤亡总数达到了历史之最，也是在那一天，一支志愿军及其背后的社会群体充分领教了20世纪战争的可怖。到了这一天，无需国家的法定授权，人们便成群结队前往索姆河战场，来纪念这个日子。其仪式受制于地方性的因素。一些来自诺森伯兰郡（Northumberland）的男男女女将自己的风笛放在一个巨大的弹坑里,以纪念索姆河战役开始的时刻,并确保这个弹坑不被犁平和遗忘。也有一些诺森伯兰郡人前往博蒙阿梅尔(Beaumont Hamel)一带尚存的战壕系统,他们的祖先于1916年7月1日在那里遭到杀戮。战场遗址上还有一只青铜材质的北美驯鹿雕像,将这个地方与纽芬兰的风景联系在一起——后者当时还是英帝国的一处殖民地,那里的人曾经组建一支志愿军,去为英国国王和国家效力。11月11日在法国是法定假日,但在英国却不然。立法机关把来自于地方层面并为后者所推动的行为编入成文法典。1939年以后,对一战死难者的纪念被安排在最紧挨着11月11日的那个星期天。最值得注意的是,教会成为举行纪念活动的场所。新教教会的仪式驯化了战争纪念活动,同时也弱化了它的吸引力。直至2006年,仍有一场运动致力于恢复战争纪念活动的本来面目,而不管11月的第11个日子碰巧落在了哪一天。

公共纪念活动在市民社会的轨道内变得繁荣,独裁政权之下当然并非如此。在斯大林主义之下的俄国,市民社会被粉碎,以至于没法举行独立于党和政府之外的纪念活动(参见Merridale)。但在其他国家,地方团体很管用,家庭也是如此。当纪念仪式被嵌入社区特别是家庭生活的节奏时,它就能够存活。当公共纪念位于国家历史和家庭历史的重叠之处时,它就能够持久。许多花时间参与纪念仪式的人,大都心怀对这些宏大事件所触及的家庭成员的记忆。正因为此,战争或者革命爆发很久之后才出生的人,也会将这些事件当作自己生活中必不可少的内容加以纪念,如一战之后出生的孩子们,七八十年之后还会跟孙辈讲述自己小时候所受家庭熏陶的故事。儿童记忆在两三代人之间的传递,使家庭故事具有某种力量,时机合适时便会转化为行动——纪念行动(参见Winter和Sivan)。

有时候家庭本身也会成为一种记忆之场。德国著名雕塑家、艺术家珂勒惠支（Käthe Kollwitz）将其死去的儿子的房间留作祭堂，因为在1914年他志愿参加了战争。巴黎有一个工人阶级聚居区的公共房屋项目，每户公寓的门上，都列着一名在世界大战中死亡的士兵的姓名。这也是他们的家，一个隐喻的家，为那些被剥夺了机会、无缘像幸存者那样生活和死亡的人提供着安置之所。

历史叙述的家庭传递框架，是公共纪念当中必不可少的部分，它也让我们能够理解为何有的纪念形态会发生变化，或者干脆消失不见。当家庭生活与公共纪念之间的联系被打破时，这种纪念形态的有力支柱就被抽走了。然后，这种纪念形态就会很快萎缩并消亡。公开的强化也许能够帮助纪念仪式和纪念实践保持活力。但当事件脱离了那些首先为其注入生命气息的众多小规模社会单元时，就会变得空洞。

同时，纪念场所和纪念实践也能被重新激活，或者被挪用。用于这种目的的纪念场所也可以用于另一种目的。不过大多数时候，记忆之场都会走过自己的生命周期，像我们这些尚存者一样，终有一天将会消失。

这种自然的瓦解过程为相关记忆之场和公共纪念活动划上了句号。情况正是如此，因为它们的兴起是为了满足特定群体的需求，即把自己的生活与沉默的历史事件联系起来。当这种需求消退之时，纪念这种社会行为的维系线索也就消失了。集体记忆随之消散，记忆之场解体，或者沦为纯粹的风景。让我们看两个这样的例子。几十年来，由埃德温·勒琴斯爵士设计的都柏林国立战争纪念馆一直长满了野草。没有人知道那是什么，而且这绝非偶然。10万爱尔兰人曾经为不列颠的国王和国家献出生命，这个问题在1918年以后的爱尔兰历史中很难得到安置。不过，随着20世纪最后几十年里宗派暴力的淡化，野草被割去，纪念馆得以重现，就像凭空出现一样。诚然，记忆之场消失了，但当人们再次决定对它们所纪念的时刻进行标记时，它们便可以被重新召唤出来。也有一些时候，记忆之场的复活会更加困难。多年来，我一直询问自己在剑桥的学生们，他们在从火车站到镇上的第一个交叉路口看到了什么东西。大多数人的回答是什么也没看到。他们没有看见的是镇上的战争纪念碑，一个凯旋而归的士兵大步往家里走的形象，就位于进入镇里的第一个红绿灯处。他们没有看见这座纪念碑，是因为它对他们而言毫无意义，仅仅是石头上的白噪声而已。对那些看见它的人而言，需要有人将它指出来，还要有人去组织相关的纪念活动。没有这些努力，记忆之场就只是待在那里，凭空消失。

至此，我们抵达了堂吉诃德式的结尾之处。公共纪念既是不可抗拒的，又是不可持续的。记忆之场的建构是一种普遍的社会行为，不过这些场所跟创造并维持它们的人群一样，都处于变迁之中。人们不时来到某些地方，聚在某些记忆之场面前，从过去的宏大事件中寻求意义，并试图将之与自己那些范围更小的社会生活网络联系起来。这种结合注定会解体，会被其他形式、其他需求以及其他的历史取代。就此而言，记忆之场的生命轨迹，即创造、制度化和解体，就走到了终点。

参考文献

Assmann, Jan. "Kollektives Gedächtnis und kulturelle Identität." *Kultur und Gedächtnis*. Eds. Jan Assmann and Tonio Hölscher. Frankfurt am Main: Suhrkamp, 1988. 9–19. [English: Assmann, Jan. "Collective Memory and Cultural Identity." Trans. John Czaplicka. *New German Critique* 65 (1995): 125–133.]

Gregory, Adrian. *The Silence of Memory*. Leamington Spa: Berg, 1994. Hayden, Dolores. *The Power of Place*. Cambridge: MIT Press, 1992. Hobsbawm, Eric, and Terence Ranger, eds. *The Invention of Tradition*. Cambridge: Cambridge UP, 1986.

Inglis, Ken. "World War One Memorials in Australia." *Guerres mondiales et conflits contemporains* 167 (1992): 51-58.

Lloyd, David W. *Battlefield Tourism: Pilgrimage and the Commemoration of the Great War in Britain, Australia, and Canada, 1919-1939*. Oxford: Berg, 1998.

MacKenzie, John, ed. *Imperialism and Popular Culture*. Manchester: Manchester UP, 1986.

Merridale, Catherine. "War, Death and Remembrance in Soviet Russia." *War and Remembrance in the Twentieth Century*. Eds. Jay Winter and Emmanuel Sivan. Cambridge: Cambridge UP, 1999. 61-83.

Nora, Pierre, ed. *Les lieux de mémoire*. 3 vols. Paris: Gallimard, 1984-1992.

Prost, Antoine. "The Algerian War in French Collective Memory." *War and Remembrance in the Twentieth Century*. Eds. Jay Winter and Emmanuel Sivan. Cambridge: Cambridge UP, 1999. 161-76.

Winter, Jay. *Sites of Memory, Sites of Mourning: The Great War in European Cultural History*. Cambridge: Cambridge UP, 1999.

Winter, Jay, and Emmanuel Sivan. "Setting the Framework." *War and Remembrance in the Twentieth Century*. Eds. Jay Winter and Emmanuel Sivan. Cambridge: Cambridge UP, 1999. 1-40.

第二编　记忆与文化史

记忆与心态史

阿龙·康菲诺

虽然记忆和心态史之间没有直接联系,但是这两者在思想和方法论上却有所关联。这些关联发轫于法国学者的学术圈子,特别是莫里斯·哈布瓦赫(Maurice Halbwachs)和马克·布洛赫(Marc Bloch),正是他们在 20 世纪上半叶开创了对记忆和心态的现代研究。20 世纪后半叶,这些关联又在下一代法国历史学家皮埃尔·诺拉(Pierre Nora)的著作里延续下来。不过,尽管他那宏大的项目"记忆之场"(*Les lieux de mémoire*)标志着当今记忆研究的开端,但记忆和心态之间的联系从那以后几乎就被忽略掉了,因为记忆研究受到了人文学科其他潮流的影响。

记忆和心态之间的联系,现在可以吸引学者们去拓展记忆这个概念在诠释(interpretative)、解释(explanatory)和叙述方面的潜力,同时也能使其方法论变得严谨。结合心态来思考记忆,或许有助于提出新的问题、建立新的关联,在挖掘记忆这个概念时注意到其中存在的诠释问题和潜力。

从现代记忆研究发轫之始,记忆和心态史之间的关联就很明显。法国社会学家哈布瓦赫在 1925 年出版了《社会的记忆框架》(*Les cadres sociaux de la mémoire*),在这本开创性的著作中,他第一次系统地使用了集体记忆这个概念。哈布瓦赫的主要贡献是建立了某一社会群体与集体记忆之间的关联，他认为，每一种记忆都是由时空背景下的某一特定社会群体所保存的（也可参考本书让-克里斯托弗·马塞尔和劳伦特·穆基埃利的文章）。一战之后，他接受了斯特拉斯堡大学的教育学和社会学教席，在那里他遇到了著名的历史学家、年鉴学派创始人吕西安·费弗尔（Lucien Febvre）和马克·布洛赫。他们对哈布瓦赫的想法表示出浓厚的兴趣，一段密切的职业友谊也随之发展起来。当他们俩在1929年创办《经济和社会史年鉴》杂志的时候，哈布瓦赫成为该杂志编委会的成员之一。

费弗尔和布洛赫提倡一种新的史学，它力图超越关于国家和君主的传统政治史，而致力于研究某一时期的社会、经济结构及其"思想工具"（outillage mental），也就是以往人们用来理解世界并赋予其意义的信仰体系和集体情感。心态史研究（histoire des mentalités）重视集体表征、神话和形象的历史，因此提供了一种全新的历史研究路径。集体记忆的历史，也就是各个社会如何回忆、表征自己的过去，如何编造有关过去的谎言，被视为这种新史学实践的一个重要部分。1924年，布洛赫出版了他的经典著作《国王神迹》（Les Rois thaumaturges），讨论的是有关中世纪国王治疗仪式的"信仰和传说"。在这本书里，他使用了"集体观念"和"集体表征"（collective representations）这类术语。1920年代中期，他开始使用"集体记忆"这一术语。1925年，他为哈布瓦赫的《社会的记忆框架》一书写了一篇赞赏性的书评。

心态史研究从未有过一套明确而全面的理论，它更多地体现为实践性而非理论化的工作，布洛赫和费弗尔也是如此。这使其合法性经常遭到质疑，不过这个问题已经超出了本文的讨论范围。作为心态史的分支，感官史（histoire des sensibilité）同样如此。这个术语是费弗尔后来提出的，用来描述关于集体心理、情感重构和思维习惯等问题的研究。因此,将记忆和心态史联系起来的并不是一套整齐划一的理论法则,而是一些学者在同一时段进行的开创性研究。这些学者形成了一种学术氛围,即用历史学和社会学的方法来探讨过去的集体表征和人们的信仰,由此来研究人类社会。

皮埃尔·诺拉是年鉴学派的下一代学者,既了解这一学派的传统,也了解其新的发展方向。1974年他和雅克·勒高夫(Jacques Le Goff)主编了《制作历史》(*Faire de l'histoire*)一书,该书是一种新史学的宣言,也标志着年鉴学派的新起点。1978年他们出版了一本宗旨相似的著作,这一次明确冠名为《新史学》(*La nouvelle histoire*)。在这本书里,诺拉负责撰写有关记忆的专题。他非常清楚记忆和心态之间的关系,文章开头就这样说:"我们今天讨论集体记忆,跟三十年前讨论'心态'差不多,面临着相同类型的困难,可用的手段也基本一样。"(Nora, "Mémoire collective" 398)那个时候,作为一个史学研究流派,年鉴学派已经丧失了它的整体性和主导性。但在某种意义上,诺拉对记忆的兴趣,延续了年鉴学派和法国史学思想中一直存在的记忆与心态之间的某种关联。由此,集体表征研究被诺拉转化为对过去的集体表征和记忆的研究。

从哈布瓦赫到布洛赫和费弗尔,再到诺拉,记忆史是在一个共同的法国学术和思想氛围里跟心态史发生关联的。不过,最近一代学者的新记忆史研究虽然为诺拉的项目保留着原创空间,却有一个不同的特征,即不再以法国为中心。记忆研究在眼界、兴趣、渊源和历史编撰学等方面,都已经变得跨国化和国际化。日益兴盛的纳粹大屠杀研究,关于民族性以及民族如何塑造其过去等新的研究取向,以及通常围绕着认同问题而展开的文化研究(包括后殖民主义和性别研究等等),都对记忆研究产生了影响。

在这种语境中,记忆和心态史的关联变得不再重要、不再明显,甚至可以说被遗忘了。现在学者们描述记忆研究的发展过程时，通常都是从哈布瓦赫开始，之后跨过五十多年直接谈到诺拉，然后根据兴趣倾向和研究主题，将各人的研究置于相关的学术史当中，比如说国家记忆或者大屠杀记忆。最近的这种学术史演进结果忽视了记忆史当中曾经的一个重要部分。与此同时，记忆研究本身也再度成为学术讨论的中心话题，而且似乎处于一种理论危机之中。在这种诠释语境中，有学者建议从新的角度来思考记忆，即把记忆跟心态史联系起来（Confino, "Collective Memory"）。

到了20世纪90年代中期，"记忆"已经成为文化史的一个主要术语，或者说是最主要的术语。它主要是一个实践性而非理论化的概念，经过不同程度的运用，已经被用来指代许多不同的事物，而这些事物在主题上有一个共同特征：人们用来建构历史感的方式。正是如此，记忆已经对我们的历史认知做出了巨大贡献。记忆研究发现了有关过去的新知识，引入了上一代人不知道的许多新课题。此处只需举一个例子。记忆研究推翻了一个之前被广为接受的观点，即1945年之后，德国人一直对战争和屠杀犹太人的话题保持缄默。我们现在知道，这种观点是被历史学家捏造出来的。相反，在西德（跟东德不同，西德存在着一个公开的公共领域），地方和私人领域、公共和政治生活当中，都存在关于国家社会主义的激烈争论。对于我们现在如何去理解战后的西德社会而言，这个发现有着不可低估的意义。

不过，这些优点并不能掩盖一种认识，即"记忆"一词因为过度滥用而受到轻视，记忆研究缺乏明确的焦点，而且可能已经变得具有可预见性。关于记忆研究理论和方法，已经有很多批判性的文章出现，不过对于这个领域的研究问题、路径和对象，至今还没有系统的评估。这类研究通常沿用一种熟悉的、程序化的方法，不管是什么事件，都会研究与该事件有关的记忆及其被挪用情况。根据人文学科诠释性的时代精神，记忆被描述为"相互竞争的""多元的""相互协商的"。这种描述当然正确，不过现在听起来也很庸俗。虽然每个案例的细节不同，但公式却都一样。我们知道，记忆研究要探讨的是人们如何想象过去，而不是过去实际发生了什么，尽管这种研究也谈不上多么新鲜。一种常见的观点认为，过去是出于特定群体的利益而被建构出来的人造产品，而不是如实建构起来的过去。这种观点在一些人看来可能非常新颖，但对历史学家而言则一点也不令人吃惊。

在这种背景下，记忆和心态史之间业已消失的联系，可以提供一个颇有创意的途径，去思考记忆这个概念对史学方法和解释而言究竟有何意义。记忆研究和心态史看上去有着相同的目的和议程，二者的时髦感和危机感也是一样。雅克·勒高夫将心态史描述成"一种新颖的事物，已经因为滥用而贬值……它代表着一个新的研究领域、一条创新之路，但与此同时，对于它在科学、概念和认识论上的有效性，也存在着很多质疑。它很时髦，但又似乎已经不再时髦。我们应该复兴心态史，还是埋葬它？"（Jacques Le Goff 166），这听上去就是对记忆研究现状的描述。与记忆研究相似，心态史也曾经被指责为一种空洞的修辞。跟心态史一样，记忆史的吸引力很大程度上也在于它的暧昧性。这两种史学研究本身都不具备任何解释价值；它们的价值仅仅取决于提出什么问题、使用什么方法。

不过，心态史仍然有用，不仅仅因为它有助于揭示新的记忆史所面临的危险，还因为有一个很大的好处，即把记忆史当作一种集体心态史来看待。这种逻辑抵制从题材角度来定义记忆研究，相反，它通过记忆来探索一些更广泛的问题，即过去究竟在当前社会中扮演了什么角色。记忆史既有用又有趣，它不仅展现了过去如何被表征（如通过一座博物馆），还揭示了以往人们的历史心态，揭示了一些混合信念、惯例和象征手法，这些东西形塑了人们对过去的理解。这种记忆史就是罗伯特·芒德鲁（Robert Mandrou）所描绘的心态史的一部分：其目标在于"重构行为模式、表达方式和沉默模型，由此可以破译世界观和集体感受。这种研究的基本要素，就是表征和意象、神话和价值观念，它们为特定群体或整个社会所承认或容许，构成了集体心理的基本内容"。

将记忆作为一种集体心态来研究，这就提供了一种全面的社会和文化观点，后者在倾向于集中关注独特记忆的碎片化的记忆研究中往往是缺乏的。从理论上来说（如果不是实践中的话），心态史试图揭示整个社会的精神地平线，试图将精英文化和大众文化、官方灌输和心灵习惯联系起来，将它们放在一个完整的文化体系内来理解。这是对记忆史的有益矫正，因为该领域已经习惯于将记忆隔离起来，而不是在相互联系的社会整体视角下来理解记忆。

这种取向强调，集体记忆研究就是对共有认同的探讨，这种认同将某个社会群体统一起来，不管是一个家族还是一个民族，尽管其成员有着不同的利益和动机。它还强调，记忆史的关键问题不在于过去是如何被表征的，而在于过去为何被接受或者被拒绝。每个社会都建立了一些关于过去的意象，然而，一个社会要显得有所不同，仅仅选择某些过去是不够的。这种意象必须操控人们的情绪，鼓励人们去行动，简单地说，它必须成为一种社会-文化性的行动模式。为何有的能够成功，有的却失败了？为何人们喜欢关于过去的这种意象而不喜欢那种意象？这些问题的答案，促使我们提出一些假说，或许还能得出某些关于历史上的心态的结论。

将记忆与心态史结合起来考虑，需要学者们给予记忆某种"无法无天"的品质，超越观念、意识形态、官方和大众的表征等领域，去考察那些关于过去的意象如何得到扮演、形塑、内化和改变。记忆这种"无法无天"的品质，使自己不仅能够寄身在纪念碑和博物馆里，也存在于人们如何以及为何如此行动的方式里。这种历史研究的任务不仅仅在于探讨事情发生之后人们如何回忆过去，也要探讨记忆如何构造了行为和思想。

换句话说，这意味着将记忆置于一种更宽泛的史学研究当中，后者认识到了社会时间的多元并存特征。在某种意义上，这个论点将我们带回到哈布瓦赫的经典作品《社会的记忆框架》，该书的基本理念就是"社会时间的多样性"。不同的记忆以各种方式发生联系，原因在于人们以各种方式结合成为团体，不管是宗教团体、家族、职业团体、地方团体还是全国性的团体。不同的记忆缓存器，决定着某种记忆对个人和群体而言的相对意义。这种研究路径将记忆视为一种文化惯例，它跟其他惯例一道，构成了社会的精神地平线。

将近一个世纪以来，心态、记忆这两个概念让不少学者为之着迷。这样两个如此含糊甚至不无微妙的概念，竟然能够有着强大的吸引力，原因何在？答案在于它们共同具备的一些基本特征。首先，它们质疑了人们喜欢的一些关于以往历史如何被重建的假设，从而极大地拓展了史学研究和想象的"地盘"。正是这一点而非其他，将这两个概念联系在一起。上个世纪，心态这一概念对政治史产生了这样的影响；而在最近一代人那里，记忆这一概念对社会史产生了这样的影响。

当我们考虑到记忆这个概念的新近发展情况时，焦点就非常明显。诺拉在1970年代末1980年代初构思其记忆项目时，它体现了一种更宽泛意义上的学科转型。从广义上说，我们可以看到诠释领域有一个从"社会"到"文化"的转换。这一转换始于1980年代初期，当时只是一种渐进的变化，还不算活跃。然而到了1990年代，

20世纪（尤其是1945年以后）的社会史学家们一直在实践的"社会"概念，却被记忆和文化研究的诠释攻势驱逐到一边。广义上的社会概念建立在单一时间观、线性历史发展观的基础之上，其优势在于从结构和功能角度来解释社会和经济问题。相比之下，"文化"这个概念是以多元时间的历史观为基础的，在它那里，过去和现在呈现为混合并存的格局，能够同时捕捉到不同的、对立的叙事，其优势在于从体验、磋商、行动和关系转换等角度，来诠释表征和记忆等题材。这一转换，将历史写作的历史性这个问题推向了前台。对于历史认知而言，历史学家对于过去的建构和诠释行为，现在变得至关重要。在这种背景下，势必要去探讨人们（包括历史学家）如何建构其关于过去的集体表征。

其次，也是与此密切相关的，心态和记忆都呼唤着诠释。当然，每个历史题材都是可诠释的。不过，19世纪英国煤炭工业的经济趋势，显然并不像大屠杀记忆那样需要（深度而复杂的）诠释。记忆史和心态史的资料和分析暴露了历史的建构过程，以及历史学家们的行为。这是一个重要的原因，它使记忆和心态概念得以拓展历史研究的范围，并且对于历史研究当中一些诠释性的转换产生了典范意义。它们开拓了史学研究的领地，同时也使这个领地的界定变得不那么明确，分析方法变得不那么精确。不过这并不一定是负面的：界限分明的学科划分确实很重要，但它也是一种束缚。史学领地的扩张，带来了分析工具、主题和问题的拓展。同时它也导致了这样一个阶段的出现，即跟此前几代学者相比，新一代历史学家的著作里少了一些确定性，多了一些在重构过去时的反思和实验。

难以承受的诠释之光，这就是记忆和心态作为研究方法的潜在风险，也是二者关系的承诺。它们呼唤诠释，而诠释可能是轻率、肤浅的。要从19世纪英国煤炭生产的系列数据中发现有意义的趋势，是一件非常费时费力的任务，需要花上很长一段时间去搜集、分析和研究相关的资料。而记忆的诠释则不同，好像不需要历史学家去做多少阐释，资料自己似乎就会说话。当然，这种事情并不存在。历史学家面临的挑战，就是抵制这道难以承受的诠释之光，通过理论和方法，通过对证据、叙事和史料的运用情况进行拷问，将记忆筛选出来。这就是记忆史和心态史在今天的潜力，即解放我们的历史想象力，就如它们在一个世纪以来曾经做到的那样。

参考文献

Bloch, Marc. "Memoire collective, tradition et coutume: a propos d'un livre recent." *Revue de Synthése Historique* 40 (1925): 73-83.

Confino, Alon. "Collective Memory and Cultural History: Problems of Method." *American Historical Review* 105.2 (1997): 1386-1403.

—. *Germany As a Culture of Remembrance: Promises and Limits of Writing History*. Chapel Hill: U of North Carolina P, 2006.

Febvre, Lucien. "Comment reconstituer la vie affective d'autrefois? La sensibilité et l'histoire." *Annales d'histoire sociale* 3 (1941): 5-20. Rpt. In *A New Kind of History: From the Writings of Febvre*. Ed. Peter Burke. Trans. K. Folca. London: Routledge, 1973. 12-26.

Halbwachs, Maurice. *Les cadres sociaux de la mémoire*. Paris: Alcan, 1925.

—. *On Collective Memory*. 1925. Ed. and trans. Lewis A. Coser. Chicago: U. of Chicago P, 1992.

Le Goff, Jacques. "Mentalities: A History of Ambiguities."

Constructing the Past: Essays in Historical Methodology. Eds. Jacques Le Goff and Pierre Nora. Cambridge: Cambridge UP, 1984. 166-80. Trans. of "Les Mentalité: Une Histoire ambiguë." *Faire de l'histoire*. Eds. Jacques Le Goff and Pierre Nora. Vol. 3. Paris: Gallimard, 1974.

84 Mandrou, Robert. " Histoire/L'histoire des mentalities." *Encyclopaedia Universalis* 1971. Paris: Encyclopaedia Universalis France, 1985. 9: 366.

Nora, Pierre. "Mémoire collective." *La nouvelle histoire*. Eds. Jacques Le Goff, Roger Chartier and Jacques Revel. Paris: Retz, 1978. 398-401.

—, ed. *La République*. Paris: Gallimard, 1984. Vol. 1 of *Les lieux de mémoire*. 7 vols. 1984-1992.

—, ed. *La Nation*. Paris: Gallimard, 1986. Vols. 2-4 of *Les lieux de mémoire*. 7 vols. 1984-1992.

—, ed. *Les France*. Paris: Gallimard, 1992. Vols. 5-7 of *Les lieux de mémoire*. 7 vols. 1984-1992.

文化记忆的发明

迪特里希·哈特

一、 指导性的比喻和概念

我们经常可以看到这种情况,某些日常使用的普通词汇和术语,就跟微量元素一样,同时也带有比喻的内涵,后者指向语义学上的某种深层结构;清楚地阐明这一结构,便能照亮一些隐藏的联系。比如,"记得-记忆-回想"(*Erinnerung-Gedächtnis-Gedenken*)这几个词汇,就不仅仅指一种内化(*Innerlich-Machen*)训练过程,也指一种对于被"内化"对象的认知过程。这意味着,在日常学习、知识处理和意义生成的过程中,消极的成就和积极的成就之间存在着一种动态关系。 对此,在各种各样多维度的语境下,我们都可以采用"记忆"(*Gedächtnis*) 和"记得"(*Erinnerung*) 这两个相互联系的关键术语来表达。神经科学的描述策略和近来心理学的记忆研究,使这种跨越学科界限的术语自由进一步成为可能。在这些领域,人们采用了"网"这个比喻,来揭示内部(神经元的)和外部(社会的)声音无意识的二重唱当中记忆活动的协调性与合作性(Markowitsch;Welzer,亦见本书中他们的文章)。在基于系统论的社会学的记忆研究术语当中,"网"这个比喻与"档案"形成了鲜明对比，起到了一个控制论的解释模型的功能，有助于人们洞察各个社会系统中的记忆实践的程序机制（Esposito 337ff.）。

"网"这一比喻，让人想起了将散漫的终端结成交错的整体这种工作，由此提供了一个很好的意象来形容跨学科研究项目中的协调与合作行为。这个比喻撇开了等级体系以及其他一些自上而下组织起来的从属结构。不过，它包含着一种我愿意称之为"关系认识论"（epistemology of relations）的东西。这个说法是指一种知识路径，它关注各个要素之间的连接和互动关系，通过这些相互关系，就可以探测到特定社会文化场域内运行着的各种引力（参见 Bourdieu）。

一点也不令人吃惊的是，"关系认识论"虽然不是特别清晰，但它很切合一些词干为"文化记忆"（*kulturelles Gedächtnis*）的双关语案例（见本书阿莱达·阿斯曼和扬·阿斯曼的文章）。在其代表性的文化理论论著的导言里，扬·阿斯曼（Jan Assmann）讨论了"连接结构"（Das kulturelle Gedächtnis 16f.）。他采用了"连接"这个同义反复的比喻，后者将描述性语言和被描述对象的内部形式连接在一起。简单地说，阿斯曼主张，每一种文化都基于一套共享的规则和故事（记忆），连接着每个文化主体与对于共同居住的意义世界的体验。正是由于这种体验，个体能够通过他们所属社会世界的认同符号——它体现为物化形态的共享的文化传统——的导引，来塑造自己的个人认同。"连接性"一词汇集了两类记忆，它们对该理论而言具有决定意义。一是"交往记忆"（*kommunikatives Gedächtnis*），它在自发的层面运行，连接着现在和最近的过去；二是"文化记忆"（*kulturelles Gedächtnis*），它就像一个填满了传统"记忆图案"（*Erinnerungsfiguren*）的大型仓库，提供了各种可能性来连接现在和古老的过去。

至此，关于"连接"（co-nexio）的想象，我们有必要回到"结网"的意象,重新思考一些基础性的问题。网结得越密,它就越像一块织物。当然,生产技术有所不同,不过正如编织地毯一样,最终结果具有相当的可比性。"网"和"织物"(意味着"纹理"和"文本")之间的这种相似性,恰好有益于学术概念的构建,以及适合的研究目标的构建。不过,当我们考虑到这些比喻所构成的现象的开放性、灵活性以及程度时,"网"和"纹理"之间的差异就变得明显。网的渗透性比织物更强,而且其透明性也因此更强。此外,正如互联网所体现的那样,网还提供了瞬间连接或者断开连接的可能性,而不必担心关键的组织模式会遭到干扰或者破坏。如果说来自海德堡的文化理论倾向于采用"网"这一比喻,来指导其关于文本性和结构的概念化工作的话(A. Assmann, "Was sind kulturelle Texte?"),那么首要原因就在于对那些持久的"纹理"的欣赏,它们由埃及神灵透特(Thoth)之类的古代神祇保护着,后者自称发明了"记忆和智慧的长生不老药"——书写(Plato 7)。

二、发明、阐述和校正

这里所说的"发明",不是指无中生有地创造某种东西,而应该理解为修辞学上的"破题"(*inventio*),它跟"利用手头的材料制成某种东西"截然不同(Bastide 103)。罗兰·巴特借鉴了传统修辞学——与此相连的是制作书面文本用于口头发表——来解读古代的文本,说它就像一张论辩的"网",如果有人想捕获一份成功的文本(演说),就必须熟练地往里面投掷材料(Roland Barthes 197)。这是指书面文本的制作,但也适用于更大的框架,比如提出概念、开展研究项目,尽管这并不一定意味着对破题时流入的各个要素进行认真的重组。

关于语言差异的一则札记

考虑到两种语言之间的差异，此处没有将"*kulturelles Gedächtnis*"（文化记忆）这个德文术语翻译成英文，而是采用原词。任何一本通用的标准语言用法辞典都会指出，德语中的"*kulturell*"和英语中的"cultural"有着不同的语义内涵。在英语当中，"culture"（文化）是一个集体名词，用来指社会和文明语境中的观念、习俗和艺术；德语词位"*Kultur*"（文化）则代表着某个共同体在思想、艺术和创造等领域的成就，用来表达人文精神的高级发展阶段。此外，德文中的"*Gedächtnis*"（记忆）和英文中的"memory"（记忆），二者不仅在词源和词法方面很不一样，它们的标准语义内涵也有微妙的差异，对此这里只能暗示如下："memory"作为力量、过程或者存储库，主要指重现和回想某种已经习得的知识，而"*Gedächtnis*"则代表着一种存储能力，不仅存储学到的东西，也存储感性的印象和"心理过程"，以便它们可以在恰当的时刻再度"进入人们的意识"。在两者当中，标准的语言都紧贴着"存储"这个比喻（它可以从科学和经验角度进行质疑），以使抽象概念具有鲜明的意义。同时，我们也已经认识到，语言作为"集体记忆"的登记簿具有某种创造力，这种创造力也形塑了"文化记忆"的目标对象（Linke 75）。"存储"这个寻常的比喻，某种程度上构成了两种记忆之间的一道前科学的枢纽，一种是内在的"记忆"，另一种则在其发育过程中变成了"外化的记忆"（Leroi-Gourhan 273–332；J. Assmann, *Das kulturelle Gedächtnis* 22, note 5），存在于工具、物质符号、（书写）技术和制度当中。

作为一份文化理论蓝图,来自海德堡的概念后来以"文化记忆"而著称,令人吃惊的是,它在非常短的时间内就成功地进入了跨学科结构内的流通过程(Erll 263-76)。当然,这是众多因素的结果,而不只是因为罗兰·巴特所说的论辩之"网"编织得很灵巧。灵活的自组织形态促进了非正式交往结构的发展,后者可以免受严格的效率规则和繁冗的行政规章的束缚。这种自组织形态,是人员变动不居的临时性学术群体成功开展学术工作的必要条件。本文作者最初在海德堡大学工作时,内心即以 1920 年代后期创建的年鉴学派为模范,这一派学者们的姓名代表着史学思维的重大革新,他们对于社会科学和多学科方法的兴趣,也在来自海德堡的初期作品中有所反映。

长期以来,扬·阿斯曼所在的海德堡大学埃及学研究所一直是一个跨学科研究的重镇,在合作、讨论和项目发起等方面都秉持公开政策。在这里,工作坊、客座演讲、会议、系列讲座的规划,全都围绕着文化和记忆题材来进行。随着研究兴趣的增强,埃及学研究所汇聚的文化研究群体很快就被一个跨学科讨论群取代,后者多年来一直聚合在一个常规平台上,即海德堡大学国际科学论坛(Internationales Wissenschaftsforum,这是一个服务于所有学术领域的学者交流中心)。该论坛的未成文"宪章"可以追溯到 1933 年以前,当时有一批杰出的学者在校外声名卓著,他们奠定了海德堡大学的国际声誉。1988 年,考古学家扬·阿斯曼(研究埃及学)和托尼奥·赫尔舍(Tonio Hölscher,研究古典考古学)主编的论文集《文化与记忆》正式出版,这是"文化记忆"概念付诸多方面、跨学科实践的关键一步。这本论文集源自该讨论群组织的一个系列讲座,举办于海德堡大学建校(1386)600 周年这一具有纪念意义的重大事件之际,意在向公众证明,文化研究和人文学科事实上非常适合于反思，能够为充满复杂性的现代生活提供意义。

这里提到的团体策略和组织框架，并不能替代个人的奉献。当然，后者也受益于上述那种非正式的结构。人文学科当中个人的奉献，最明显地反映为书面印刷成果，来自海德堡的创意则催生了为数众多的出版物。1990—1992 年间面世的如下几本书尤其值得一提，对于推广关键概念、使其发挥多方面的功能而言，这些著作产生了深远的效果：《正义女神》(*Ma'at*, 1990)、《文化与冲突》(*Kultur und Konflikt*, 1990)、《作为生活世界和纪念碑的文化》(*Kultur als Lebenswelt und Monument*, 1991)、《智慧》(*Weisheit*, 1991)、《记忆女神》(*Mnemosyne*, 1991)、《记忆的发明》(*Die Erfindung des Gedächtnisses*, 1991)、《庆典和圣徒》(*Das Fest und das Heilige*, 1991)、《革命与神话》(*Revolution und Mythos*, 1992)，最后但并非最不重要的，还有扬·阿斯曼的纲领性著作《文化记忆》(*Das kulturelle Gedächtnis：Schrift, Erinnerung und politische Identität in frühen Hochkulturen*, 1992)。

在这种语境中，"发明"一词的意义（沿用罗兰·巴特的论辩之网的路线）也逐渐得到揭示，而且在历史语文学和比较文化研究层面都得到了交互主体式的 (intersubjectively) 验证。甚至在找到"文化记忆"一词来指称这种新理论之前，扬·阿斯曼和阿莱达·阿斯曼夫妇就已经发起了一项持续的跨学科系列对话，题目是"考古学与文学的对话"(*Archäologie der literarischen Kommunikation*)。这个名字所体现的象征性，后来作为一套丛书的标题得到了确立，它颇能显示这项事业的复杂性。"考古学"这个标签，尤其是在这种语境中，不仅是指扬·阿斯曼等人开展的发掘工作，也意味着古埃及文化的书写特征已经死亡 (J. Assmann, "Schrift, Tod und Identität"; cf. also Dupont 281f.)。此外，"考古学"还暗示着弗洛伊德的学说,他曾经用这个词来表示一种深层解释学的追求,即汇集并恢复业已碎片化的个体记忆。

1983年出版的《考古学与文学的对话》丛书第一册的最后一篇文章,以及五年之后的《文字、传统和文化》一文,好比是音乐中的前奏曲。阿斯曼夫妇在这两篇文章中提出了"文化记忆"这个概念的一些基本主旨,又在后来的著述中进一步做出阐述和校正,使之变得更精确。具体如下:

● 口头与文字传播过程的区分对应着两个方面:一是日常生活的经验时间,二是事件的记忆时间("沉思时间"),它超越了固有的惯习;

● 文化是一种权威的、象征性编制起来的"意义世界";

●(集体)记忆是价值观念的剧目和发生器,而价值观念超越了个体生命的时间限度,创造了认同;

● 通过宗教、历史、法律和文学传统的"神圣化"(经典化),为集体所接受的"自我意象"(自我认同)得以标准化;

● 通过笺注、解释和诠释,将"基于脚本的文化"(比如希腊的古迹)组织为积极的文化挪用的源泉,并使那些已经被经典化的传统延续下去。

带着这些观点,新的文化理论跟早前的读写能力研究(literacy research)形成了抗衡,后者认为,字母书写系统就等同于据称更高级的"理性的"精神状态(相比于其他书写系统而言)。实际上,重要的并不是书写文字的正式形状,相反,精神状态主要是对口头和书面沟通过程进行社会性的组织工作的结果。这种组织工作不仅包括专家和学校的制度化,也包括各种活动的分化,如再生产、笺注、批评、经典创建、审查、编写文学史等(J. Assmann, *Das kulturelle Gedächtnis* 87ff.)。简单地说,正是对"基于脚本的文化"的组织方式,决定了在建构一个文化体系时,书写媒介到底发挥着实用的、助记的还是构成性的功能。

1986年夏天,扬·阿斯曼阅读了莫里斯·哈布瓦赫的著作(J. Assmann, "Das kollektive Gedächtnis" 65),此后,他的概念阐述工作就一直围绕上述基本主旨而展开。读了哈布瓦赫著作的后果之一就是用比喻性的"*Kulturelles Gedächtnis*"(文化记忆)代替了笨拙的"*Gedächtniskultur*"(记忆文化)一词(A. Assmann and J. Assmann, "Schrift, Tradition und Kultur" 27)。这绝不仅仅是一种表面的转变,因为引入这个的新术语,就意味着跟哈布瓦赫的术语"*mémoire collective*"(集体记忆)自觉划清了界限。由于哈布瓦赫的老师涂尔干,加上阿诺德·范·根纳普(Arnold van Gennep)的著述,法国的社会学家们对"集体记忆"这个术语非常熟悉。在其去世后出版的《论集体记忆》一书中,哈布瓦赫以这个术语作为关键概念,它介乎个人和社会之间。哈布瓦赫还试图对这个概念做出更精确的界定,将它与历史学对于过去的理性重构工作区别开来。而他的同事、年鉴学派创始人之一马克·布洛赫,却以理性地重构过去作为出发点,批判了对"心态"这个术语的心理学移用,即从个体层面转移到集体层面。

阿斯曼采用"文化记忆"这个术语,反映了其跟哈布瓦赫的区别,由此也就能够从哈氏的理论中受益。在记忆和历史书写重构之间保持平衡,这还不够。确实,"记忆"一词的语义学内涵并不包括认知性的精神活动,但这并不意味着可以通过"真与假"来衡量记忆活动的成功与否(A. Assmann, "Wie wahr sind Erinnerungen?")。相反,记忆的固有生成逻辑对应着一种准诗性的力量,这在古希腊记忆女神摩涅莫辛涅(Mnemosyne)的神话传说中已经有所反映,并在哈布瓦赫的社会心理学反思框架中进一步得到了证实。这种力量没法被直接看到，因而最好将其理解为一个虚拟实体，它反映了一种创作寓言和神话的能力。因此，以象征方式编制的、形式规范的关于某个重大记忆图像的"本真面目"，比如阿斯曼所举的先知摩西的例子，在这位宗教创建者的历史（它可以通过相对理性的手段得到重构）当中是找不到的，只能在与他的名字相连的《出埃及记》的故事中去寻找，通过后人著述中的诠释视角、后见之明去发现，而后人对其历史的诠释又融入了其自我意象（J. Assmann, *Herrschaft* 247-80）。这个例子再次阐明了记忆这一隐喻的双重功能：一方面，它意味着认知性、简单化的对于过去的形象化处理；另一方面，它又为意识形态信念的形成提供了一个象征符号，后者与宗教信仰的内化概念类似。

对"集体记忆"和"文化记忆"稍作比较，也能看出一些重要的差异。最重要的是，哈布瓦赫试图接近史学重构与经验传统（也就是生活中的传统）之间的深层认知差异。而阿斯曼的概念则关注中间状态和社会性的组织结构，借助这些东西，群体和社会将自己与各种形态（比如著述、图像、建筑、礼拜仪式）的客体化的文化表征联系起来，以建构为过去所认可的自我诠释模式。

因此，来自海德堡的文化理论并不强调某种集体意识的形成，不管它是如何被型构的。相反，它沿着前述对于社会记忆基质的二元划分路线，区分了"交往性的"群体记忆（*Gruppengedächtnis*）和进行阐释的精英们关于传统的记忆（*Traditionsgedächtnis*）。前者意在确保"鄙俗的"日常行为的组织化，后者意在掌控一种更具有持久性的"神圣化的"世界观。毋庸置疑，有了神圣这个概念（A. Assmann and J. Assmann, "Schrift, Tradition und Kultur" 27），"文化记忆"理论就跟集体观念的图式紧密联系在一起，后者包括一种准预言色彩的理念，即呼吁生者既不要忘记受害者，也不要忘记以往传统中那种已经被打破的拯救承诺。

此处暗示的海德堡文化理论中的伦理成分有着死亡学（thanatological）的背景，它指向古埃及人对死亡的崇拜，以及跟文字包围和覆盖下的纪念性丧葬建筑有关的一些形式。从古埃及人这种独具文化特色的死亡纪念当中，阿斯曼看到了文化记忆的"起源"，即以象征性的手段来表现已逝者的存在（J. Assmann and Rack 96）。在这里，海德堡的文化理论与克利福德·吉尔茨（Clifford Geertz）的符号阐释学基本原理在方法论上的关系变得清晰。也就是说，只有通过对符号（当然可以是寓言）的诠释，死者的幽灵才能跳出遗忘的黑暗，变身为模糊的记忆图像。站在它们这一边，诠释者作为回想者（Burke 110），才能应付一直以来的历史遗忘之债。

得益于扬·阿斯曼对于各种阐释学法术的灵活驾驭，文化史研究不仅对古埃及的宗教和国家有了更深的理解，而且——通过古埃及文化这一他者——为"西方"思想的"历史影响"这个问题注入了新的见解。正如阿斯曼的众多比较文化研究所表明的，"文化记忆"这个公式所表示的概念应该被理解为一个**阐释学的范畴**，它引导我们超越基于目的而论建构起来的记忆领域，去重构那些在历史上形成的意识，用雅斯贝尔斯（Karl Jaspers）的话来说，其历史界限是由"轴心时代"所划分的（J. Assmann, *Ma'at* 11）。

三、概念的局限

将"文化"与"记忆"相互联系起来，这并不是多么新颖的主意。1910 年，阿诺德·范·根纳普提到了"文化秩序记忆"（*mémoire des faits d'ordre culturel*）的顽强生命力（Arnold van Gennep 164），它使技术诀窍和宗教传统——也包括社会和政治组织的准则规章——可以安然跨越其历史"有效期"。我们也不能忘记哈布瓦赫，他对于这个概念的早期发展至关重要，其贡献甚至还不止于前述各个方面。由于可以理解的原因，《论集体记忆》一书的校订主编侧重于法国社会学家的倾向，即跨越通常的"记忆心理学"（*mémoire psychologique*）边界，选择了"记忆文化"（*mémoire culturelle*）这一方向（Namer 270f.）。还有一个人必须提到，即阿比·瓦尔堡（Aby Warburg），他在20世纪初期已对记忆活动的社会文化含义进行了思索。在其去世之后出版的著作中，他呼吁人们留意文化成长过程中黑暗的，甚至是他所说的"恶魔般的"一面，并提出了一个论点，即图像记忆（*Bildgedächtnis*）提供了一种手段，帮助人们去忍受存在之恐怖，甚至将之升华。

直到1970年代，莫斯科-塔尔图（Moscow-Tartu）符号学派（参见Lotman）才再度建立了"文化"与"记忆"之间的松散联系。海德堡的文化记忆概念最初对此有所借鉴（J. Assmann, *Das kulturelle Gedächtnis* 21）。不久之后，皮埃尔·诺拉出版了《记忆之场》第一卷，该书不仅像百科全书那样展示了具有全国意义的集体记忆建构之举，而且在后传统生活方式的框架下反思了法国纪念场所的功能变迁（参见本书皮姆·邓布尔的文章）。最近，美国一批哲学家又在呼吁一种充满历史感、反思性的"文化记忆"，以对抗某些学术群体当中弥漫的历史和记忆的暧昧感和丧失感（参见Cook）。

上述立场与海德堡的文化理论哪个最先出场，这种比较无关紧要。确切地说，海德堡的文化理论是一种基于充分论证的理论，而不是正统体系的僵化教条的填充。"文化记忆"理论提供了一个开放的，从而在其他学科当中也有适应性的概念，它一点也不保守。毕竟，它采用了"大传统"（Redfield 43ff.）这一重构路径，其应用和实施，令人信服地为我们呈现了许多指导理念。仅以一个不太重要的方面为例，它将政治和宗教因素结合在一起。海德堡文化理论的提出者们明确将自己的概念与德国历史记忆问题联系起来，并参与了关于应以何种形式来纪念纳粹大屠杀受害者问题的论争（J. Assmann, "Das kollektive Gedächtnis" 67）。当然，"文化记忆"理论与那些围绕记忆的认同创造政治而产生的论争之间的关系，确实使人注意到了这个概念的一个困难侧面，对此，我在结尾之处稍作批判性的评论。

海德堡文化理论的关键要素中有一点，即文字媒介如何担负着传承传统的任务以及使传统变得标准化的功能。根据这种见解，在那些有能力诠释自己所读之物的读者面前，"文化"呈现为一件由文字组成的细密的织物。这是一些通过学习而获得的能力，这种能力在更早以前仅掌握在少数非常有权势的精英手中，甚至到了今天，它们依然与优先接受一般文化陶冶的特权和相应的群体忠诚联系在一起。根据这种理解，读写能力（否则没法把握文字的世界）和解释能力的欠缺，将大多数人乃至整个社会阶级都排除在一边，使他们没法参与"文化记忆"，并由此获得认同的创造这一回报。

这就引发了以符号资本的不平等分配为基础的社会地位区分的效果问题，从而仅为少数群体提供了通过文化记忆来满足自己的定位需求的可能性——这种制度化安置的文化记忆，由于学者们不断的照料和更新而保持着生命力。关键在于，社会对行为规范和价值观念的接受，并不取决于某种"神圣化的"、以文字形态（或者其他任何形态）象征性地编制而成的经典。相反，价值观念的缘起和效力，以及从价值观念到有效行为规范的转化，都是以磋商和同意这一过程为基础的，后者则是人们的共同经验的一部分。这就涉及交往实践，如果要它去保卫记忆、创造认同，任务未免过重；不过，通过文化经典的"神圣化"，它依然捍卫着一些文化标准，同时也难免受到别的利益的影响。这种对文化标准的守护，颠覆了日常记忆和神圣记忆的截然区分，而且不要求某种认同诉求。总之，如果某个群体或者社会的成员，在无需诋毁或者鄙视其他类型的文化经验的情况下，就能清楚地解释自己为何会坚持自己文化当中那些行之有效的自我意象，而对其他任何意象都不感兴趣（参见 Waldron），那就足够了。

（本文由萨拉·杨翻译成英文，作者在译稿基础上有所修改。）

参考文献

Assmann, Aleida. "Was sind kulturelle Texte?" *Literaturkanon-Medienereignis-Kultureller Text*：*Formen interkultureller Kommunikation und Über setzung*. Ed. Andreas Poltermann. Berlin：Schmidt, 1995. 232 – 244.

—. "Wie wahr sind Erinnerungen?" *Das soziale Gedächtnis*：*Geschichte, Erinnerung, Tradierung*. Ed. Harald Welzer. Hamburg：Hamburger Edition, 2001. 103 – 122.

Assmann, Aleida, and Jan Assmann. Nachwort. *Schrift und Gedächtnis*. Archäologie der literarischen Kommunikation I. Eds. Aleida Assmann, Jan Assmann and Christof Hardmeier. Munich：Fink, 1983. 265 – 284.

—. "Schrift, Tradition und Kultur." *Zwischen Festtag und Alltag*：*Zehn Beiträge zum Thema "Mündlichkeit und Schriftlichkeit"*. Ed. Wolfgang Raible. Tübingen：Narr 1988. 25 – 49.

Assmann, Jan. *Herrschaft und Heil*：*Politische Theologie in*

Altägypten, Israel und Europa. Munich: Hanser, 2000.

—. "Das kollektive Gedächtnis zwischen Körper und Schrift: Zur Gedächtnistheorie von Maurice Halbwachs." *Erinnerung und Gesellschaft/Mémoire et Société: Hommage à Maurice Halbwachs (1877–1945)*. Eds. Hermann Krapoth and Denis Laborde. Wiesbaden: VS Verlag, 2005. 65–83.

—. *Das kulturelle Gedächtnis: Schrift, Erinnerung und politische Identität in frühen Hochkulturen*. Munich: Beck, 1992.

—. *Ma'at: Gerechtigkeit und Unsterblichkeit im Alten Ägypten*. Munich: Beck, 1990.

—. "Schrift, Tod und Identität: Das Grab als Vorschule der Literatur im alten Ägypten." *Schrift und Gedächtnis. Archäologie der literarischen Kommunikation I*. Eds. Aleida Assmann, Jan Assmann and Christof Hardmeier. Munich: Fink, 1983. 64–93.

Assmann, Jan, and Tonio Hölscher, eds. *Kultur und Gedächtnis*. Frankfurt am Main: Suhrkamp, 1988.

Assmann, Jan, and Jochen Rack. "Totenrituale: Einübungen in das Hinausdenken über die eigene Lebenszeit." *Lettre International* 72 (2006): 95–99.

Barthes, Roland. "L'ancienne rhétorique: Aide mémoire." *Communications* 16 (1970): 172–223.

Bastide, Roger. "Mémoire collective et sociologie du bricolage." *L'Année Sociologique* 21 (1970): 65–108.

Bourdieu, Pierre. *Raisons pratiques: Sur la théorie de l'action*. Paris: Seuil, 1994.

Burke, Peter. "History as Social Memory." *Memory, History,*

Culture and the Mind. Ed. Thomas Butler. Oxford: Blackwell, 1989. 96–113.

Cook, Patricia, ed. *Philosophical Imagination and Cultural Memory: Appropriating Historical Traditions*. Durham: Duke UP, 1993.

Dupont, Florence. *L'invention de la literature: De l'ivresse grecque au livre latin*. Paris: La Découverte, 1994.

Erll, Astrid. "Literatur und kulturelles Gedächtnis: Zur Begriffs und For schungsgeschichte, zum Leistungsvermögen und zur literaturwissen schaftlichen Relevanz eines neuen Paradigmas der Kulturwissen schaft." *Literaturwissenschaftliches Jahrbuch* 43 (2002): 249–276.

Esposito, Elena. *Soziales Vergessen: Formen und Medien des Gedächtnisses der Gesellschaft*. Frankfurt am Main: Suhrkamp, 2002.

Gierl, Walter. "Zwischen Traum und Legende: Wie Maurice Halbwachs unsere Erinnerungsformen einkreist." *Erinnerung und Gesellschaft/Mémoire et Société: Hommage à Maurice Halbwachs (1877–1945)*. Jahrbuch für Sozialgeschichte. Eds. Hermann Krapoth and Denis La-borde. Wiesbaden: VS Verlag, 2005. 153–218.

Halbwachs, Maurice. *La mémoire collective*. Paris: Michel, 1997.

Leroi-Gourhan, André. *Hand und Wort: Die Evolution von Technik, Sprache und Kunst*. Trans. Michael Bischoff. Frankfurt am Main: Suhrkamp, 1988.

Linke, Angelika. "Kulturelles Gedächtnis: Linguistische Perspektiven auf ein kulturwissenschaftliches Forschungsfeld." *Brisante Semantik: Neuere Konzepte und Forschungsergebnisse einer kulturwissenschaftlichen Linguistik.* Eds. Dietrich Busse et al. Tübingen: Niemeyer, 2005. 65 - 85.

Lotman, Jurij M., and B. A. Uspensky. "On the Semiotic Mechanism of Culture." *New Literary History* IX (1978): 211 - 232.

Markowitsch, Hans J. *Neuropsychologie des Gedächtnisses.* Göttingen: Hogrefe, 1992.

Namer, Gérard. Postface. *La mémoire collective.* By Maurice Halbwachs. Paris: Michel, 1997. 237 - 295.

Plato. "Phaidros 274c - 278b." *Schrift und Gedächtnis.* Archäologie der literarischen Kommunikation I. Eds. Aleida Assmann, Jan Assmann and Christof Hardmeier. Munich: Fink, 1983. 7 - 9.

Redfield, Robert. *The Little Community and Peasant Society and Culture.* Chicago: U of Chicago P, 1960.

van Gennep, Arnold. *La formation des Légendes.* Paris: Flammarion, 1910.

Waldron, Jeremy. "Cultural Identity and Civic Responsibility." *Citizenship in Diverse Societies.* Eds. Will Kymlicka and Wayne Norman. Oxford: Oxford UP, 2000. 155 - 174.

Welzer, Harald. *Das kommunikative Gedächtnis: Eine Theorie der Erinnerung.* Munich: Beck, 2002.

经典与档案

阿莱达·阿斯曼

一、 文化记忆的机制：在记忆和忘却之间

过去十年里，人们日益认识到文化与记忆之间有着内在的联系。尤里·洛特曼和伯里斯·乌斯本斯基将文化定义为"社会的记忆，它不是通过遗传的方式传承"（Lotman, Jurij M., and Boris A. Uspenskij 3）。不过我们或许可以补充说，它是通过外在的象征符号来传承的。人类通过文化创造了一个关于过去、现在和未来的时间性的框架，它超越了个体生命的时间限度。文化在生者、死者和尚未出生者之间缔结了一道契约。人们通过对存储在或近或远的过去中的东西的召回、重申、阅读、笺注、批评和讨论，来参与各种各样的意义生产行为。无需每代人都从头开始，因为他们站在巨人的肩膀上，可以重新使用、重新诠释后者的知识。正如互联网创造了一个跨越广大空间距离的沟通框架一样，文化记忆也创造了一个跨域时间深渊的沟通框架。

思考记忆时，我们必须以忘却作为起点。个体记忆机制主要包括记住和忘却之间的不断互动（亦见本书艾琳娜·埃斯波西托的文章）。为了记住某些东西，就必须忘掉其他的东西。我们的记忆是高

度选择性的。记忆能力受制于神经和文化因素的约束，如焦点和偏好。它也受到心理压力的制约，痛苦的或者不一致的记忆会被掩藏、撤换、覆盖，可能还会被抹去。在文化记忆层面，也有类似的机制在起作用。持续的遗忘过程是社会常态性的一部分，就像在个体头脑中那样，在社会交际当中，许多东西都必须被不断遗忘，以便为新的信息、新的挑战和新的观念腾出空间，从而面向现在和未来。当一个家庭解体，个人物品散失于跳蚤市场，或者被丢弃、被回收之时，不仅逝者的个体记忆不可挽回地消失了，他的很大一部分物质财产和遗物也都消失了。

更深入地考察一下这些文化惯例，我们就能区分出两种形式的遗忘，一种更加主动，一种更加被动。主动的遗忘在故意的行为当中得到了暗示，比如丢弃和毁坏。遗忘行为是一个人内在的社会化过程中必不可少的、建设性的一环。不过，当它们指向一种外来文化或者受迫害的少数群体时，又是暴力的、破坏性的。对于破坏某些物质和精神性的文化产品而言，审查制度是一种有力的工具，如果说并不总是能够奏效的话。被动形式的文化遗忘与非故意的行为相连，比如遗失、掩藏、散失、忽略、放弃，或者是留下某种东西不要。在这些情况下，物品本身没有被毁坏，它们只是脱离了关注、评价和使用的范围。曾经失去，但物质形态尚未毁坏的东西，后来也许会被人在阁楼或者其他昏暗的仓库里偶然发现，或者通过更加系统的考古学研究而再度出土。托马斯·布朗尼爵士（Thomas Browne）是17世纪的一名内科医生，他有着哲学家的头脑，他相信那些并不引人注目的关于过去的踪迹，会比帝王们那些铺张的纪念碑更有机会保存下来。对他所生活的诺福克（Norfolk）附近地下埋藏着的古代骨灰瓮，他这样评论："时间让古迹变得古旧，有什么艺术能让所有东西蒙灰，却饶过这些微不足道的的纪念碑？"（Thomas Browne

279)。德国作家弗里德里希·荣格（F. G. Jünger）将这种可逆转的或者说"中途"遗忘类型定义为"储藏性的遗忘"。考古学是一种文化记忆体制，它从遥远的过去那里找回已经失去的东西和已经无效的信息，从而构成了一条从文化忘却到文化记忆的重要回路。

如果我们承认遗忘是个人和文化生活的常态的话，那么记忆就是一个例外，它需要求助于特别的、成本不菲的预防措施，尤其是在文化领域。这些措施体现为文化体制。如同遗忘一样，记忆也有主动和被动的一面。主动的记忆体制将过去当作现在来保存，被动的记忆体制则将过去当作过去来保存。过去的过去属性与它的当下存在之间有一道张力，这是理解文化记忆机制的重要钥匙。文化记忆的这两种模式，或许可以借助博物馆里的不同房间来阐明。博物馆将其著名藏品陈列在有代表性的橱窗里给观众看，这些橱窗是经过特意安排的，意在吸引观众的注意、让观众留下持久的印象。这家博物馆还有别的储藏室，四边塞满了其他画作和物品，地下室、阁楼，到处都是，这些东西都没有拿出去公开展示。后面我将提到主动传播的记忆，它将过去当作经典来陈列，以及被动存储的记忆，它将过去当作档案来保管。

这一重要的区分，还可以借助文化史学家雅各布·布克哈特（Jakob Burckhardt）的观点来说明。他将以往历史时期的遗存划分为两种类别："信息"和"痕迹"。他用"信息"来指文本和纪念碑，这些东西会对后人说话，而"痕迹"则不会对后人说话。布克哈特不信任信息，它们通常是由权力载体和国家体制书写并有效上演的。他认为这种东西是宣传性的，因而具有误导性。另一方面，他很看重非故意的痕迹，认为它们是此前时代的直接见证，可以提供一种跟统治者的宣传相反的历史。如果我们对布克哈特的区分稍作调整，也许就能将它普遍化。文化记忆包含着大量跟后人讲话的信息，意在不断地重复和再利用。这种主动记忆包括许多东西，比如艺术作品，它注定会被反复重读、欣赏、上演、表演和评论。当然，并非所有的人工艺术品都能实现这种愿望，只有很少一部分作品，通过一套我们称之为经典化的复杂程序，获得了这种地位。光谱的另一端，就是文化遗存物的储藏室。这些东西是未经媒介力量调节的，只是已经不能直接说话而已。它们被去语境化了，跟此前赋予其权威或者决定其意义的框架脱离了联系。作为档案的一部分，它们被公之于新的语境，可以任人做出新的诠释。

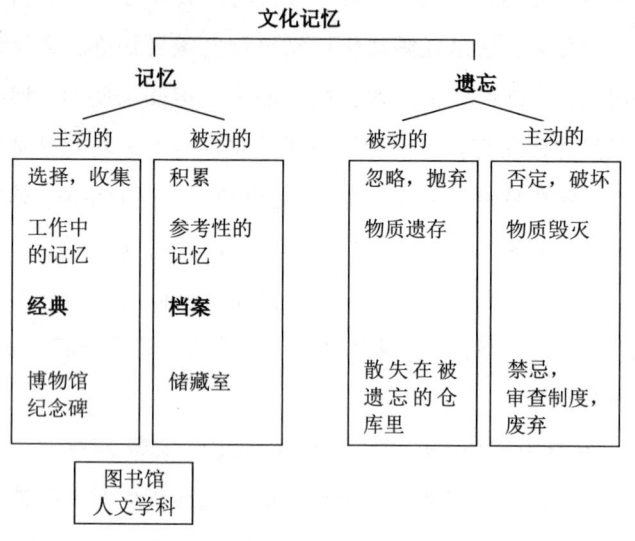

二、工作中的文化记忆：经典

文化记忆的主动性一面支持着某种集体认同，可以根据某个显著的存储空间来界定。它建立在少数规范的、正式的文本、场所、人物、工艺品以及神话的基础之上，这些东西，本来就是为了主动的传播和交流、为了经常被展示或者被表演而形成的。工作中的记忆存储并复制着一个社会的文化资本，后者被反复再回收、再确认。主动的文化记忆不管由什么东西组成，都经过了严格的挑选程序，以确保某些文化产品在一个社会的工作中的文化记忆内持续据有一席之地。这个过程称为经典化，这个词的意思是"神圣化"，即赋予一些文本、人物、工艺品和纪念碑某种神圣地位，让它们承载着最高的意义和价值，从而跟别的东西区别开来。经典通过三个因素来标示：选择、价值和持续时间。选择意味着决定和权力斗争；价值的归属，则意味着这些东西具有某种光环和神圣不可侵犯的地位；在文化记忆中的持续时间，则是经典化这道程序的核心目标。经典并不是一份按计划拟予撤销的名单，相反，它不因历史的变迁和社会品味的起伏而丧失魅力。并非每一代人都可以重新确立经典，相反，它比人的寿命还长，人们总会与它相遇，并根据自己的时代重新对它进行诠释。这种与被挑选出来的少数文物的持续互动，使它们一直在主动流传，让这一小部分过去的碎片得以维持长久的存在。

主动的文化记忆有三个核心领域：宗教、艺术和史学。"经典"一词原本属于宗教史领域，被用来指称一份或者一套文本，后者被确认为具有神圣性质，不能被改变，也不能跟其他任何文本相互混淆。被经典化的本文是一种恒定的参照，成百上千年里一直被用于崇敬、诠释和礼仪惯例。经典化一词也被用于描述天主教殉道者转变为圣徒的过程。通过一些故事、图像，还有他们的名字，这些圣徒被人们记住；他们的名字被印在日历上，相应日子出生的人也使用这些名字作为自己的姓名。天主教堂就是一种主动的文化记忆体制。教堂（特别是老教堂）里的石碑和墙上的纪念雕刻，都是独一无二的纪念空间，跨越了好几个世纪。这种文化记忆，也通过建筑风格、图像传统，以及一直在阶段性重复的礼拜仪式惯例而存活下来。

宗教经典转换成世俗现代性的艺术之时，它就成为古典艺术的经典。这种经典不像宗教经典那样固定、封闭，而是可变化、可交流的。过去三十年里，弥尔顿（Milton）等经典作家，以及艾略特（T. S. Eliot）等诺贝尔奖获得者，他们先前那种威望已经丧失大半。在后殖民时代，西方文学经典受到了猛烈的挑战，正在经历着相当大的转型（亦见本书赫伯特·格拉贝斯的文章）。不过，虽然经典有所改变，但它们仍然是不可或缺的教育工具。没有了经典，学术领域就没法确立，大学就没法开课。古典文学经典不仅在一代又一代人之间传授，也在剧院、音乐厅的舞台上演。绘画和工艺经典反复在博物馆和巡回展览中得到陈列，文学经典则是图书市场上的常客。一部浩繁的艺术史，只有非常少的一些碎片才能拥有被反复陈列、被反复接受的特权，从而确保了自己的光环，支持了自己的经典地位。

主动的文化记忆的第三个领域就是史学。民族国家制作了关于自身过去的叙事版本，它们被当作民族国家的集体传记被教授、被接受并被借鉴。国史通过历史教科书得到传授，后者有一个贴切的名称"教导群众的武器"（参见 Charles Ingrao）。国史还以纪念碑、纪念日等形式在公共舞台得到呈现。参与国家记忆，就是要了解国史上的关键事件，接受其象征符号，欢度国家的节庆日。

因此，文化记忆建立在两种相互分开的功能基础之上。一是在无时间的框架内，展示那些经过严格挑选的少数神圣文本、艺术杰作和重大历史事件；二是存储过去的文件和人工制品，它们不完全符合经典的标准，但也被认为很有趣或者很重要，不能让它们湮灭于遗忘的坦途中。重点欣赏、反复上演，以及个人和公众的持续关注，都是工作中的文化记忆的标志；同时，专业的保管、隐身于公众关注之外，也是参考性记忆的内容。强调礼敬和专门化的史学探究，这是两个极点，文化记忆机制即在二者之间展开。

上述两个极点之间的张力，还可以通过文学批评中的两种不同路径来说明。2003—2004 年，两本关于莎士比亚的著作分别问世。一本是哈罗德·布鲁姆（Harold Bloom）的《哈姆雷特：无尽的诗歌》(*Hamlet: Poem Unlimited*)，另一本是他在耶鲁大学教过的学生斯蒂芬·格林布拉特（Stephen Greenblatt）的《世界的意志》(*Will in the World*)。两本书都很畅销，尽管二者的研究取向、方法、目标和逻辑前提都大异其趣。布鲁姆根据经典的精神来写作，发展了一种赞赏的风格，为文本及其作者营造了一种准宗教的热情。相反，格林布拉特则与自己的研究对象保持着一定距离。布鲁姆对文本做去语境化的处理，使它成为一种信仰对象；格林布拉特则将文本放回其历史语境中，将它与同时代的其他文本并列解读。布鲁姆采用的是经典的策略，考察其有关存在的意义，赋予其光环；格林布拉特采用的则是档案的策略，旨在破除其光环（Greenblatt and Gallagher 12）。两人之间所表现出来的张力，就是经典与档案之间的张力，换句话说，也就是文化记忆与其延展之间的矛盾。

三、参考性的文化记忆：档案

被动的文化记忆体制位于经典和遗忘的中途。档案是其核心的、典型的体制，为了理解文化记忆的这一维度，有必要探讨一下档案的历史和功能。在文学研究当中，档案这个概念就跟创伤一样，已经进入了后结构主义和后殖民主义话语的中心。然而在此过程中，它往往与经验性的体制脱离关系，被当作一个高度暗示性的修辞术语，以比喻的方式得到运用。根据福柯的著名论断，档案就是"决定着什么东西可以被述说的法则"（Foucault 186f.）。将这一论断与经验层面的体制拉得更近一点，或许可以这样来重新表述：当现在变成过去时，档案就是将来可以对于现在说些什么的基础。

作为典型的被动文化记忆体制，档案馆是教堂这类纪念空间的对立面：它是并不圣洁的科层制空间、一个清楚整齐的组织化的储藏室。档案是从古代文化当中发展出来的，与之相关的还有书写系统和科层制的组织结构。它们的首要功能是为未来储积资料，以便为统治阶级提供必要的信息。它们还是权力合法性和对人口进行规训的象征性工具。这种政治档案的例子包括中世纪宗教法庭的文件，以及东德国家安全部的文件等等。档案总是属于权力体制：教会、国家、警察、法律等等。如果没有广义上的档案资料，就没有国家机器、没有任何策略来组织未来和控制过去。档案资料为政治权力提供了重要的工具。

然而，时间很快让这些档案变得过时。一旦过时，它们就丧失其政治上的功能和重要性，变成一堆（可能是中性意义上的）垃圾。如果它们没有全部消失的话，也许会进入历史档案这一新的语境。这些过去的遗物没有被废弃，因为人们觉得它具有历史或者学术价值。历史档案就是制作机构掉落的那些文件的收容所，可以在新的语境中得到重构和诠释。因此，我们必须把政治档案和历史档案区别开来。政治档案发挥着重要的权力工具的作用，而历史档案则存储着不再直接有用的信息。这种制度出现的时间非常晚，可以追溯到法国大革命。革命带来并且确认了与过去的暴力决裂，由此不仅诞生了一种新的未来，也诞生了一种新的历史感。恩斯特·舒林说，"在跟传统的暴力决裂当中诞生了一种历史意识"（Ernst Schulin 24）。进步这个现代的理念，以及一种新式的好古癖（即历史学研究），二者由此并肩而行。它们都假定现在跟过去之间是断裂的。过去被抽离了其中的规范价值和主张之后，就可以成为历史探究的对象。如果说权力以政治档案为基础的话，那么历史学研究就以历史档案为基础。

历史档案中的物品已经丧失了它们原始的"生命场所",进入了一个新的语境,有机会迎来第二次生命,从而使自己的存在期限得到相当大的延长。历史档案以物质形态保存、编目,成为组织化的结构的一部分,从而很容易被检索。然而,作为被动的文化记忆的一部分,档案中存储的知识是惰性的。这种知识被存储起来,有可能被人获取,但没有被诠释——那超出了档案工作者的能力。考察档案的内容并在新的语境中回收其信息,这是其他人的任务,如学术研究者、艺术家。因此,可以将档案描述为一种空间,它位于忘却和记忆的边界;其物质形态被保存在一个过渡性的存储空间里,呈现为一种潜伏状态。由此,档案体制就是被动保存的文化记忆的一部分,它将一些物质存储为"不再"和"尚未"之间的状态,脱离了先前的存在,正等待着某种新的存在。

尽管有许多不同种类的物质遗存,不过正如玛格丽特·阿特伍德 (Margaret Atwood) 所言,"过去"主要是由纸做成的,这些纸必须好好照管。她将档案工作者和图书管理员称为"纸的守护天使",认为我们应该感谢他们,因为"没有他们,过去就远没有这么多"(Atwood 31-32)。这些守护天使们是如此不起眼,以至于他们就像真正的天使那样几乎不为人所见。此外还有其他一些重要的守护天使,包括古典时代晚期的抄写员,他们把一些文本从易碎的纸莎草纸卷轴转录到更加耐久的羊皮纸上;还有爱尔兰的教士,他们抄录了一些古代的经典书籍并存储在自己的图书馆里,尽管这些东西并非他们自身传统的一部分,也没有给他们带来什么用处。

四、具身和非具身的文化记忆

哪些东西应该被记住、应该在主动的文化记忆中流传,哪些东西只需存储起来,对此,相关选择标准既不清楚,也不是没有争议。在图书馆、科学和百科全书般的知识成长的现代印刷时代,档案存储能力远远超过了我们可以称之为主动的人类记忆的程度。在数码媒介时代,外化(externalized)信息与可外化知识之间的数量缺口不断扩大,变得越发具有戏剧性。计算机运算能力每两年翻一番,数码时代的外部存储能力随之进一步扩展,而人类的记忆能力却由于神经系统的局限而没有长进。20世纪初,格奥尔格·西美尔(Georg Simmel)就已将这一不可控的过程称为"文化的悲剧"。

根据柏拉图的观点,"文化的悲剧"始于(字母)文字的引入,因为这种注记技术将知者和被知者分离开来,使知识能够为非创始者所获取。柏拉图提出,文字并不传承记忆,而是制造了记忆的替代品。文字作为一种外化知识形态被引入,这本就体现了工作中的文化记忆与参考性的文化记忆的区别,不过有了历史档案这一新制度之后,这种区别又变得更显著。在西式民主当中,文化记忆的这两种功能变得越来越分开。不过跟西美尔(或者是尼采)的担心相反,它们绝非互不相关。文化记忆的这两个领域并非针锋相对,相反,它们以不同方式发生互动。比如,参考性的记忆为工作中的记忆提供了丰富的背景,这意味着经典中的成分也许可以"分居",可以跟档案中的成分放在一起重新进行诠释(这就是新历史主义的方法)。一些经典也许会沦为档案,而一些档案也许会被重新发现、回收,成为经典。正是不同领域和功能之间的相互依赖性,为文化记忆提供了动力机制,使它保持着活力。

尽管我们很难想象一种文化竟然会没有主动的文化记忆,但我们完全可以设想某种文化不会被动地存储记忆。在口传文化当中,文化记忆是具身的(embodied),通过表演和实践得到传承,在这里,物质遗存不会持续、不会积累。在这种文化当中,文化记忆的范围,就跟节庆仪式和重复性的惯例中上演的具身的剧目一样广泛。不使用文字的文化,就不会产生档案中收集的那种遗迹,也不会产生可以供奉在博物馆和纪念馆里的经典。为了表示公平,对于那些基于具身的传承形态的文化,联合国教科文组织最近创造了一个新的类别,将它们的文化资本称为"非物质文化遗产"。2003年的新公约对非语言形态的知识作出了重新评价,保护了众多形态的文化遗产,包括惯例、舞蹈、仪式和表演。戴安娜·泰勒(Diana Taylor)以优美的笔调描述了西方人的档案权力如何凌驾于美洲本地表演之上。她提醒人们注意"非档案的传承系统",以及"土生土长的有形惯例,它既是一种知识,也是一个存储和传承知识的系统"(Taylor 18)。具身的剧目和表演没法以外在形式固定和存储起来,它们是繁衍性的,一直处于"某种不断更新的状态"(Taylor 21)。在口传文化那里,文化记忆存储在具身的实践和活生生的表演当中,其保存时间没法超越个体生命的限度,也没法无限扩张。

在极权主义国家也不存在任何存储性的记忆,不过其原因颇为不同。在这种国家,正如奥威尔的小说《1984》所揭示的那样,过去所扔下的每一片废料都必须被改变或者被剔除,因为一片真正的证据即可粉碎官方版本的历史叙述,而后者正是统治者的权力的基础。奥威尔小说中的主人公温斯顿·史密斯是一个矛盾的档案工作者,他参与了一个正在进行的项目,即抹去(过去的真实)痕迹、改写(历史)资料,以使它们能够反映当前的利害关涉。这种妄想狂式的努力被认为是保护国家所必需的,因为对于历史的独立指涉能够触发一种相反的历史,后者将挑战那种极权主义版本的历史,从而给国家带来损害。

结论

完整的回忆只在施瓦辛格的科幻电影中才有可能。记忆,包括文化记忆在内,总是为遗忘所渗透、击杀。为了记住某种东西,人们不得不忘掉一些东西,但被忘掉的东西并不一定就永远丢失了。经典代表着一个社会当中主动的、起作用的记忆,它界定并支持一个群体的文化认同。它是高度选择性的,并且正如哈罗德·布鲁姆指出的,它建立在排斥原则的基础上。工作中的记忆不可避免地带有一种还原性、限制性的冲动,而作为一个社会的参考性记忆,档案的功能则对前者形成了某种制衡。档案创造了一种后设记忆、一种二手记忆,其中存储着那些被遗忘的东西。档案意味着一种"失而复得功能",针对那些人们不再需要、不再能够迅即理解的东西而设。历史档案帮我们确定自己在时间中的位置,它使我们有可能从反思性的历史意识出发去进行比较和思考。然而,我们也必须承认,档案也是选择性的。它们绝不是无所不包的,而是有着结构性的排斥机制,不管是以阶级、种族还是性别为根据。不过,近几十年来这些机制已经成为批判性关注、论争和调查的焦点,它们自身也是有力的变革力量。幸运的是,当隐蔽的沉积物被重新发现时,其中不仅有故意存储下来的东西,也有偶然保存下来的东西。它们是主动记忆中的非主动记忆。不过即使算上偶然的发现,过去也仍然只是托马斯·卡莱尔(Thomas Carlyle)所言的"可怜的、有缺陷的碎片"。历史学家必须调整自己的研究和问题,以适应档案的广度和范围,而文学家则或许可以自由地填补(记忆的)裂缝。阿特伍德写道:"部件没人去解释——裂缝没人去填补——我可以自由地创造。由于有许多裂缝,也就有许多创造。"(Atwood 35)托妮·莫里森(Toni

Morrison)是一名作家,她以另外一种方式来处理历史记录和档案中的裂缝。她所发现的裂缝,就是记忆本身的伤口、创伤留下的疤痕,它拒绝被人表述,只是在深度破坏性的事件过去很长时间以后,才能在文学作品的框架内得到延迟的表达。在《宠儿》这样一部小说里,莫里森以文学想象来补充历史记忆的裂缝,不过这种补充不是在填补,而是在标示裂缝。

我想说的是,文化记忆的主动和被动领域都停靠在体制内,二者之间不是相互封闭的,而是可以相互流入、重新改组,这就说明了文化记忆内部的动力机制,使它并不排斥变革和磋商。我还想说,档案是一种具有史学功能和特殊功能的体制。就跟承认人权一样,档案也是市民社会的重要成就,仅仅从这一点,我们也能判断其威力。

参考文献

Atwood, Margaret. *In Search of Alias Grace: On Writing Canadian Historical Fiction*. Ottawa: U of Ottawa P, 1997.

Bloom, Harold. *The Western Canon: The Books and School of the Ages*. New York: Harcourt Brace, 1994.

Browne, Thomas. "Hydriotaphia, Urne-Burial, or A Brief Discourse of the Sepulcrall Urnes Lately Found in Norfolk." *The Prose of Sir Thomas Browne*. Ed. Norman Endicott. New York: New York UP, 1986. 241-286.

Derrida, Jacques. *Archive Fever: A Freudian Impression*. Chicago: U of Chicago P, 1997.

Foucault, Michel. *Archäologie des Wissens*. 4th ed. Frankfurt am Main: Suhrkamp, 1990.

Gallagher, Catherine, and Stephen Greenblatt. *Practicing New Historicism*. Chicago: U of Chicago P, 2000.

Jünger, Friedrich G. *Gedächtnis und Erinnerung*. Frankfurt am Main: Klostermann, 1957.

Lotman, Jurij M., and Boris A. Uspenskij. *The Semiotics of Russian Culture*. Ed. Ann Shukman. Michigan Slavic Contributions 11. Ann Arbor: U of Michigan P, 1984.

Schulin, Ernst. " Absage an und Wiederherstellung von Vergangenheit." *Speicher des Gedächtnisses: Bibliotheken, Museen, Archive*. Eds. Moritz Csáky and Peter Stachel. Vol. 1. Vienna: Passagen, 2000. 23 - 39.

Simmel, Georg. "Der Begriff und die Tragödie der Kultur." *Das individuelle Gesetz: Philosophische Exkurse*. Ed. Michael Landmann. Frankfurt am Main: Suhrkamp, 1987: 116 - 147.

Taylor, Diana. *The Archive and the Repertoire: Performing Cultural Memory in the Americas*. Durham: Duke UP, 2005.

Veit, Ulrich, Tobias L. Kienlin, Christoph Kümmel, and Sascha Schmidt, eds. *Spuren und Botschaften: Interpretationen materieller Kultur*. New York: Waxmann, 2003.

交往记忆与文化记忆

扬·阿斯曼

一、个体记忆、社会记忆和文化记忆

记忆是这样一种技艺,它使我们能够形成对自我(认同)的意识,既是在个人的层面,也是在社会的层面。而认同则与时间有关。人类的自我是一种"历时性的认同",是由"时间的素材"构成的(参见 Luckmann)。时间与认同的综合,是由记忆来完成的。对于时间、认同和记忆,我们也许可以从三个层面加以区分,见下表:

层面	时间	认同	记忆
内在层面(神经-精神的)	内在的、主体的时间	内在自我	个体记忆
社会层面	社会时间	社会自我,个人作为社会角色的载体	交往记忆
文化层面	历史、神话、文化的时间	文化认同	文化记忆

就**内在层面**而言,记忆是神经-精神系统的事情。这是我们的个人记忆,也是直至 1920 年代人们所认识到的唯一的记忆形态。在**社会层面**,记忆是交往和社会互动的问题。正是法国社会学家莫里斯·哈布瓦赫的伟大成就,显示了我们的记忆——跟普通的意识一

样——是如何依赖于社会化和交往的，记忆可以被理解为社会生活的一种作用机制（Maurice Halbwachs, *Les cadres sociaux*; *La mémoire collective*）。记忆让我们能够过一种群体和共同体的生活，这反过来又使我们能够构建一种记忆。也是在那些年里，弗洛伊德和荣格（Carl Gustav Jung）等精神分析学家发展了关于集体记忆的理论，但他们仍然停留在第一个层面，即内在的和个人的层面，不是在社会生活机制中，而是在人类心理的深层无意识当中寻找集体记忆（亦见本书于尔根·斯特劳布的文章）。

然而，艺术史家阿比·瓦尔堡却提出了"社会记忆"这个术语，它跟第三个层面即**文化层面**有关，他可能是第一个将图像（即文化的对象化）当作记忆的载体来处理的学者。他的主要工作是研究西方古典文物的"余生"（*Nachleben*），这项工作他称之为"Mnemosyne"，这个古希腊词汇的意思是"记忆"，同时也指九位缪斯的母亲。作为一名艺术史家，瓦尔堡专长于他所说的"图像记忆"（*Bildgedächtnis*）。不过，将历史当作一种（文化）记忆形态来理解，这条一般性的路径也可以适用于任何一个象征形态的领域（参见 Gombrich）。这就是托马斯·曼（Thomas Mann）在其《约瑟夫和他的兄弟们》四部曲中所尝试的事情。这些小说出版于 1933—1943 年间，可谓当时最先进的尝试，它们试图在一个反犹的时代重构特定的（即青铜时代晚期生活在巴勒斯坦和埃及地区的人民的）文化记忆，这让人们想起了欧洲人的文化记忆及其犹太文化根基（J. Assmann, *Thomas Mann*）。不过，瓦尔堡和托马斯·曼都没有使用"文化记忆"这个术语，这个概念只是在最近的二十年才被清楚地提出来。因此，只是在此之后，时间、认同和记忆在个人、社会和文化这三个维度之间的联系才变得越来越明白。

引入"交往记忆"这个术语，是为了描述哈布瓦赫"集体记忆"

概念与我们所理解的"文化记忆"之间的区别（参见 A. Assmann）。文化记忆是一种集体记忆形态，它为许多人所共享，向这些人传递着一种集体的（即文化的）认同。不过，"集体记忆"这一术语的发明者哈布瓦赫，却谨慎地将它与传统、传承和传播等领域区分开来，而对于后者，我们建议在"文化记忆"这个术语之下进行探讨。我们保留了哈布瓦赫的区分，将他的集体记忆概念打碎，然后融入"交往记忆"和"文化记忆"当中，但我们也坚持将他所排除的文化领域纳入记忆研究中来。因此，我们不是要用"文化记忆"来取代他的"集体记忆"概念，相反，我们将二者的区别理解为两种不同记忆模型或者记忆方式之别。

二、 文化作为记忆

文化记忆是一种体制。它被抽取出来、对象化，然后存储在一些象征形态当中，后者不同于听到的言语或者看到的姿势，它是稳定的、超然于具体情境的，它们也许会从一种情境转移到另一种情境中，从上一代传承给下一代。外在的对象作为记忆的载体，已经在个人记忆层面发挥了作用。我们有着人类的头脑，拥有记忆，我们的记忆只存在于持续的互动当中，不仅是跟他人记忆的互动，也是跟"东西"、跟外在象征符号的互动。至于"东西"，如著名的普鲁斯特的玛德莱娜（Madeleine，即法国家常小蛋糕），或者是人工制品、物品、周年纪念、宴会、偶像、象征符号、风景等，"记忆"**并不是一个隐喻，而是一种转喻**，它以记忆头脑和提示性对象之间的物质接触为基础。"东西"本身并不"拥有"自己的记忆，但它们也许能够提醒我们，能够触发我们的记忆，因为它们携带着我们曾经注入其中的一些记忆，比如菜肴、宴会、仪式、图像、故事和其他文本、风景,以及其他各种"记忆之场"。在社会层面,关于群体和社团,外部符号的角色甚至变得更加重要,因为群体当然不会"拥有"记忆,他们倾向于亲自"制作"一种记忆,将"东西"作为提示器,比如纪念碑、博物馆、图书馆、档案馆,以及其他一些记忆建筑物。这就是我们所说的文化记忆(参见 A. Assmann)。文化记忆与交往记忆不同,为了能够在后代那里重新具身化,它也以非具身的形态而存在,而这需要相应的保存和重新具身化(reembodiment)体制。

这种体制属性并不适用于哈布瓦赫所说的集体记忆,也就是我们建议改称为交往记忆的东西。交往记忆不是体制性的;它不受任何学习、传承和诠释体制支持;它不是由专家培养出来的,也不是在特定场合才被召唤出来或者被庆祝;它没有通过任何一种物质象征形态得到正式化、稳定化;它存在于日常互动和交往之中,并且正因为此,它的时间跨度非常有限,通常不会超过八十年,也就是三代人能够在一起互动的时间范围。此外,还有一些(记忆)框架、一些"交往风格"、交往和主题化的传统,以及最重要的,连接着不同家庭、群体和世代的情感纽带。

(记忆)框架的变化导致遗忘,记忆的持续性取决于社会纽带和框架的持续性。在其更早的作品中,哈布瓦赫似乎并未关注社会利益和权力结构,而这些东西主动塑造、框定了个体记忆。不过,他关于集体记忆的最后一本书,却显示了对体制和权力的清醒认识。这本《福音书中圣地的传奇地形学》(*La topographie légendaire des évangiles en terre sainte*)出版于 1941 年,当时还是德国人占领期间。该书的主题是巴勒斯坦如何因为各种纪念物的设置而转变为一个基督教记忆之场,这个过程发生在基督教被罗马帝国采纳为国教以后。在这本书里,他跨越了自己所划定的"记忆"与"传统"之间的界限,揭示了这种官方记忆在何种程度上取决于神学教义,又在多大程度上受到了教会权力结构的影响。

三、时间框架

人类学家让·万思那（Jan Vansina）在非洲无文字的社会里开展工作，致力于一项重要的研究，即这些社会以何种形式来再现过去。他观察到了一种三重结构。最近的过去在互相影响的交往当中被放大，随着时间的推移，它日益退身为背景。朝过去走得越深，信息就变得越稀疏、越模糊。根据万思那的观点，日常交往中讲述和讨论到的事务性的知识，在持续时间上有其限度，不会超过三代人的时间。至于更遥远的过去，或者完全缺乏相关信息，或者在犹豫很久之后才能吐出一两个名字。然而，关于最遥远的过去，又会有大量的信息出现，主要涉及一些跟世界起源和部族早期历史有关的传统。不过，这种信息不是用于日常交往的，而是高度正式化、体制化的。它以叙事、歌谣、舞蹈、仪式、面具、象征符号等形式存在。故事讲述者、吟游诗人、面具雕刻者等等，这些专门人员组成行会，他们必须接受一个很长的入门、训练和考核过程。此外，某些情况下，当社区聚集起来搞庆祝活动时，这种信息还需要付诸实现（actualization）。这就是我们打算称之为"文化记忆"的东西。在口传社会里，正如万思那所展示的，非正式的世代记忆与正式的文化记忆之间存在着一道裂缝，前者涉及最近的过去，后者涉及遥远的过去、世界的起源和部族的历史。由于这道裂缝随着代际传承而转换，万思那称之为"漂浮的裂缝"。他继续指出，在口传社会里，历史意识仅在两个层面运行：起源的时刻和最近的过去。

万思那的"漂浮的裂缝"这一说法，揭示了社会记忆（或者说交往记忆）跟文化记忆之间的差异。交往记忆包含一些涉及万思那所说的"最近的过去"的记忆。这是一个人与同时代人共享的记忆,也就是哈布瓦赫所理解的"集体记忆",它们构成了口述史学的对象。后者作为一个史学分支,不是以通常的文字史料为基础,而是完全建立在通过口述访谈获得的记忆基础上的。所有口述史研究都证实了一点,即使是在有文字的社会里,活着的记忆也不会超过八十年的时间,再往后就被漂浮的裂缝阻隔,记忆只能来自学校教科书和纪念碑,只不过不是来自起源神话而已。

文化记忆以过去的一些固定的点为基础。即便在文化记忆当中,过去也不是被存储起来,而是被投射到一些象征符号身上。比如,它们在口头神话或者文字当中被表述,在宴会上被表演,它们总是在阐明着变迁中的当下。在文化记忆的语境中,神话和历史的区别消失了。对于文化记忆而言,重要的并不是过去本身,不是考古学家和历史学家们调查、重构出来的那种过去,而仅仅是被记住的那种过去。在文化记忆当中,重要的正是时间视界。文化记忆追溯过去,但仅仅是那种可以被称之为"我们的"过去。正因为此,我们将这种形态的历史意识视为"记忆",而不是关于过去的知识。关于过去的知识需要获得记忆的剧目和功能,如果它跟认同概念相连的话。知识无形,并且是无止境前进的,而记忆则包含着遗忘。只有将位于相关视界之外的东西遗忘掉,记忆才能发挥认同功能。在《历史的用途和滥用》一书里,尼采通过"可塑力"(plastic power)、"视界"等概念来界定这种功能,很明显,他也试图表达某种跟现已被普遍接受的"认同"一词相同的意思。

知识有着普遍主义的视野,倾向于归纳和标准化;而记忆,即便是文化记忆,也是地方性、自我中心主义的,因特定群体及其价值观念而异。

四、认同

不同记忆形态之间的区别，看上去好像是一种结构，但更多的还是体现为各个极点之间动态的、创造性的张力和转化。其中有不少重叠之处，记忆和认同的关系尤其如此。当然，我们必须避免沦为阿玛蒂亚·森（Amartya Sen）所说的"认同幻象"的受害者。依据各人所属群体、社区、信仰系统、政治系统等等的不同，个体拥有各种各样的认同。同样，人们的交往记忆和文化记忆，简言之就是集体记忆，也是各式各样的。在各个层面，记忆都是开放的系统。当然，它也不是完全敞开、四处弥散的，总是存在着一些框架，它们将记忆与特定的时间视界以及个体、世代、政治、文化层面的认同联系在一起。当这种关系不存在时，我们处理的就不是记忆，而是知识。记忆是带有认同迹象的知识，是关于自我的知识，即人们自己的历时性认同，不管他是个体，还是家庭、世代、社区、民族的一员，或者是某种文化和宗教传统的一员。

群体是通过结合和离散机制形成并得到凝聚的，后者总是（在不同程度上）承载着情感。因此，哈布瓦赫谈到了"社群情感"（*communautés affectives*）。这些"情感纽带"使记忆具有特殊的强度。记忆是归属的实现，甚至是社会义务的实现。为了归属，就必须记忆。这也是尼采《道德的谱系》这本书里最重要的见解之一。同化，即从一个群体转向另一个群体，通常会伴随着一种压力，即必须忘却那些与先前认同相连的记忆。相反，这种同化性的遗忘，也正是圣经《申命记》中最担心并且禁止的，该书讲述的是从埃及到迦南地的结构变迁，以及第一、第二代来自埃及的移民的故事。

五、体制和载体

交往记忆和文化记忆之间的差异，也在社会维度、参与结构当中得到了体现。在一个群体当中，对交往记忆的参与是散漫的。确实，有的人知道的更多，有的人知道的更少，年长者的记忆比年轻人的记忆更久远。然而，对于非正式的、交往性的记忆而言，并不存在着什么专家。参与者已经获得了日常互动中所交流的知识，以及语言和社会能力。相比之下，一个群体对于文化记忆的参与，却总是高度差异化的，无文字的社会、平等主义的社会甚至尤其如此。一个群体的文化记忆的保存，原本是诗人的任务。甚至在今天，非洲的说唱艺人仍然在履行着保卫文化记忆的职能。

文化记忆总是有着自己的专家，无文字的社会和有文字的社会里都是如此。他们包括萨满、游吟诗人、流浪艺人、牧师、教师、艺术家、书吏、学者、大臣、祭司、毛拉，以及其他各种名目的专业化的记忆传递者。在无文字的社会里，这些传递者的专业化程度取决于其记忆所构成的需求量级。最高级别的需求坚持逐字逐句的传承，人类记忆被当作"数据库"来使用，跟文字的运用差不多：一份固定的文本被逐字逐句"写入"这些专家所习得的高度专业化的记忆当中。典型的情况就是仪式知识，仪式必须严格遵循"脚本"，即便该脚本并没有写成文字。古代印度的《梨俱吠陀》就是最著名的例子，它完全是在口承传统基础上编制了一套仪式记忆。跟这一任务量级对应的是仪式专家（婆罗门）这个社会等级，他们构成了最高等级的种姓，甚至比贵族、统治者也在其列的武士阶级（刹帝利）还要高。在传统时代的卢旺达，十八道王室仪式的脚本必须由专门人员记住，他们是这个王国里地位最高的贵族，若出现差错，甚至可能被处死。三名能够默记十八道仪式的全部脚本的贵族，甚至能够分享统治者的神性（参见 Borgeaud）。

因此，在仪式环境中，我们看到了最古老的记诵或者记忆术，它们或者无需任何辅助手段，或者求助于一些注记系统，如绳结、澳大利亚土著用以辅助定位的图符（tchuringas），以及文字出现之前的其他注记形式。随着成熟的文字系统的发明，我们看到了一个有趣的现象，即各种不同的宗教如何去面对这种新的文化技术。在印欧语系的传统中，从印度的婆罗门到凯尔特人的祭司德鲁伊（Druid）身上，我们都看到了一种对文字的普遍不信任和回避。对于将宗教（即仪式）知识传给下一代人而言，记忆被认为是可靠得多的媒介。一个通常的理由是，抄写过程中也许会有许多错误趁机"爬"进去。然而真实的理由看来是这样的，即文字总是暗含着散播的危险，可能会将一种秘密传统泄露给亵渎者和未入门者。这种对文字的不信任在柏拉图那里依然非常明显。另一方面，在古代近东一些地区，比如美索不达米亚、以色列和埃及，人们迫切掌握文字，将它作为编制和传承神圣传统——尤其是仪式脚本和诵习——的理想媒介。

不过，即便在神圣传统付诸文字的地方，记诵也扮演着核心角色。在古代埃及，神庙图书馆的典型收藏，莫过于那些或许能被专门人员默记的书籍。亚历山大的克雷芒（Clement of Alexandria）生动地描绘了这样一座图书馆。他提到了 42 部"不可或缺的"或者"绝对必需的"（*pany anankaiai*）书籍，全都是由托特-赫尔墨斯（Thot-Hermes）本人亲自书写的，它们构成了一处埃及神庙图书馆的库藏。一般认为祭司们不必学习和阅读所有这些书籍，而只需根据自己的等级和职务专攻其中某些类型即可。在描写祭司行列时，克雷芒既呈现了祭司们的等级体系，也呈现了他们的图书馆的结构（*Stromateis* 6.4.35 – 37）。最高等级由"讲经者"（*stolistes*）和"预言者"(*prophetes*) 占据，在埃及人的术语中，他们对应着"读经祭司"和"高级祭司"。"讲经者"负责的书籍起着正确编织仪式记忆的作用，同时兼有克雷芒所说的"教育"功能。另一方面，高级祭司负责的书籍，据说包含着规范性或者法律方面的文献，它们涉及律法、神灵以及僧侣的教育。因此，图书馆的划分如下：首先是规范性的知识，等级最高；其次是仪式性的知识，紧随其后；再就是一般性的知识，涉及天文、地理、诗歌、纪传、医药等等，在这套极其不可或缺的文献系列中敬陪末座。

不过，一个社会当中的文化记忆参与结构，还存在着另外一种情况，这涉及限制性的知识，如机密、奥秘（esotericism）。任何一个传统社会都有一些限制性的知识，界定其边界的不仅仅是人们在记忆和理解能力方面的差异，也包括入口（access）和入门（initiation）等问题。比如在犹太教中，对于旧约律法的一般性参与是必须的，群体中的每个（男性）成员都应该将律法默记在心。专门化的参与则涉及许多文献，如塔木德时代和中世纪的评论、抄本和解释，这些文献只有专家才能掌握。然而，机密性掩盖了一个深奥的卡巴拉（kabbala）神秘哲学世界，只有被精选出来的专家（并且仅在年满40岁以后）才有资格进入其中。

文化记忆的参与结构从来不是平等主义的，而是有着与生俱来的精英主义倾向。有的人几乎是被迫去参与的，为了证明自己的掌握程度，他们必须通过正式的考试（如在传统中国），或者是掌握语体文（linguistic registers，如在英格兰），或者像在19世纪的德国那样依靠一本《德国引用大全》（*Citatenschatz des deutschen Volkes*）。还有的人被系统地排除在这种"可敬的"知识之外，比如古希腊、传统中国以及正统犹太教当中的妇女，或者是德国有教养的布尔乔亚（*Bildungsbürgertum*）全盛时代的下层阶级。

至于文化记忆的媒介，我们多多少少可以辨别出一种明显的倾向，即文化内部的双语体形式，它对应着罗伯特·雷德菲尔德（Robert Redfield）所说的"大传统"与"小传统"之间的区别。直至现代以色列建国以前，犹太人一直生活在双语体的环境中——他们的"大传统"是用希伯来语书写的，而日常交往当中他们又使用意第绪语（Yiddish）、拉地诺语（Ladino）等白话语言，或者是所在国家的各种语言。某种程度上，这几乎是所有传统社会里的典型情况，不管是使用两种不同的语言，比如印地语和梵文、意大利语和拉丁文，还是使用一种语言的两种不同变体，比如古典阿拉伯语和阿拉伯语方言、古代汉语和现代汉语。在现代社会，这种双重结构倾向于多样化，随着电影、广播和电视等文化传媒的增生，更多的语言变体被引入。因此，下表所列举的一些明显的双重结构，并没有穷尽现代所有的情况。

	交往记忆	文化记忆
内容	自传记忆框架中的历史，最近的过去	神话中的历史，绝对的过去（"那一刻"）的事件
形式	非正式的传统和日常交往风格	非常正式，仪式沟通
媒介	活生生的、具身化的记忆，用白话语言沟通	以文本、图像、舞蹈、仪式和各种表演作为居间中介；"古典的"或者是正式化的（多种）语言
时间结构	80—100年，三至四代人互动的范围	绝对的过去，神话中的原始时间，"三千年"
参与结构	散漫的	专门化的记忆载体，等级化的结构

过渡和转型构成了文化记忆的动态机制。两个典型的方向具有结构性的意义，这里至少应该简单提一下：一是从自传性和交往性的记忆向文化记忆过渡；二是在文化记忆内部，从幕后走向前台，从边缘走向中心，从潜伏或潜在状态走向显现或者现实状态，反之亦然。这些转变意味着需要跨越的一些结构性的边界：具身化与居间

性的记忆形态之间的边界,以及我们称之为"工作中的记忆"与"参考性记忆"或者说"经典"与"档案"之间的边界(亦见本书阿莱达·阿斯曼的文章)。

参考文献

Assmann, Aleida. "Memory, Individual and Collective." *The Oxford Handbook of Contextual Political Analysis*. Eds. Robert E. Goodin and Charles Tilly. Oxford: Oxford UP, 2006. 210–224.

Assmann, Jan. "Das kulturelle Gedächtnis." *Erwägen, Wissen, Ethik* 13 (2002): 239–247.

—. *Das kulturelle Gedächtnis: Schrift, Erinnerung und politische Identität in frühen Hochkulturen*. Beck: Munich, 1992.

—. *Thomas Mann und Ägypten: Mythos und Monotheismus in den Josephsromanen*. Munich: Beck, 2006.

Borgeaud, Philippe. "Pour une approche anthropologique de la mémoire religieuse." *La mémoire des religions*. Eds. Jean-Claude Basset and Philippe Borgeaud. Geneva: Labor et Fides, 1988. 7–20.

Clemens von Alexandria. *Stromateis*. Trans. Otto Stählin. 3 vols. Munich: Kösel & Pustet, 1936–1938.

Gombrich, Ernst H.. *Aby Warburg: An Intellectual Biography*. Chicago: U of Chicago P, 1986.

Halbwachs, Maurice. *Les cadres sociaux de la mémoire*. 1925. Paris: Albin Michel, 1994.

—. *On Collective Memory*. 1925. Ed. and trans. Lewis A. Coser. Chicago: U of Chicago P, 1992.

—. *La mémoire collective*. 1950. Paris: Albin Michel, 1997.

—. *La topographie légendaire des évangiles en terre sainte*. 1941. Paris: Presses universitaires de France, 1971.

Luckmann, Thomas. "Remarks on Personal Identity: Inner, Social and Historical Time." *Identity: Personal and Socio-Cultural*. Ed. Anita Jacobson-Widding. Atlantic Highlands, NJ: Humanities, 1983. 67 - 91.

Nietzsche, Friedrich. *On the Genealogy of Morality*. Trans. Maudemarie Clark and Alan J. Swensen. Indianapolis: Hackett, 1998.

—. *The Use and Abuse of History*. Trans. Adrian Collins. New York: Macmillan, 1957.

Redfield, Robert. *Peasant Society and Culture: An Anthropological Approach to Civilization*. Chicago: U of Chicago P, 1956.

Sen, Amartya. *Identity and Violence: The Illusion of Destiny*. New York: Norton, 2006.

Vansina, Jan. *Oral Tradition as History*. Madison: U of Wisconsin P, 1985.

Welzer, Harald. *Das kommunikative Gedächtnis*. Munich: Beck, 2002.

世代/世代性、世代传递与记忆

于尔根·罗伊勒克

"世代"(generation)一词在大众性的讨论中用得比较含糊，以至于好几种不同的意思往往相互混淆在一起。在日常语言当中，该词被用来指代自然更替序列中的一员，比如祖父母、父母、子女、孙辈。传统上一般认为世代之间以三十年的间隔演进（即"脉搏率假说"）。涉及一个社会的人口结构时，"世代"一词（尽管"队列"可能是更正确的术语）被用于指代统计学意义上的群体，即出生于相同年份，或者相同五年乃至十年期间的一群人。不过，源自人文社会科学的对于该词的新理解，现在已经变得颇为普及。"世代"被定义为一种具有如下特征的社会群体：其成员都是在同一个具有独特形塑作用的历史时期长大的。通常情况下，这样一种世代认同贯穿于其成员生命的始终，因为他们（主要在青春期）经历了剧烈的突变和新的开始，因而共享某种特定的惯习（"印痕假说"）。

"世代性"(generationality)暗示着这种认同的特征，且具有双重含义。一方面，它指由共同经历产生的一些特征，不管这些特征是由个体还是由更大的"世代单元"集体自我主张的。另一方面，它也可以意指外界因为某个世代单元的共同经历而将一些特征赋予他们，其他年龄群体的成员（往往也包括媒体所表达的公众舆论）出于相互区分和降低复杂性的考虑，试图由此识别不同的世代以及世代的更替。这导致了许多总括性的标签在德国公共话语中的流行，比如"多余的"一代、"被剥夺的"一代、"被压迫的"一代、"怀疑的"一代、"墨守成规的"一代等等，20 世纪尤其如此。归根结底，世代和世代性并非有形的实体，而是一种精神建构，通常建立在时代精神的基础上。通过这种精神建构，作为特定年龄群体的成员，人们就获得了或主动或被动的历史定位，从而创造一种关于"我们"的感觉。

直到 19 世纪初，由于那个时代的动荡体验，人们才开始将社会变迁过程跟世代关系联系起来，并概括出某个世代的性格特征，比如说进步的引擎，或者是某种特定风格（也许是先锋派）的创始者。从歌德（Goethe）到弗里德里希·施莱格尔（Friedrich Schlegel）、施莱尔马赫（Schleiermacher），以至奥古斯都·孔德（Auguste Comte）和约翰·密尔（John Stuart Mill），他们的同时代人都意识到，不同年龄群体对于急剧发生的政治、生活、技术和经济变迁有着不同的感受，因而做出的评价和反应也不一样。从那以后。公共话语中出现了许多关于世代的潮流，包括那些在 20 世纪反复引发了煽动主义和政治行动主义的论点和口号，比如"让开，你们这些老家伙！"（"*Macht Platz, ihr Alten*！"; Gregor Strasser 1927）、"别相信 30 岁以上的任何人！"。我们几乎可以断定，重大的变迁发生之后，以及时隔一二十年之后，一般都会导致对于世代背景和事件后果的全社会的争论。

1870 年前后，德国哲学家、统计学家古斯塔夫·冯·鲁莫林（Gustav von Rümelin），特别是兰克的学生威廉·狄尔泰（Wilhelm Dilthey），开始认真地尝试着从学术角度对世代问题进行更彻底的分析。后者特别喜欢"印痕假说"（imprint hypothesis），其世代理论的出发点，就是特定人群对于"发生在他们最易受感染阶段的相同的重要事实和变迁的依赖"。第一次世界大战之前不久，弗洛伊德又为相关争论引入了心理分析的阐释，即一个世代的精神遗产在决定随后世代的个体生命周期方面扮演了什么角色。1920年代末，社会学家卡尔·曼海姆（Karl Mannheim）提出了自己的世代理论，至今还在被人们使用，尽管有所修正。他区分了如下概念："世代位置"（*Generationslagerung*），即青年时期所面对的相同历史背景，在曼海姆看来它是一种配置，在某些情况下可能导致"世代联系"（*Generationenzusammenhang*）和"世代意识"（*Generationen-bewußtsein*），这些东西可以注入某些群体，形成"世代单元"（*Generationseinheiten*），即那些可辨识的、有影响力的社会群体。曼海姆将"世代"与"阶级"进行比较，他相信特定的位置"基本排除了许多可能的体验、思考、感觉和行动方式，将个性的影响范围限定为某些有限的可能性"（Mannheim 528）。

曼海姆相信"世代"是一种准客观的、天然存在的实体，还赋予其一种固定的意志，即"世代的圆满实现"，这种理念已经遭到了批评和反对。不过直到今天，他的其他一些基本假设仍有多方面的影响力，不仅社会学，包括政治科学、教育史、心态史、经验史等，都受到了其影响。此外，在近来文化史复兴的背景下，世代路径的影响力也逐渐为人所知：借助世代路径和"世代性"这一概念来研究历史情境，就可以将如下两者联系起来：一方面是同时代人（尤其是各个社会阶层）对普遍结构和进程的辨别；另一方面是他们的主观感觉和体验，包括他们的阐释、行动领域和行动选择。这就以一种整合的视角，至少部分程度上成功瓦解了以往过于强调的"客观"与"主观"的两分。这种观点将具体的、暂时性的人，包括他们这一代人的"行李箱"，放入了普遍历史变迁的背景当中；对于这种背景，个体既可能积极地去面对，也可能消极地面对。换句话说，借助这种路径，个体那种明确无误的史实性，就被纳入其经验领域和生命历史的框架之内，至少可以根据他所面对的未来去理解他的行动。批评世代路径的人往往认为，它借助后见之明，非常武断地制造了一些人为的人口集群，并且这种路径完全以出生年份为指引，由此将连续的时间旅程化约为回溯性重构起来的时间碎片。不过情况并非如此，如果我们将人们生活中主观性的世代定位——既有自我定位，也有外界作出的特定历史定位——当作一种具有历史影响的现象认真加以对待的话，这种定位也包括相关的意义、诠释和记忆构建，这些东西是随着生命中的特定阶段而变化的。

1980年代和1990年代，世代研究的范围比较狭窄，主要局限于政治学、社会学和日常生活史等领域，这些领域日益对心态史的问题感兴趣。随着跨学科研究的日益兴盛，世代研究也得到了明显的扩展，提出了一些新的理念。一方面，跨学科的文化研究潮流更多地关注了感觉、体验和记忆等历史现象，推出了一些新的问题；另一方面，人文科学、社会科学领域的世代研究者，以及心理科学领域对世代性感兴趣的学者们，包括精神分析、心理治疗、身心医学、老年精神医学在内，也有了更多的合作。此外，新的挑战也来自神经科学研究领域的一些新发现，尤其是记忆和回忆研究领域（参见本书汉斯·马科维奇的文章），这些挑战促使研究者进一步去探索世代性、记忆和传承之间复杂的交汇关系（详后）。另外，还有来自科学领域之外的动力。多年来，在"记忆爆炸"的背景下，媒体、政治家的演说、广告和杂文一直在创造着新的、容易被记住的世代特征，如德国的"[大众]高尔夫一代""柏林一代""89年一代"，美国的"X一代""Y一代""@一代"等等。此外还有一个尚未引起多大关注的年龄群体，即战争婴儿，最近他们开始通过自传或者回忆方式来重构自己的生命历程，按照世代来进行自我定位，作为一个世代单元来发声。他们出生于20世纪30年代末40年代初，现在年届退休，正在唤起有关童年经历的记忆，比如战争轰炸、被驱逐、丧父之痛等等——或者说这些东西正在"追上"他们。其中一些记忆是极端创伤性的，严重影响了他们的自我意象、对于生活目标和意义的设定，以及精神的稳定。由此我们看到，也正如世代研究现在所假定的，不仅青春期的经历能够导致一种长期的世代性，而且生命中其他一些阶段的沉重经历，甚至是非常年幼时的经历，也能导致一种特定世代单元的"我们"感觉。

不过，关于可否通过与其他社会（比如在德国，这已经是一个时髦的话题）进行比较来界定民族性格这一问题，相关的研究才刚刚开始起步。例如，战争儿童一代的精神"行李箱"，后来又以特定的方式传递给他们的子女和孙辈，这个问题能否在国际比较视野之下来研究，而不仅仅是跟二战相关？这个问题使一个新的概念变得很重要，即"世代传递"（generativity），一定程度上它被用作"出生"（natality）的同义词。它主要指自觉或者不自觉地考察"世代"与其历时性序列之间在谱系学意义上的纽带关系，尤其是截然分明的世代之间的纽带关系。弗洛伊德在1912年出版的《图腾与禁忌》一书里已经暗示了这一点，他极力想弄清一代人如何将其特殊的精神问题传给下一代人。根据他的观点，归根结底，没有哪一代人有能力掩藏那些意味深长的精神历程，而不让下一代人知道。问题的传递方式多种多样，最简单的是个人方式，最复杂的则是大规模的世代断裂，有时候给整个社会带来相当严重的后果，尤其是经历了重大动荡之后，余波可能延续给"三四代人"，正如《旧约》里所说的那样。因此，根据历史学家莱因哈特·柯塞勒克（Reinhart Koselleck）的说法，"世代反抗"，不管它是被体制吸收还是发展为革命，都构成了一个世代的基本前提，这个世代正在觉悟到其历史性的存在。它如何在每一个具体案例中得到体现，这是一个关于"实际发生过的历史"的问题,其潜在可能性包含在每一次世代传递过程之中。

很明显,带有某个时期典型特征的个体记忆、集体记忆以及记忆的保持,构成这个彻头彻尾的存在主义-人类学复合体的核心问题。围绕着不同记忆文化当中"交往记忆"和"文化记忆"之间的差异抑或不解的联系,围绕着记忆空间、记忆之场以及生活在一起的不同年龄群体的"时间故乡",围绕着记忆的媒介属性,围绕着记忆的竞争和(往往可以通过世代来界定的)"诠释精英",以及记忆的变迁、重塑甚至是擦除,都已经引起了广泛的跨学科交流。具有鲜明世代性的年龄群体,在这种情况下被理解为体验共同体和记忆载体,他们因而也可能展现出一种对于多少具有官方色彩的历史诠释的"记忆抵抗",因为种种情况证明,一种被主观编织为"真实"或者"正确"的记忆,可以抵制他所生活的社会里那些既有的历史意象和诠释。

总之,借助于此处讨论的"世代-世代传递-记忆"这三位一体的概念,一些关键的人类学事实由此得到了处理,就如一些著名的词句表达的那样,比如"没有过去就没有未来"(Odo Marquard)、"'体验空间'和'预期范围'"(Reinhart Koselleck),这些词句在个体和集体层面都指向人类的历史性这个根本问题,以及对每代人的历史逐一进行具体分析的至关重要性。强烈的构成性经历,以及在此过程中的特定应对方式,让每一代人都显得独一无二、特征分明。当然,这些东西没法直接遗传下去,但通过后来的选择、赋予、诠释等因素,它们又确实流入了世代传承过程,以及对于自己的"时间故乡"的主观定位当中。它们也可以是一种有意留给后代的遗产,体现为叙事、遗作、体制、创意场所等等形式。根据(前述)弗洛伊德的观点,即便没有想要传承下去的清晰意图,它们也可以在后代身上留下烙印,尽管后代也许会(有意无意地)表示拒绝、重新进行诠释或者干脆将之抹去。后者的发生可能相当偶然，没有特定的行动或者论战，在剧变和新的开端之际突然发生，或者伴随着伤感，或者伴随着煽动性的义愤，或者伴随着巨大的压力，极端情况下伴随着群众暴力。按照科塞勒克的看法，所有汇合了世代性、世代传递和记忆的历史进程都可以通过这样一个问题来评估：世代的裂痕——从根本上说，它总是呈现为一种可能性——能否得到弥合？以人的暂时性为工作前提的一些学科的学者们都明白，每个世代做出的决定，都以其所承载着的丰富经验为基础；每个世代都是自我积累的，与此相对的背景，则是一个完全开放的体验范围。由此，研究者呼吁将他们视为其所属社会里的沟通伙伴，他们激发了永不停止的史学冒险的动力，也招致了对后者的批判性质疑。

（本文由萨拉·杨翻译成英文。）

参考文献

Assmann, Jan, and Tonio Hölscher, eds. *Kultur und Gedächtnis*. Frankfurt am Main: Suhrkamp, 1988.

Assmann, Aleida. *Erinnerungsräume: Formen und Wandlungen des kulturellen Gedächtnisses*. Munich: Beck, 1999.

Daniel, Ute. "Generationengeschichte." *Kompendium Kulturgeschichte: Theorien, Praxis, Schlüsselwörter*. Ed. Ute Daniel. 5th ed. Frankfurt am Main: Suhrkamp, 2007. 330–345.

Erll, Astrid. *Kollektives Gedächtnis und Erinnerungskulturen*. Stuttgart: Metzler, 2005.

Fogt, Helmut. *Politische Generationen: Empirische Bedeutung und theoretisches Modell*. Opladen: Westdeutscher Verlag, 1982.

Jaeger, Hans. "Generationen in der Geschichte." *Geschichte und Gesellschaft* 3 (1977): 429 - 452.

Jarausch, Konrad H., and Martin Sabrow, eds. *Verletztes Gedächtnis: Erinnerungskultur und Zeitgeschichte im Konflikt*. Frankfurt: Campus, 2002.

Jureit, Ulrike. *Generationenforschung*. Göttingen: Vandenhoeck & Ruprecht, 2006.

Jureit, Ulrike, and Michael Wildt. *Generationen: Zur Relevanz eines wissenschaftlichen Grundbegriffs*. Hamburg: Hamburger Edition, 2005.

Koselleck, Reinhart. *Zeitschichten: Studien zur Historik*. Frankfurt am Main: Suhrkamp, 2000.

Loewy, Hanno, and Bernhard Moltmann, eds. *Erlebnis-Gedächtnis-Sinn: Authentische und konstruierte Erinnerung*. Frankfurt am Main: Campus, 1996.

Lüscher, Kurt, and Ludwig Liegle. *Generationenbeziehungen in Familie und Gesellschaft*. Konstanz: Universitätsverlag Konstanz, 2003.

Mannheim, Karl. "Das Problem der Generationen." 1928. Rpt. in *Wissenssoziologie*. Ed. Kurt H. Wolff. Neuwied: Luchterhand, 1970. 509 - 565.

Platt, Kristin, and Mihran Dabag. *Generation und Gedächtnis: Erinnerungen und kollektive Identitäten*. Opladen: Leske & Budrich, 1995.

Reulecke, Jürgen, ed. *Generationalität und Lebensgeschichte im 20.*

Jahrhundert. Munich: Oldenbourg, 2003.

Weigel, Sigrid. "Generation, Genealogie, Geschlecht. Zur Geschichte des Generationskonzepts und seiner wissenschaftlichen Konzeptualisierung seit Ende des 18. Jahrhunderts." *Kulturwissenschaften: Forschung-Praxis-Positionen*. Eds. Lutz Musner and Gotthard Wunberg. Vienna: WUV, 2002. 161-190.

文化记忆：欧洲的视角

维塔·弗图纳蒂、艾琳娜·兰姆博蒂

一、文化记忆：欧洲的塑造

近年来，文化记忆已经在重塑社会学、历史学、政治学和文化研究的传统路径方面扮演了关键角色。比如，杰弗里·奥立克揭示了与民族国家构建相连的记忆理念如何被重塑，由此，记忆与民族之间的陈旧关系，现在必须重新讨论、再度协商。另一方面，正是这一价值理念的实际危机，导致了对于记忆本身确切含义的复杂的再讨论。记忆研究的兴盛与20世纪的一些重大历史事件并肩而行，这绝非偶然。仅举数例，意识形态的衰落和前苏联的解体、重大历史责任的重现，以及关于后殖民问题的探索，这些都是我们最近发生的历史当中的一些关键时刻。

因此，记忆研究可以提供一个有趣的基础，帮助我们去观察欧洲（或者说新欧洲）的塑造，特别是如果我们持有如下假定的话——记忆-权力这一纽结，对于理解过去几百年来记忆如何被霸权国家操纵和利用而言极其重要。事实上，正如弗朗切斯科·雷默提（Francesco Remotti）指出的，为了理解集体认同或者民族认同的构建过程，我们有必要考察"已经消失者""仍然存留者"和"重新浮现者"之间的关系。确实，只有仔细地分析过去被选择、被过滤的过程，我们才能揭示这三个范畴之间的辩证关系，避免意识形态对于记忆的操纵风险。上述研究也暗示，为了存活下来，人们确实也必须忘却（参见本书艾琳娜·埃斯波西托的文章）。而且，记忆和忘却之间的辩证关系从来就是"给定的"，并不是线性的。为了理解我们是谁，我们需要在自己和先前的人之间确立某种距离；然而，我们也需要确立某种连续性。与过去之间的连续性和非连续性的辩证关系，总是需要重新协商的。对此，哈布瓦赫关于集体记忆的研究具有原创意义。

因此，今天"欧洲的塑造"不可避免地暗示着（为了尝试并把握"欧洲认同"这一尚显模糊的理念的内涵），这种辩证关系不仅将在单个国家内部，也将在欧盟这一宏观层面展开。不用多说，这个事实显然使欧盟的进程变得更加复杂。然而，现在最有意思的却是记忆实践当中发生的社会互动：这种互动行为使记忆不至于变得固定化和具体化。结果，我们再也不可能被动地接受一个整体性的集体记忆概念，因为它应当被理解为一个更加变动不居的概念。集体记忆并非一个有形的实体，我们需要把握记忆过程的动态侧面，也就是记忆实践，而不是静态的记忆。

对个体和民族而言，文化记忆是一种复杂的、层级化的存在，它不仅跟个体或者民族的历史和经历紧密相连，也跟如何以个体和集体方式去及时解读那些历史和经历紧密相连。每一次被解读，过去都具有了新的含义，相同的事实即便一成不变，也是通过追忆而被塑造出来的，它不可避免地反映了新的背景、新的生平和新的回忆。一场理论论争构成了20世纪最后几十年的特征，动摇了一些本体论范畴和学科规则，从此之后，或许可以说再也没人能够提供某种关于过去的终极见解了。经典被打破，微观历史与宏观历史比肩而立，历史学和文学对于客观性与主观性等理念提出质疑，这些都教育我们应该做一名审慎的观察者，应该采用多元而非单一的记忆概念："记忆"不再是单一的，而是存在着许多"记忆"，相同的事件会留下许多踪迹，它们又在个体意识和集体意识当中沉淀下来，通常被有意无意掩藏起来或者被拿走。然而，这些踪迹依然存在，历史、政治或者文化环境每次发生变化时，它们又会突然重现，或者不出所料地重现。记忆研究已经表明，并不存在着任何统一的记忆定义，记忆是动态的（亦见本书安·芮格妮的文章）。记忆作为一种（跨越时间周期的）过程，是根据现在被重塑的，因而它在跨学科研究中扮演着关键角色，不管是出于历史学背景的记忆概念，还是出于历史辩证法背景的记忆概念。

因此，人文科学和文学领域的记忆研究标志着学科界限被打破，从而促进了历史学、哲学、人类学、社会科学以及自然科学之间的比较研究。记忆是一个复杂的研究主题，需要调动各个领域的知识来对它进行研究。

比如，记忆研究揭示了历史学作为一门学科的危机，即后者很难给出"文件""资料""真相"等概念的终极含义。因此，记忆跟历史之间的关系近年来日益受到关注，因为人们已经不那么相信客观历史真相的存在，却出现了另一种理念，即认为历史叙述乃是一种建构，它借鉴了虚构模式（参见 White）。另一方面，记忆研究强调了一点，即经历并不能确保真相，因为很明显，正如好几项口述史研究已经充分证明的（参见 Hodgkin and Radstone），主体性和情绪决定了人们对相同的历史事件有着不同的观点。为了理解各种回忆模式，重要的是去考察历史背景变迁对个体记忆的影响程度，去探讨公共记忆和私人记忆之间的关系有多么显著、多么复杂。按照拉斐尔·塞缪尔（Raphael Samuel）的提议，我们不必深入关于历史与记忆的激烈论争,在比较这两个领域时,更有帮助的做法可能是从方法论视角出发,去强调二者的共同特征而非差异,并且利用如下比拟所体现的协同论:"跟历史一样,记忆本质上是修正主义的,其最善变之处,即为貌似保持原样不变之时"(Samuel x)。这里显现的是一种非整体性的记忆理念,也就是一种更加具有流动色彩的记忆:记忆和回忆的过程总是某种互动的结果,这种互动有时体现为个体记忆与群体记忆之间的并列竞争。文化研究当中通常会使用"阵地"这一比喻来强调其生命力,"战场"上没有什么东西是中立的,任何东西都可以不断进行讨论(参见 Lamberti and Fortunati)。

因此,记忆的复原来自对"竞争性的过去"的批判性凝视,过去成为一种背景,人们从中探寻真相,最重要的是成就一种当下意识。因此,记忆不是一种纪念,更不是一种神圣化的东西,相反,记忆之光希望照亮那些创伤性的、被压制的、被审查的东西,并且质疑一些历史事件背后隐藏着的危险的老一套观念。由此,在"性别研究"以及后殖民研究当中,"反记忆"(counter-memory)成为一个关键概念。在这里,"反"字强调了一个事实,即这些记忆是另类的记忆,它们属于少数群体,因而被主流文化边缘化。记忆成为意识和创造力的"存活行为",它对于个体和政治层面的认同塑造和再造都具有根本性的意义。从这种视角来看,正如本雅明(Walter Benjamin)所说的,记忆和回忆有着重要的影响,因为它们提出了一些未解决的历史难题,表现了针对苦难和不公正的最有效的抗议。在这种意义上,本雅明的一些文章至今仍然是基础性的文献。他强调了记忆在触及过去时可能会让后者变得僵化并且篡改后者:"……只有可救赎的人类(才)接受自己的全部过去——也就是说,只有可救赎的人类,才让自己的过去变得在任何时刻都可以被征引。"(Benjamin 254)

涉及关于创伤性历史事件的有争议记忆时，情况尤其如此。如对于两次世界大战的记忆（亦见本书杰伊·温特的文章），我们有必要问一问，这种回忆的出处是什么？这些回忆来自何人？他们是在何处、在何种语境下进行回忆的？因此，关于创伤的**话语**，也总是暗含着记忆与忘却、记忆与反记忆之间的对话，以及作证伦理与讲述和再现困难之间的矛盾（亦见本书伍尔夫·康斯坦纳和哈罗德·维恩布克的文章）。至少六十年来，媒介再现、电影、电视、照片、视觉艺术（以及近来的互联网），已经成为传输、评判和记忆创伤的基本渠道。各种各样的文学表现形态，以及理论研究，对于创伤性事件的再现、传输和批判性（或者神秘化的）阐述而言扮演了重要角色。通过对这些资料进行分析，可以得出一种被重新概念化的记忆，即一种**话语**建构、一种记忆**文化**。记忆不仅成为一种建构个体和集体认同的工具，也是一种解构方法，其作用对象正是那些导致了个体和集体认同的定义和阐述过程。由此看来，创伤的再现和传输，意味着对有争议的、既非同质化亦非普遍性的记忆进行解构、进行艰难的重组，意味着记忆的义务和忘却的必要性之间的辩证关系。

对于"重构"和再现创伤的可能性的强调，使日记、自传、证词、叙事（小说）变得异常重要，它们不仅是个体的表达，也是一种文化结构，暴露了关于想象和反对的叙述。多米尼克·拉卡普拉（Dominick LaCapra）坚持认为，书写创伤与**关于**创伤的书写是有区别的。书写创伤，意味着用一种表演性的话语或者艺术实践将它演示出来。在这些前提下，一个动态的、也许是积极的方面，便将记忆研究与一系列关于欧洲究竟应为何种模样的政治问题联系起来，这样的研究能帮助我们整理出新的策略，来评估那些关于相同过去的有争议的记忆。

二、记忆研究在欧洲：以欧洲主题网络项目 ACUME 为例

今天，正是欧盟委员会在鼓励跨国形式的研究，比如欧洲主题网络项目，以便推动一种能够通过科学和人文途径将欧洲聚合起来的共同思考。支撑性的教育项目雄心勃勃，同时也不无风险。一方面，推动一些能够超越民族国家界限的新式研究，这当然是一种基础性的必要投入，以便立即制定原创性的、适应形势的新的欧洲教育标准。另一方面，通过新的教育模式来追求一种共同的欧洲认同，又可能会导致各种差异的同化和消融，而这些差异原本是一种珍贵的遗产，应该在统一的过程中得到保存，而不是被消灭。因此，欧洲主题网络项目即 ACUME 致力于跟塑造欧洲认同有关的文化记忆研究，其基本理念如下："欧洲认同"是一个"开放的""动态的"术语，它本身是可以重新进行磋商的，其起点就是科学和人文研究能够帮助制定出来的一套共享价值理念。在这种背景下，欧洲认同被理解为各种认同的总体，既包括那些根植于各民族实际的认同，也包括那些正处于形成过程当中的认同，后者来自对历史进程的新理解，以及欧洲内部和来自欧洲以外的移民新浪潮。通过 ACUME 网络，我们试图推动的正是这种文化记忆理念。

"欧洲国家的文化记忆：跨学科的路径"（ACUME）是一个欧洲主题网络项目，启动于 2002 年，2006 年底结束其最后活动（详细信息可见网站 http://www.lingue.unibo.it/acume）。它被设计为一项跨学科研究项目，以便将文化记忆研究引入欧洲各大学的课程表。实际上，跨欧洲范围的文化记忆研究被视为一个策略性的目标，以便合力建设一个共同的欧洲教育体系的图式，它能够保存和尊重各个地方、各个民族的认同。这样一个隐含的目标，必然也会发展出一

些新的跨民族研究项目,从而进一步推动跨学科的记忆研究。

因此,该项目意在聚合欧洲各国以及其他相关国家的专家学者,以使我们对文化记忆这一理念有更深的理解,并且本着在博洛尼亚、布拉格、柏林以及其他一些教育论坛上制定的指导方针的精神,推动课程改革在更大范围内开展。聚焦于这个重大问题的重要意义,可以通过如下事实得到证明:ACUME 网络囊括了几乎欧洲所有国家的伙伴,一起致力于项目的设计、发展和实施。我们有大约 80 个伙伴大学和关联伙伴,其中包括一些非欧洲地区的伙伴机构,它们位于南北美洲——欧洲移民构成了那里人口群体中的重要部分。

ACUME 的工作假说是,文化记忆已经成为一个非常重要的普遍问题,它正在影响着欧洲年老和年轻一代人的文化教育;也可以将文化记忆理解为塑造新的欧洲认同的先行步伐,这种认同建立在共同的、共享的价值观念基础上,但充分尊重地方的认同和传统。对欧洲文化史提出质疑的必要性,近来似乎变得具有说服力,因为在欧洲(如巴尔干、西班牙、爱尔兰和意大利),文化史也已成为意识形态操纵的对象,承载着各种民族主义的诉求。于是,我们意识到一个事实,即文化记忆跟民族认同密切相关,正因为此,我们这项庞大的研究才不那么着眼于如何让记忆不朽,而更侧重于探求一种批判性的记忆研究路径。这意味着全体参加者都要在各个国家的历史框架内,去考察记忆跟权力之间何以总是存在着某种非常紧密的关联。这样,对我们而言,记忆也意味着以批判性的视角来看待过去。因此,我们的主题网络对文化记忆这一概念提出了质疑,充分考察了所有那些不可避免的相关文化(和历史)忘却现象。实际上,每个国家都有这样一些历史事件,它们在形塑民族认同方面起到了基础性的作用,并被集体牢记和庆祝;另一方面,每个国家也都有这样一些历史事件,出于政治和意识形态的原因,它们持续构成了一种民族情绪包袱、一种真实的创伤,往往被有意无意地"移走"或者"忘记"。

如下事实构成了这个主题网络的基本方面:参加者们一边开展自己的活动和研究,一边调查当地的情况和现实(一种田野研究)。这意味着欧洲各个世代之间的强力合作,访谈、材料(照片、电影、文件等)搜集和类似的"文化交流"过程,推动他们相互见面、相遇。从长远来看,我们希望能够创建一个有关欧洲文化记忆的档案馆,建立一个永久性的文化记忆研究中心。目前,ACUME项目的一批参与者正在将后一个理想付诸实施,以推动终身学习领域的文化记忆研究。

ACUME项目的特征是跨学科方法和比较路径。研究和教学的领域包括:历史学、观念史、哲学、文学和翻译研究、人类学(民俗学和人种志研究)、社会科学、文化研究(电影、媒介、流行文化)、性别研究、视觉艺术。参加者们既从事研究工作,又从事教学活动,还开始跟自然科学领域,特别是生物学、生物信息学和认知神经科学的学者们合作,这又进一步证明,记忆研究可以很好地充当联合研究的催化剂。参与者们在大学里的活动包括:开设新的课程,鼓励学生积极参加讨论;对课程改革进行评估,发展出一些新的欧洲层面的教育策略;设计和测试新的教学模式,既有传统模式也有电子学习模式;制作关于文化记忆的主题网页;制作关于文化记忆的新的教学研究资料,既有书本形式,也有电子产品。

ACUME项目包括如下五个教学和研究领域(子项目):

(1) **文化遗忘**。这个子项目探讨文化遗忘症这一主题。通过分析各种文件(从经典文本到视觉记录和幸存者访谈),参与者考察了某种文化在处理其创伤历史时所经历的记忆和遗忘的双重过程,比如纳粹主义和大屠杀在德国,殖民地化帝国政治在英国,法西斯主义在意大利,以及巴尔干认同的追求,等等。

在这个子项目中,还有一批参与者具体考察了后殖民作家的欧洲记忆话语中的文本互涉问题。这一兴趣是由如下认识所驱动的,即后殖民作品在欧洲越来越受到批判性的关注。结果,以往被强加于这些声音之上的沉默,以及对其记忆的擦除,现在已经被废止了,以至于对后殖民小说的评价,激发了一系列关于欧洲认同本身的有趣(甚至是不可思议的)猜想。这种回溯性叙事方案提出了一些复杂的问题,比如记忆的话语本质,欧洲记忆作为一种表演性的文化实践,以及后殖民作家的不可化约的认同,等等。

(2) **作证**。这个子项目考察了跟事件、局势和重要人物——他们在各个国家的文化建设中扮演了重要角色——有关的文字资料、视觉记录和口头证词,包括书信、日记、自传、小说、照片、电影、纪录片、博物馆和档案馆。基本理念是结合宏观和微观的历史,以及证词的形式和时间,来探讨作证行为。具体而言,参与者考察了两次世界大战的创伤记忆,以此为有用的参照点揭示了一些棘手问题,如记忆的相互竞争性。参与这项研究工作的学者来自各个领域,包括文学、历史学和视觉艺术。这项研究提供了标志性的基础,围绕民族国家和欧洲内部的"和解"这个有争议性而且往往是苦涩的理念,下一步还可进行更多的探讨。从关于两次世界大战的文化记忆研究,到欧洲各个民族的现实情况,我们越来越相信,承认这些竞争性的记忆的存在,这是第一步,由此开始才能鼓励大家围绕一种真正共享的记忆伦理展开磋商。

(3) **记忆和场所**。这个子项目考察了(真实的,但总是带有一定程度的想象成分,有的情况下完全是想象的)风景、城市地点和各种个人场所如何塑造了各种不同规模的社群的特征,以及场所如何以多种形式跟记忆绑在一起。场所与记忆之间的相互作用(以及由此必然导致的历史和空间"产品"),在地区性、全国性、全球性等各个社群层面都是一个核心问题,对那些试图探索某种共同的欧洲认同是否(真实或者在想象中)存在的人而言,这也是一个很有帮助的指示器。

任何一个所谓"真实的"空间,都只不过是各种意义被存储起来的产物,不管这些意义是相互平行的、相互嵌入的、相互冲突的、相互重叠的、相互排斥的,还是相互补充的。这种混合在一起的象征意义,在每一个人类社会里都不一样。它们大多是"自我"和"他者"的表征。回忆赋予这些表征各种价值:伦理的、意识形态的、政治的、宗教的、社会的、经济的。在一个特定的社会里,这些价值是共享的,此前已经通过特定的仪式程序得到了挑选、保障和分类。

(4) **口头和文字的历史**。文化记忆是通过"语言"来传播的,在此过程中又受到语言的影响。在我们这里,"语言"是一个广义的概念,指各种形式的实践、视觉符号、言语论说,以及其他沟通方式。然而正如标题所宣示的,这个子项目主要聚焦于作为文本的语言。不过,其他几种相关的交往方式则在聚焦于特定事件的记忆的子项目中得到了考虑。

历史和文化实践的各种传播方式,以及口头传播和文字在同一个社群当中扮演的不同角色,已经成为整个 ACUME 项目当中的热门研究领域,因为西方文化正经历着多种多样的变迁,这些变迁可能达到了一场世界范围内的总体转变的程度。在这种情况下,欧洲也许既可以被解释为典型的西方,跟美国以及所谓"地球村"共同享有某些特征,也可以被解释为一些独特的方式,其变迁呈现了独一无二的欧洲面相(它又跟内部各种民族-历史语境有所区别)。

这场总体变迁中的关键因素是技术和数字革命:它们挑战了(启蒙运动以来)至少已经牢牢确立了三四百年之久的文字话语的

法则，并且甚至是文字媒体内部，都在引入准"口头的"思想和表达习惯（也许可以用一个混合词"口文"[oralcy]，即口头文字，来描述其特征）。口头语言与书面语言之间的新的平衡，以及一些书面体裁内部日益呈现"口头"特征，这些变迁本身就值得去研究。不仅如此，结合交往方式的早前革命来看，即口头方式让步于文字，后者成为主导的交往方式（起先是手稿，后来主要是印刷文字），这些变迁也很值得研究。由此，口头和书面的记忆技术，作为现象本身和特定历史背景中的内容，都值得从历时性和共时性方面进行研究。因此，这个子项目沿着历时性和共时性这两个极点展开如下：首先，拯救特定的文化记忆；其次，研究口头方式和文字方式在上述两个变迁阶段（从中世纪到近代，以及我们这个时代）所体现的差异，以及它们之间复杂的相关性；再次，思考今天的数字革命对我们的文化有何认知含义。

（5）**基础文本和神话**。这个子项目的研究聚焦于三个重大问题：一是文化记忆的时代错置和非连续性；二是神话和基础文本对于建立"想象的共同体"的作用，包括对欧洲传统的重写和其他运作；三是特定"普遍"经典（主要是莎士比亚的作品）对于塑造民族认同和欧洲认同的作用（亦见本书赫伯特·格拉贝斯的文章）。组织者和参与者沿着两条主线来开展自己的活动：一方面研究文化记忆的时代错置和欧洲传统的非连续性，另一方面研究文化的"发明"等问题。

关于文化的"发明"、对神话和历史的重写以及"想象的共同体"的形成的研究，在发表的时候扩展为对谱性（spectrality）和文化记忆之间的关系的探讨。事实证明，谱性（spectrality）是一个重要的时间性和价值性的范式，它不仅用于文学和艺术作品，也可用于理解历史上的纪念物、地方性的历史叙事、文化研究和人类学当中的边缘性和阈限性问题，及那些令人叹为观止的文化形态。

除了各种研讨班和学术会议，在三年活动期间，欧洲主题网络项目 ACUME 还设计、实施并促成了好几个产品，它们已经在欧洲层面得到了推动和传播。这些产品为开展新的文化记忆研究和教学活动提供了新工具，主要可以概括为三个类别：期刊、教学模块和电子资料。此外，欧洲主题网络项目 ACUME 也推动人文学科发展出新的调查和研究策略，如网络，这意味着不同领域的专家学者们的互动、交流、取长补短。欧洲网络所提供的形式（根据现实地理位置来分组）和研究对象（记忆）实现了富有成效的结合，这反过来又推动了二者的实施：记忆本身是一个跨学科的研究领域，它已经鼓励了网络的发展，同时又帮助不同学科培育了新的见解和知识。在这种情况下，我们也有可能进一步去探讨记忆研究本身的本体论地位，由此来观察这一领域还有哪些研究潜力。比如，记忆研究网络使我们有机会跟自然科学开展新的对话，开始追求一种更加新颖的理念，即科学与人文之间的"接口"。在这一理念的推动下，研究者们已经组建了六个不同领域的研究群：社会科学、生物医学、视觉文化、媒介、人文科学和文学研究，以及宗教研究。学者们偏离了自己的专长，采用过去二十年记忆研究领域常见的如下一些关键语汇来考察"记忆"这一概念：**自我、情绪、时间和进化；记忆与忘却之间的张力；语境、信息；作为建构的记忆**。这些语汇代表了一种外围（*fil rouge*）、一种有力的探索工具和认识论模型，使我们能够去讨论记忆与权力、记忆与身体、记忆与创伤、记忆与宗教、记忆与图像、记忆与地点之间的相互关系，以及忘却、文化媒介（比如电影院、电视、广告、期刊）等主题。这种研究的成果现在已经结集成书（参见 Agazzi and Fortunati），表明记忆研究可以在塑造新的欧洲理想方面卓有成效。欧洲是一个经济和制度实体，尽管如此，从文化的观点来定义欧洲，仍然是一个很大的挑战，特别是在今天，我们的社会不得不应对新的移民潮，既有内部的移民，也有来自欧洲之外的移民。通过探讨历史和政治问题（如有争议的过去、文化差异等），记忆研究有助于发现共同的根基，同时加强和承认多元差异。它可以将欧洲变成一个动态的工作坊，大家可以在这里讨论和发展新的理念，从而激发出我们对于急需的新方案的希望。

参考文献

Agazzi, Elena, and Vita Fortunati. *Memoria e saperi: Percorsi transdisciplinari*. Rome: Meltemi, 2007.

Assmann, Aleida. *Erinnerungsräume: Formen und Wandlungen des kulturellen Gedächtnisses*. Munich: Beck, 1999.

Benjamin, Walter. "Thesis on the Philosophy of History." *Illuminations*. Trans. Harry Zohn. Ed. Hannah Arendt. New York: Schocken, 1985. 253 - 264.

Connerton, Paul. *How Societies Remember*. Cambridge: Harvard UP, 1989.

Felman, Shoshana, and Dori Laub. *Testimony: Crises of Witnessing in Literature, Psychoanalysis, and History*. London: Routledge, 1992.

Halbwachs, Maurice. *Les cadres sociaux de la mémoire*. 1925. Paris: Presses Universitaires de France, 1952.

——. *La mémoire collective*. 1939. Paris: Presses Universitaires de France, 1950.

Hodgkin, Katharine, and Susannah Radstone. *Contested Past: The*

Politics of Memory. London: Routledge, 2003.

LaCapra, Dominick. *Writing History, Writing Trauma*. Baltimore: Johns Hopkins UP, 2001.

Lamberti, Elena, and Vita Fortunati. *Memories and Representation of War in Europe: The Case of WW1 and WW2*. New York: Rodopi, 2007.

Le Goff, Jacques. *Histoire et mémoire*. Paris: Gallimard, 1988.

Nora, Pierre, ed. *Les lieux de mémoire*. 3 vols. Paris: Gallimard, 1984 - 1992.

Olick, Jeffrey. *States of Memory: Continuities, Conflicts and Transformations in National Retrospection*. Durham: Duke UP, 2003.

Remotti, Francesco. *Luoghi e corpi: Antropologia dello spazio, del tempo e del potere*. Turin: Bollati Boringhieri, 1993.

Samuel, Raphael. *Theatre of Memory*. Vol. 1. London: Verso, 1994.

Suleiman, Susan Rubin. *Crises of Memory and the Second World War*. Cambridge: Harvard UP, 2006.

White, Hayden. *Tropics of Discourse: Essays in Cultural Criticism*. Baltimore: Johns Hopkins UP, 1978.

第三编 社会学、政治学和哲学的记忆研究

哈布瓦赫论"集体记忆"

让-克里斯托弗·马塞尔、劳伦特·穆基埃利

哈布瓦赫生于1877年,毕业于巴黎高等师范学院(许多杰出的法国思想家都曾经在这里学习或者任教),取得了哲学教师资格(1901),拥有法律和艺术博士学位,受过柏格森(Henri Bergson)和涂尔干(Emile Durkheim)的影响(亦见本书奥立克的文章)。哈布瓦赫在亨利四世中学(Lycée Henri IV)读书时,柏格森是他的哲学老师,后来他跟柏格森保持着距离。他的第一本重要著作《记忆的社会框架》(*Les cadres sociaux de la mémoire*,1925)论述了集体心理,该书在某种意义上就是对柏格森的批判。1904年,哈布瓦赫发现了涂尔干的思想,并通过西米昂(François Simiand)的介绍,加入了以《社会学年鉴》杂志(*Année sociologique*)为阵地的学者群体。从那以后,他就成为"法国社会学学派"的最忠实成员,同时也是最不墨守成规的成员之一。1919年,他被提名为斯特拉斯堡大学社会学教授,1937年转往索邦大学,1944年最终入选法兰西学院,担任新设立的"集体心理学"教席。本文旨在展现哈布瓦赫的集体心理学思想,而以记忆这一主题作为焦点。

1918年,在《涂尔干的学说》一文里,哈布瓦赫对涂尔干的科学项目做出了自己的阐释,提出了关于如何充分利用涂尔干这一遗产的想法。他的答案是集体心理学,这是一种新的理论,如同集体意

识这一概念所显示的那样：

> 集体意识是一种精神性的现实……它的行动和延伸，实际上可能会跟人们意识中的每一个区域相随；要衡量它对心灵的影响，可以去观察更高级别的技能即社会思想对情绪生活有何影响。(Halbwachs, "La doctrine d'Emile Durkheim", 410)

个体之间当然存在气质差异，这是个体心理学研究的对象。不过对研究人们的行动而言，气质几乎没有什么帮助，因为"他们的本性完全被社会生活重新改造过了"（Halbwachs, *Esquisse* 209）。只有集体心理学才能揭示动机、愿望、情绪状态以及反思性的知觉如何跟记忆中存储的集体表征（collective representations）发生联系，而记忆则是更高级别的头脑技能的焦点（Halbwachs, "La psychologie collective"）。

哈布瓦赫重申了涂尔干心理社会学理论的说服力，断定集体意识是通过大脑机制对个体意识发挥作用的。1898年，在著名的《个体与集体表征》一文里，涂尔干试图对集体表征理论作出回应。据他推测，有一种无意识的社会记忆，在人们没有意识到它的存在时即会自动对个体发挥影响，并在个体当中发展出某种特定的精神生活（Mucchielli, *La découverte*, chap. 5）。在这一点上，哈布瓦赫跟涂尔干有所不同，转向了一种独特类型的现象学的社会学，后者包括三条思想主线：

(1) 个体记忆的社会建构；
(2) 集体记忆在中间群体（家庭和社会阶级）中的发展；
(3) 整个社会和文明层面的集体记忆。

一、 个体记忆的社会建构

1881 年,里博(Théodule Ribot)出版了关于精神生理学和精神病理学的著作《记忆的疾病》(*Les maladies de la mémoire*);1896 年,柏格森又出版了关于内省心理学的著作《物质与记忆》(*Matière et mémoire*)。自从这两部原创性的著作出版之后,记忆心理学领域似乎就再也没有什么重要的进展。哈布瓦赫是柏格森的继承人,后者认为存在"主导性的记忆,其他记忆依赖于它,就像靠在支点上一样"(Bergson, *Matière et mémoire* 186)。里博也认为,定位需要用到"地标",也就是说,可以通过意识状态的强度来"测量其他距离"。哈布瓦赫借鉴了这一论点,认为地标实际上将人们建构为群体的一员(Halbwachs, *Les cadres sociaux* 125),因为人们总是试图运用一些建立在当下认同基础上的社会框架来为记忆进行定位。为了阐明这一点,哈布瓦赫使用了好几个具体的例子,包括梦和语言。

在《记忆的社会框架》(1925)这本书里,哈布瓦赫拿自己做了试验。四年来,他一直在分析自己的梦,以"确定它们是否包含着来自过去的全部风景"(Halbwachs, *Les cadres sociaux de la mémoire* 3),以及是否存在严格个人意义上的梦这种东西。弗洛伊德认为梦复制了过去的碎片,哈布瓦赫的观点则相反,他怀疑那些碎片是否确实是一些真实的回忆。在他看来,答案是否定的,因为记忆是精确的、有日期的,这跟弗洛伊德讨论的回忆刚好相反。哈布瓦赫对印象和记忆进行了比较,前者糅合了过去与现在,后者暗示着推理和对比,也就是跟其他记忆对话。在他看来,过去并没有在个体记忆中得到真实的保存。"碎片"一直存在,但它们是不完全的回忆。正是集体表征让它们变成了真正的记忆。集体记忆是由一些"工具"构成的、自觉的个体运用这些工具来重组一种关于过去的协调意象。

哈布瓦赫还处理了失语症问题，其特点是丧失了语言回忆功能，因而导致言语错乱。此前的研究倾向于找出决定思维能力的神经中心，并将失语症解释为该神经中心的功能紊乱。哈布瓦赫则指出，内科医生们一直在区分失语症的不同类型，但却没法提出一个精确的分类。从一个外部观察者的视角出发，他得出如下看法：首先，失语症的典型特征就是不可能与共同体中的其他成员进行沟通；其次，实践当中，在特定情形下，任何人都可能遇到跟失语症明显类似的那种言语错乱，比如一个人去参加考试，他非常紧张，以至于片刻间忘记了该说什么。由此，我们或许可以推断失语症绝不一定要以大脑受损作为前提，相反，它首先是"个体与群体关系的深刻改变"（Halbwachs, *Les cadres sociaux* 69）。

哈布瓦赫在亨利·黑德（Henry Head）的著述中找到了证据支持这一看法。亨利·黑德观察了那些因为头部受伤而导致某种失语症的年轻士兵，认为他们之所以没法复述一些听到的词汇，不是由于缺乏跟这些词汇对应的精神意象或者记忆，而是由于他们忘记了这些词汇本身。失语症患者的痛苦，在于丧失了通常的社会标识：

> 所有这些观察结果似乎都表明，失语症患者缺乏的主要还不是记忆，而是使自己适应于社会环境所提供的那种框架的能力……词汇的丧失……只是更普遍的能力障碍的一个具体表现：一切习以为常的象征系统、社会智力的必需基础，对他们而言都变得陌生。(Halbwachs, *Les cadres sociaux* 76-77)

对于梦、失语症，也包括精神疾病等现象，以往都是纯粹从个体和生物学角度来解释的。哈布瓦赫的著作表明，人们根据自己赋予自身和他人行为的**意义**来展开行动。而这些意义的内容，原本是由个体所属社会的传统来提供的。记忆、智力和认同是通过在某个群体内部的学习过程而建构起来的。因此，个体的任何精神失序，其原因都应该从与该群体关系的失调或者缺失中去寻找，而不是做出一些无法证实的推测，比如个体大脑的状况异常之类。正如涂尔干所宣称的那样，社会学是"一种关于人类本质的新见解"，它注定要超越传统的神经生理学和精神病学的概念，从而让心理学得到更新。

二、集体记忆和中间群体

解决了集体记忆的基本人性机制这个问题之后，哈布瓦赫在其著作中着力探讨了集体记忆的主要制作者：家庭、社会阶级以及宗教共同体。

家庭不仅仅是一系列拥有共同情感和亲属关系的个体。这些个体继承了一种"广义的家庭概念"（Halbwachs, *Les cadres sociaux* 148），即关于**家庭的应然面貌**、家人之间的相互角色以及如何对待子女的一系列社会表征。这些概念并不完全取决于个人品味和真情实感：

> 无疑，在一个家庭当中，情感并不总是与亲属关系相吻合。人们对爷爷奶奶的爱，有时会跟对父母的爱一样深，或者比后者更深……不过虽然人们很少主动承认这一点，表达出来的情感仍然受到了家庭结构的调节：这对于维护群体的权威和凝聚力而言……非常重要。（Halbwachs, *Les cadres sociaux* 149，着重号为引者所加）

为了说服人们相信这一点，一般而言，我们只需要比较一下不同类型的家庭结构即可。在古罗马社会，每个人一生当中平均结婚三四次，这被视为正常现象。家庭的含义变得广泛得多。在我们生活的现代社会里，这些表征远没有那么活跃。尽管如此，家庭仍然通过儿童在共同事件中扮演的角色来框定他们的记忆，他们持续在父母眼前扮演这些角色，即使他们已经成年。现在，这种集体生活不管多么微弱，都有着某种记忆，比如，名字的选择就是一种符号象征："如果名字有助于区分家庭中的不同成员，那是因为它们契合了群体所感觉到的某种需求，即把群体与其成员区别开来，并赞同这种区分。"(Halbwachs, *Les cadres sociaux* 165–66)

社会阶级心理学观察某个人群产生的全部表征。一个群体一旦在某个社会空间里被整合起来，它就会发展出一种关于自己在社会中的位置、关于社会本身，以及关于如何自我维护的概念。群体的构成要素是一种利益、一种关于理念和关切的秩序，它无疑反映为人格，但也是普遍的、非人格化的，足以为所有人保持其意义和征兆 (Halbwachs, *La mémoire collective*, chap. 3)。每个人去破译自己和他人的行为时，脑子里都装着这些东西。

如工人阶级的集体记忆是由一种回忆构成的，它符合对工人状况的某种诠释。他们可以假定它围绕着某种感觉而展开，即未能以一种有尊严的方式参与集体生活，未能参与确立其共同理想的过程 (Halbwachs, *Esquisse* 132)。工人没法自由地安排自己的工作节奏，总是屈服于自己所制作的无生命的物质，这些东西通常是含有污染物的，甚至是危险的。社会生活中的一切都在提醒他们这一点，包括他们那简陋的住处，后者使人想起了他们工作的作坊。

尽管如此，那些住所依然是"家庭的港湾"，多少被认为是一个提供了温情关系的社会，在这里，人们根据个人品质来判断一个人，而不像在工厂世界里那样对一个人实行专断的、非人格化的控制。由此产生了第二个理念，根据这一理念，集体记忆也是由群体希望成为的模样或者希望做的事情构成的（即恢复一些被社会所否定的尊严）。这又可以解释工人的期望和消费模式，即由此"更多地参与现代文明形态"（Halbwachs, *Esquisse* 182）。

在《社会形态学》（*Morphologie sociale*, 1938）一书里，哈布瓦赫提出，一个群体若想具备某种理想以便存在下去，就必须发展出尽可能清楚的自我表征。在此基础上，一个群体确立了与体现着自己的物质形态之间的特殊关系：物质形态的相对稳定，为一个群体提供了有形的存在证据，以及基本的稳定性原则。这些空间形态一旦建构起来，就有着自己的动力机制。它们的变化非常缓慢，以至于个体生生死死，社会却并不会随之消失。一代又一代人故去，城乡社区却依然存在。

城市社区调控着其居民的聚集方式和空间移动，它们又影响到品味、需求和风俗习惯。类似地，经济行为、交换行为的方向、商业交易的强度、商品价格的波动，都可以被理解为众多集体期望的结果。最后，这些期望取决于市场的位置和生产的地点。

通过一种往复运动，社会群体借助稳定的空间意象来表征自己，从而得以成形。因此，我们也许可以认为，物质形态既反映又塑造了每个人的关注点，因为他是作为群体的一员而进行思考、展开行动的。在此意义上，群体的物质形态是其成员的"原初"心理生活的来源。正是空间意象带来了集体性的心理状态，尤其是那些与记忆相关、存储在集体记忆当中的集体表征。

> 应该明白的是，社会的物质形态……通过我们对它们的意识而运行，作为群体的一员，我们感知到它的体积、物理结构和

空间内部的运动。这代表着一种集体性的思想或者感觉过程，或许可以称之为社会意识的即时赋予，它跟其他所有过程都形成了鲜明对比。(Halbwachs, *Morphologie sociale* 182–83，着重号为引者所加)

社会形态学的重要性得到了证实，因为在人口的物质形态和分布的背后，有一整套社会心理因素在起作用，后者跟集体思潮联系在一起。然而，中间群体的心理学遇到了一个难题，即群体成员的行动背后的动机纠缠。比如，很难说工人之所以渴望消费新的商品，完全是由于他们需要更全面地参与现代文明形态。这一渴望也跟城市生活强加给人们的匆忙节奏有关。因此，集体心理学也应该观察最广泛层面的人口。

三、社会的集体记忆与文明

哈布瓦赫把自己对中间群体的推理转换到了整个社会。后者通过对其形体——人口——的坚持，同样发展了一种关于自我认同的"直观的、深刻的感觉"(Halbwachs, *Morphologie sociale* 176)。最广泛的空间结构（比如全部国土范围内）表达着社会的精神，而且不能通过特定行为来修改，因为形塑着人口的法则并没有发生改变。这意味着任何一个社会群体都被另一种潮流挟裹，后者决定着人口的形态。

哈布瓦赫跟涂尔干一样，把人口群体的密度视为最重要的人口法则之一。由此，城市生活被理解为最显著的文明现象。在城市里，集体生活更加忙乱，被导入了许多不同的道路，它们构成了一个密度无可比拟的流通网络。这导致了物质性和精神性的集体表征的混合，使社会群体在城市中变得更容易解体，人们有更多的机会去经历极度的孤立。同时，由于显然是无界限的大众的存在，一种更强的集体情感也许会出现。形势越复杂，个体就越可能变得失调（哈布瓦赫在其关于自杀的著作中发展了这一思想：*Les causes* 13–14）。

为了从物质形态转向总体的集体心理学，哈布瓦赫从地理学家维达尔（Vidal de la Blache）以及西米昂那里借用了"生活方式"这个概念，将它界定为"一套风俗、信仰和方式，它们来自人们的日常职业，以及这些职业赖以确立的方式"（Halbwachs, *Les causes* 502）。城市生活方式与乡村生活方式相反，就如现代生活与古老的生活方式相反一样。在乡村当中，集体生活既非常强又高度简单化，因为几乎不存在区隔。而在城市社会里，空间的碎片化导致了社会生活的碎片化。不过人们之间的流动节奏变得更快，某个既定的时间范围内聚合了更加多样的情形。

由此导致的主要心理状态就是倾向于限制生育，这一行为是对以新式城市人口结构为特征的空间短缺的一种本能反应。因为城市对其居民提出了许多要求，他们的融合意味着改变自己的习惯，花费精力去"保护并延长自己的寿命"（Halbwachs, *Morphologie sociale* 127）。

更低的死亡率，应该被理解为志在坚持、志在关心自我的结果，因为社会为其成员提供了个体的存在价值等理念。至于城市社会里的集体记忆，它是由跟空间表征联系在一起的回忆构成的，这些表征反映了集体记忆如何去构想和保存自己。例如，一个民族往往有其试图维护的边界，以及跟这一空间结构相连的记忆，由此有了对于重大军事胜利的纪念活动。

社会变迁是一个社会尝试去适应其环境的持续过程，集体记忆则向我们透露了与该社会的性质有关的一些东西，本着这个假说，我们可以尝试去发现其演进法则,这就是哈布瓦赫研究基督徒的集体记忆的立意。

福音书为教会提供了一个宽泛的框架,使基督徒能够强化自己的信仰。教堂那斑驳的窗户玻璃上的场景起到了这种纪念功能,比如耶稣从总督彼拉多那里走向髑髅地的受难之路(Halbwachs, *La topographie légendaire*)。这些记忆是统一的象征,有着时空框架的支持。但集体记忆并不仅仅是由任何古老记忆构成的,它还包含着别的记忆,后者在活着的基督徒看来最能表达自身群体的实质存在。在耶路撒冷,历经了长期的动荡和转型后,当然已经不可能证实福音书中透露的地点就是真实的地点。不过,关于这些地点的记忆依然存在。概言之,宗教群体试图将神圣与世俗之间的分界形象化。

类似地,信众的集体记忆建立在经过了重构的时间基础之上,在这种时间里基督徒们得以安置那些奠基性事件:复活、升天、圣诞等等。这种非连续的时间并非钟表时间或者日历时间。它清空了一些记忆,因为它保存的是那些最能表达信众共同体之存在的事件。这意味着,随着成员的变动、死亡或者消失,随着空间框架的变化,以及对时间的关注取代了对过去的关注,集体记忆也会不断得到重新诠释,以适应那些新的环境。它会调整关于旧的事实的意象,以适应现时的信仰和精神需求。打个比方说,当集体记忆感到自身充塞了太满的差异时,它就会自己腾出一些空间:随着社区步入其生命中的新阶段,有的记忆就被清空(Halbwachs, *La mémoire collective*, chap. 3)。反过来说,新的记忆也会形成,并获得另一种真实性,因为它们为个体提供了标识,以使人们能将自己安置在社会性的时间背景中。比如,基督徒并不总是会关注耶稣走向十字架的受难之路。

哈布瓦赫最后界定了两条法则,它们支配着集体记忆的演进:

(1) **碎片法则**。有时候好几个事实被放在相同的地点。一个位置也许可以分成两半,或者分成更多碎片,或者孳生。这就好比宗教信仰的力量之生生不竭,以至于注入好几个容器都绰绰有余。

(2) （相反的）**集中法则**。并不一定相互关联的事实被放在相同或者非常靠近的地方。在这里,位置的集中为信众提供了关于某些场所的宏大记忆。

参考文献

Bergson, Henri. *Matière et mémoire*. Paris: Alcan, 1896. [English: *Matter and Memory*. 1908. Trans. Nancy Margaret Paul and W. Scott Palmer. New York: Zone, 1991.]

Halbwachs, Maurice. *Les cadres sociaux de la mémoire*. 1925. Paris: Albin Michel, 1994.

—. *Les causes du suicide*. Paris: Alcan, 1930.

—. *La classe sociale et les niveaux de vie: Recherches sur la hiérarchie des besoins dans les sociétés industrielles contemporaines*. Paris: Alcan, 1913.

—. "La doctrine d'Émile Durkheim." *Revue philosophique* 85 (1918): 353–411.

—. *Esquisse d'une psychologie des classes sociales*. 1938. Paris: Rivière, 1955.

—. *L'évolution des besoins de la classe ouvrière*. Paris: Alcan, 1933.

—. *La mémoire collective*. Paris: Presses Universitaires de France, 1950.

—. *Morphologie sociale*. 1938. Paris: Colin, 1970.

—. *La psychologie collective*. Paris: Centre de Documentation Universitaire, 1938.

—. *La topographie légendaire des évangiles en terre sainte: Etude de mémoire collective*. Paris: Alcan, 1941.

Head, Henry. "Aphasia and Kindred Disorders of Speech." *Brain* 43 (1920): 87 – 165.

Marcel, Jean-Christophe. "Les derniers soubresauts du rationalisme durkheimien: une théorie de «l'instinct social de survie» chez Maurice Halbwachs." *Maurice Halbwachs: Espaces, mémoires et psychologie collective*. Eds. Yves Déloye and Claudine Haroche. Paris: Publications de la Sorbonne, 2004.

—. "Mauss et Halbwachs: vers la fondation d'une psychologie collective (1920 – 1945)." *Sociologie et sociétés* 36.2 (2004): 73 – 90.

Marcel, Jean-Christophe, and Laurent Mucchielli. "Un fondement du lien social: la mémoire collective selon Maurice Halbwachs." *Technologies, idéologies, pratiques: Revue d'anthropologie des connaissances* 13.2 (1999): 63 – 88.

Mucchielli, Laurent. *La découverte du social: Naissance de la sociologie en France (1870 –1914)*. Paris: La Découverte, 1998.

—, ed. *Maurice Halbwachs et les sciences humaines de son temps*. Spec. issue of *Revue d'histoire des sciences humaines* 1.1 (1999).

—. *Mythes et histoire des sciences humaines*. Paris: La Découverte, 2004.

从集体记忆到关于记忆实践和记忆产品的社会学

杰弗里·奥立克

一、引言

就跟普通社会学一样,关于记忆的社会学研究,也关注作为个体和集体的我们的所说所做,是如何被一种常常不那么明显(而且总是处于变迁当中)的传统、幻想、兴趣和机会的混合体所塑造的。不过,有一个问题被证明是一个有用的概念,它并不否认各种类型的记忆之间存在着重要区别,不管这些区别是认识论方面的、体制性的,还是实质性的。近年来出现了一些知识框架及其伴生概念。比如在法国,"心态史"在探索一条文化史研究的"集体心理"路径。与关注上层心灵的思想史和聚焦于经济及人口的社会史不同,心态史旨在把握"人类行为的想象性和集体性的知觉,它们因历史时代而异"(Chartier 27-30)。在这种路径下,纪念活动和历史想象都是"将社群成员们连接起来的理想、期望和情感的复合整体"的一部分(Goldmann, qtd. in Chartier 32),因而是重要的研究话题。

在德国,许多历史学家和社会科学家已经复活了一个更加古老的哲学概念,即"历史意识",以便指导相关分析工作。在这方面,目前最重要的人物就是约恩·吕森(Jörn Rüsen)。在一些版本当中，尤其是那些深受黑格尔影响，试图从历史当中抽象出某种历史精神和文化本质的例子中，"历史意识"几乎就是集体认同本身的同义词。在另一些版本中，"历史意识"的含义更加狭窄，主要指政治进程当中对于过去的制作和围绕过去而展开的论争（参见 Lukacs）。在这里，"历史意识"往往跟"历史政治"这一标签联系在一起，后者既表明了历史对政治的作用，也表明了政治对历史学的影响（比如可以参见 Wolfrum；亦见本书艾瑞克·梅耶的文章）。

不过，还有一个阵营采用了尴尬却有用的术语"记忆史"（mnemohistory），它"不同于真正的历史……它不关注过去本身，只关注被记住的过去"（Assmann 8-9）。"记忆史"呼唤一种文化传播理论，它有助于我们把历史理解为时间历程当中的主动的意义制造过程，"正在进行的想象重构工作"（Assmann 14），而不是阿瑟·洛夫乔伊（Arthur Lovejoy）所说的"一件又一件该死的事情"，也不是一系列客观的舞台。实际上，根据该术语发明者的看法，"只有通过记忆史的反思，历史学……才能自觉意识到自己作为一种记忆形态的功能"（Assmann 21）。其他一些术语包括"政治神话"（参见 Tudor）、"传统"（参见 Shils）、"公共史学"（参见 Porter Benson, Brier, and Rosenzweig）、"口述史学"（参见 Passerini；Thompson）、"遗产"（参见 Lowenthal）等等。每个术语都有其对问题的反思，好几个标签将学术文献区别开来。使用这些术语的许多作者也采用了"集体记忆"一词，将它视为一个更普遍的术语或者标签；同时，也有人拒绝使用"集体记忆"，认为它在概念方面并没有积极的贡献。比如，葛迪和埃兰将这个术语的使用视为"一种入侵行为……迫使它自己变得貌似早前形成的熔岩……不可避免地抹去了真正的区别"（Gedi and Elam 30）。后文将表明，我赞同这一批评，即集体记忆将各种各样的回忆性产品、实践和过程过分总体化了。

尽管如此，作为一个提示性而非操作性的概念，我还是相信它提出了一些有用的问题，如果把它当作一个探询的起点而非终点的话。

尽管存在着众多不同的概念和传统（它们都有独特的用处），近年来绝大多数的讨论仍然是在"集体记忆"这个题目下进行的。跟"心态""历史意识""记忆史"等术语一样，"集体记忆"（换句话说，集体性或者社会性的记忆）引导我们去关注当代政治和社会生活深处的一些问题，包括群体忠诚的基础、以往集体经验的意义赋予方式等等。但我认为，它是以一种特别有益的方式去这样做的，不无悖论的是，其原因或许在于它的内涵非常宽泛、非常不精确。由于"集体记忆"具有一种激发人们敏感性的普遍力量，我自己的著述也用它作为指导概念。不过，重要的是花上一点时间，看看"集体记忆"创造了何种敏感性，以及为何能够取得那些成果。

二、从个体记忆到集体记忆

常识告诉我们，记忆是一种基本的个体现象，当我们独自一人或者跟别人对话时，还有什么比记忆更加个人化的？即便是"追忆"，我们也常常会体验到这样一个过程，就是将缩闭在自己内心深处的关于过去的意象献给外部世界。在黑夜中，在高速公路上独自驾车时，或者对其他主题的谈话似听非听时，我们都会自己想起某些东西。出于同样原因，大脑的损伤（或许是老年痴呆症所致，或者是物理创伤所致）当然也是一种内在的而非社会性的缺陷，使我们作为个体没法去记忆。这样，记忆——连带着还有遗忘——看来不仅基本上是个体性的，而且根本上就是个体性的，就像疼痛一样原始和孤单。那么，当我们说到社会记忆或者集体记忆时，我们到底是在说些什么？

集体记忆这个术语在当代的使用，主要可以追溯到社会学家哈布瓦赫，他在1925年出版了里程碑式的著作《记忆的社会框架》。他对记忆的兴趣结合了19世纪晚期法国两位重要人物的见解，即哲学家柏格森和社会学家涂尔干，尽管方式不同，但他们两人都关注欧洲"文明"的"进步"。哈布瓦赫在斯特拉斯堡大学的同事、历史学家马克·布洛赫，在1925年以及后来关于封建社会的著作中也使用了集体记忆这个术语。当然，自从古希腊以来，记忆就是社会思想家们关注的一个重要问题（尤其可参见Coleman）。不过，直到19世纪末20世纪初，从社会这一独特视角来探讨记忆这种路数才变得明显。就我所知，第一个直接采用该术语的是霍夫曼斯塔尔（Hugo von Hofmannsthal），1902年，他提到了"神秘祖先对我们的可恶的强迫力"，以及"累积成堆的集体记忆"（引自Schieder 2），尽管这只是一种诗性的暗示，而非社会学意义上的记忆理论的种子。

19世纪末，在科学、组织和控制的名义下，主观性、价值判断和多样性遭到了强有力的压制。比如，政治和商业精英们认为地方时间的多样化日益成为一个问题：跟不同标准的火车轨道一样，多种多样的时间也构成了日渐复杂、日益扩展的商业和政治权力的障碍（尤其参见Kern）。于是，精英们努力根据同质化的标准，让各种时间趋于标准化。时区和格林威治标准时间的确立，就是一个很好的例子。科学的进步揭示了表面变量背后的规律，为这些致力于统一化和标准化的项目提供了支持。此外，哲学传统长期以来倾向于客观主义的叙述，在它那里，经验层面的变化仅仅是一种幻象，隐藏在背后的是完美的概念性的统一。

部分是受到浪漫主义理念的影响——认为这个新的概念世界某种程度上是无效的——哲学家柏格森拒绝客观主义的叙述，主张主观主义才是真正的哲学知识的唯一来源。跟当时的其他许多思想家一样,柏格森很关注日益明显的理性化和科学的统一威力。比如,普鲁斯特和弗洛伊德等人都为记忆着迷,因为在他们看来,正是在这样一个时代,史学、传记以及别的记录保存形态,正在以一种越来越客观、越来越全面的方式支配着历史,而跟过去的意义联系,不管是个人性的还是集体共享的,似乎都正在消失(参见 Bergson; Terdiman; Kern)。于是,柏格森对时间**体验**展开了彻底的哲学分析,揭示出记忆是其核心特征。与那些把记忆视为消极存储之举的看法相反,他将记忆的特征归结为一种积极的参与;与那些把记忆视为对过去的客观复原的看法相反,他认为记忆具有流变不居的特征。这样,柏格森就以强有力的方式,为哈布瓦赫以及后来的其他理论家提出了记忆这一问题。柏格森关于记忆的著作,让哈布瓦赫注意到了对于过去的主观理解和客观理解之间的差异:虽然新的记录保存形态正以越来越统一和标准化的方式来度量时间、记录历史,但个体记忆依然是高度变化的,有时一段很短的时间承载着大量细节,有时一段很长的时间却仅有模糊的轮廓。不过,最近伊维塔·泽鲁巴维尔(Eviatar Zerubavel)的研究已经表明,这种关注范围的可变性也是社会记忆的一个特征。继柏格森之后,记忆**体验**这个变量在哈布瓦赫那里再度成为真正的兴趣点。

跟柏格森一样,涂尔干也认为对时间和空间的客观主义叙述是不合理的。不过,与柏格森不同,涂尔干将知觉范畴的可变性定位于不同社会组织形态之间的差异,而不是主观体验的变幻莫测。柏格森拒绝关于时间的客观主义和唯物主义叙述,偏爱**个体**经验的可变性。涂尔干同样拒绝那种叙述,但倾向于探讨不同**社会**如何制作了不同的时间概念:时间的形态,就跟其他基本范畴一样,既不是源于先验真理,也不是源于物质存在,而是一些社会事实;它不是因为主观体验而异,而是因为社会结构形态的变迁而异。根据涂尔干的看法，标准化和客观主义，乃是正在走向现代化的社会去应对日益差别化和个性化倾向的核心方式。涂尔干将认知秩序（时间感）与社会秩序（劳动分工）联系起来，从而为哈布瓦赫提供了一个**社会学的**框架，去研究柏格森提出的记忆的可变性这个问题。

三、哈布瓦赫的遗产

在其关于集体记忆的原创性著作中，哈布瓦赫接过了柏格森提出的时间与记忆这一问题，却通过涂尔干的社会学棱镜来论述这个问题（亦见本书让-克里斯托弗·马塞尔和劳伦特·穆基埃利的文章）。当然，关于集体记忆或者社会记忆，当时还有一些其他的切入路径。仅举一些重要的例子，比如20世纪初俄国的行为主义心理学，包括维果茨基和巴普洛夫等人的著作（参见 Bakhurst），以及英国社会心理学家弗雷德里克·巴特利特（Fredrick Bartlett）的著作（参见 Douglas），等等。

在哈布瓦赫看来，记忆首先是在当下以及过去得到形塑的，是可变的，而不是恒定的。因此，研究记忆，并不是对主观心灵中固有的内存进行哲学反思，而是辨别那些处于转换中的记忆的社会框架。此外，在他看来，研究记忆，就是探讨众多心灵如何在社会语境中一起工作，它们的运行如何不仅受到了社会环境的调节，还到了后者的结构性约束："人们正是在社会当中才正常地获得自己的记忆，也正是在社会当中唤回、认识并安置自己的记忆的。"（Halbwachs, *On Collective Memory* 38）记忆的表现形态因社会组织而异，而个体所属的群体则是最主要的组织形态，即使是最具个体特征的记忆也是如此。不过按照柏格森的看法，记忆也是社会和精神生活的核心内容，而不仅仅是社会结构的一个有趣侧面。

尽管如此，在哈布瓦赫那里，集体记忆还是存在着许多不同的侧面，这些侧面在此后关于集体记忆的不同研究中也得到了强调（参见 Olick, "Collective Memory"; Olick and Robbins）。首先，哈布瓦赫提出，若非在**群体背景**之内，个体是不可能以任何持续一致的方式来记忆的。对于记忆而言，群体背景是必不可少的**社会框架**（亦见 Irwin-Zarecka）。他经常以童年记忆的不确定性为例：作为成年人，我们没办法说童年记忆到底主要是当初那一刻存储下来的印象的结果，或者主要是原始碎片之外他人的复述和干预体验的某种堆积。要求我们进行回忆的社会框架，不可避免地跟我们如何回忆、回忆什么联系在一起。群体为我们提供了回忆的动力或者机会，它们塑造了我们的回忆方式，并且往往为我们提供了回忆的素材。顺着这个思路，记忆的个体成分和社会成分之间就不存在绝对意义上的区别。哈布瓦赫提出："追究（记忆）到底是保存在我们大脑中，还是保存在只有自己才能触及的心灵一角，这没有任何意义，因为记忆是由外在因素唤回到我们身边的，我们所属的群体随时为我们提供着重构记忆的手段……"（Halbwachs, *On Collective Memory* 38）也就是说，所有的个体记忆实践，都是在社会背景下、出于社会素材而发生的，是对社会暗示的回应。即便独自一人，情形也是如此，作为社会性的存在，我们会参考自己的社会认同进行记忆。

然而，如果说所有的个体记忆都被社会群体所框定的话，那么群体本身也共享着一些**公开表达出来的关于集体过去的意象**。为此，哈布瓦赫区分了"自传记忆"（autobiographical memory）和"历史记忆"。前者关注某人自身生命中的事件，他之所以记住这些事件，是因为亲身经历过它们。后者是指事件的残余，借助这种东西，群体得以主张某种跨越时间距离的持续认同。比如，关于美国内战的"历史记忆"，就构成了何为美国人的一部分，也构成了美国集体叙事的一部分。可是没有任何人依然拥有关于该事件的"自传记忆"。这是哈布瓦赫理论中更符合涂尔干真意的一刻：涂尔干提出了一条社会学路径，来研究他所说的"集体表征"，即象征符号或者意义。这些东西是一个群体的保留剧目，不管它们是否为特定个体甚或群体中的特定成员所共享。在此意义上，或许极少有人能够认清美国内战的关键人物或者事件，但那些人物或事件也许就是构成美国集体记忆的重要元素。社会调查研究者也许会得出结论说，没有被许许多多的人记住的特定意象或者事件，就不再是集体记忆的一部分，不过，真正涂尔干意义上的文化，是不能化约为人们头脑中的东西的。

从这个分析视角出发，这些表征本身不是根据其起源、影响或者在任何特定人口中的分布情况来衡量的。在此意义上，集体记忆有其自身的生命，尽管无需如其听起来那么抽象：一些强调社会记忆的纯粹集体性的工作表明，社会的记忆或者纪念活动背后存在着长时段的结构，它们倔强地无视个体试图摆脱其束缚的努力。此外，强力体制对不同历史的支持显然有所偏颇，它们提供了一些叙事模型和典范，引导个体如何去记忆、应该记住什么东西，由此激发的公共记忆，在方式上和原因上都跟个体或者群体的神经印记几乎没有关系。毕竟，如果没有这样一种集体主义的视角，我们就很难对神话、传统、遗产等等长时段的象征模型做出很好的解释。

涂尔干式的路径往往遭到一种指责，而且这种指责往往是对的，即它们完全是反个人主义的，它们将社会概念化为非具身的实体，后者存在于其自身当中，凌驾于构成了社会的个体之上。涂尔干社会学的另一个重要特点是一条并不合理的假设，即认为社会是一元的，它由个体也许共享也可能不共享的一些集体表征构成。由此，涂尔干式的路径，会让我们将一种集体记忆或者一套记忆归结为界限分明的整个社会的记忆。(跟所有这类批评一样，这些批评也是建立在假定版本的涂尔干立场基础上的。)当代许多关于文化遗产的政治学探讨虽然往往没有(但有时也会)采用涂尔干式的理论来表达，但它们的假设却都一样：对某些历史事件的纪念是必不可少的，那么，民族统一感也是必不可少的，如果对于过去没有达成实质性的共识，社会团结就面临着危险。将我们凝聚在一起的要么是某种"深层结构"，要么是存储起来的共同文化遗产，如果没有它的强大影响力，就没有凝聚起来的"我们"。

在很多方式上，哈布瓦赫都比其伟大的导师更加谨慎，他将绝大部分重点放在了个体记忆的多重社会结构上（参见 Coser）。他认为集体记忆具有多元的特点，指出共享的记忆可以作为社会分化的有效观测指标。尽管如此，除了社会框架内的个体主义路径之外，哈布瓦赫确实还为纯粹集体路径的记忆研究奠定了基础。哈布瓦赫讨论了这样一些问题，即个体记住什么东西，这是由群体成员资格决定的，但记忆活动依然是在人们自己心里进行的。与此稍显对照的是，他也将焦点放在了公开可见的纪念符号、仪式和技术身上。如前所述，后来的一些理论家把这些符号和表征当作一个巨大的文化仓库来处理，这是一个明智的转向，因为文化仓库里的这些东西是真实的。不过，也有人更进一步，他们提出假设说，某种深层文化结构，即一套规则、模式和资源，催生了任何特定的表征。甚至还有更极端的版本，在它们那里，集体意义的结构不是被理解为**集体良知**，而是某种"集体无意识"，后者实际上有着玄妙的言外之意（引自Jung）。不过，我们没必要变成一个形而上学者，去相信集体记忆还有这样一个维度，无需直接涉及个体即可组织起来。

四、 从集体记忆到关于记忆实践和记忆产品的社会学

出路也许在于承认如下这些因素任何时候全都在起作用：集体表征（公开可见的象征符号、意义、叙事和仪式）、深层文化结构（具有催生能力的规则体系或者表征制作模式）、社会框架（群体以及互动模式），以及文化和社会框定的个体记忆。毕竟，当我们将集体表征当作集体表征来看待时，以及看待个体对这种表征的接受或者看待这些表征的生产过程时，我们所提出的问题是完全不同类型的。此外，认知存储过程与正式的故事讲述有着相当明显的区别。不同理论已经揭示了文化模式（比如时间意识）如何创造出社会结构（比如强烈的民族认同），尽管也有理论揭示了正好完全相反的一面，即社会结构如何创造出文化模式（比如记忆受到了世代结构的制约）。

然而，个体记忆、社会和文化框架，以及集体表征，这些东西真的是相互分离的吗？集体记忆一词——它和个体记忆形成了时显时隐的对照——似乎暗示着情况正是如此！但是，只有当我们忘记集体记忆仅仅是一把宽大的提示性大伞，而不是一个精确的操作性定义的时候，情况才是如此！因为，更仔细地观察一下就能发现，集体记忆实际上指的是各种各样的**记忆产品和记忆实践**，它们往往相差很大。前者（产品）包括故事、仪式、书籍、雕塑、展示、演讲、图像、绘画、记录、历史研究、社会调查等等；后者（实践）包括回想、回忆、再现、纪念、庆祝、悔恨、放弃、否认、否定、理性化、原谅、承认等等。记忆实践虽然是在无限大的背景中、通过多种多样的媒介而发生的，但它们往往既是个体性又是社会性的。记忆产品不管有多么具体，都只有通过被人使用、诠释、复制或者改变，才能

获得其真实的存在。聚焦于作为**各种产品和实践**的集体记忆,也就意味着要将记忆研究当中个体主义和集体主义路径之间的对立,更有效地重新设定为一个动态过程中的环节问题。在我看来,这就是哈布瓦赫众多洞见的真意。

五、集体记忆分析的三条原则

前述关于哈布瓦赫的补论和集体记忆概念的渊源看上去也许很抽象,却给我们留下了一些非常具体的原则,即应当从广泛的记忆风景中去寻找什么东西,又如何去对待我们从中发现的材料。首先,尽管许多政治家、评论家和学者都有一种嗜好,强烈呼唤**最理想的**关于整个社会的集体记忆,但集体记忆远非铁板一块的。集体记忆是一个高度复杂的过程,它包含着众多不同的人、行为、物质和主题。因此,我们必须小心,不能一开始就断定每个社会都有一种集体记忆,或者径直认为(何种)公共记忆的产生是显而易见、毋庸置疑的。重要的是应该记住,不同的话语场合,比如政治或者新闻、宗教或者艺术,对参与者都有不同的要求,而且,我们还要体察到其背景和拐点的微妙。当然,这样一来,就很难去评判整个时代或者整个社会。但在我看来,这并没有任何损失。

其次,集体记忆这一概念,往往鼓励我们把记忆理解为要么是过去的真实残留,要么就是完全可塑的当下建构(尤其参见Schwartz;Schudson)。比如,"传统主义"模型便将集体记忆等同于遗产、祖传遗物、民族性之类的东西,并将集体记忆视为延续认同的基岩。它们往往会探讨集体记忆如何塑造或者限制了当代的行动。另一方面,"现代主义"模型则将集体记忆等同于操纵和欺骗、纯粹是权力舞台上的工具。它们会探讨当代的利益如何塑造了关于过去的意象，这些意象如何被用于当代背景，并且认为记忆是高度可变的。然而，对理解记忆的复杂性而言，这两种见解都不是特别管用的方式。记忆总是一种流动的协商过程，一方是当下的欲望，另一方是过去的遗产。过去和现代、历史和记忆，它们分别在这一协商过程中充当着什么成分，又如何发生关联，这既是一个理论问题，也是一个经验问题。正如巴里·施瓦茨（Barry Schwartz）所说的："历史与集体记忆之间的尖锐对立已经成了我们的致命弱点，致使我们勉勉强强地（并且往往是很不情愿地）断言，那些必须'发明'或者'建构'出来的东西其实并无历史根据——这就使集体记忆研究变成了一种愤世嫉俗的揭丑之举"（引自与施瓦茨的个人通信）。

再次，尽管这或许只是以另一种方式来陈述前面的两条原则，我们还是必须记住，记忆是一个过程，不是一个东西；是一门技巧，而不是一个地点。集体记忆是我们所**做**的，而非所**拥有**的一些事情——或者说许多事情。因此，我们需要灵敏的工具来分析它的各种变体、矛盾和动力机制。关于过去的表征、关涉过去的行为，它们是如何通过社会和文化方式组织起来的？它们何时以及为何发生变化？对于一个社会赖以面对和表征其过去的那些各不相同的过程、产品和行为，我们如何才能着手去破解？

参考文献

Assmann, Jan. *Moses the Egyptian: The Memory of Egypt in Western Monotheism*. Cambridge: Harvard UP, 1998.

Bakhurst, David. "Social Memory in Soviet Thought." *Collective Remembering*. Eds. David Middleton and Derek Edwards. London: Sage, 1990. 203–226.

Bartlett, F. C. *Remembering: A Study in Experimental and Social Psychology*. Cambridge: Cambridge UP, 1932.

Bersgon, Henri. *Matter and Memory*. Trans. Nancy Margaret Paul and W. Scott Palmer. New York: Zone, 1990. Trans. of *Matière et mémoire*. Paris: Alcan, 1896.

Chartier, Roger. *Cultural History: Between Practices and Representatives*. Trans. Lydia G. Cochrane. Ithaca: Cornell UP, 1988.

Coleman, Janet. *Ancient and Medieval Memories: Studies in the Reconstruction of the Past*. Cambridge: Cambridge UP, 2005.

Coser, Lewis A. Introduction. *On Collective Memory*. By Maurice Halbwachs. Ed. and trans. Lewis A. Coser. Chicago: U of Chicago P, 1992. 1–34.

Douglas, Mary. *How Institutions Think*. Syracuse: Syracuse UP, 1986.

Gedi, Noa, and Yigal Elam. "Collective Memory: What Is It?" *History and Memory* 8.1 (1996): 30–50.

Goldmann, Lucien. *The Hidden God: A Study of Tragic Vision in the Pensées of Pascal and the Tragedies of Racine*. Trans. Philip Thody. London: Routledge & K. Paul; New York: Humanities, 1964.

Halbwachs, Maurice. *On Collective Memory*. 1925. Ed. and trans. Lewis A. Coser. Chicago: U of Chicago P, 1992.

Irwin-Zarecka, Iwona. *Frames of Remembrance: The Dynamics of Collective Memory*. New Brunswick, NJ: Transaction, 1994.

Kern, Stephen. *The Culture of Time and Space 1880–1918*.

Cambridge: Harvard UP, 1983.

Lowenthal, David. *The Heritage Crusade and the Spoils of History.* Cambridge: Cambridge UP, 1998.

Lukacs, John. *Historical Consciousness, or, The Remembered Past.* New Brunswick, NJ: Transaction, 1994.

Olick, Jeffrey K. " Collective Memory: The Two Cultures." *Sociological Theory* 17.3 (1999): 333–348.

—. *In the House of the Hangman: The Agonies of German Defeat, 1943–1949.* Chicago: U of Chicago P, 2005.

Olick, Jeffrey K., and Joyce Robbins. "Social Memory Studies: From 'Collective Memory' to the Historical Sociology of Mnemonic Practices." *Annual Review of Sociology* 24 (1998): 105–140.

Passerini, Luisa, ed. *Memory and Totalitarianism.* New Brunswick, NJ: Transaction, 2005.

Porter Benson, Susan, Stephen Brier, and Roy Rosenzweig, eds. *Presenting the Past: Essays on History and the Public.* Philadelphia: Temple UP, 1986.

Schieder, Theodor. "The Role of Historical Consciousness in Political Action." *History and Theory* 17.4 (1978): 1–18.

Schudson, Michael. *Watergate in American Memory: How We Remember, Forget and Reconstruct the Past.* New York: Basic, 1992.

Schwartz, Barry. *Abraham Lincoln and the Forge of National Memory.* Chicago: U of Chicago P, 2000.

Shils, Edward. *Tradition.* Chicago: U of Chicago P, 1981.

Terdiman, Richard. *Present Past: Modernity and the Memory Crisis.*

Ithaca: Cornell UP, 1993.

Thompson, Paul Richard. *The Voice of the Past: Oral History*. Oxford: Oxford UP, 1988.

Tudor, Henry. *Political Myth*. London: Pall Mall, 1971.

Wolfrum, Edgar. *Geschichtspolitik in der Bundesrepublik Deutschland: Der Weg zur bundesrepublikanischen Erinnerung 1948-1990*. Darmstadt: Wissenschaftliche Buchgesellschaft, 1999.

后威权社会里的记忆

安德烈亚斯·朗格诺尔

一、威权主义的转型：民主化与记忆的角色

威权体制垮台之后，社会如何应对其宏大罪责（macro-criminal）遗产和政治秩序，这个问题已经成为20世纪中叶以来研究者们关注的焦点。它跟另一个问题紧密交织在一起，即成功地建构一种后威权时代的民主秩序需要哪些条件：首先，如何确保"威权主义的制度转型"？其次，新的制度如何才能在文化层面扎根（即"民主的巩固"）？在这种语境下，记忆问题便指向了法学、政治学和社会学以及民主理论等方面的问题。

政治学家们从20世纪的历史当中区分了至少三波民主化的浪潮。第一波浪潮，是从19世纪一直到第一次世界大战结束，欧洲君主制被推翻，或者向民主制度转型，但在这个阶段，记住此前体制这个问题尚未得到多少关注，尽管以后见之明来看，当时一些有偏见的战争记忆最终促成了魏玛共和国的失败。第二波民主化浪潮开始于二战结束之后。首先，德国、意大利和日本被击败，然后通过外力实现了民主化。随后，欧洲各大帝国在亚非地区的众多殖民地实现了独立，渴望一种民主的秩序。与第一波民主化浪潮相比，第二波浪

潮从一开始就充满着帝国殖民主义的色彩，同时也凸显了如下问题，即如何评估和记住与法西斯主义和国家社会主义有关的宏大罪责。在德国，这个问题最初主要体现为公共管理当中精英权力的延续，以及纽伦堡审判（1946）和奥斯维辛审判（1963—1966）当中纳粹领导人的个人罪行；而在后殖民社会里，这个问题很快被认为同时也是一个文化问题，比如对官方语言、艺术经典之类的殖民主义文化遗存的异议。第三波民主化浪潮席卷了拉丁美洲、亚洲和南欧各国（葡萄牙、西班牙和希腊），这些地方的威权体制在1970年代被推翻。这波浪潮引发了一个问题，即是否可能以政治上务实，并且司法和道德上公平的方式来对待过去，因为在所有这些转变（特别是在西班牙）过程中，民主体制一方都没有去追究加害者的罪行（Arenhövel 96-102）。这种策略旨在成功实现民主化转型，就此而言具有合理性，但它也激发了威权主义受害者的指责，从而将威权主义的遗产留在了议事日程当中（参见 Roht-Arriaza）。这个很成问题的维度，已经成为最后一波民主化浪潮（部分可以归入第三波之下），即1980年代国家社会主义社会和1994年南非共和国的民主化进程的突出特征。这些转变都面临着一个两难困境，既要寻求司法和道德方面的公正感，又要在前受害者和加害者之间实现政治和社会整合（参见 Tucker）。

非民主秩序终止存在的方式有好几种，它们都会影响转型的成功完成与否；后者即"民主的巩固"，它被宽泛地定义为在政治、社会和文化方面，也就是对于政治对象的态度和观点方面，能够成功地接受新的民主制度。这些道路后文还将讨论，不用说，它们都是一些理想类型，大多数经验案例都体现了不同类型的混合。

一是**被外部击败**。战后德国就是一个经典案例，代表着通过国际干预来推翻威权主义。在制度建设层面，它主要体现为通过去纳粹化、制度输入和国际控制,迅速发展出一套民主制度;在文化层面,由于不存在抵抗运动,许多德国人显然很难认同威权主义遭到推翻。德国人反复争论1945年5月到底象征着解放还是象征着失败,这就是一个典型的缩影。二是**革命和内部的抵抗**,第三、第四波民主化浪潮中的许多例子都体现了这种转型。在这里,政治团体和/或广泛的社会阶层发起了对威权秩序的挑战,因而威权主义的终结有可能成为新的民主政治的基础叙事的一部分。加害者和受害者有着不同的利益,这一两难困境对民主的巩固提出了挑战。如果加害者或其支持者仍然占据着有影响的社会位置(就像智利和阿根廷独裁政权垮台之后那样,参见 Arenhövel 81—95; Nino),那么后威权政府就面临着让他们免受惩罚的压力,而倘若真的这样做,受害者或其代表又会指责政府在沿续威权主义的遗产。结果,新的民主秩序陷入危险境地,既缺乏强力利益团体的支持,又缺乏公共合法性。三是**协商式变革**。许多前国家社会主义国家,也包括南非共和国,都是这样的例子,即旧体制和抗议者的代表之间进行协商,实现转型。比如在波兰和匈牙利,1988和1989年召开了"圆桌会议",参加者来自共产党系统和市民社会。与这些转变很接近,从苏联到俄罗斯联邦的转变,是协商式变革的最极端例子,在这里,抗议运动和市民社会的行动,并未呈现多少意识形态斗争或者政治精英内部权力斗争的色彩。协商式转变有其优点,新旧秩序之间的许多问题都可能得到解决,或者至少可以搁置起来,从而得以实现平稳的过渡,使新的秩序从一开始就得到相对普遍的支持。但与此同时,妥协的达成只是牺牲了那些在威权体制下最受伤害的群体,由此带来的后果是,他们肯定会对协商的结果表示抗议,从而在公众当中形成不利于民主巩固的因素。苏联解体后,在俄罗斯,1980年代后期激烈的反体制运动(比如"记忆"协会)的许多主角,都因为占据着多数派的职位而遭到指责，致使公众的关注和组织的宗旨偏移了原来的目标，该组织本来是为群众镇压运动的受害者辩护，并让他们的记忆保持鲜活状态。

民主化转型的国际背景起到了常规框架的作用，它的存在或者缺席，对转型的成功与否具有决定意义，文化性的参照框架也是如此。国际影响导致了20世纪许多威权主义体制的终结，比如欧洲和日本的法西斯主义体制。随后，国际压力——通过单个国家、联合国之类的国际组织，或者是欧共体以及后来的欧盟这类跨国组织——在发起民主化转型方面也起到了决定作用，最明显的是南非、前南斯拉夫地区成立的一些新国家，以及民主化转型因为此种方式而失败的阿富汗和伊拉克。另外还可以假设，某些用来接受有罪的过去的制度性策略，特别是真相及和解委员会（Truth and Reconciliation Commissions），作为最好的行为模式得到了国际性的传播，从而也成为应对大规模暴行的全球性制度环境的一部分。

作为记忆实践的一种参照框架，国际性和跨国的背景同样重要。1990年代以来，记忆的国际化已经取得了一些明显的进展。首先，正如列维（Levy）和施茨内德（Sznaider）提出的，大屠杀作为一个象征性的参照点，现在已经获得了全球性的意义，即全世界都应该不允许任何这种情况发生。比如，大屠杀记忆的国际维度，特别是欧洲维度，在2002年的"斯德哥尔摩大屠杀国际论坛"上得到了具体的表现，这次会议汇集了来自四十多个国家的政府代表和官员，他们通过了一项联合宣言，谴责了大规模的暴行，并为自己国家在这些暴行中扮演过的角色而道歉。其次，欧洲（包括俄国）存在着这样一种努力，即试图将二战记忆塑造为不仅仅是民族国家历史的一部分，也是欧洲共同历史的一部分。这在2004和2005年的诺曼底登陆和德国投降六十周年纪念活动中体现得颇为明显，出席这些纪念活动的有许多欧洲国家的领导人以及俄国总统。然而，纪念活动的欧洲背景，也导致了新的政治分裂，或者说加深了本已存在的政治分裂，后者也有其历史的根源。一个鲜明的例子就是，2005年5月9日莫斯科举行胜利日庆祝活动，波罗的海诸国的总统们却拒绝出席，他们反对将俄罗斯/前苏联解释为欧洲的解放者。

二、转型正义：正视过去的宏大罪责

民主化转型也包括对合法状态的回归，因此，在后威权主义背景下，这个问题势必引发另一个问题，即如何从法律视角来处理宏大罪责（macro-crimes）。纽伦堡审判就是这方面的一个里程碑，因为它们开创了一种选择，即以"侵犯人权""反人类罪""战争罪"等伦理/道德概念为基础建立国际法庭。这些法制实体避开了一个通常的难题，即如果以反向追溯方式去实施一国的法律，就会违反罪刑法定这一法律原则。但它们自己也面临着其合法性是否被承认的问题，正如国际刑事法庭的例子所显示的，并非所有国家都对其表示承认。

转型正义的**好处**是能够清楚地辨别受害者和加害者，其有效性得到了法律制裁（惩罚、赔偿等等）的强调。另外，如果遇到广受承认的形式和政治独立的标准，转型正义还代表着对过去的公平对待。由此，法庭有助于让对过去的处理变得更加透明，并且通过程序合理性赋予这种处理以合法性。以司法途径来处理过去的宏大罪责，其主要**局限**在于，考虑到那些罪行发生的背景，它们不同于大范围发生的个人罪行，而是一种集体罪行。也就是说，如果没有一大部分人口（旁观者）的含蓄支持，那些罪行是不会发生的，因此他们也应该承担共同责任。此外，相当一部分人口也许曾经在针对其他群体的罪行中系统性地获益，比如南非共和国讲英语的白人公民，一般来说，他们没有直接参与对大多数黑人的镇压，却从中受益。

纳粹德国是宏大罪责结构的代表性例子，因为如果没有德国各阶层人口的消极麻木、隐蔽或者不那么隐蔽的认可以及从中获益，就不会发生针对欧洲犹太人的大规模屠杀。反过来，在集体性的宏大罪责中，个体的责任也许很难确定，但特定个体应该对自己的行动承担何种程度的责任，这个问题却并不容易解决。威权主义背景下宏大罪责的这两个特征，对以司法途径来处理过去构成了障碍，因为它们让人质疑个体罪责是否应该被排除在外，甚至对于是否应该追究宏大罪责这一重大原则都提出了质疑。

法律体系是在立法机关设定的限度之内运行的，因此后者总是有可能限制前者的行为。比如，1977年西班牙通过了大赦令，停止了对前政权代表的起诉和对反抗者的迫害（Arenhövel 96‑101）。在拉丁美洲的许多国家，大赦和免于惩罚是协商式转变的一部分。为了向受害者提供赔偿，通常也需要通过一部赔偿法。因此，以司法途径来解决宏大罪责遗产，其合法性在很大程度上取决于政治代表者们是否愿意接受这种途径。

各国在以司法手段来解决威权主义的宏大罪责方面的程度差异，可以通过如下例子得到说明（参见Elster）。比如捷克共和国，对加害者的追诉成为关注焦点；而在波兰，转型的协商性质，则将人们的关注焦点转向了所谓的"粗线"（Arenhövel 102‑04）。为受害者恢复名誉、进行赔偿，具体情况也可能非常不一样。名誉的恢复大体上可以通过法律来实施，而不用去考察每一个案例（就像俄国对于那些触犯了苏联法律的诉讼情况的处理那样），但赔偿则往往非常耗时，个体必须证明自己曾经受到过伤害，并且面临着再次成为受害者的危险。由此，威权主义遗产的司法应对，在任何民主化转型过程中都是必不可少的一部分，它们本身也会导致新的问题，绝不足以确立一种稳定的民主秩序。

这些问题引发了一些回应：1970年代以来，已经有无数人尝试着设立真相与和解委员会（Truth and Reconciliation Commissions，简称 TRCs）。南非共和国最早成立真相与和解委员会，后来其他地方也设立了类似的组织，比如在阿根廷、智利、巴拉圭、秘鲁和塞拉利昂（参见 Kritz）。这些委员会已经被概念化为一种解决方式，来应对后威权主义社会里单纯通过司法手段已经没法解决的那些挑战。它尤其关注如下这对矛盾：从政治上着眼，需要将转型中的社会的受害者、加害者、旁观者和受益者整合起来，而从伦理、社会和司法上着眼，需要为受害者伸张正义，对加害者提出起诉。

南非的真相与和解委员会以大主教德斯蒙德·图图（Desmond Tutu）为首，它体现了这一类组织的特征和后果（参见 Boraine and Levy）。该委员会的公开宗旨不是追诉加害者或者赔偿受害者，而是公开承认受害者的苦难，并且将它确立为后威权主义时代民族认同的基石。南非人民需要一种象征性的纽带来整合此前对抗的各个社会群体，基于这一判断，他们为受害者的苦难进行公开辩护，并促使加害者公开道歉，从而化解了单纯通过司法手段来应对过去的潜在破坏效应。加害者公开聆听其受害者的叙事，并接受自己应该承担的罪责，在此条件下，他们可以免于受到司法起诉。通过一系列公开被证明为无辜的个体受难故事和制度化的忏悔行为，这种程序被认为有助于改造种族隔离的表征，从而促进民族和解。然而，该委员会也遭到了批评，即他们原谅了加害者，无助于改变那些构成了种族隔离的社会和政治不平等。因此，尽管真相与和解委员会的设立，原本是为了回应司法系统在解决威权主义政治秩序留下的社会和道德紧张时的无能为力，但它们也可能会抵消司法途径在确立宏大罪责的个人责任方面的长处。

三、集体记忆与后威权主义时代民主的巩固

宏大罪责的影响,不仅表现在从威权主义转向民主秩序的过程当中,也表现在民主政治文化的巩固上。1946年,德国哲学家雅斯贝尔斯(Karl Jaspers)出版了一本关于"罪责问题"的小册子,意在讨论德国人在国家社会主义体制下所犯的宏大罪责。他区分了四种类型的罪责,这种区分至今仍可作为指导方针,帮助我们将如下两者联系起来:一是尝试着以司法途径去处理历史,二是以集体的、社会的方式去对待过去。根据雅斯贝尔斯的看法,个体罪责可以通过司法方式得到处理,由此被称之"刑事罪责"。相反,"政治罪责"是指那些以某个政治集体的名义,或者代表某个政治集体(比如国家)所犯下的罪行。在这种情况下,该集体的全部成员或许就应该为罪行的后果承担责任。"道德罪责"也就是"任何有人情味的人"在宏大罪责面前应该具有的信念,其最佳解释就是羞耻这一概念。最后是"形而上学罪责",它指向一种超越了世俗秩序的情况(比如上帝)。

雅斯贝尔斯这种关于不同罪责的区分,揭示了宏大罪责对于后威权政治文化的不同层面的影响。比如,"政治罪责"概念将以集体名义所犯罪行的责任,确认为(本尼迪克特·安德森所说的)近代"想象的共同体"当中的社会和政治整合的反面。因此,主张自己是某个想象共同体的政治成员,也就意味着同意为以该共同体名义所犯下的暴行承担政治责任。"道德罪责"或许可以描述为一种可能的动机,即无论何处发生大规模暴行,都挺身而出表示反对,以至于"对绝对恐怖的创伤性沉思,和对基本文明准则的绝对漠视,能够产

生一种超越单个民族边界的伦理"(Dubiel 218-19)。

转型的初始阶段，新旧体制的代表们之间的谈判，也许有助于新生的民主秩序在最初几年里的稳定。因此有人提出，20世纪五六十年代西德对于纳粹历史的沉默，有助于年轻的民主秩序在政治、社会、文化中扎根，因为它将不利于整合的倾向排除在议程之外。然而，一旦民主制度在社会上得到了一定程度的接受，对过去罪行的沉默也许就会变得不合时宜，并且/或者会导致社会围绕诠释问题发生冲突（参见Bergmann）。1960年代西德的情况即是如此，当时受过教育的年轻一代指责父辈们仍然对德国的纳粹历史保持沉默（参见Schwan）。类似的过程同时也在西班牙发生，1970年代西班牙通过了一项决定，涉罪的国家加害者和反抗者都得到了宽恕。从沉默转向公开认罪，这也许强化了民主的政治文化，而不是损害了民主制度的合法性。

对民主的巩固而言，关于光荣过去的记忆可能是一个特别的障碍，如果它不能通过关于可鄙过去的记忆得到校准的话。比如，后苏联时代俄国的公共记忆就是一个特殊的例子。在那里，再现对于纳粹德国和欧洲法西斯主义的胜利，往往就会严格否定与斯大林主义有关的行径；反过来，那些坚持古拉格记忆的人，则自动面临着一种指责，即"背叛"民族记忆（参见Langenohl）。

四、现代晚期民主社会里的宏大罪责记忆

1990年代以来，如何记忆过去的宏大罪责这个问题，已经对民主理论和社会整合理论产生了冲击，原因在于，集体罪行和暴行的记忆问题触及了一些理所当然的假设，即民主社会是如何在象征层面凝聚起来的。在此期间，民主国家的政治人物和其他政治代表公

开道歉的例子急剧增加。除了德国之外，还有那些曾经跟纳粹德国有过某种合作的欧洲其他国家的代表。同样，美国总统也因为跟奴隶制有关的暴行进行了道歉。伴随着这些公开道歉而来的是，人们一直在讨论应该如何去再现那种过去，不管是在博物馆里，在学校与教育当中，在历史编纂方面，还是在公共空间里。从人际互动层面而言，道歉可以被视为一种基本的模式，即通过重新确认、重新磋商责任与行为，来延续某种已经被压制的人际关系。道歉本身似乎正在缓慢地确立为一种全国和国际层面的象征性治理方式。

这一观察具有多种诠释。首先，就历史而言，它意味着现今大多数民主社会都建立在某种大规模暴行的基础上。当然，德国尤其如此，德国的民主秩序是被外部力量强加而来的，德意志联邦共和国基本法（Grundgesetz）的制订，是为了直接处理对犹太人、同性恋者以及辛提人和罗姆人（Sinti and Roma）所犯下的宏大罪责。其他国家也是如此，如果说程度更低一点的话。这些国家的历史也跟纳粹德国的历史绑在一起，或者跟其他宏大罪责相连，比如前国家社会主义，或者是拉丁美洲一些国家。

其次，就记忆而言，上述观察表明，对于集体的（特别是国家的）过去，再也不存在任何毫无异议的表征。每一种对过去的表征都可能存在异议，因为它将某些群体排除在外。由此，指责人们不应依然对在某些群体身上所犯的暴行保持沉默，这种做法尤其具有令人震惊的效应，可以打散同质化的记忆叙事。因此，公开道歉也可以被视为对记忆多元化的一种反应，对无所不包的奠基性历史叙事日益构成挑战。

第三，由于现代社会的多元化并未给奠基性叙事的表达留下多少空间，民主理论的新近进展认为，与过去那些以自己所属政治集体之名义犯下的宏大罪责有关的记忆，也许可以作为高度分化和日益跨民族化的社会谋求象征性、政治性的整合的最后办法（Arenhövel 134）。根据这一路径，我们越来越难以从光荣的过去那里获得整合的动力，因为这种表征极有可能遭到公开挑战。相反，将过去表征为也许有罪甚或明确有罪，这也许有助于整个社会层面的象征性整合，因为它打开了一种抗拒性的集体认同建构模式的可能性——现代晚期的政治集体也许会发现，相比于自己实际上想要说些什么东西而言，确立一些自己本不想做的事情，发出一些"回避性指令"（Dubiel 220；cf. also Booth），其实更加容易。

第四，也是更加不可避免的，新近的研究已经转向了"文化创伤"这一概念（参见 Alexander et al.；Giesen），以便描述大规模暴行对于社会团结和民主稳定性的长时段影响（亦见本书伍尔夫·康斯坦纳和哈罗德·维恩布克的文章）。根据这些说法，那些曾经遭受大规模伤害的群体就是文化创伤的主体，其成员卷入过宏大罪责的群体同样如此：前者是因为传统和价值导向的代际传递机制遭到了严重的撕裂；后者是因为其记忆表征一直徘徊于过去的宏大罪责和对此罪行的极力否认之间。民主理论必须集中关注跟以往宏大罪责的记忆有关的经验案例，以便准确界定那些记忆的双重作用之间的关系：一方面，这种记忆有可能增强人们对于全球层面基本人权遭受侵犯情况的认识；另一方面，它们也有能力将宏大罪责的受害者和加害者密封于民族国家历史的框架之内。

参考文献

Alexander, Jeffrey, et al. *Cultural Trauma and Collective Identity*. Berkeley: U of California P, 2004.

Arenhövel, Mark. *Demokratie und Erinnerung: Der Blick zurück auf*

Diktaturund Menschenrechtsverbrechen. Frankfurt am Main: Campus, 2000.

Bergmann, Werner. " Kommunikationslatenz und Vergangenheitsbewältigung." *Vergangenheitsbewältigung am Ende des 20. Jahrhunderts.* Eds. Helmut König, Michael Kohlstruck and Andreas Wöll. Opladen: Westdeutscher Verlag, 1998. 393 – 408.

Booth, W. James. "Communities of Memory: On Identity, Memory, and Debt." *American Political Science Review* 93. 2 (1999): 249 – 263.

Boraine, Alex, and Janet Levy, eds. *The Healing of a Nation?* Cape Town: Justice in Transition, 1995.

Dubiel, Helmut. "Mirror-Writing of a Good Life?" *The Lesser Evil: Moral Approaches to Genocide Practices.* Eds. Helmut Dubiel and Gabriel Motzkin. London: Routledge, 2004. 211 – 221.

Elster, Jon. "Coming to Terms with the Past: A Framework for the Study of Justice in the Transition to Democracy." *Archives europeénnes sociologiques* 39.1 (1998): 7 – 48.

Giesen, Bernhard. *Triumph and Trauma.* Boulder: Paradigm, 2004.

Kritz, Neil J., ed. *Transitional Justice: How Emerging Democracies Reckon with Former Regimes.* 3 vols. Washington: U. S. Institute of Peace Press, 1995.

Langenohl, Andreas. " Political Culture in Contemporary Russia: Trapped between Glory and Guilt." *The Transition: Evaluating the Postcommunist Experience.* Ed. David W. Lovell. Aldershot: Ashgate, 2002. 96 – 112.

Levy, Daniel, and Natan Sznaider. *Holocaust and Memory in the*

Global Age. Philadelphia: Temple UP, 2005.

Nino, Santiago. *Radical Evil on Trial*. New Haven: Yale UP, 1996.

Roht-Arriaza, Naomi, ed. *Impunity and Human Rights in International Law and Practice*. New York: Oxford UP, 1995.

Schwan, Gesine. *Politik und Schuld: Die zerstörerische Macht des Schweigens*. Frankfurt am Main: Fischer, 1997.

Tucker, Aviezer. "Paranoids May Be Persecuted: Post-Totalitarian Retroactive Justice." *Archives europeénnes sociologiques* 40. 1 (1999): 56 – 100.

记忆与政治

艾瑞克·梅耶

政治科学主要关注记忆文化的各个侧面,因为它是一门构成了民主状况的根基的学问。根据这一议程,并且考虑到议会民主制作为一种政府形态在全球范围取得的成功,这一路径就不去处理政治系统的常态性。相反,它集中关注特殊的政体变迁案例,这种变迁一般都会导致一种跟此前体制的对抗:无论哪里突然发生了从前民主、专制或者独裁体制向民主治理的转型,它们都需要接受过去。德国人目前使用"直面过去"(*Vergangenheitsbewältigung*)这个术语来讨论这种转型过程,不过该术语是有争议的。争论过程中,这个术语与历史语境的联系发生了转变。以前该术语仅意味着德国有必要从伦理上处理纳粹历史,现在却变成了一个类别术语,意思是废除独裁体制、用民主制度取而代之。它指那些信奉民主和人权原则的社会和国家在应对此前政权的罪行和独裁历史时所展现出来的行为(König,Kohlstruck,and Wöll)。罪行和责任问题不仅在政治和司法层面得到处理,也在道德和形而上学方面得到讨论。民主理论研究会论及所有这些方面,而经验研究则倾向于考察行政、立法和司法机构采取了哪些制度性的措施来处理加害者与受害者之间的关系。

一、转型正义与政治文化

在国际层面,不同学者从比较历史视角出发,在"转型正义"(transitional justice)这个术语之下对此主题进行了探讨(参见 Barahona de Brito, Gonzaléz-Enriquez, and Aguilar; Elster; Kritz,亦见本书安德烈亚斯·朗格诺尔的文章)。涉及特定人群的各种措施,不管是刑事制裁、剥夺资格、恢复名誉还是物质赔偿,都跟已垮台体制的时间间隔密切相关:只有在受害者和加害者还活着时实施,这些措施才有意义。这一点在更宽泛的意义上影响着其他国家或者公民,如果他们曾经遭受不公正对待的话。因此,转型正义的各个侧面也许会变成对外政策或者外交方面的一些问题。毕竟,这种观点强调必须正视过去,认为这是政治系统正常运行并且能够在国际关系当中展开行动的前提条件。

同时,"直面过去"并不局限于上述措施的实施:这一概念包含着新的民主制度用来对待先前状态的一整套知识和行动。制裁过去的行为,不仅具有实质性的影响,也有象征意义:它设立了一个标准,使人们可以对先前的体制做出评估。由此,它的合法性和被接受情况,就取决于公开的沟通。对过去的研究,以及关于行为、机制和模式的信息,成为一种话语的组成元素,后独裁社会通过这种话语来说明自己对历史的理解。在认知层面正视历史的过程,既包括发展中的市民社会的行为,也包括政治-行政系统的行为,它们影响到了政治公共领域、学术研究、政治教育、借助艺术作品实现的文化表征,以及纪念碑、博物馆、纪念日等制度化的纪念活动。如何去正视历史、在多大范围内去正视历史,这可以被视为一个国家政治文化健康状况的标志。政治文化概念涉及这样一个问题,即社会成员如何将自己安置于政治系统中。传统的政治文化研究是这样界定的："一个国家的政治文化,就是跟政治目标有关的价值取向模式在一国成员当中的特定分布"(Almond and Verba 14f.)。该视角的出发点是这样一个假设:稳定的民主制度的确立,是跟特定个体的价值取向相匹配的。因此,政治文化研究和转型正义研究都对转型中的系统有兴趣。不过二者也有区别,前者聚焦于态度和价值的延续性,后者的关注中心则是政治制度变迁的各个方面。在此语境下,我们可以通过社会调查研究的途径,来批判盎格鲁-萨克逊公民文化模式的价值取向,以及对相关态度的经验判断。作为研究讨论的结果,我们对政治文化的认识得到了拓宽,以至于它不仅被视为一套固定的程式,也被理解为一种行为和过程。相应地,不仅内在态度可以作为合适的指标,外在的理念、文化的表征一面,同样也可以承担这一功能。"正视过去"的政治文化维度,就是这条路径的一个要素。

比如,借助于德国围绕国家社会主义而发生的冲突,托马斯·赫兹(Thomas Herz)和米歇尔·施瓦博(Michael Schwab-Trapp)勾勒了一套政治文化理论,他们将这些论争理解为一种必须采用话语分析手段才能得到重构的诠释冲突。概念的核心是政治叙事模式,即如何构筑社会与其历史的关系。从具体情况出发,一些相互竞争的对于过去的诠释,其合法效力得到公开的磋商和讨论。这些"冲突揭开了社会基本构成要素的面纱,使我们得以感知到权力的结构,以及一个社会赖以为基础的利害关系、准则和价值观念"(Herz and Schwab-Trapp 11)。跟传统的政治文化研究相比,这一路径以冲突导向的文化观为基础,聚焦于共享意义的协商过程。

二、历史政策和历史政治

尤其是在德国的历史学当中，我们可以看到"历史政策"(*Vergangenheitspolitik*) 和"历史政治"(*Geschichtspolitik*) 这两个概念的系统实施。诺伯特·弗雷（Norbert Frei）采用"历史政策"(policy for the past) 一词来解释一个具体的历史现象，即一个延续了大约五年的政治过程。其结果是，一方面，针对纳粹政权下的加害者和同路人，德国实行了一些免于惩罚的规章和措施，意在将那些被怀疑、被控告而且许多情况下被宣判有罪的人重新整合起来；另一方面，德国同时采取了一些努力，以在政治和司法上都跟国家社会主义的意识形态残余划清距离。所谓"历史政策"包括三个不同的因素：赦免、整合、划界。弗雷将"历史政策"概念化为"正视跟第三帝国有关的过去在政治-司法层面所体现出来的一个固定阶段"，但这个术语同时也以更普遍的形式得到了运用，脱离了德国历史的具体语境。尽管如此，"历史政策"仍旧取决于涉事个体的存在与否。在上述条件之下，我们也可以基于比较的视野，将"历史政策"理解为一个通称性的术语，来指称后独裁国家通过法律规章而实施的一些临时性政策，这些政策主要是为了应对体制变迁导致的问题。

相反，"历史政治"的研究主题更加广泛，埃德加·沃尔夫隆姆（Edgar Wolfrum）以1990年以前联邦德国的历史为例，将其勾勒如下："'历史政策'……主要指实用的政治措施，它们服从于公开的、象征性的行动；而'历史政治'的特征，正好是对立关系。"(Edgar Wolfrum 32) 此外，"历史政治"既不是专门用来处理独裁体制的后续影响，也不取决于所涉及主体的时间间隔。相反，它处理的往往是一个共同体的历史，这种历史的诠释和意义往往被认为是有分歧的。相关的诠释之争往往遭到政治上的控诉,这个事实源于历史被赋予的价值取向功能。跟人们可能设想的情况不同,"历史政治"领域的冲突所处理的,主要不是学术共同体内部所讨论的历史重建是否符合史实、相应诠释是否合适等问题;相反,其兴趣在于过去、现在和未来之间的意义关联,后者往往又是行动的参照。在此视角之下,问题就不在于传达出来的历史形象是否科学、是否真实;相反,关键在于过去的经验如何,由谁、通过何种途径、出于何种意图被拿出来并且变得与政治相关,这样做又有何效果。

沃尔夫隆姆将"历史政治"界定为一个政治领域,在这里,不同角色不仅试图为历史注入各自的特定影响,还出于各自的政治利益来利用历史。他采用了该词的贬义用法:它往往意味着以政治实用主义的方式来对待历史和历史学,目的在于影响当代的争论。在此视野下,"历史政治"就是一个公开的政治沟通问题,主要发生在大众传媒领域(亦见本书马丁·兹罗德的文章)。这个过程体现了作用力和反作用力对于话语霸权和诠释模式的相互竞争。因此,该路径假定存在着一种多元性的公共领域,其功能是为这些论争提供舞台。参与其中的不仅有来自政治-行政系统的代表,也包括那些占据优势地位、可以进入政治公共领域的个人和团体。除了政治家,这一精英群体还包括新闻记者、知识分子和学者。

沃尔夫隆姆还区分了另一种情况下对于历史的故意工具化,以及它对多元民主政治论争的短期影响,即公开的、蓄意的诠释冲突的间接后果:"可以这样来理解,历史政治领域的冲突,表达了对于特定价值模式、行为模式以及信仰系统的确认和更新,从长期视角来看,这些东西塑造并改变了政治文化。"(Wolfrum 29)因此,"历史政治"不仅服务于将当代政治事业合法化的目的,从冲突理论的视角来看,还促成了应该适用于整个社会的规范性价值取向的协商和厘定。在此背景下，情况再度变得很明显，沃尔夫隆姆将"历史政治"概念化为主要是一种话语实践，跟"历史政策"刚好相反。

其他一些关于"历史政策"和"历史政治"的概念大多与上述理解相对应。经历了 1980 年代所谓"历史学家之争"（*Historikerstreit*）以后，历史学家和政治学家们使用"历史政策"这个概念来批评那种政治化的历史观。随着东德政权的终结，人们的兴趣焦点转向了"历史政治"在冷战期间所扮演的角色。彼得·雷赫尔（Peter Reichel）以东德为例作出了如下概括："历史政治是……德国制度冲突中的一种方便的资源，同时也是一种政治上非常重要的象征资本。"(Reichel 37) 这样，我们当然可以觉察到一种语义学上的归纳，不过"历史政治"作为一个可以观察到的经验现象，从意识形态角度而言仍然是有疑义的。这种质疑不再指向具体的政治行动者或者政治系统，相反，它假定历史已经被政治普遍工具化了。在文化记忆研究的背景下，这条法则似乎是有问题的：哈布瓦赫将集体记忆理解为一种社会建构，根据这种概念，对过去的记忆是不可能不包含当下利益的。

尽管如此，从关于国家社会主义之当代意义的具体冲突情况来看，"历史政治"这个说法仍然被理解为一个分析范畴，可以将其普遍化。由此，雷赫尔将记忆之场理解为一个政治行动领域："纪念物和纪念仪式的创造，纪念物和纪念场所的解体和转型，因而都是象征性的政治以及由此构成的多元记忆文化的一个重要方面。"(Reichel 33) 就此他诉诸表象与真相之间的差异，而这种差异在象征政治这一概念中是隐晦的。因此，"历史政治"不是指做出一些具有集体约束力的决定，而是指一些重要的目标，其意义类似于与从政治上建构某种真相。从这个观点来看，"历史政治"跟"仪式""政治神话"等象征形态很接近，尽管这些东西在政治科学当中都显得可疑，因为它们都是被有意创造出来的（参见 Edelman）。这一判断对应着如下假设：象征政治并未构成政治行动的交往框架，相反，它是一种有缺陷的真相模型。通过"历史政治"来建构真相，其焦点在于合法性的维度。它可能是集体认同的合法性、新秩序的合法性，也可以是多元社会当中政治行动者的合法性。如前所述，对某个历史参照点的否定性区分，或者是正面的指涉，都可以激发起合法性的信念。因此，"历史政治"和"历史政策"也可以被置于葛兰西提出的文化霸权理论的背景之下。

至于正视过去的具体案例，我们很难将"历史政策"和"历史政治"视为一个历史阶段，即赫尔穆特·科尼希（Helmut König）简洁地描述为"从决策到传播"的阶段。他以德国为例，指出："同时，处理国家社会主义时的侧重点，从与决策和资源相连的有形的政策，转向了话语和象征的维度。"（König, Kohlstruck, and Wöll 11f.）他还具体指出："今天如果做出一些关于历史的具有集体约束力的政治决定，它们极有可能就会去规制关于历史的政治传播。"（König 458）概言之，"历史政治"的特点在于，它是一种特定类型的政治传播和象征政治，实际上体现为"没有政策的政治"。"也就是说，公开论争并不指向行动，也没有宣告某种行动或者决定，但它们本身实际上即已构成了行动。"（König 463）

三、记忆文化的政策研究视角

然而，从文化记忆的视角来看，这一判断又很难成立：比如，扬·阿斯曼区分了交往记忆与文化记忆，二者跟要记忆的事件相连，构成了两种连续的"记忆模式"（参见本书扬·阿斯曼的文章）。交往记忆由亲历者这一代的传记视界所塑造，阿斯曼假定存在着一道划时代的门槛，其特点体现为一个事实，即由于同时代目击人的死去，有生命力的记忆只是在转换为制度化的形态之后才能持续存在下去。可以这样认为，尤其是在有着歧异的群体记忆的多元社会里，传统的建构过程不可能在没有冲突的情况下四平八稳地推进。相反，从交往记忆到文化记忆的转型，使人们越来越感觉到政治决策的必要性。

比如，即便康斯特拉克将"记忆的政治"（*Erinnerungspolitik*）概念化为主要是一种沟通行为，他还是声称："如果不把政治责任和决定、体制以及资源考虑进来的话……记忆的政治就不可能得到充分的探讨。"（Kohlstruck 188）如果我们将记忆文化理解为一个寻常的政治领域的话，这一假定与持续相左的概念之间的矛盾即可得到化解。因此，我们建议采用一种政策研究视角，作为对"记忆的政治"这一既有概念的补充（Leggewie and Meyer）。尽管相关文献中的主题范围始终适合于作为一个政治行为领域，不过研究工作还是集中于对大众传播的诠释。从这个视角来看，当行动者在政治公共领域提出自己对于社群历史的诠释、去竞争文化霸权的时候，"历史政治"就发生了。实际上，理论和经验研究同样揭示了政治对记忆文化的影响。不过由于它们专注于政治行动的传播维度，它们只是大体上确立了一种模糊的联系：支配性的诠释模式使自己在公开、正式的纪念活动领域得以具体化。

以稍微苛刻的话来说，大多数路径的认识论偏好都不适用于记忆文化本身：假如记忆文化的政治性质最终乃是服务于合法性的建构，那么对行动者内在动机的辨别就显得令人瞩目。这个核心假说应该是毫无异议的。不过必须指出的是，这一路径也有缺陷，特别是涉及对于相关政治过程及其后果的描述时。视角的转换，也许能够让我们进一步认清政策制订的必要条件，从而帮助我们更好地去设计这一主题的范围。为了理解纪念物、博物馆和纪念场所的具体构造，我们必须考虑行政方面的问题，比如冲突得以解决的财政和法律前提，以及政治系统的影响。因此，我们提议将记忆文化当作与其他政治领域相似的东西来处理，并对有关记忆的公共政策进行分析。

参考文献

Almond, Gabriel A., and Sidney Verba. *The Civic Culture: Political Attitudes and Democracy in Five Nations*. Princeton: Princeton UP, 1963.

Assmann, Jan. *Das kulturelle Gedächtnis: Schrift, Erinnerung und politische Identität in frühen Hochkulturen*. Munich: Beck, 1992.

Barahona de Brito, Alexandra, Carmen Gonzaléz-Enriquez, and Paloma Aguilar, eds. *The Politics of Memory: Transitional Justice in Democratizing Societies*. Oxford: Oxford UP, 2001.

Edelman, Murray. *The Symbolic Uses of Politics*. Urbana: U of Illinois P, 1964.

Elster, Jon. *Closing the Books: Transitional Justice in Historical Perspective*. Cambridge: Cambridge UP, 2004.

Frei, Norbert. *Adenauer's Germany and the Nazi Past: The Politics of Amnesty and Integration*. Trans. Joel Golb. New York: Columbia UP, 2002. Trans. of *Vergangenheitspolitik: Die Anfänge der Bundesrepublik und die NS-Vergangenheit*. Munich: Beck, 1996.

Herz, Thomas, and Michael Schwab-Trapp, eds. *Umkämpfte Vergangenheit: Diskurse über den Nationalsozialismus seit* 1945.

Opladen: Westdeutscher Verlag, 1997.

Kohlstruck, Michael. " Erinnerungspolitik: Kollektive Identität, Neue Ordnung, Diskurshegemonie." *Politikwissenschaft als Kulturwissenschaft: Theorien, Methoden, Problemstellungen*. Ed. Birgit Schwelling. Wiesbaden: VS, 2004. 173-193.

König, Helmut. "Von der Entscheidung zur Kommunikation: Vergangenheitsbewältigung als Demokratieproblem." *Von der Bonner zur Berliner Republik: 10 Jahre Deutsche Einheit*. Eds. Roland Czada and Hellmut Wollmann. *Leviathan Sonderhefte: Zeitschrift für Sozialwissenschaft* 19 (1999): 451-466.

König, Helmut, Michael Kohlstruck, and Andreas Wöll, eds. *Vergangen-heitsbewältigung am Ende des zwanzigsten Jahrhunderts. Leviathan Sonderhefte: Zeitschrift für Sozialwissenschaft* 18 (1998).

Kritz, Neil J., ed. *Transitional Justice: How Emerging Democracies Reckon with Former Regimes*. 3 vols. Washington: U. S. Institute of Peace Press, 1995.

Leggewie, Claus, and Erik Meyer. *"Ein Ort, an den man gerne geht": Das Holocaust-Mahnmal und die deutsche Geschichtspolitik nach 1989*. Munich: Hanser, 2005.

Reichel, Peter. *Politik mit der Erinnerung: Gedächtnisorte im Streit um die nationalsozialistische Vergangenheit*. Munich: Hanser, 1995.

Wolfrum, Edgar. *Geschichtspolitik in der Bundesrepublik Deutschland: Der Weg zur bundesrepublikanischen Erinnerung 1948 - 1990*. Darmstadt: Wissenschaftliche Buchgesellschaft, 1999.

社会遗忘：系统论的路径

艾琳娜·埃斯波西托

一

遗忘这个话题总是跟记忆理论和技术如影随形，它就像一片阴影，昭示着后者的黑暗面和两难困境。远在古典时代，人们实际上已经广泛意识到，为了能够记住某些东西，首先就要能够遗忘：忘掉事物或者事件当中那些单一、无关的众多方面，忘掉累积性记忆的超量部分，以便腾出记忆的能力，从而去构筑新的记忆。有人将神奇的记忆术献给地米斯托克利（Themistocles），他却回答说自己其实对遗忘术感兴趣，这种技艺能让他学会并实践如何去忘记。实际上，各种版本的"记忆术"，同时也暗含着某种形式的"遗忘术"——尽管有点不太情愿，在操作方面也有着不可避免的困难。关于记忆的反思一直离不开遗忘这个话题，尼采关于历史的优势和劣势的著名论断（1874）就是一个更加晚近的例子，可以被解读为对遗忘的辩护：遗忘是必要的，它使我们得以不为过去所束缚，得以展开行动。

问题在于，遗忘是一件困难的、棘手的事情：为了记住，我们可以反复去记忆，也可以发展出一些技术来帮助自己去记忆。然而，要发展一种遗忘技术，那却是荒谬的（参见 Eco）。为了遗忘而去记住,去发展一种自我否认的技术,情况也是如此。事实上,多个世纪以来,人们总是顺着暗中相反的路径,提出了一些操作方法来帮助我们遗忘某些东西——通常不是诉诸记忆的撤销,而是诉诸记忆的积累,以便间接产生平衡效应。文字书写就是一道经典的工具,自从柏拉图著名的《斐德罗篇》(*Phaedrus*, 275f.) 以来,就被指责为一种助长了遗忘而非记忆的手段。甚至是卢里亚(Luria)研究的"记忆能手"也透露,他形诸文字的正是自己希望遗忘的东西,仿佛使心灵摆脱无关记忆或者烦人的记忆打扰一样。

仔细考察一下,遗忘的困难总是与某种自反性(reflexivity)相连:一个人一心想忘掉什么时,他却没法不面对自身、不面对自己的记忆建构程序;而在记忆某种东西时,他可以盯住那些仅仅记录着外部数据的幻象(尽管是以难免有缺陷的、选择性的方式)。在记忆过程中,人们面对着世界;而在遗忘的过程中,人们面对的却是自身——这种情况总是会使所有那些相信记忆和忘却泾渭分明的路径都出现问题。

二

系统论却并非如此,它的确切起点是"自体论"(autology) 这一假设,即世界与观察着世界的系统之间的相关性,这种系统在自己的观察领域内发现自身。换句话说,一个自体的系统面向世界,同时也包括了观察系统本身,后者放弃了外部观察者的优越地位,不是从外部来看待世界 (Luhmann, *Gesellschaft* 16ff.)。因此,这种系统在所有客体当中再度发现了自身以及自己的介入,结果,一点也不令人奇怪的是,从这一自反性的观点来看,遗忘变成了一个更有优势的主题,远比非自反性的单纯记忆实践更加相宜、更能提供信息。卢曼（Luhmann）清楚地提出了这种看法，他主张记忆的主要功能在于忘却，从而预防系统由于先前操作结果的累积而"堵塞"自身，同时"腾出"处理能力，以便迎接新的刺激和挑衅。系统通常会遗忘，只有在例外的情况下，这种遗忘机制才会受到压抑，以便建立相对稳定、不受操作过程影响的特性；这些特性被用来引导系统，避免任何情况下都要从头开始（Luhmann, *Gesellschaft* 579）。

并且，严格说来，记忆和遗忘总是共同进行的。如果没有一种操作上的联系来捕捉被记忆对象的特征和重复情况，就什么也没法忘掉；但如果不能忽略大多数细节和所有偏离常轨的特点，也就是说，如果不能忘记的话，记忆的本领很快就会不堪重负。必须有一些可以被记住的东西，但我们又不得不忘掉几乎所有东西。记忆和忘却同时变得更强或者更弱：下文（第六节）将表明，当记忆能力和忘却能力同步提高的时候，记忆就会成长起来。记忆的任务在于平衡记住和遗忘，在于寻求一种均衡，以使系统的运行能够以一种非任意的方式继续下去。遗忘的优先性来自它尚未引起人们关注这一事实：如果我们不忘掉记忆/遗忘的持续表演的话，记忆机制就没法工作。如前所述，这也正是我们没法为了遗忘而去记忆之缘故。而要记住某种记忆，或者将它们记得更牢，却不存在任何困难。

三

应该不至于让人感到吃惊的是，这种路径跟社会学当中最广为接受的记忆理论并没有多少交叉点，而且实际上，系统论明确与那些理论保持距离。那些理论模型的导向仍然是涂尔干式的集体记忆，尤其是哈布瓦赫所描述的某个群体的记忆，或者更具体而言，那种记忆并不关注个体的最亲密领域和私人领域，而是为（多多少少是广义的）群体的全部成员所共享。当然，这种理论打开了全部的问题，它们涉及对这种共享记忆（场所、纪念物、仪式）的支持，以及集体记忆和个体记忆之间势必相互影响的关系。

不过，从系统论的观点来看，正是其整个公式的前提没法被人接受。社会学理论致力于寻找一个仅仅指向社会的记忆概念，而作为一个自反性的概念，它必定是一种社会表演，没法归结为外部要素——我们能够知道过去发生了什么，却没法知道用于观察这些事件的系统有何记忆。记忆必定指向记忆系统的特定结构。那么，集体记忆就不是社会记忆，因为它的场所和指涉都不是社会，而是间接指向参与者个人的意识（或者心灵）。从涂尔干自己的立场再往前迈进一步，我们或许可以这么说，集体记忆越弱，社会记忆就越强。随着社会的演进，涂尔干所说的集体意识显然变得更弱：集体意识的力度和广度下降，因为社会变得更加复杂、更加具有自主性，同时组成社会的个体也变得更加个人化。于是，社会变得越来越独立于个体意识的内容之外，集体意识下降，变得越来越空。集体记忆也是如此：社会越复杂，集体记忆就越有限；复杂性的增强，往往会使（多多少少是共享的）认知踪迹与个体记忆越来越分离，直至形成一种建立在社会运转方式基础上的社会记忆。集体记忆是一个社会心理学的问题，社会学有必要去寻找别的一些东西。

四

最早着手研究记忆的社会组织的，应该是记忆术，它属于修辞学这架大型机器，后者多个世纪以来一直构成了社会语义学的基础。然而，记忆的技巧总是包含着认知性的指涉：其所有戒律、法则和程序，目标都在于提高个体心灵记住论据事实和概念的能力——以有组织的方式,以空间指涉作为辅助(比如放置记忆的房间和建筑物),偶尔也会采用触目惊心的或者性感的图像,以调动载体的激情和情绪。记忆术以默记形态继续发挥作用,后者将人们的心灵用作"暂时的仓库"(*Zwischenspeicher*)。不过当印刷媒介出现、文化内容的维持日益被委托给这种支持手段时,上述理念很快就丧失了吸引力。对致力于探寻某个纯粹社会性的记忆概念的社会学系统论而言,记忆术从历史观点来看确实很有意思,但它没法作为理论建构的基础。

那么该转向何方?这种情况下(在其他情况下也是如此),控制论和观察理论(observation theory)提供了最有用的启发。对于那些基于自体论主张的理论而言,海因茨·冯·福尔斯特(Heinz von Foerster)至今仍是基本的参考对象,因为他提出并描述了观察系统的条件,这种系统观察着世界,同时包括观察者在内,意味着观察者意识到自己也被别人、被他自己所观察(二阶观察)。在这个循环发生的观察网络中,记忆扮演着核心角色,但很显然,它不可能是一种被动记录事件、积累信息的记忆,因为并不存在着任何固定不变的事件或者信息——任何一个系统世界每次都是在精耕细作(或者"运算")的过程中浮现出来的。由此看来,记忆并不是像仓库那样积累一些固定的记忆,以使自己能够更有效地容纳更多的材料;相反,它通过更加精细的抽象过程淘汰了事件的瞬时的一面(Foerster 92ff., 140ff.)。

记忆承担的首要任务实际上并非保存事件,而是选择少数相对明显的侧面,从而能够将数据和事件插入某个已知的类型("椅子""晚宴邀请"等等),同时忘掉其他任何东西。毕竟,记忆能创造一种相对于时间的独立性,也就是事件不必准时实现,而是成为系统随时可以获得的记忆形态,从而使系统得以建构新的、不同的联系。

正是通过将时间从事件中汰除出去,记忆能够让事件变得同步——记住、预期、投影和重构。不过其中的预设在于,它不是作为一个存储系统,而是作为一个运算设备在运行,它不包括数据,只包括程序,后者每次都以不同的方式再次生成数据。记忆并不记录过去,过去没有任何用处,只会是一种超量的负荷。记忆每次都是为了未来、以常新的方式重构过去。

有意思的是,这些立场在很大程度上跟近来神经生理学研究的观点(比如 Edelman)极为类似,后者也拒绝将记忆理解为一种重复性的填充系统,而是明确将它描述为一种能够持续实现"再类别化"(re-categorization)的程序能力。记忆是此前被激活的过程的实际作用,它从来不会提供完全相同的答案——每次我们都记住一些不同的东西,记忆系统也由此得到修改。

五

这些线索也是系统论的起点,后者认为,记忆的任务在于将信息通路组织起来,使这一终端始终处于记忆和遗忘之间的新的、动态的平衡中:人们忘得差不多了,就能将某些记忆固定下来,然后用这些记忆去面对实际的事件,并根据新的经验来确认或者修正这些记忆。也可以说,系统由此调节着冗余和变异、重复和新奇之间的关系,这种关系也取决于系统对惊奇之物的识别和接受能力。借助于自己的记忆,系统拥有历史,由此出发去面向即将到来的事情——或多或少以公开的方式(Luhmann, *Realität* 179ff.; Luhmann, *Erkenntnis*; Luhmann, *Gesellschaft* 581)。

其他路径的差异主要在于,人们通常以系统这一理念作为起点,这个系统面对着既有的世界,多多少少忠实地记住了正在发生的部分事情。相反,系统论的路径却以观察者作为起点,他的世界取决于自己的理解结构和阐述能力,也就是说,也取决于自己的记忆:不是记忆取决于世界,而是每个系统的世界都取决于自己的记忆的形态和能力。记忆的运行方式如下:它一直在用系统的结构来验证所发生的事情的一致性(*Konsistenzprüfung*),将数据与记忆进行对比,一方面由此产生关于现实的意象,另一方面也产生了获得信息的能力。因此,系统的世界多多少少都是开放的,根据其记忆的能力和结构而变化。

如前所述,这就是记忆之所以是一种自反性的功能的原因,它首先关注系统跟记忆自身、跟自我指涉的关系:卢曼说它实际上是递归操作的简略表达("Zeit und Gedächtnis")。记忆表达了所发生的一切对于系统的加工能力、系统的结构的依赖,以及由此而来的某种程度上对过去的依赖——它限定了系统去收集和容纳惊奇之物的能力,也就是说限定了系统对于未来的开放性。正因为此,遗忘成为首要功能:正是选择能力,每次都生产出与环境截然不同的系统特性。

六

更具体而言:当涉及社会系统的运行情况时,这种记忆可以从何处找到?某个社会的记忆和遗忘能力取决于什么东西?又如何随着社会文化的演进而变化?如前所述,这种记忆场所不是人们的心灵,因为我们正在寻找的是一种技艺,它既不同于个体的认知内容,也不同于个体认知内容的总和或者交集,相反,它构成了认知内容得以产生的预设。

我们知道,语言形态先于个体的思想而存在,后者是在暴露于我们面前的语言当中所暗藏的程式和归纳的基础上构成的。词语对应着（抽象程度不一的）概念，后者总是在归纳的基础上运行，而不去考虑所涉及对象的具体特征：每一把椅子都跟其他椅子不一样，但有谁知道语言只是将它辨识为一个类目的代表而已（含蓄地记住了先前的每一个例子）？因此，认知内容的自主性在任何社会中都是确定的，包括那些无文字的社会，后者将意义固定在一些物体或者"准物体"上，比如仪式、象征符号和神话，这些东西使一个社会能够在不同情形下唤回其认同，并将之保存很长时间，即便参与者（"认知底层"）发生了改变。然而，随着传播手段（所谓沟通技术）变得易于获得，社会记忆变得越来越独立，直至以印刷媒介作为标志，人们甚至不再将认知系统当作"暂时的仓库"来使用。系统论的路径恰恰将社会记忆的形态和范围归结为这些技术：社会的记忆和遗忘能力，必须归结为文字、印刷媒介，以及后来的整个大众传媒机器（参见本书齐格弗里德·施密特和马丁·兹罗德的文章）。

字母文字是第一个转折点的标志，它将记录记忆的内容这一职责托付给了书面文本。书面沟通必须自主地构造它所指涉的所有特性，让参与者不可能像在口头沟通那样，依赖或多或少含蓄的、自以为理所当然的指涉来进行沟通——在口头沟通当中，人们可以毫不含糊地运用指示词或者其他背景指涉，比如"昨天""在那后面""你侄子"等等。但在书面文本中，每个指涉意义都必须是特定的，独立于单个沟通者的知识之外，但又能为全部参与者所理解——也就是说，独立于特定的认知内容之外。

不过，光有文字还不足以带来强制性的转变：自从印刷媒介扩散以来，主流的沟通模式依然是口头模式，文字被用作宽泛意义上的语词表达的辅助手段，记忆则依然跟相对具体的指涉紧密相连，比如通过话题得到系统化、在修辞学当中得到实践的空间秩序。只是因为有了印刷媒介以及随之而来书面文本的大量扩散，远距离的沟通才获得其自主性并发展出自己的形态，它以时间顺序为基础，其流动性要明显得多，每次都创造并重新创造着新的指涉：不管是谁，为印刷媒介写作时，他都并不是针对特定伙伴在说话，也放弃了对情景的控制。没法知道有谁、在什么背景下、出于何种兴趣去读这些文本，文本因而自我暴露在由完全不可预知的指涉所指导的意义生产过程之中（此即著名的诠释多元性，每个读者都可以根据自己的希望去理解文本，生成的感觉跟其他读者不同，可能还会跟作者的本意不一样）。

这意味着社会记忆结构——一致性的验证形式——的急剧改变，如前所述，对一致性进行验证是记忆的首要任务：让沟通得以进行的必需的冗余信息，其基础预设不再是人们确知的某种东西，而只是刚好知道某处（书本、报纸或者其他地方）能有必需的信息，因此，下一次沟通已经不需要这些冗余信息了。今天，大多数人已经很少会用心去记一些东西，其程度肯定比不那么媒介化（mediatized）的其他社会要低，但我们能够接触到巨量的内容，数量是如此庞大，以至于我们往往面临着众所周知的信息过量现象。因此，我们可以谈到许多不同的事情，它们显著提升了可能的沟通形态的多样性——其起点就是以前不可能具有的那种能力，即忘掉大量东西，却不至于丢失该有的内容。

因此可以说，印刷媒介强化了社会记忆，同时也让它负荷过重，使我们能够同时记住和忘掉更多的东西，从而让我们得以同时保持更多的冗余信息和更明显的多样性。这样，"认知底层"（cognitive substratum）的自主就得以实现，它在如下可能性的基础上发起了自主的语义演化过程：批评和叛离，脱离原本意图对沟通进行诠释，冒着形态可疑的风险去追求新奇和不大可能的东西。

七

社会的记忆调节着冗余和多样性,同时也承担着为相应系统提供现实镜像的任务。这个任务——为整个社会建构一种现实——今天被委托给了大众传媒系统(Luhmann, *Gesellschaft* 591; Luhmann, *Realität* 121ff.)。记忆还要为系统提供现成的大量对象和指涉,它们可以作为进一步运行的预设,也就是说,作为现实的起点和记忆所处理的对象。根据这一理论,社会系统是由沟通构成的,在这里,这些对象就是现成的主题,人们可以提及它们,期望自己的沟通伙伴也知道它们,并且能够贡献相关的意见。现在,这些主题主要是由大众传媒提供的,后者已经成为我们关于社会和世界的绝大多数数据的来源——今天,一个人仅仅通过知觉或者个人知识来直接获得概念是很不够的。这个世界充满了我们可能永远都不会亲眼见到的人口、地点和生活方式,尽管如此,这些东西同样是真实的、合适的话题,供我们去讨论、辨识和比较。

因此,我们社会的记忆首先是由大众传媒构筑的,由那些变动不居的种种方法所主宰,服从于追求新奇(新闻)这一铁律。然而,大众传媒也是唯一跟真正独立于认知内容之外的记忆相互兼容的形态,因为它们可以推进并调节沟通情况,而不会在参与者心里暗示任何具体的特性;它们仍然是不透明的(即自主的)——大众传媒提供的仅仅是主题,而不是关于这些主题的观点。它们对现实的建构是一种"不必强求一致的二阶现实"的建构(Luhmann, *Realität*, ch.12),来自既存或者虚构的特征,来自陈规旧习,来自我们所知道但不一定懂得的概念。 正因为不具备约束力,这种现实才被所有人共享。我们只知道别人知道的东西,而不知道他们所思考的内容——

在这种建构当中，那些特性只是被用作出发点，来表达个体观点的多样性和差异性。但我们几乎可以跟任何人沟通，根本不需要认识他们或者在同一个地方。虽然相互间几乎没有多少共同点，但我们可以多多少少记住相同的事情，并且立即忘掉几乎所有事情。

参考文献

Eco, Umberto. "An *Ars Oblivionalis*? Forget it!" *Kos* 30 (1987): 40–53.

Edelman, Gerald M. *The Remembered Past: A Biological Theory of Consciousness*. New York: Basic, 1989.

Esposito, Elena. *Soziales Vergessen: Formen und Medien des Gedächtnisses der Gesellschaft*. Trans. Alessandra Corti. Frankfurt am Main: Suhrkamp, 2002.

Foerster, Heinz von. *Observing Systems*. Seaside, CA: Intersystems, 1981.

Halbwachs, Maurice. *La mémoire collective*. Paris: Presses Universitaires de France, 1950.

Luhmann, Niklas. *Erkenntnis als Konstruktion*. Bern: Benteli, 1988.

—. *Die Gesellschaft der Gesellschaft*. Frankfurt am Main: Suhrkamp, 1997.

—. *Die Realität der Massenmedien*. Opladen: Westdeutscher Verlag, 1995.

—. "Zeit und Gedächtnis." *Soziale Systeme* 2 (1996): 307–30.

Luria, Aleksandr R. *The Mind of a Mnemonist: A Little Book about a Vast Memory*. London: Cape, 1969.

Nietzsche, Friedrich. *Unzeitgemässe Betrachtungen. Zweites Stück: Vom Nutzen und Nachteil der Historie für das Leben.* 1874. *Werke in drei Bänden.* Munich: Hanser, 1999.

Weinrich, Harald. *Gibt es eine Kunst des Vergessens?* Basel: Schwabe, 1996.

—. *Lethe: Kunst und Kritik des Vergessens.* Munich: Beck, 1997.

记忆和回忆：建构主义的路径

齐格弗里德·施密特

一、引言

多年以来，不仅文化记忆研究者对记忆和回忆这个主题很感兴趣，普通大众也是如此。围绕上个世纪的两次世界大战，特别是纳粹大屠杀的历史，媒体（尤其是电视）呈现了大量的历史电影、纪录片和讨论。许多著作考察了个体和社会如何去记忆历史事件。不过，对于这些话题的广泛的学术兴趣，却由于明显缺乏一个理论基础而显得有所不足。几乎所有的关键概念，比如"记忆""回忆""文化""媒介"，都显得相当含糊，相关理论取向从许多方面来看都是不规范、不完整的，跟一些关键的问题不相容，比如情绪和媒介所扮演的角色。因此，本文将为有关记忆和回忆的学术话语勾勒出一个共同的理论基础，它非常抽象，足以作为该话题的跨学科路径和经验研究的基础。

二、个体记忆

传统的记忆模型是建立在存储、场所和恢复等理念基础上的，而神经生物学和认知理论方面的新近提法则偏爱过程导向模型（参见 Schmidt, *Gedächtnis*）。它们主张，人类的神经器官取决于神经元的连接性，这些神经元在复杂的网络当中相互连接在一起。基因组和经验都规定了神经元系统各组成部分的连接。经验通过行为来修正这种连接性，行为既以系统环境中的事件，也以系统内部的过程为基础。复杂的神经系统将皮层过程、感觉过程和运动过程相互连接起来，从而铺就了一条条的通路，它们既是稳定的，又能针对刺激的分配和事件在系统内的传播情况而改变。这种由学习过程铺就的通路作为大脑的恒定性能持续存在，并让随后的皮层过程稳定下来。这种通路之外的刺激，被感知为"新的"，情绪上被暗示为不确定性。基于这些考虑，玛图拉那（Humberto R. Maturana）提出，记忆不能被模式化为位于大脑内部特定位置的存储场所，相反，应该将记忆理解为相关的、具有持续性的认知结构的确立过程，这种结构起到了构造大脑内部的秩序、合成人类行为的作用（Maturana 62）。这种结构跟过去的关系不在于其他，而在于一个事实，即它们先于相应的行为合成而出现。随之而来的结论是，大脑的功能并不在于将过去的事件存储多长时间；相反，它以此前的经验为基础，去评估所有认知过程的相关性。因此，其功能远远超出了存储的范围，因为它在感知、回忆、注意、认知、行动和评估等各个环节都有效。关于预设和图式的知识作为秩序的创造机制而起作用。加上辨别何为新来、何为已知的能力，大脑由此为这些过程提供了清晰度和安全感。（我不准备讨论近几十年里提出的关于不同记忆的众多类型论，因为它们绝大多数都是高度推测性的。）

　　记忆被视为大脑的一种功能，遍布于整个神经元系统，基于自身的历史来组织自己，因此，很难说它只是建构而不是代表着现实。这些建构过程的调节标准既可以是天生的，也可以在幼年时期获得并受到后来经验的形塑。记忆的所有运行过程几乎都没有进入我们的意识。持续性的刺激传播和行为合成通路的铺就,内在地跟情绪的规范印记强度联系在一起(参见 Roth)。

三、回忆

顺着这些观点的思路,我们可以将回忆(remembering)界定为记忆功能的激活过程。格布哈德·鲁西(Gebhard Rusch)提出,回忆类似于无需感觉刺激(自我刺激)的知觉,或者是无需可感知对象的识别。如果不是将回忆模式化为对存储起来的数据的恢复,而是将它模式化为一种基于受刺激的神经元结构的建构性的认知行为合成,我们就能更容易地观察那些导致了记忆的制作的策略,比如完成或者背景化。这种策略的实施,减少了认知性的行为合成当中的不一致和不协调,后者受到了各种因素的影响,比如背景、跟他人的关系、回忆的动机和场合及其相关性、情绪强度等等。相应地,我们必将看到回忆过程的结果是高度多样化的——关于"相同"东西的回忆完全不是相同的回忆。

伴随着自觉回忆的语词表达必须用到叙事图式,后者在很大程度上取决于文化。由于它们是在人们的社会化过程中获得的,因而我们可以假定,它们所组织起来的不仅是回忆的语词表达,也有前语词的表达。换句话说:被叙述的事件的顺序,实质上是叙事的一种功能,而不是事件本身的顺序,因为叙事的目标就在于建构为读者所接受的连贯故事。这种建构获得了主体间的接受,因为双方都毫无保留地相信,(原则上)任何人都懂得同样的叙事模式和叙事策略,并且知道应该采用何种可靠特征来使叙事显得真实。如此一来,叙述者便会有一种跟被讲述出来的以往回忆完全一致的感觉,也就是说，叙述者落入了他自己的诱惑手法的陷阱，他只是没法生产一种假的回忆而已。

众所周知，叙事是跟认同的建构紧密相连的。认同可以从概念上区分为认知性的我（I）和社会性的自我（ego）。意识被模式化为以一种自动指涉或者同位指涉方式将某物指认为某物的体验（参见 Schmidt, *Geschichten*），它也能以一种自我指涉方式来指认自身。通过这一操作，认知性的我实现了自我意识层面的构成。另一方面，社会性自我的构成，是通过**自我**（ego）与**他我**（alter）之间的区别来实现的。因此，我们没法断言认同是一种恒定的状态；相反，它来自自我观察、自我描绘（建构对于自我的认同）和自我演示（建构对于他者的认同）行为当中被观察到的自我指涉。对于相应的受众而言，社会认同的语词和非语词演示，必定要依靠持续性和可信性。演示中的变化必须相互协调，必须能被受众接受，或者至少也得能被容忍。也就是说：认同是成功的**指意**（attribution）的产物。沟通性的自我描述必须将自己引向社会公认的图式，而且要运用社会成员作为集体知识相互归属的叙事图式。

回忆需要**场景**，场景必定是选择性的。想起什么、忘记什么，首先取决于主观性的认同管理，后者又由情绪、需求、准则和目的所驾驭。面对这一表达记忆的可能性平台，回忆者、叙述者必须以不同程度的自觉来决定采用何种认同政策（即演示何种回忆和叙事管理）。（关于媒介在回忆和叙事中扮演的角色，参见本书第六编。）

回忆作为一种**认知性**的过程，是由两个特点决定的。(1) 跟所有意识过程一样，回忆体现为一种即时（当下）的过程，它跟个体行动者紧密相连；换句话说，过去仅仅存在于（跟行动者相连的）回忆领域。(2) 跟所有意识过程一样，回忆以一系列不可化约的认知、情绪和道德评价为导向并受其制约。这种系统的复杂性应该被视为一个绝对条件，而不是可选条件。

回忆需要**生产**，后者需要场合、要求和满足，这些东西又由认知、情绪和道德取向来驾驭，取决于特定的历史和话语（参见Schmidt, *Geschichten*）。

回忆需要**演示**，即关于回忆的叙事，要用到一些叙事图式的模型，比如为社会接受的记忆生产和演示，隐喻和图像之类的合适的语词工具，以及陈规旧习或者图示之类的视觉象征。或许可以假定，回忆的认知性生产利用了社会化期间习得的那些工具（参见Rusch）。显然，正是在社会化习得的叙事图式的实施过程中，回忆变得在话语上可被接受，由此，回忆又与社会对其实施情况的期望紧密联系在一起。

四、必要的插曲：行动者与社会

我曾在引言中宣称，自己有意为记忆话语提供一个共同的理论基础。为了实现这一对于**社会记忆或者集体记忆**的讨论的承诺，我也需要澄清个体/行动者与社会之间的关系。为此，我必须引入两个概念："世界模型"（world model）和"文化程序"（culture program）。

世界模型（即**关于**现实的模型，而不是现实**本身**的模型）可以被概括为一些长时段的语义学安排，它们引导着社会成员的认知、沟通和互动。世界模型建立在类别（比如年龄）及其语义学区别（比如年老/年轻）的基础上，乃是社会成员成功展开行动和沟通的结果，反过来又通过这种成功的行动和沟通得到了确认和批准。它们在社会化过程中被贯彻于个体行动者的心灵当中，从而具有了社会的效力。社会化使个体行动者产生了一种预期，即（原则上）自己所属社会的全体成员都跟自己一样，多多少少掌握了相同的知识，并且其他人也抱有同样的预期，其行为当中也都体现了特定的动机和可预期的意图。这些自反性的结构、知识方面的预期，以及动机和意图方面的虚拟估算，都服务于操作性虚构的目的，后者可以称之为"集体知识"。

世界模型从各个方面将解决问题所需的知识系统化，这些知识跟社会的成功和维系有关。可以说，世界模型当中最重要的一些方面，就是对环境的支配，跟他人在体制中的互动，情绪的控制和表达，以及对规范性问题的处理。

一个世界模型的出现，必须同时伴随着一道程序，即大多数社会成员都认为这个模型具有社会可靠性，此时它才能变得有效。这种具有社会强制色彩的对世界模型的语义学例证程序，连同情绪的管理以及对可能指涉的规范性评估，我称之为"文化"或者"文化程序"。文化程序将行动者自主的认知系统和沟通系统连接在一起。它为感觉和意义领域的问题解决方案提供了连续性，从而使这些方案变得具有准自然色彩或者不言而喻——所有方案的偶然性都变得隐而不见了。这种对于共享的集体知识的社会性的操作性虚构，是互动和沟通的基础，同时也使行动和集体认同具有稳定性。

社会对自身的持续建构，体现为世界模型和文化程序的不间断的互动过程，或者是作为世界模型和文化程序的差异的统一体，它应该在严格的互补性之下得到模式化。这个过程由行动者来演示，并且就在其身上演示，无论其是个体还是集体。

五、社会记忆

不管做什么，我们都是根据某种假设来行事的，后者也需要某种预设。假设和预设是严格互补、相辅相成的。一条假设的预设，只能在对于假设的自反性指涉中观察到。这一基本的设想，对于认知性和沟通性的假设都是如此。

认知过程所主张的预设已经被模式化为记忆（见本书第二编）。社会进程背景下沟通性假设所主张的预设，可以被模式化为一种文化程序。也就是说，在沟通过程中，个体之间相互期待的集体知识将成为一种有效的操作性虚构，这种知识引导着他们的认知过程，决定着何种东西被回忆或者叙述为"过去"。在认知领域，记忆被模式化为一种通路结构，由此生成认知性的秩序。与此类似，在社会领域，记忆也可以被模式化为一套有效的知识结构，它来自文化程序的成功实施，行动者将它当作自己的假设的预设。这通常并非以自觉的方式发生，在这个领域，例行程序和信念（doxa）非常有影响力。文化程序不愿意在实施期间屈身（否则将会丧失自己的力量），但从更长的时间段而言，它实际上是可变的、动态的，因此可以假定，对文化程序的指涉，是因时、因人而异的。

对文化程序的指涉只能由行动者来演示，相应地，记忆也只能位于行动者当中，尽管无人能够耗尽文化程序提供的全部预设系统。也就是说，记忆并不存在于特定场所，也不是完全寄居于某个人身上的；相反，它通过行动者对它的应用来实现自身："社会记忆只能被模式化为一种操作性的虚构"（Zierold 128，亦见本书马丁·兹罗德的文章）。

记忆和回忆之所以成为社会性的事物，不仅仅是因为它们位于行动者以外的某个场所，也因为它们通过自反性的预期和虚拟估算过程而具有了共同的导向，后者给人这样一种印象，即几乎所有的社会成员都以那种方式来思考过去，而且别无其他方式。因此，在集体回忆领域，回忆也可以被模式化为**演示**，其运行基础就是作为结构或者技能的记忆（参见 Schmidt, *Lernen*）。

跟个体的回忆一样，社会的回忆也需要动机和场合，后者受到文化和回忆的调节，这样，它就可以支持历时性社会认同的生成。为了将这种场合系统化，各个社会发明了不同种类的"回忆场合"，比如纪念日、纪念物、特殊地点、博物馆。今天这种回忆场合绝大多数是由媒介提供的，只有在行动者出于回忆目的实际将其付诸使用时，它们才变得有效——它们本身并不是记忆。

社会认同过程的运行基础，是我们和他者之间的基本区别。这一区别必须被一个社会的成员以及其他社会所接受，只有那样，它才能被认为具有社会可靠性。社会"自传"的建构和维系只能以选择性的方式进行。为此，社会以及个体行动者都根据某种积极的回忆政治来制造过去。也就是说，他们以沟通方式来转变自己的过去，以便建构某种令人满意的或者至少是可以忍受的自我意识（集体性的认同管理）。掩饰、遗忘（出于各种原因不去回忆）和压制（拒绝回忆），都是对待档案的合适工具，这些工具根据不同利益和动机得到了高度选择性的使用，在媒介社会里尤其如此，因为这些档案倾向于变得越来越多。

回忆的政治也受到情绪和道德观念的控制，并且本质上跟**权力**相连：谁有权选择公共话语中的回忆话题和形式？由谁、以何种方式来决定关于回忆的叙述所依赖的相关预设，以便在当下出于预期中的未来去塑造过去？

关于过去的叙述深受否定和区别的影响。留意一下我们自己的话语中使用或者假定的否定性概念（*Gegenbegrifflichkeit*），尤其是针对某个人的话语时，这一点就变得非常明显。"罪行""过失""赎罪""报复""赔偿"之类的概念，都告诉了我们这种策略是如何运行的。

六、 回忆的媒介——媒介的回忆

媒介对于个体和集体回忆过程的重要作用,前面已经有所提及。有争议的是"媒介供应"(*Medienangebote*),它们制作了回忆,被(或者可以被)用作回忆的催化剂。只有当"媒介供应"的主题和对该主题的论题化模型注定有着社会相关性时,它们才跟回忆有关。

然而,在解释媒介与社会记忆的关系之前,我们首先要澄清媒介这一概念。如同在其他许多场合那样,此处将"媒介"理解为一个紧凑的概念,它整合了四个方面和领域的效果:(1) 沟通工具(比如语言和绘画);(2) 技术手段(比如互联网技术,对于接受者和制作者而言);(3) 这种手段的社会维度(比如出版社、电视台);(4)"媒介供应",它们来自这些构件的聚结,只能通过这一制作背景来阐释。

语言和绘画之类的沟通工具跟媒介有所区别,因为它们可以被用于所有媒介。因此,有必要强调沟通工具与媒介的区别,以便观察和描述这些工具在各种不同媒介中的使用差异。作为混合媒介的互联网,或许可以作为此处的一个例子。

自从文字发明以来,沟通工具和所有媒介一方面拓展了我们的知觉形态,另一方面也规制着我们的知觉形态,使知觉的条件和运用局限于各种特定媒质,这可以解释为何在每一种媒质面前都有通达文理者和目不识丁者。为此,媒介(系统)发展出一种双重效应:一方面是通过"**媒介供应**"的丰富内容实现的语义学效应;另一方面是通过工具和秩序实现的结构性影响,正如互联网生动地证明了的,这种影响在相当大程度上超出了媒介的个体用户的掌控和认知能力。

因此,"媒介供应"并不是独立的对象,而是相当复杂的生产、分配和表现过程的结果,其背后是各个媒介系统相应的经济、社会和技术条件。换句话说,媒介系统必定受制于自己的系统逻辑。媒介行动者对于媒介系统之外的事件、人物、数据和对象的理解,情况也是如此。通过媒介过程,这种事件、人物等等都被转换为**媒介事实**,它们来自媒介对一些合理、相关的预设的特有指涉,这些预设事关所有行为,存在于相应的媒介系统当中。因此,媒介系统创造并传播了**媒介**事实。在讨论媒介与现实,特别是对于"过去"的所谓再现时,有必要将这一点铭记于心。

媒介系统作为观察和描述系统而运行,它不是从"真实性"开始,而是从关于现实的此前描述开始的,后者又被转换为新的描述。在此意义上,关于现实的描述和描述的真实性相互一致。借助这一论点,媒介与现实的关系这个乏味的问题就能得到解决。由于媒介系统特有的逻辑,它们不可能再现一种超出媒介之外的现实。它们只能制作并呈现出媒介指定的现实——对于过去的制作同样如此。

认为媒介为行动者和社会提供了信息和知识,这种设想忽略了受众的建构性和补充性作用。"媒介供应"并不只是即时传输知识、意义和价值观念,相反,它们为行动者提供了充分结构化的符号学事件,行动者可以出于各自的生平背景,用这些东西来生成意义、知识或者价值评价,正因为此,我们才对"媒介供应"的实际效应所知甚少。

各个社会的媒介系统,是在技术、经济、政治等因素同时发展的背景下出现的。"媒介供应"成为受众生活中的一部分,伴随着相当不可预知的影响力,并深受情绪和道德观念的影响。此外它们还通过自反过程得到修正;经验也许会塑造对于将来的媒介接受情况的预期，影响也许会改变影响，诸如此类。因此，去预报媒介或者媒介系统对回忆和忘却的影响，这是非常不理智之举。比如，阿莱达·阿斯曼断言互联网将导致记忆和回忆的彻底丧失，她提倡一种非常具有规范性色彩的记忆概念，却忽视了如下事实：媒介的发展，不仅给记忆带来了技术、法律和经济上的问题，即"媒介供应"的存储和利用，同时也开启了全新类型的档案，以及构筑和利用这些档案的可能性（关于这个话题的直言不讳的批判性评论，参见 Zierold, 155-99）。眼光向后的历史学家们没有意识到，事实上并不（或者再也不？）存在着"这个社会"的"这种记忆"和"这种回忆"之类的东西。相反，记忆和回忆，是在不同的社会功能系统以及不同的行动者当中、根据不同的规则发展起来的，它们对不同的场合做出反应，实行不同的路线和策略，创造了关于自己的当下存在的各自的过去。此外，后现代的经验和叙述条件，使去背景化和样本式的回忆叙事成为可能，从而使回忆自身能够摆脱**特定的**规范性、情绪性主张，即那种叙事是否具有真实性。

七、承诺中连贯的理论基础何在？

在引言中，我曾经许诺说要为记忆话语提供一个连贯的理论基础。这个承诺实现了么？我在文章中已经表明，首先，可以将个体记忆和社会记忆模式化为记忆的**演示**，模式化为结构，或者是大脑创造秩序的能力。其次，它们援引**记忆**作为实际设想的预设。在认知领域，预设被界定为密布着神经元的通道，创造着行为的综合体；在社会领域，预设被模式化为文化项目，它构成了社会认同，因为所有社会成员都根据集体知识的操作性虚构来使用它。第三，回忆由特定的**文化模型和图式**所塑造，它们将经验和叙事组织起来。社会成员的共同使用情况，基本上决定了个体认同和社会认同的建构和维系。第四，个体和社会的回忆通过**行动者**来实现，体现为"记忆之场"。构成回忆的社会性的是一种预期，即每个人都以一种可比的方式来参考世界模型和文化程序所提供的意义导向。第五，由于所有回忆都具有选择性和**偶然性**，它们需要某种（自觉或不自觉的）回忆认同政策，后者指向各自文化程序当中可获得的相应的回忆文化。最后，个体以及社会的回忆本质上受到了媒介的影响，后者在"媒介供应"当中的回忆阐述方面扮演了核心角色，调节着公共领域的话题进度。

将个体与社会这种传统的两分法放在身后，取而代之的是一种对观察中的行动者、过程、结果以及这些过程中所用到的意义导向的特定的管理，这将有助于我们认识到，原先被理解为世界模型和文化程序的差异统一体的社会，其实只能通过行动者的行动和沟通来实现自身，而行动者参考了这些模型和程序的导引力量。记忆起到了充当回忆工具的作用，即通过建构性地往后一瞥来预示现在。我们既可以书写历史，也可能完全没法书写历史，因为它只能被制造，而不能被拥有。

参考文献

Assmann, Aleida. " Spurloses Informationszeitalter." *Cover. Medienmagazin* 4 (2004): 74 - 77.

Maturana, Humberto R. *Erkennen: Die Organisation und Verkörperung von Wirklichkeit*. Braunschweig: Vieweg, 1982.

Roth, Gerhard. *Fühlen, Denken, Handeln: Wie das Gehirn unser Verhalten steuert*. Frankfurt am Main: Suhrkamp, 2001.

Rusch, Gebhard. *Erkenntnis, Wissenschaft, Geschichte: Von einem konstruktivistischen Standpunkt*. Frankfurt am Main: Suhrkamp, 1987.

Schmidt, Siegfried J., ed. *Gedächtnis: Probleme und Perspektiven der Gedächtnisforschung*. Frankfurt am Main: Suhrkamp, 1991.

—. *Geschichten & Diskurse: Abschied vom Konstruktivismus*. Reinbek: Rowohlt, 2003.

—. *Lernen, Wissen, Kompetenz, Kultur: Vorschläge zur Bestimmung von vier Unbekannten*. Heidelberg: Auer, 2005.

Zierold, Martin. *Gesellschaftliche Erinnerung: Eine medienkulturwissenschaftliche Perspektive*. Berlin: de Gruyter, 2006.

保罗·利科"能力自我"理论中的记忆和忘却

莫琳·容克-肯尼

根据保罗·利科的一条朴素定义，哲学家的任务就是对特定问题进行抽象化处理（Ricœur, "Ethics" 279）。哲学对人类知识的贡献，是通过分析和批判其他知识分支在其经验研究中直接使用的概念而实现的。哲学提供了一种对人类主体的回顾性反思，其他学科对这一主体有所预设，但未加分析。哲学的探究回到了那些似乎不成问题的通行概念的背后，比如认同、沟通、文化整合、记忆等等，对这些概念的渊源、层次以及使用框架做出区分，努力将它们整合为一个连贯的理论，在认识论和伦理学之间架起一道桥梁，将人类自我的感受和活动的各个方面重新联系在一起，比如语言、行为、责任和记忆。

因此，我将探讨的第一个问题是，对于记忆的构成以及记忆在个体、集体和文化层面的表现形式而言，哲学应该提供何种原创的、不可替代的视角？考察一下利科的哲学取向，就能发现一种历史认识论，它致力于追溯既有事件的重构源头：个体的自我，即能力、有限性以及特定的致命弱点（见本文第二节）。弄清了利科对于历史知识之可能性的条件持何种立场之后，接下来要反思的就是第二个方面，即主体的道德能力，或者说"可归罪性"(imputability)。这里打开了实践的领域及其道德和政治舞台。利科关于记忆跟忘却之斗争的分析，对于负责任的主体和记忆的伦理学而言暗示着什么？正是在追求"公平的记忆分配政策"（Ricœur, *Memory* xv）这一背景下，两种类型的忘却之间才有着决定性的区别：一种忘却摧毁了记忆的痕迹，另一种忘却则存储了记忆的痕迹。"存储中的忘却"不仅被认为构成了过去的深层维度，也寄泊着过去自身的生产能力，将来能够在宽恕的视界中再度开放。利科分析了记忆如何在一种特殊类型的主动忘却中发挥作用，这种忘却就其政治和个人维度而言是宽大的。他的分析表明，记忆的伦理学取决于一种他称之为"关于世界及人类最终命运"的视界。这就是他在《记忆，历史，遗忘》（*La mémoire, l'histoire, l'oubli*）一书的后记里提出的看法。在该书的前六百页里，他跟从古至今的哲学传统展开了巧妙的、持久的对话，提出了前述现象学和认识论探究的大纲，这些内容将是本文讨论的目标（见第二节）。

一、关于自我的哲学：对记忆和历史的批判性反思

记忆如何构成自我？它在历史的重构当中扮演了何种角色？利科从当前的争论回溯至早前的思考范式中浮现出来的一些替代性看法，在与柏拉图以来的哲学传统的对话当中提出了自己的立场。这位法国解释学家首先试图弄清如何才能将记忆与完全没有事实根据的想象区别开来。将真实的记忆和只是表象的或者虚假的记忆区别开来，这一任务是哲学对于真相的追求的一部分。与此相关的区分能力，显然是他处理的第二个主题，即历史学，致力于弄清实际发生了什么，即便通向真相的唯一手段只剩下痕迹、证言以及对这些东西的诠释。

1. 记忆作为"回忆"以及跟过去相连的"回想"

《记忆，历史，遗忘》一书开篇就对基本概念和出发点进行了比较分析，以便将记忆这一现象纳入经典哲学的传统当中。柏拉图和亚里士多德采用了相同的主导概念，即"影像"(*eikon*)，但它们的用法却有着根本的区别。柏拉图试图将记忆理解为心灵蜡板上的早前"印记"(*typos*) 在当下的"仿像"，比如《泰阿泰德篇》那样，在利科看来这种尝试可能会被解读为一种误导性的自然主义叙事 (Ricœur, *Memory* 9-13)。相反，亚里士多德毫不含糊地将记忆的"仿像"归结为时间的复杂性，由此提供了一条值得追随的决定性路径："所有记忆都跟过去有关。"在这里，"记忆具有正确的时间化(temporalising) 功能这一特性"已经得到了揭示，超越了柏拉图的侧重点，即纯粹不在场的某种东西的存在 (Ricœur, *Memory* 6)。

柏拉图已经发现了"回忆"(*mneme*) 与"回想"(*anamnesis*) 之间的区别，前者是无意识的重现，后者是有意找寻的记忆，这一区分在现代意识哲学当中得到了继续。利科回顾了胡塞尔关于记忆的保持、修订和复制的现象学分析的进展，纠正了自己此前在《时间与叙事》一书中的积极接受的看法。当时他关注的焦点是时间的构成方式 (Ricœur, *Memory* 109)，而新的问题则是如何才能忠实地再现过去的真实事件。他批评了胡塞尔的"留置的专制"(Ricœur, *Memory* 117)，认为它限制了对于内在的意识问题的分析，而现在他对于复制是如何实现的更加感兴趣。问题在于如何恰当地处理我们与独立于意识之外的过去之间的距离，为了挪用过去，我们又需要这道距离 (参见 Tengelyi；Teichert)。

总之，古希腊思想家从一开始就注意到了记忆的双重面相：一方面，它是一种善于接受的"认知"技巧，使人们能够清清楚楚地重现先前的习得因素以及事件；另一方面，它又是一种"实用的"、受控制的回忆行为（Ricœur, Memory 4）。记忆的这种双重性以及不可避免的"影像"形状，使我们有必要确立某种标准以区分记忆的真假。

2. 重构过去：基于事实的情节化（Mise en intrigue）

亚里士多德最早将记忆指向过去，这种定义引发了一个认识论问题，即如何才能接近过去。无意识的记忆和有意找寻的记忆对于重构过去而言到底有多少可信度？利科对于历史学理论的贡献，最早可以追溯到 1950 年代，当时他正在思考罪恶这一问题，采用的方法论已经从现象学转向了文本解释学，后者跟不同种类的文本相连，比如文学、法律和圣经注释（Ricœur,"Ethics" 281）。现在他展开了新的对话，对话重点是法国的历史表征论理论家和实践者，比如皮埃尔·诺拉、米歇尔·德·塞托（Michel de Certeau）等人。他提出的立场是，克服历史认识论当中习见的僵局和困境的唯一方法，就是对个体的证词持一种批判性的信任（Ricœur, Memory 21）。这一替代方案不那么有说服力。莱纳·阿道菲（Rainer Adolphi）对此提出了批判，他认为利科在叙事和理论之间过去强调前者，只是简单地回到事实，而没有直面历史判断的彻底诠释性质（Adolphi 165 - 68）。对此我将略作评论，借此勾勒这场争论的利害得失。

利科在《记忆，历史，遗忘》一书第二部分将历史学家的工作划分为这样一些阶段，比如搜集历史的痕迹，对材料进行选择和组合以便解释原因和动机，提出一种连贯的诠释。由此，他希望强调一个有机的、不可替代的情节化（mise en intrigue）因素（参见

Petersdorff 136)。历史写作的核心问题,即某种东西"为何"会发展出来,其答案就在于史家个人对于那些可以用来解释该问题的事实如何进行编排。历史学是一门符合可客观化标准的科学,但它又是一种主观的事情,将它跟研究者联系起来的是意向性(intentionality)。因此,历史学既需要解释,也需要理解(Ricœur, Memory, part 2: ch. 2)。结构、事件、互动、或长或短的历史阶段,这些对象的标志就是它跟人类行为者和接受者的连通性。利科支持亚里士多德的记忆定义,即它是指一种独立于思考之外的过去,不过他的结论却是,历史写作将过去的真实性与历史学家应该公平对待的真实性搅合在一起,尽管研究者的投入是启发式的、系统化的。这一任务包含着文献和重构方面的准确性,就像一种对于过去的虚情假意的承诺感那样,不过这种可能性由于种种原因没有发生。我认为利科正小心地游走于如下三者之间:(1) 对纯粹事实的实证主义的还原,而不管其尚未实现的潜在可能性;(2) 一条幼稚的预设,即我们可以将过去重构为真实发生过的那样;(3) 从一个首席诠释者到下一个诠释者,从黑格尔主义到历史主义,在永不中断的火炬传递过程中,故意保持价值判断的悬置。针对这三条选项,他的结论看上去较为适中:"再也没有别的能比记忆更合适了。"(Ricœur, Memory 21) 这一结论非常重要,它再次重申了主观证词的不可置换性(Nichthintergehbarkeit)。

有人提出异议说,这种立场跟"自然主义"很接近,它回到一些被假定为"原始的"事实身上,其中只存在着已经得到了诠释的问题(Adolphi 164)。这种异议本身的预设有待于进行分析。确实,我们可能没法像兰克所相信的那样回到事实本身,因为事件从来不是毫无掩饰的,它们总是被披上了一些诠释性的外衣。不过,由此就得出结论说剩下的唯一问题就是追问"谁在言说",这也是不能让人信服的。这种结论过于强调个体判断的可能性,放弃了所有通往真相的导向。1980年代在跟米歇尔·德·塞托所持立场进行辩论时，利科就已经批判了年鉴学派的"社会学主义"和马克思主义对于历史的重构（Dosse 15）。历史是从谁的视角来书写的，这个问题貌似很重要，但它本质上仍然屈从了历史主义的真相问题，后者则是黑格尔体系的形而上学预设终结之后的残留物。利科的阐释坚持认为存在着事件意义上的"事实"，它跟关于事实的诠释有着分明的区别，即便我们接近事实的唯一门径也许就是借助以往的理解。

关于记忆真实性的标准问题，利科的回答是，我们所有的一切都是证词以及对它们的可信度的批判性评估。如果我们追问一下何种立场能够反驳对于纳粹大屠杀的否认（法语中称之为 *negationnisme*），这种回答的意义即变得很明显。利科强调，各种诠释在交互作用的过程中，都需要以事实内核来衡量各种理解，这一强调对于当前的论争具有重要意义。其他一些争论的例子包括巴士底狱风暴，维希政权之下的抵抗和共谋，以及1968年5月事件。诠释至上的理论不会尊重来自事实的可能反驳，更没法处理来自事实的彻底否定。正是针对这一立场，利科坚持认为记忆指向着过去，并且在文本处理方面下了细致的功夫。他这些努力应该得到重视，尽管事实的意义很大程度上并不是天赋的。

至此，记忆研究的哲学路径已经可以澄清概念方面的问题，并为打破明显的僵局提供解决方案。它表明，将问题的焦点从历史如何重构转向社会学意义上可分析的"谁"，这并没有帮助，如果不触及这种重构对于真相的主张的话。它深入到了貌似可以作为集体和个人记忆之间的替代物的背后，发现其根源乃是20世纪初针对反思哲学的争论，后者来自客观化的经验社会科学的理想。它探讨了以类推方式将记忆概念从个体扩展到多元主体的适切性，吸收了弗洛伊德关于那种处于表演而非回忆冲动的被堵塞记忆的观察,追踪了由于个人和集体认同的脆弱性而在意识形态方面滥用记忆的可能性(Ricœur, Memory 82)。它能够为当前的文化论争做出思想史定位,这一长处现在将转向伦理领域。几个世纪以来对于固有问题的重新反思所锻造的精确工具,将在当代的背景中显示其分析的威力。

二、记忆的伦理学

利科在关于过去之地位和可接近性这一问题的理论论争当中提出的立场,已经预示了他对于实践维度的记忆的伦理反思。1980年代,他将不同类型的记忆滥用归结为不同层面的意识形态,即通过象征系统实现对共享世界的整合、权力的合法化以及现实的扭曲(Ricœur, Memory 82),这一区分即已关乎社会伦理。记忆被工具化,用以建构民族认同,这就是一个恰当的例子。他具体评论了皮埃尔·诺拉三卷本著作《记忆之场》(Les Lieux de mémoire, 1984-1992)当中立论情况的转换,赞同历史学家们对于阶段式庆祝纪念事件的抗议,这种纪念取代了跟过去的活生生的联系。利科指出,民族遗产这个概念在当代认同建构中扮演的角色颇为含糊,它为历史化的当下提出了地方场所的主张(Ricœur, Memory 410)。

利科提醒人们留意一种危险,即记忆可能被政治利用,为统治者提供合法性、增强其可信度。正是在这一点上,他跟兹维坦·托多罗夫(Tzvetan Todorov)在如下问题上持相同见解,即对于公正记忆的呼唤,是否应该采取"记忆的义务"这一形态(Ricœur, Memory 86)。在这里,他那三阶取向伦理学赋予了义务论

(deontology)决定性的地位。他最初的主张是，忘却跟记忆和历史具有同等地位，构成了开往再现过去这一项目的三桅帆船的第三道桅杆（Ricœur, Memory xvi），这一主张在该书第三部分的结尾部分得到了进一步充实。沿着历史认识论，该书最后一部分第三章对于人类存在的"历史条件"的人类学反思，结尾之际探讨了两种相互抵触的遗忘形式。能够将记忆和忘却理解为相辅相成的因素，而不是一对单纯的矛盾，这就是现象学方法的威力。在该书的后记里，宽恕的末世论被确立为全书的基本视界。

1. 记忆作为义务，抑或正义标志之下的工作？

利科之所以不满于将记忆变成一种命令式的东西，原因有三：如前所述，一是政治上有被工具化的危险；二是他自己的伦理学架构；三是可能导致记忆与历史关系的短路。他没有采用"记忆的义务"这一说法，而是建议采用弗洛伊德的提法，即"记忆的工作"（work of memory）和"悼念的工作"（work of mourning）。

在《作为他人的自我》（Oneself as Another）一书所提出的伦理学当中，切入点不是义务层面，相反，"规则的滤网"（sieve of the norm）构成了第二步。1990年，他试图提出一种自我理论，来调和亚里士多德关于追求善良生活的伦理学与康德的义务论。他后来评论说，自己当时倾向于这样一种表述，即"从中间……开始，阐明正是规范性的东西暗示着……某种基本伦理和……应用伦理"（Ricœur,"Ethics"286）。他已经以倾向于以一种双重义务论的导向来诠释康德的伦理学：其基础是善良意志，其应用领域则被表达为绝对律令的不同程式（formulations of the Categorical Imperative），它们指向自我、他者和政治承诺。记忆的伦理学因而将降至应用性的第三个层面，它被称为"实践智慧"。政治生活中既可以观察到过度的记忆，也可以观察到过度的遗忘，这一事实只是强化了他的信念，即这是一个判断问题，为每个个案找到介乎普遍情况和特殊性之间的特定答案。对于义务论层面的有效性的需求得到了预先假定，但它本身并不会产生特定环境下的答案，比如关于历史判断的答案（Ricœur，"Ethics" 289）。

呼吁公民承担记忆的工作而非"义务"，这并不否认"属于受害者的道德优先权"（Ricœur, Memory 89）。利科反对的是对于记忆的主张的直接性，为了使记忆能够起到蓄水池和资源的作用，就有必要让它摆脱任何直接目的的征召。对于这一可能的危险，他跟兹维坦·托多罗夫的看法一致，但他反对后者的处理方式，即把对于共同体而言什么是善良的、什么是真实的东西截然分开。他批评赦免这一政治制度是一种服务于国家稳定的"强迫遗忘"（Ricœur, Memory 452）。由此，我们可以看到，他再次明确了自己的立场（亦见本书安德烈亚斯·朗格诺尔的文章），即不能拿记忆的真相跟其他任何价值进行平衡。

2. 遗忘作为"记忆的末世论"

《记忆，历史，遗忘》一书的后记提供了一个概览，由此有必要对全书进行重新解读，它揭示了一条隐含的线索，后者指向的目标是呈现一种得到了抚慰的幸福的记忆。如果那样的话，那么结果就是和解，它被视为抹去所有痕迹的忘却的反面，也是危险、脆弱的自我立场的缩影。与这种解构性的忘却角色相反，积极类型的忘却被称为 oubli de réserve，即存储性的遗忘。

"末世论"一词为这种必需但又是退步主义的（Ricœur, Memory 413）、不受主体处置的视界提供了何种品质？一方面，利科坚持认为有必要意识到人类的反思限度，而不仅仅是反对一种总体化的历史观。更具体而言，他跟汉娜·阿伦特的争论相当清楚地表明了一点，即宽恕跟许诺一样，并不是人类天生的一种本领（Ricœur, Memory 459, 486-89；Junker-Kenny and Kenny 34-41）。正如利科跟列维纳斯说的那样，我们之所以能够宽恕，是因为它就在那里（Ricœur, Memory 466）。相信它就在那里，这种信念的基础来自跟《圣经·新约》文本的类比，在保罗的《哥林多书》里，爱比死亡更加强大，据说可以"恒久"（Ricœur, Memory 468）。

另一方面，这本书细致地证明了每一个方法论转换的合理性，其中对于宗教践行保持着显而易见的开放态度。书中提出了一个神学问题，即为何只有末世论意义上的宽恕才有可能。宽恕这一概念的末世论局限（Böhnke；Orth），是否使它只能期望一种没法在历史当中实现的新的未来秩序？在宽恕过程中，罪行的终极性以及加害者和受害者之间难以弥合的距离得到了承认。《作为他人的自我》一书对康德提出了内在批判，坚持认为归罪（imputation）是最高形态的能力，其要点是赋予它应有的特殊性。在他关于正义的政治伦理学以及对法律的处理当中，首要评判标准就是不应该将一个人理解为仅仅是他的全部行为的总和。在后记里，宽恕的被给予性（givenness）使它可以被主体利用。利科能否更进一步，也为加害者构想一个新的开始的机会？比如将现在已经变得可能的宽恕与终极完善区别开来，后者针对他们那些超出人类力量的暴行所导致的不可挽回的损失。该书以"未完"（inachèvement）一词结尾（Ricœur,

Memory 506),甚至是最好的意图也有其局限,这艘三桅帆船的航程也是如此。解构类型和存储类型的忘却,标示着记忆、历史和历史条件这三个主题的层次分析和区分,以及通过思想的整合,这是反思的结果,只有哲学大师才能提供这种反思,以便我们去理解自己的处境。

参考文献

Adolphi, Rainer. " Das Verschwinden der wissenschaftlichen Erklärung: Über eine Problematik der Theoriebildung in Paul Ricœurs Herme-neutik des historischen Bewusstseins." Breitling and Orth 141 – 175.

Askani, Hans-Christoph. "L'oubli fondamental comme don." *La juste mémoire: Lectures autour de Paul Ricœur.* Eds. Olivier Abel, Enrico Cas-telli-Gattinara, Sabina Loriga and Isabelle Ullern-Weité. Geneva: La-bor et Fides, 2006. 182 – 206.

Barash, Jeffrey Andrew, ed. *Paul Ricœur.* Spec. issue of *Revue de Métaphysique et de Morale* 2 (2006).

Böhnke, Michael. " Die Zukunft der Vergangenheit. Zwei kritische Rückfragen an Paul Ricœurs Theorie über das Vergessen und Verzeihen." Breitling and Orth 243 – 248.

Breitling, Andris, and Stefan Orth, eds. *Erinnerungsarbeit: Zu Paul Ricœurs Philosophie von Gedächtnis, Geschichte und Vergessen.* Berlin: Berliner Wissenschaftsverlag, 2004.

Dosse, Francois. *Paul Ricœur, Michel de Certeau: L'Histoire: entre le dire et le faire.* Paris: L'Herne, 2006.

Greisch, Jean. "Vom Glück des Erinnerns zur Schwierigkeit des Vergebens." *Facettenreiche Anthropologie: Paul Ricœurs Reflexionen auf den Menschen*. Eds. Stefan Orth and Peter Reifenberg. Freiburg: Alber, 2004. 91 – 114.

Junker-Kenny, Maureen, and Peter Kenny, eds. *Memory, Narrativity, Self, and the Challenge to Think God: The Reception within Theology of the Recent Work of Paul Ricœur*. Münster: LIT, 2004.

Orth, Stefan. "Zwischen Philosophie und Theologie: Das Verzeihen." Breitling and Orth 223 – 236.

Petersdorff, Friedrich von. "Verstehen und historische Erklärung bei Ricœur." Breitling and Orth 127 – 140.

Ricœur, Paul. "Ethics and Human Capability: A Response." *Paul Ricœur and Contemporary Moral Thought*. Eds. John Wall, William Schweiker and W. David Hall. New York: Routledge, 2002. 279 – 290.

—. *Geschichtsschreibung und Repräsentation der Vergangenheit*. Münster: LIT, 2002.

—. *Memory, History, Forgetting*. Trans. Kathleen Blamey and David Pellauer. Chicago: U of Chicago P, 2004. Trans. of *La mémoire, l'histoire, l'oubli*. Paris: Seuil, 2000.

—. *Oneself as Another*. Trans. Kathleen Blamey. Chicago: U of Chicago P, 1992.

—. *Das Rätsel der Vergangenheit*. Göttingen: Wallstein, 1998.

—. *Time and Narrative*. Trans. Kathleen McLaughlin and David Pellauer. 3 vols. Chicago: U of Chicago P, 1984 – 1988.

Teichert, Dieter. "Erinnerte Einbildungen und eingebildete Erinnerungen: Erinnerung und Imagination in epistemologischer Perspektive." Breitling and Orth 89 – 100.

Tengelyi, Laszlo. "Husserls Blindheit für das Negative? Zu Ricœurs Deutung der Abstandserfahrung in der Erinnerung." Breitling and Orth 29 – 40.

第四编 心理学的记忆研究

心理学、叙事与文化记忆：过去和现在

于尔根·斯特劳布

一、记忆话语在 19 世纪的建立：欧洲"反思文化"和叙事心理学发展史的一条文化-心理学脚注

19 世纪欧洲记忆科学的兴起与世俗化，与探究人类心灵的科学路径的发展紧密相连。特别是在 19 世纪的最后三十多年里——伊安·哈金（Ian Hacking）认为是在 1874—1886 年间——流行的观点认为，记忆和回忆是打开人类心灵生活的最重要的钥匙。当时的研究者往往宣称，唯有通过精确重构一个人的生活故事或一个群体（它被具体化为一个主体）的历史，无数生活问题才能得到理解和解决。

在上述复杂的文化转型过程中，历史悠久的记忆**技巧**（参见本书雷娜特·拉赫曼的文章）被边缘化了。居于中心的是**科学的**（或者**亲科学的**）东西，也就是**方法的**东西，以处理这一神秘现象的结构、过程和功能，处理人类的身体、人类的心理，以及社会性、沟通性并且以象征方式来传导的日复一日的实践。记忆科学不可或缺，前景一片光明，一直发展到今天。心理学——精神分析就是其分支学科——从一开始就在其中起着重要作用。"记忆和回忆"这一主题的进展以及至今尚存的迷人本质，伴随着一个同样成功的过程，即人

类生活的心理学化,反之亦然。这一复杂的过程与心理领域的叙事化紧密相连。它从来不是不言自明的,无论当时还是20世纪的头三十年,那些代表性人物都未能充分意识到这一点(比如Bartlett)。现代心理学思潮(特别是记忆心理学这个分支)与关于心理和一般人类生活的叙事模式之间的联系,从一开始就很紧密,但它只是在社会和文化科学的所谓叙事转向之后才充分展现出来(参见Nash;Polkinghorne;关于心理学的特定视角,参见Brockmeier;Bruner;Sarbin;Straub, *Narration*)。

20世纪最后三十多年里,许多学科内部以及泛学科和跨学科的话语中都出现了一个现象,即聚焦于叙事进行创新,并取得了累累硕果,由此,用于建构和发展心理领域的语言和交往形式的基本意义得以实现(参见本书杰拉德·埃希特霍夫的文章)。今天,人们提到它时,实际上是指心理学的所有领域。如果不具体参考历史以及故事讲述的社会-文化实践,就无法充分理解心理的多重结构、过程和功能。各种心理过程和功能是以叙事方式建构起来的,并以某种特定的方式,与故事或者一个故事的正式图式联系在一起。正如无数经验研究所证明的,这种联系关注一些基本的方面,比如知觉和接受,思考和判断,动机和情绪,希望、意愿和行动。同时,这也表明,这种复杂的社会现象就是时间和历史感的创造,就是自我或者个人认同的构成和转化,就是社会关系、群体凝聚以及整个共同体的变化。记忆的过程和回忆的成果同样如此,它们以同样重要的方式追随着叙事的结构、形式和"逻辑"(相关综述参见Echterhoff and Straub;亦参见Brockmeier)。回忆本身经常假定,故事的形式至少就是故事的组成部分,它可以被叙述,并且通常被反复讲述。

19世纪,对过去和历史的接触形成了一种科学的研究方案,从中不仅可以期待知识和启蒙,而且可以期待生活的丰富和行动的改善。这些建立在科学基础上的希望日益成为公众争论和许多现代社会成员日常意识的特征。记忆研究，特别是心理学的记忆研究，与一种记忆政治和记忆伦理交织在一起，它将过去的重构提升为"以理性为导向的生活管理"背景下的一种核心行为。激发一个人的记忆，鼓励人们进行有可能是持续而全面、真实而精确的回忆，就成为一种心理性格，它控制和规训着日常行为的一些重要领域，并为越来越多的人所欢迎。这种行为校准器可望带来许多优势，尤其是在心理-社会方面。

总体上，这一校准器在很大范围得到了接受。跟其他一些东西一样，它是非常有用的物件，可以预防虚假的（比如幻想的、掩饰的）自我和他者肖像的产生。根据这一理想模型，自我叙事者（即讲述其自身历史的人）自觉接受了真实性和准确性的原则。意识到自己的过去并保持这种意识，这种文化实践至今仍然遵从着一些强有力的规范性律条，它们根植于现实主义心理学。威廉·狄尔泰（Wilhelm Dilthey）曾经断言，历史可以告诉我们人类是谁、是什么东西。同时代及其后来的许多人都同意他的观点，流行的（叙事的）记忆心理学也一样，后者通常倾向于将一个人及其自我或其认同等同于其被讲述出来的回忆（参见 Schacter）。重要的是以叙事方式来建构有关自我或者认同的回忆，至少这一点得到了普遍认可（参见 Brockmeier and Carbaugh）。这种回忆绝不仅仅是应用性的"回报"。相反，它包含着对未来过去的期待性回想，后者可以在**将来完成时**的语法模式中进行展望，它以保留和保护模式而运行。叙事性回忆这种复杂的文化实践，曾经并且至今依然执着于一种精神，即对生活和表演一直持乐观主义。对过去越了解，就越能为未来的发展提供智慧、开启机会，再不济，它也可以找回一些已经失去的可能性，从而使一个人的行动潜力变得稳定。

在精神病学、精神分析和心理治疗中，克服消极的、自我毁灭的思想和情感，以及缓解那种令人伤心的对于行动潜力的束缚——众所周知，弗洛伊德集中关注了工作和爱的能力——都是通过一个人以往的细致的认知启蒙和情感过程而实现的。精神分析学有一句著名的座右铭，即"记住、重复、解决"（*Erinnern*，*Wiederholen*，*Durcharbeiten*），至今依然没有失去其针对性。弗洛伊德对叔本华和尼采做了深入的重要研究，开创了深层心理学，这种心理学尤其致力于分析"被压抑的"体验以及其中潜藏的无意识动机。这些动机源自过去，引导着自身的存在，虽然未被行动者意识到，却给他们提供了条件，并且往往带来了限制。弗洛伊德的移情理论（*Nachträglichkeit*）跟记忆和回忆都有关系，根据这一原理以及他的心理因果关系论，我们可以提出一个假设，即回忆应当被视为一种创造性的建构。这意味着，回忆尽管具有无可争议的指涉性特征（这种特征也以生理方式在记忆痕迹中得到了物质化），却能不断获得新的、另外的，或者别的意思（在一些新的发展阶段，比如性心理、社会或者认知，以及新体验的印象之中）。

记忆变动不居，它在不断"更新"的（生活）故事中进行叙事性的整合。（个体）记忆的内容并不稳定，也不可能稳定。它们不是可固定的"客体"，虽然它们有物质的（心理的）基础。记忆的内容是理念的复合体，在回忆过程中被建构和再建构出来，有时自然而然、看上去不成系统，有时又以一种精心的、有明确焦点的方式进行。这个假设是叙事性认知心理学的基本组成部分，它认为记忆——即便是最为个人性、最私密的记忆——取决于文化和社会符号、语言、其他象征系统和表达模式（参见 Brockmeier）。此外，个体记忆经常来自对话和其他"共同建构"（参见 Pasupathi）。

叙事性的心理治疗一直在使用这些理念。心理分析最初被视为一种实践，在一个特定的社会场景中，一次对话治疗发生了，最后病人能够设计关于他/她自己、关于他/她的生活的新故事，也就是新的自传性的自我故事（参见 Schafer）。最近，心理分析已经发展为各种不同的叙事性心理治疗形式和治疗技术（参见 Sugiman, Gergen, Wagner, and Yamada）。尽管困难重重，它们都相信一点：受到治疗方案监督的**自我工作**（work on oneself）以及心理上受诱导的**自我构造**（constitution of the Self），往往能够在一次叙述的过程中出现。自传性回忆，以及由愿望和欲望所驱动的新的自我这一概念，都呈现为叙事的形态。那些能够讲出新的、被改变了的自我的故事的人，已经发展出了与其自己、与别人、与世界的新的关系。他们开始以一种不同的方式思考自己，而且也对自己有了不同的看法和感知。正如对于严重创伤的研究和治疗所表明的，疗效通常可以归结为类似的转变和创新（参见 Crossley；亦见本书伍尔夫·康斯坦纳和哈罗德·维恩布克的文章）。在很大程度上，一个人的世界和自我态度是一种叙事结构。由于讲述了新的自我故事，它就得到了改变。不仅仅是一些严肃文学（以及文学研究，参见本书柏吉特·纽曼的文章），最近心理学和心理治疗也转而关注这些问题。反过来，这些都属于一种回溯式文化，即通过讲述过去和历史来确立某种基础，进而设计一种在理性和情感上都令人满意的现在和未来（参见本书扬·阿斯曼的文章）。

只有少数人反对记忆的史无前例的文化加冕，以及随之而来彻底的、可能是无间隙的回忆的律条。这种反对首先指向历史和史学，也就是对一个群体（例如社区、种族或者民族）的过去进行的某种深度分析。在著名的《历史的用途与滥用》一文中，尼采论述的与其说是（"纪念碑式""古董式"或者"批判的"）历史学对于生活的用处，还不如说是它对生活的消极影响。在他看来，历史学将麻痹个人和整个民族的意志和表现。尼采宣称，其效果就是一种普遍的压迫性倾向，后者来源于一种对过去的自杀式妄想、来源于处置过去事件的某种方式。他反对这种"历史感"的不同变体，认为它对生活怀有恶意；相反，他乞求一种"对生活友好"的能力、一种忘却的意志。就此而言，我们可以谈到一种"强化遗忘"的文化。这种文化具有向前看的严格倾向，并不看重社会和时间视角中的"向后一瞥"。

然而，像尼采那样苛责"历史病"的批评声音，根本无碍回溯式文化的胜利前行。后者最深刻的信念如下：只有通过求助于（可能是）科学的方法来重构过去，我们才能充分描画出一幅包括自我意象和个人认同在内的关于当下的画卷，才有助于设计理性的未来预期。简言之，谁想理性而现实地向前看，他首先就要往后看。谁想呈现、解释和整理现在是什么样子、将来会如何如何，他就应当了解过去。当然，所有这一切都只是在人类智力的限度内才有可能。原则上，我们用以行动的知识和能力很有限。而且的确如此，人们可以通过获得创新的洞见、建立起新的导向，将自己从自我折磨的未成年状态解放出来，并提升自己的行动潜力。一种理性导向的、自主的、至少部分程度上是启蒙的生活管理，假定我们对过去、现在和未来给予了同等的关注。它要求把这些就分析角度而言千差万别的时间视角联系起来，让它们聚集在明白易懂的时空连续性当中。

对群体和个体而言，情况都是如此。无论是群体还是个体，为了实际观察并有意建构现在和未来，他们都有必要去破译"过去的黑暗痕迹"（参见 Rüsen and Straub）。叙事心理学和心理治疗都聚焦于个人，但也没有让自己局限于这一路径。无论是过去还是现在，它们都参与了"叙述你自己"这句祈使句所体现的理论解释和实际应用。相应地，这些科学分支最近都遭到了一种批判，即它们不加区别地运用这句祈使句，至少它们号召人们去叙述一个人**完整的**生活（参见 Thomae)。老实说,完整记住一个人自己的生活,这实际上是一件不可能的事。谁如果尝试着那样去做,他就不得不屈从于自我控制和自我规训,而这将背离原本设想的良好目标,仅仅沦为一个幸福的承诺,即"终生服务于"叙事心理学。

二、叙事心理学与积极的建构性记忆

记忆的获得被视为一种独特的**积极建构**,这一点与许多回忆的叙事特征有重大关系。在"记忆文化"当中,对过去事件的持续而彻底的再现和反思,其中就包括如下内容:洞察过去的交往属性或者话语属性,以及包含着现在和想象中的未来的历史。一般可以认为,在回溯式文化中,那些用于再现过去、现在和预期中的未来的不同模式,都有赖于记忆和回忆的获得,**它们自身**都得到了明显的主题化。任何事件、故事(或历史)、时间都很难被客观地理解为纯粹的事实——无言的事实——并以象征性的方式被传播。再现并非有意的"发明",不能等同于小说领域的虚构,但在这里,它却被视为并非状态和事件的自然复制,而是生产性的认识行为的结果,充满了认知**性**和情感性乃至动机的因素。这些行为在象征性的媒介(比如语言)中得到演示,后者不可避免地塑造了它们的形状。(基本上,此处所说的"媒介"并非各种**传媒**,而是**构成性的**象征形式,倘若没有后者,记忆和回忆都不可想象。)再现就是建构,在其帮助下,过去、现在和想象中的未来,都可以被**塑造**、表达和反思为**一个故事**、一段历史或者一篇传记。由于语言(跟其他象征媒介或形式一样)是一种文化工具,记忆和回忆也是一种文化现象。

这一重要认识构成了现代认知心理学发展史上的里程碑,这归功于弗雷德里克·巴特利特的突破性研究。借助经验研究,他用一种从许多方面而言都更加优越的理论，挑战了赫尔曼·艾宾浩斯（Ebbinghaus）的方法，后者在 19 世纪以至 20 世纪仍然居于主导地位（参见 Straub, "Gedächtnis"）。巴特利特与艾宾浩斯背道而驰，不再致力于形成一个普遍的记忆理论。巴特利特没有去研究那种据称纯粹是生产性的记忆和回忆的普遍法则，而是强调了文化对于一种积极的、生产性或者创造性的记忆和回忆的依赖性。艾宾浩斯进行了据称等同于中性的毫无意义的音节的试验（例如，为了发现人类记忆和忘记能力的法则）。巴特利特则相反，他注定能成为第一位叙事和文化心理学家，因为他在有关记忆的研究中断言，任何回忆基本上都是一种建构行为，若不参考文化实践以及相应的认知文本和图式，这种行为就完全无法理解。

记忆并不只是这样一个过程：人们记住一些客观上存在的事情（事件等等），然后它们可以被中立地感知到，在普遍的象征体系里被捕捉到，并以一种静态的形式得到保留。相反，在认知和接受的行为中，人们将某件特定的事情转化为一个能够记住，而且值得记住的现象，转化为一次**有意义的，因而亦可交流**的体验。他们将自己所认知的材料**建构**和**组织**起来，将其与此前的知识联系起来。因此，这依然是记忆的任务。这种得到坚实证明的认知，使如下传统理念看上去过于简单化，甚至有点幼稚：记忆保留着"习惯性的东西"，因而能够通过回忆被找回。它还意味着需要对传统的"记忆失误""扭曲的回忆"等理论重新进行思考和修正。记忆，特别是情景性或者自传性的记忆，总是在重新安排和组织着我们所记住的东西（在这种或那种环境中，出于这个或那个理由，怀着这个或那个目标，等等）。记忆绝非一块白板或者空白的蜡片，可以用来刻写任何内容；也不是一种中立的存储媒介，仅仅被动地记录任何事情，并遵命将这些事情不加改变地再生产出来。记忆是对其自身"内容"的加工、干预、安排和组织。为此，它运用了不同"图式"的可能性，包括最初的"保存"操作、主题的再安排，以及实用性的语义重写等。这些操作的一个突出特征就是对事件的叙事性建构。

"图式"（scheme）——弗雷德里克·巴特利特首先创造了这个术语，由此创立了认知心理学——就是一个被组织起来的知识单元。故事代表着这种图式（或脚本）。这位英国的记忆研究者让被测试者阅读一些外国故事，阅读两遍，然后以书面形式再现这些故事，从而有了上述发现。被测试者读了印度传说《魔鬼的战争》的片段之后，以一种自己或多或少熟悉的方式回忆了所有的事件，而**不是**如故事中所描绘的那样。在既有图式的帮助下，陌生的被调整为已知的，不熟悉的被同化并转变为熟悉的。由此证明：记忆的运行既是积极的又是富有创造性的。回忆是有意义的建构性成分，或者就是一种建构。回忆者创造或者确认了一个渗透着感觉和意义的世界。记忆和回忆显然涉及人们的某些意图，即让自己的经历具有某种感觉和意义，后者能够符合社会-文化标准（价值观念，体现为规范或者传统的规则、习惯、目标等等）。这一过程的重要部分，就是通过叙事来安排和整合事件，使它变成总体上可以被理解的故事。人们还会略去这个或那个细节，不时添加某些东西，如此变来变去，直到事情呈现为或多或少可被理解的面貌，如果一个人自身所处的文化、社会和心理的"逻辑"要求这么做的话。这种"面貌"在交往性的文化实践中得到传播。它们被习得、实践和内化，其往往体现为现成的故事和图式化的情节（比如众所熟知的爱情小说、喜剧、悲剧、讽刺剧，以及其他一些系统化的安排，比如进步或者倒退的情节、关于兴衰、发展、危机和衰落的故事，等等），**这**就是记忆和回忆如何发挥作用的过程。它们依赖于文化资源、工具和模板，并通过这种方式来再现自身的文化心理结构、过程或者功能。巴特利特这一经验性的发现具有极为重要的理论意义，至今依然为叙事性的文化心理学所遵循。

实际上，几乎所有同时代的理论都假定，记忆并不单是遵命保存和找回曾被放置和存储在那里的"信息"。**积极**的记忆从现在的立场出发，根据某种对未来的预期，去重构过去和历史。任何基于记忆的再现，都利用了当下特定时刻可以获得的文化手段。这个当下时刻包括社会的环境、某人与别人交谈沟通的背景（不管是以口头媒介、书面形式，还是以非话语的、再现性的符号或者象征体系）。对于这样的交流而言，讲故事是尤为重要的方法。因此，回溯式的文化可以被称为**叙事文化**，即便如本雅明所指出的，一些传统的讲故事形式和实践以及故事讲述者本人的社会形象，可能早已变得十份罕见（参见 Echterhoff and Straub）。

三、抽离的故事、多重的个性：分裂或多重自我的文化图式

19世纪后半叶，心理学在欧洲和北美萌芽，给人们带来了这样的希望：基于记忆的回忆以及对它们的详细的、有条理的分析，不仅能传递有关一个人的生平过往的更完整图景，而且有助于更好地组织和锻造那些用来建构、再现和传递过去的文化、社会和心理方法。此外，现代心理学提供了科学的基础，去帮助人们成功克服各种生活问题，那些问题产生于社会-文化生活形态变得越来越动态、灵活、个体化的过程，或者在这一过程中变得恶化。对传统的日益摆脱，意味着不确定性和定位问题，"个人主义"心理学必须提供一个制度性的框架和有效的手段来解决这些问题。这一学科很快发展出相当大的公共权力，影响了普通人的意识。更多也更经常的是，那些为生活，特别是为现代人的存在状况所折磨的人，越来越被频繁地建议，他们应当去咨询科学（或者是基于科学的）指南。心理领域系

统地走向时间化,与此相应,科学的心理学也从人们的过去来探究个人问题的根源。为此,他/她必须聚焦于(生命)故事并对其进行分析。从一开始,心理学就是雄心勃勃的记忆科学的一部分,直到今天仍是如此。它曾经属于而且依然属于回溯式叙事文化的科学领域。

哈金以"多重人格"的概念阐明了这一点,从文化心理学的观点来看这尤为有趣。问题在于那种复杂而且争议不断的临床模式,兴起于19世纪的最后三十余年里。这种多重人格通常仍被看作是病理性的,被归入解离性人格障碍的范畴。根据当时精神分析学和心理学的创新观点,只有通过全面重建一个人的过去,调查其病因和个体发生情况,才能理解这种历史和文化的现象。这种过去,必须在自传性叙事的心理学分析过程中,**以叙事的方式**得到想象和理解。多重人格作为心理或心理病理综合症,被认为与一种自传性的故事相连,其核心之处就是创伤。在关于多重人格的病原学和解释学当中,创伤性的危机作为一种"叙事的解释"(解释性前提)发挥着作用。创伤有着决定性的解释价值。它使生活具有了感觉和意义。对多重人格的科学解释,属于叙事认知心理学的分支,在这门学科中,回忆提供了心理生活的入口,并开启了变化的机会。

多重人格的诊断标准一直在变化,至今仍有争议。这个问题颇为引人注目,至今依然非常重要,它很好地体现了记忆和回忆及其处理过程如何制约着一个人的心理生活。常常,一段被埋藏起来、无法为主体所接近的记忆,往往保留着创伤体验,后者使一个人承受痛苦,并阻碍其行动潜力。正如以往所认为的那样,记忆的无能为力强化和巩固了创伤体验的负面后果。因此,治疗的基本名言就是:"记住并说出来!"治疗师正是以这一过程来陪伴和支持自己的客户的。

治疗师总是面临着一种风险，即他有可能促成"虚假的"记忆。"虚假记忆综合症"往往成为导火线，招致公众的异议，即这种治疗有着诱导性地利用所谓创伤体验之嫌。很多情况下，社会关系特别是家庭关系已经被摧毁，并被转变为法庭案件，即便没有发生性侵犯。虚假记忆综合症基金会创办于1992年，为遭到错误怀疑（排斥、定罪）的人提供帮助和支持，当然，它也不否认性侵犯是一桩令人痛苦的社会事实。对认知心理学问题感兴趣的叙事心理学不得不意识到，一些性侵犯的所谓受害者（治疗师给他们的往往是幼稚的解决方案）所建构的幼年体验，其实根本就不是他们自己的体验。他们并非有意撒谎，却挪用了一种异己的过去。他们将性侵犯归因于父亲（父亲们其实被证明是无辜的）和其他男人，从而将自己呈现为值得关注、承认和赔偿的受害者。

抛开物质赔偿问题不管，我们或许可以看到，一方面是有关性侵犯的禁忌在社会-文化层面的移除，另一方面是公众对受害者的关注和同情，两者都诱使人们去感知到一种异己的过去并将它呈现出来。他们只是采纳了有关创伤体验及其负面后果的一般的自传性故事，这些故事的起源早已无法弄清。他们展现了一个受苦故事，却完全不是在描述他们自己的生活。故事的合理性和可靠性，仅仅源于它是在一种——某种程度上被延误的——打破禁忌的公共氛围中被讲述的，因而调动起了这样一个文化主题和被社会认可的情节。

尽管如此，上述记忆工作正是通往心理治疗之路的第一步。根据这一"理论"，持续性伤痛以及自我所遭受的长期伤害的治愈，或者至少是痛苦的减缓，都有赖于记忆工作。哀悼，即弗洛伊德所说的"哀悼工作"（Trauerarbeit），以及其他精神过程，只有在这种"记忆工作"完成之后才能起步。借助回忆、对回忆展开的工作，都发生在叙事的社会空间里。它促成了新的片段式和自传性叙事，重新构造了旧的叙事,并重构了叙事的自我。从一开始,当精神分析学家和心理学家围绕多重人格案例开展科学争论、进行治疗之时,一种叙事性心理治疗就已经基本得到了践行。它以病因-病理学的解释为基础,这种解释有效利用了自传性的示范叙事。临近19世纪末,这种叙事已在某种程度上得到文化的认可。

在叙事性心理治疗(或者其他社会语境)中"得到解放的"记忆被嵌入了自传性的叙事当中,后者遵循了一种大体上是标准化的图式。这个例子使如下一点显而易见:即便最私密的回忆和个人的记忆,也都是以文化方式被建构和编码的。如果没有心理创伤这一文化概念,一百多年前即已为西方精神病学和心理学所了解的多重人格就完全不可想象。显然,这里并不涉及其他各种文化意义上的"多重性"。关于多重自我的存在,还有着其他一些文化概念,它们就像前述多重人格的形态那样,不同于我们所熟悉的灵魂肉体相互统一的概念,也不同于一个人与其认同(不管这种认同本质上多么不一样)的一致性。更确切地说:不仅一般性的创伤概念,而且包括令人痛苦的性侵犯问题的公开主题化,都是上述理念——从病理上将人格多重化为好几个自我——所不可或缺的社会-文化前提之一。多个自我完全相互独立地存在、思考、感觉和行动,但都源于一种创伤性体验(或者能逐渐累积并导致其心理后果的一系列此类体验),这种体验通常就是性侵犯。

多重性显然也能阻止一个人在道德和法律上被视为有罪。可靠性、理智性和犯罪倾向,诸如之类的概念显然不再能够适用于多重人格。伴随着无可避免的社会问题,那些受多重性影响的人也很容易陷入心理困境,从根本上说,这与定位和演示能力的突然丧失有关。可能性的明显多重化开启了一种多重人格的无数自我,这实际上是一种丧失。自从19世纪末以来,就已经存在关于这种丧失及其包含的所有痛苦的叙事性解释。我们只能说，不管受困扰者所经历的痛苦情形实际如何，"多重人格"主要是一种**话语**现象、**交往**现象，也就是**叙事**现象。

关于某种多重人格的起源的叙事，包含了一种"因果的"解释，这种解释已经由不同科学进行了好几次修正和区分。这种自我解释式的叙事实际上至今依然争论激烈（参见 Hacking），不过也已变得前所未有地司空见惯。很大程度上，19 世纪争论的问题在 20 世纪渐渐被遗忘了，至少在公开场合几乎不再出现。然而，它们作为背景知识仍然很重要，为后来的科学研究提供了相关的联系。恼人同时亦令人着迷的多重性现象，得到了"后现代"大众的高调宣扬，在大众媒体中得到了史无前例的出镜。在后现代文化中，社会和文化理论家宣称"碎片"是关键概念，"溶解"为碎片化自我的多重人格受到了热情的接纳。自 1970 年代起，前述叙事便日益成为成功的文化主题，先是在北美，然后在一些欧洲国家，叙事的情节成了传记性自我理解的文化模式，在西方世界的一些地方受到欢迎。因此，受苦主体的精神病理学与正常的后现代主义者之间的界限，常常变得模糊不清（这一观察与本文没有任何关系，尽管对叙事心理学而言这本身就是一个颇为有趣的文化现象）。

多重人格的情节或者叙事节略，现在属于叙事心理学和相关叙事心理治疗的一个标准项目（比如可以参见 Crossley）。它的题材当然不计其数，而且绝不限于多重性本身。自传性叙事往往遵循着某些文化模式。生命故事同样如此，其中占据中心位置的是不同种类的创伤体验、威胁生命的疾病以及其他重大的危机。米歇尔·克劳斯雷（Crossley）利用大量事例，例如艾滋病感染者的典型故事，证明了这一点。叙事心理学一般通过基于记忆的叙事工作，来处理自我的叙事性建构及其修正。

如前所述，过去一百年里，其他科学理论聚焦于记忆和回忆的社会和文化构造，而叙事心理学构成了对它们的支持。它表明，即便想来最隐秘的个人事务，都是社会和文化记忆的构成部分。我们的记忆所吸纳和保留的并非"纯粹、客观的事实"，记忆本身绝不是"本性的镜子"。相反，它根据可获得的再现主题（术语和概念，图式和脚本）以及象征形式，来编制和存储事前已被感知和接纳的东西。类似地，源自回忆的心理过程，以及记忆内容的随时可能的变化，也就是记忆的解码和再现，本质上是社会和文化的运行。为了观察过去和历史，人们会利用各种形象和一种语言，这种语言从来不会完全是他们自己的。一个人回忆过去的事件时，是作为某种文化（关于"文化"的概念，参见 Straub, "Kultur"）的一员来想象和叙述它们的。没有文化的象征形式和手段，我们寻找独特的人类记忆的努力就会徒劳无功。没有它们，所有记忆和叙事就会消失，而那些记忆和叙事有助于我们生动地构想和传递人类，甚至是某一个人的过去和历史。

参考文献

Bartlett, Frederic C. *Remembering: A Study in Experimental and Social Psychology*. Cambridge: Cambridge UP, 1932.

Brockmeier, Jens. "Introduction: Searching for Cultural Memory." *Narrative and Cultural Memory*. Spec. issue of *Culture & Psychology* 8.1 (2002): 5-14.

Brockmeier, Jens, and Donal Carbaugh, eds. *Narrative and Identity: Studies in Autobiography, Self and Culture*. Amsterdam: John Benjamins, 2001.

Bruner, Jerome. *Making Stories: Law, Literature, Life.* New York: Farrar, Straus & Giroux, 2002.

Crossley, Michele L. *Introducing Narrative Psychology: Self, Trauma and the Construction of Meaning.* Buckingham: Open University Press, 2000.

Echterhoff, Gerald, and Jürgen Straub. "Narrative Psychologie: Facetten eines Forschungsprogramms. Erster Teil." *Handlung, Kultur, Interpretation: Zeitschrift für Sozial und Kulturwissenschaften* 12.2 (2003): 317 – 342.

—. "Narrative Psychologie: Facetten eines Forschungsprogramms. Zweiter Teil." *Handlung, Kultur, Interpretation: Zeitschrift für Sozial und Kulturwissenschaften* 13.1 (2004): 151 – 186.

Hacking, Ian. *Rewriting the Soul: Multiple Personality and the Sciences of Memory.* Princeton: Princeton UP, 1995.

Nash, Cristopher. *Narrative in Culture: The Uses of Storytelling in the Sciences, Philosophy and Literature.* London: Routledge, 1990.

Nietzsche, Friedrich Wilhelm. *Vom Nutzen und Nachtheil der Historie für das Leben.* 1874. Stuttgart: Reclam, 1970. [English: Nietzsche, Friedrich Wilhelm. *On the Advantage and Disadvantage of History for Life.* Trans. Peter Preuss. Indianapolis: Hackett, 1980.]

Pasupathi, Monisha. "The Social Construction of the Personal Past and Its Implications for Adult Development." *Psychological Bulletin* 127 (2001): 651 – 672.

Polkinghorne, Donald. *Narrative Knowing and the Human Sciences.*

Albany: SUNY Press, 1988.

Rüsen, Jörn, and Jürgen Straub, eds. *Dark Traces of the Past: Psychoanalytic Approaches in Cultural Memory Research*. New York: Berghahn, 2008.

Sarbin, Theodore R., ed. *Narrative Psychology: The Storied Nature of Human Conduct*. New York: Praeger, 1986.

Schacter, Daniel L. *Searching for Memory: The Brain, the Mind, and the Past*. New York: Basic, 1996.

Schafer, Roy. *Retelling a Life: Narration and Dialogue in Psychoanalysis*. New York: Basic, 1992.

Spence, Donald P. *Narrative Truth and Historical Truth: Meaning and Interpretation in Psychoanalysis*. New York: Norton, 1982.

Straub, Jürgen. "Gedächtnis." *Psychologie: Eine Einführung: Grundlagen, Methoden, Perspektiven*. Eds. Jürgen Straub, Wilhelm Kempf and Hans Werbik. Munich: DTV, 1997. 249–279.

—. "Kultur." *Handbuch interkulturelle Kommunikation und Kompetenz*. Eds. Jürgen Straub, Arne Weidemann and Doris Weidemann. Stuttgart: Metzler, 2007. 7–24.

—, ed. *Narration, Identity and Historical Consciousness: The Psychological Construction of Time and History*. 1998. New York: Berghahn, 2005.

Sugiman, Toshio, Kenneth J. Gergen, Wolfgang Wagner, and Yoko Yamada, eds. *Meaning in Action: Constructions, Narratives, and Representations*. New York: Springer, 2008.

Thomae, Dieter. *Erzähle Dich selbst! Lebensgeschichte als*

philosophisches Problem. Munich: Beck, 1998.

Zielke, Barbara, and Jürgen Straub. "Culture, Psychotherapy, and the Diasporic Self as Transitoric Identity." *Meaning in Action: Constructions, Narratives, and Representations*. Eds. Toshio Sugiman, Kenneth J. Gergen, Wolfgang Wagner and Yoko Yamada. New York: Springer, 2008. 49-72.

对"文化创伤"概念的异议
（或者我如何不求助于心理治疗而学会爱上他人遭受的痛苦）

伍尔夫·康斯坦纳、哈罗德·维恩布克

手册是对学术生命的成功故事的庆祝。手册的条目应当是建设性、令人振奋的东西，给后代传授当前这一代人的学术洞见，以简洁的方式告诉读者一些重要的概念框架和方法论，揭示这些智识工具最适合于何种语境、何种研究议程。不过，本文的任务却不在于上述任何目标。相反，我们会告诉你们一个惊人的失败：在人文和社会科学中，学者们并没有发展出一个真正跨学科的创伤概念，尽管他们多次声称做到了这一点。我们还将告诉你们是谁造成了这种不幸的发展状况，批评我们的同行以相当缺乏想象力的方式运用后结构主义理论，结果发展了一个异常狭隘的审美化的创伤概念。

做出如此声明之后，接下来也许该是一个简短的注释。我们非常希望，下面的文字不会被视为只是后现代理论抨击的另一种姿态。我们坚定地致力于庄严的解构计划，质疑主导叙事，揭露话语现状的意识形态偏见和盲点，以一种彻底的自我反思方式寻求文化的分析。事实上，我们反对当前人文领域如此流行的后现代创伤话语，原因在于它缺少自我反思并将文化创伤概念提升到了一种新的主导叙事的地位。这些负面的影响在文学研究系体现得尤为明显，由于创伤研究的功劳，文本解释学的惯常手法被重建为语言学事业的全部（参见 Weilnböck）。结果，对传统的文学和文化研究的猛烈批判导致了一些概念的产生，而这些概念又被再工具化、再配置，以便服务于这些传统。在此过程中，最初在跨学科合作精神中得到采纳的创伤隐喻，帮助把文学和文化研究重建为排斥性的、反跨学科的学术领域。

凯西·卡鲁思（Cathy Caruth）1996年出版的《秘而不宣的体验》一书，是解构性创伤研究最有影响、也许是奠基性的文本的代表（亦见Caruth, *Trauma*）。本书第一次充分展现了新的创伤话语的所有关键因素。像其他许多学者一样，卡鲁思把创伤界定为一种体验，它包括两个组成部分，创伤的受害者从来没法让这两个部分相互调和。受害者遭受的严重心灵创伤，也许也是肉体创伤，似乎得到了很好的修复，但接下来却是延迟出现的发病症状，看上去有时与最初的伤害没有因果关系。乍一看，卡鲁思这种用于界定创伤的方式，似乎跟有关创伤和后创伤压力的心理学研究没什么冲突。然而，她跟同时代的大部分研究者都不同，别人在临床背景下研究精神痛苦的变迁，她却依然看重创伤体验和概念，认为它提供了有关人类状况的新颖洞见。卡鲁思借鉴了保罗·德曼（Paul de Man）的解释策略，强调说，创伤的受害者无法忍受其心理疾病的缘起和症状，这种现象代表了一种有价值的罕见的本真时刻，因为人类只有在自己的文化意义体系在自身重量下暂时解体之时，才有机会去直接感知现实。这样，创伤被视为一种启示，它使我们明白人类文化的局限性和可能性。然而不幸的是，在那个文化解体和智慧非凡的时刻，我们却无法完全理解，更别说成功地表达我们的洞见。或者正如卡鲁思颇具启示性的话语所言，"对于历史，我们所能把握的只是其发生时的不可接近性"（Caruth, *Unclaimed Experience* 18）。在卡鲁思看来，无法再现是一种重大的失败，它构成了"现实的真相和力量，创伤的幸存者面对这种现实，并常常试图将其传递给我们"（Caruth,

Trauma vii)。

如果我们不赞同保罗·德曼的前提,即认为再现的局限性可以通过许多不同的再现策略、在某些语境中加以探讨和克服,那么卡鲁思的简洁模式就失去了吸引力。但是,即便我们赞同卡鲁思的解构气质,她的模式仍然构成了一个可怕的道德难题,对此她自己既不承认也没有解决。创伤的受害者之所以能幸存下来,也许正是由于他/她有能力尽可能快地修复自己对于人类意义体系的信任。从这些受害者的视角来看,卡鲁思兴高采烈地将创伤审美化、固定化,这显得有点残忍,甚至有点玩世不恭。卡鲁思对治疗过程不感兴趣,这加剧了问题的严重性。像解构性创伤范式的其他支持者那样,卡鲁思的书广泛参考了心理学的创伤研究,但这种跨学科的姿态,很快由于她对经验文献的高度选择性,并且往往是去语境化的滥用而被削弱。比如她相信,创伤体验将是无法再现的,而且理应如此。这些结论清楚地证实了卡鲁思的解构格言,但它们并非诞生于临床文献中。许多心理学家和治疗师赞同如下观点:创伤体验有可能在日常叙述性语言中得到忠实可靠的再现,如成功治疗所带来的结果(参见 Leys)。

卡鲁思的介入,反映了对西方文化和启蒙思想的消极效应和自我毁灭效应的怀疑精神,这种怀疑有着悠久的、令人印象深刻的传统,至少可以追溯到 19 世纪末。第二次世界大战以后,这些怀疑看上去更加令人可信,因为纳粹社会及其社会和基因工程试验代表了尤为可怕的人类自我毁灭例证。在阿多诺、利奥塔和其他一些人的作品中,西方文化至今依然被呈现为一个彻底自我批判的艰难过程。而对西方文化的晶粒进行反思这一知识计划,同时又变成了一种高傲的、便利的学术追求,这尤其体现在(但并不局限于)时髦的创伤研究当中(参见 Kansteiner)。卡鲁思当然不必为这种情况负责,但她的模型在众多学术场合中毫无保留地得到了广泛欢迎,后结构主义倾向的社会学家、政治科学家、教育工作者以及许多文化和文学研究专家在创伤这个符号之下联合在一起。

在德国,康斯坦茨大学的文学人类学家曼弗雷德·维因伯格(Manfred Weinberg)尤为热心地提倡解构性的创伤范式。跟卡鲁思一样,维恩伯格认为创伤"早已印刻在记忆中",有着独特的认识论价值。尽管他也像卡鲁思那样很快补充说,任何对创伤的有意识再现从定义上说都是"不充分的"(Weinberg 205),因为"创伤是无法接近的记忆真相"(Weinberg 204)。让维恩伯格感到遗憾的是,许多学者没有正确理解或者未能尊重创伤的独特的、自相矛盾的逻辑。根据该逻辑,真理是存在的,却无法说清楚,也许就是不清楚的。根据他的判断,哲学和历史学方面的学术著述意在"使我们忘记所有记忆的创伤性一面",由此跟文学文本区别开来,后者能够以更诚实和更有效的方式去探索创伤与记忆之间的相互依赖性(Weinberg 206)。

维恩伯格对心理学和心理治疗不感兴趣,甚至有点敌视,倒也不失赤诚。他并不想证明自己了解创伤受害者的痛苦和相关临床诊疗知识,也不想借此来帮助减少创伤性损害在全世界的发生。他明确宣称,"我不感兴趣的正是创伤的临床方面,或者说只有很少的兴趣"(Weinberg 173)。相反,他喜欢把创伤视为无可或缺的概念工具,赞成后结构主义的伦理编码,承诺"尽其所能去证明创伤是无法治愈的",并且抵御任何不合适的"对于创伤的废止"(Weinberg 173)。维恩伯格开诚布公的观点,凸显了解构性创伤理论一个最令人困惑的特征。解构性创伤范式的支持者借鉴了精神分析学和心理学的一些重要术语和概念,却摆出了彻底反分析和反经验的姿态。卡鲁思、维恩伯格以及他们的许多精神同道都喜欢以一种抽象的方式去推测创伤的哲学意义,并将这些概念用于有关文化和历史的研究,但他们对经验性的创伤现象和实际人群的创伤经历并不感兴趣。文化创伤概念的倡导者强调,对创伤的接近和理解是一件困难至极的事情(大部分临床医生也都赞同这一判断)。不仅如此,他们还断然坚称,由于概念的缘故,创伤"必定是记忆所没法接近的",也是没法以文化的方式来再现的(Weinberg 204)。

在德国的文化和文学研究界,很难说维恩伯格是唯一以准宗教的热诚来欢迎解构性创伤概念的代表人物。该领域中还有其他许多学者坚持"创伤的完整性",如果有人对此有所"亵渎"的话,他们时刻准备加以谴责(Baer 27)。针对这种威胁,解构性创伤的支持者发出严厉警告,认为它们"犯下了背叛罪,违背了对逝者的忠诚",虽然他们对这些术语的精确涵义和判断标准并不是那么清晰(Sebald 121)。但是,让我们离开德国的文化和文学研究界,走向一个不同的学科和一块不同的大陆,看看创伤这一概念在多伦多大学如何作为一个说教工具得到利用。证言和历史记忆项目主任罗格·西蒙(Roger Simon)广泛研究了博物馆的展览,揭示它们如何极好地体现了人权侵犯和其他危机。他特别考察了关于拉文斯布吕克(Ravensbrück)集中营、艾滋病的流行、美国社会出于种族动机的私刑、加拿大土著人口被迫重新定居等题材的文化记忆。西蒙对这些题材的切入,似乎体现了对所有叙事性回忆形式的深度怀疑,因为叙事往往被用来为极端暴力辩护,无论事前还是事后。他情愿保留创伤的文化断裂后果,以极大的悲悯来倡导一种记忆空间的创造,从而避免叙事的常规化和镇静剂威力,并质疑"那些构成了我们对存在的理解之基础的确定性框架"(Simon 186)。为此,他阅读幸存者的证词,寻找"缺席的存在"痕迹,并鼓励学生和博物馆的参观者以非叙事的形式去回应创伤的再现——他始终对自己那种致力于新的"非漠视形式"（forms of non-indifference）的"充满风险的"研究颇感自豪（Simon 187）。

如果相信叙事的确有着解构性、常规化的效果，那么西蒙所提出的再现策略看上去也许就非常合理。但是，如果我们愿意对叙事保持开放的心态，将它视为一种关于压抑和误传、启蒙和治疗的潜在工具，那么多伦多大学目前这种说教似乎就显得相当教条主义。西蒙的文本是解构性创伤哲学的一个典型例子，散发出了绚丽的隐喻光芒，它似乎是一种相当明显的尝试，通过发掘利用大屠杀记忆的文化-政治资本，来推进一个非常独特的美学计划。

贬低叙事以及对试图将创伤降格的恐惧，这都是解构性创伤研究的惯用手法。卡鲁思本人就警告说，任何描述和整合创伤体验的努力，都不可避免地会毁灭创伤的宝贵的精确性。思想史家迈克尔·罗斯（Michael Roth）曾经表示，自己对所谓"后结构主义创伤本体论"持批评态度，不过就连他也鼓励人们不要屈服于"叙事的诱惑"，不要不知不觉地将创伤正常化、琐碎化（Roth 168）。这些提醒当然很重要。我们的文化确实生产了许多令人怀疑的创伤再现，它们可能在受众当中造成了不受欢迎甚至负面的影响。但是，不加区别地拒绝叙事，将使解构性创伤范式无法与临床研究结果协调一致，后者总是证明，将创伤体验纳入叙事框架之内是心理治疗不可或缺的一个工具，同时，叙事性的再现形式也有助于群体和集体去应对暴力事件及其心理和社会后果。实际上，如果一边鼓励人们去接近其个人记忆中更加棘手的那部分内容，一边又阻止叙事过程的发生，那就可能会让他们再次遭到伤害，并且可能诱发某种精神依赖（Fischer 205）。

让我们来参观创伤研究的另一个前哨，它位于阿伯里斯特威斯（Aberystwyth）的威尔士大学。詹妮·埃德金斯（Jenny Edkins）任教于那里的国际政治系,她关于创伤与政治的论著,特别是有关"9·11"遗产的研究成果,提供了极好的案例研究,揭示了解构性创伤的倡导者如何在概念上存在着问题:他们一方面把创伤理解为对特定民族的伤害,另一方面又迅速转向抽象的、隐喻的创伤概念,并将它理解为与现存社会和体制性合作框架的普遍断裂,但他们未能以任何有意义的方式来区别这两个分析层面。埃德金斯在一篇文章的开头之处恰如其分地强调:"正是身体性的、脆弱的人类经历了肉体和心理的双重创伤,因而种种记忆理应属于他们"(Edkins 100)。艾德金斯继而开始了一场令人印象深刻的理论远足。首先,她借由拉康的精神分析教导我们,所有对主体和社会的认知都是一种社会幻象,它以"主导能指"(master signifiers)为基础,后者掩盖了人类对自我和他者的认知当中的存在性缺失。接下来,她援引德里达的观点来提醒我们,所有真正的政治决断都包含着某个彻底的不可判断性时刻,因为这种决断意味着发明新的判断标准,而后者无法从以前的政治现状中得出。经由许多别的理论站点,包括卡鲁思、吉奥乔·阿甘本(Agamben)、福柯,我们最后抵达了预料之中的结论,即创伤对那些给予我们安全感的世界观提出了质疑,例如,它削弱了传统的主体与客体之别,而这些世界观则以这种区分为基础。或者正如埃德金斯直截了当地说的,诸如"9·11"之类的事件,亦包括其他事件,揭示了"肉体与灵魂的不可区分性"(Edkins 110)。

埃德金斯几乎没有使用解构的技巧,便清楚地说出了其干预之举所具备的积极的政治教训。既然"创伤显然中断了原本稳定的故事",它就威胁到了基于这些故事的中央集权的政治权威,开启了政治抵抗的场所(Edkins 107)。因此,埃德金斯谴责布什总统对于传统的英雄主义和牺牲叙事的坚持,称赞那些削弱这类叙事的艺术尝试,那些坚持创伤所造成的解释空白的艺术尝试。毕竟,由于这种理论过剩和政治偏见,我们很容易就失去了受害者的踪迹,感受不到他们的肉体痛苦和心灵脆弱。如果幸存者(据称创伤记忆属于他们)愿意坦然接受英雄主义和牺牲的故事,在虚构的、却非常有帮助的灵魂与肉体之别中去更新自己的信念,那该怎么办?在创伤时刻,创伤体验仅仅在抽象的隐喻层面完全支持拉康、德里达和其他学者的哲学洞见,除此之外,对倡导者而言,它还能有什么意义?我们能负责任地在"9·11"这类事件之后要求人们坦然接受他们的精神伤害和脆弱性、质疑时间和时间性的线性概念吗?这种建议如果真的付诸实施,也许会对一些个人和集体构成严重的心理风险。

我们当然不想暗示埃德金斯意在伤害任何人,或者实际上对任何人造成了伤害(对卡鲁思、维恩伯格、西蒙以及本文所提到的其他学者,我们亦不做如此假定)。我们只是感到困惑:这些学者们在跨学科研究方面显得如此雄心勃勃、如此机敏——毕竟,拉康和德里达的作品不是国际关系领域研究生课程的标准读物——但他们研究"9·11"这类具体的创伤事件的后续影响时,却对有关创伤的经验文献感到不舒服,或者不觉得有必要去利用这些文献。最后,如果有人真的确信社会危机是质疑社会虚构的恰当时机,那么,他也许更希望接近家庭,并且自我批判地反思学术界关于文化创伤的虚构。这种学术虚构也许不是后结构主义理论家所发明出来的,但他们确实不遗余力地宣扬了这种虚构。

我们国际旅行的最后一站,回到了作为文化创伤研究中心地带的美国学术界,特别是耶鲁大学,那里的解构性创伤研究由来尤其长久。但是,我们拜访的不是 20 世纪七八十年代保罗·德曼曾经任教过的法语系或比较文学系,而是社会学家罗恩·埃尔曼(Ron Eyerman)。他研究过有关美国奴隶制的集体记忆,1998—1999 年间,他曾经是耶鲁大学文化创伤和集体认同研究国际学者群的一员

(参见 Alexander et al)。埃尔曼汇集了美国文化中有关奴隶制表现的大量数据，但他也犯了一个概念上的错误，这使他对数据的解释存在着问题。根据埃尔曼的看法，种种文化创伤——在这里就是关于奴隶制的文化创伤——都是通过媒体再现被生产和再生产的，由此导致"认同和意义的极大损失，相对一致的群体社会结构的撕裂"，如一个民族，或者是非裔美国人社群（Eyerman 3）。这种文化或集体创伤的定义很好地反映了人们对创伤的普遍理解，即把它理解为一种严重的伤害形式。但是，对于电影、电视节目、小说，以及跟奴隶制这个话题有关的其他文化产品的所谓解构性效果，埃尔曼却没有提供任何经验的证据。而且，这类证据很有可能并不存在。我们最多知道，媒体的文本可能对读者产生广泛的影响，但创伤后果的发生似乎极为罕见。最后的而且极为重要的是，媒体对于创伤性历史事件的众多再现，例如电视系列片《根》（*Roots*）和《大屠杀》（*Holocaust*），都有助于弱势族群因其过去遭受的痛苦而获得公众的认可，他们由此塑造了群体的认同。也许有人会因为政治原因反对这种情形，但是，如果将媒体事件余波中出现的非裔美国人和犹太裔美国人认同的重构现象描述为一种文化创伤，那就会产生误导，即便只是在隐喻的意义上使用这个术语。不幸的是，埃尔曼的错误几乎不是个例。在文化创伤的研究中，许多学者都以这类简单化的术语，对创伤、媒体和集体认同之间的关系进行概念化处理，并且混淆了暴力的表征与创伤的呈现和再生产。埃尔曼和其他学者的工作，原本可以极大地获益于精致复杂、多种多样的心理学工具，后者能够取代生硬的创伤概念，帮助我们设计一些更加有必要的经验研究，去探讨有关战争、种族灭绝和暴力的表现对于当代媒体社会的后果。

在我们这次短途旅行的终点，我们不想断言创伤研究是一个全球性的阴谋，但我们愿意强调，后现代思想在西方学术界走向体制化的许多平行路径，在不同背景中产生了惊人相似的结果。比方说，这一体制化进程似乎有一个普遍特征：来自众多学科的学者固执地重复一套有限的信念，却未能提出，更别说尝试着回答一些真正有难度的理论和经验问题，即人类如何以个体和集体方式去经历创伤并回应他者的创伤经历。当然，创伤研究领域也有一些重要的例外情形，在这里我们很乐意强调多米尼克·拉卡普拉（Dominick LaCapra）的研究工作，他非常成功地将心理学和精神分析概念运用于有关大屠杀记忆的分析，此外他还辨析了解构性创伤话语核心之处的一个基本概念错误。文化创伤概念的许多支持者，都将所有人在日常生活中特别是走向成年过程中面临的心理挑战，与极端暴力的受害者遭受的超常心理折磨混为一谈（参见 LaCapra）。该错误造成的后果是，他们假定所有人都以这种或那种方式参与了创伤体验，如当人们不得不去应付所有的人类文化和交往形式中难以免除的相对主义时。

然而，从经验上讲，在大多数社会和大多数历史情境中，只有一小部分人口会遭受临床标准所界定的后创伤压力之苦。经验研究表明，极端暴力的幸存者特别有可能属于这部分人群，有可能经历严重的心理困境症状。同时，各种类型的后创伤症状确实可能是由许多不同因素包括看似普通平淡的经历引发的。不过，正因为这样，我们更有必要在经验和概念上将暴力及其社会和精神后果的不同形式区别开来。

在我们看来，解构性创伤范式为五个相关的基本问题所困扰，对此我们已经在本文中试图加以说明。

（1）模糊、隐喻的创伤概念：它将暴力的受害者遭受的具体苦难等同于本体论问题，后者关注的是人类存在和沟通的根本上的含糊性。这一概念泯灭了经验层面上暴力对人们的各种影响之间的重要区别，从而对那些真正遭受后创伤压力的人构成了极大侮辱。

（2）缺乏跨学科的好奇心：令人吃惊的是，解构性创伤范式的倡导者有选择地运用心理学和心理分析的术语，但其方式却很奇怪，是反心理学的，并且几乎从未系统地参考新近那些有关创伤治疗的理论和实践的临床文献，也没有对文化创伤的概念进行严肃的思考。

（3）对有关媒体效果的经验研究不感兴趣：同样令人不安的是，解构性创伤范式的倡导者声称文化创伤是通过媒体生产和再生产的，但他们却未能利用有关媒体效果的众多学术文献，后者跟这种简单化的假设相互矛盾。

（4）对叙事的近乎偏执狂的害怕：他们认为，所有叙事都会带来扭曲化和正常化的后果，从而摧毁了创伤所透露的基本的前叙事洞见。这一反叙事的映像跟心理治疗研究领域的共识相互冲突，后者认为，对于治愈而言叙事乃是不可或缺的工具。

（5）将创伤、高雅艺术和哲学稳定化和审美化为难以捉摸的、空灵的本真性场所。这种立场培育了人文学科和学术界的传统认识，它天生就是反经验的，由此可以解释科学的资源为何很容易被忽视。

总而言之，我们愿意带领大家进行一次小小的隐喻之旅。在我们看来，解构性创伤话语似乎与某种旁观者的心态和优势角度相互一致，他们并未亲身经历任何异常的暴力事件，但依然感到自己不得不以抽象的哲学术语去苦思冥想这类事件的意义。实际上，那种做法的全部目的，也许就是在自我与极端的人类苦难时刻之间划开一道距离，因为旁观者显然想通过本体论的推测从心理上抹去实证的创伤体验。

我们认为，唯一可能说明这种智识野心的方式，就是假定旁观者实际上正在回避或者否认一部分重要的个人记忆，这部分记忆跟手头的历史创伤问题半自觉地产生了共鸣。与创伤理论家的工作相伴随的这些心理联系，既可能包括以往那些有限心理伤害的经历，也可能包括那些关于犯下了或者纵容过轻微过错的记忆，它们看上去跟后见之明无关。但是，除非承认短暂的暴力时刻是一种成长经历，否则它们就会继续激发心理防御机制、遏制主体的智识好奇心。这些推测，可以解释我们的旁观者如何被某种谜一般的混合情绪所困扰，其中包括了无意识的焦虑、潜在的负罪感、认知分化上的麻木，以及咄咄逼人的理论野心。结果，他/她随处都看见了理论上的创伤，却避免以任何具体方式去谈论暴力和受苦问题。

显然，将智识创伤理论家比喻为大屠杀的冥思苦想的旁观者，这是一种隐喻性的表达，尽管我们认为它比文化创伤这一隐喻更加精确、更有帮助。许多解构性创伤理论，看上去只是表达了一种不成功的尝试，即试图从纳粹的"最终解决"之类的事件中恢复过来，或者体现了旁观者的失败的努力，即阻止人为的灾难并以有效方式去处置它们留下的遗产。我们的隐喻表明，并不存在——政治方面、个人方面和科学方面——中立的旁观这类东西，我们的学术作品理应反映这一洞见。我们需要克服沉思性的创伤依附和理论性的表演所导致的不幸的认识论僵局，发展出新的定性的经验研究工具，以更加精确、理论上更灵巧的方式，来研究暴力的心理影响及其文化再现问题。

作者注：本文的后续论文《记住暴力：倾向于定性的文学和媒介互动研究》（"Remembering Violence: In Favor of Qualitative Literary and Media Interaction Research"）已提交给开放式网络杂志《定性社会研究论坛》(http://www.qualitative-research.net)。

参考文献

Alexander, Jeffrey, et al. *Cultural Trauma and Collective Identity*. Berkeley: U of California P, 2004.

Baer, Ulrich. *"Niemand zeugt für den Zeugen"*: *Erinnerungskultur und historische Verantwortung nach der Shoah*. Frankfurt am Main: Suhrkamp, 2000.

Caruth, Cathy, ed. *Trauma*: *Explorations in Memory*. Baltimore: Johns Hopkins UP, 1995.

—. *Unclaimed Experience*: *Trauma, Narrative, and History*. Baltimore: Johns Hopkins UP, 1996.

Edkins, Jenny. "Remembering Relationality: Trauma Time and Politics."*Memory, Trauma, and World Politics*: *Reflections on the Relationship between Past and Present*. Ed. Duncan Bell. New York: Palgrave Macmillan, 2006. 99-115.

Eyerman, Ron. *Cultural Trauma*: *Slavery and the Formation of African American Identity*. New York: Cambridge UP, 2001.

Fischer, Gottfried. *"Von den Dichtern lernen…"*: *Kunstpsychologie und dialektische Psychoanalyse*. Würzburg: Königshausen &. Neumann, 2005.

Kansteiner, Wulf. "Genealogy of a Category Mistake: A Critical Intellectual History of the Cultural Trauma Metaphor." *Rethinking History* 8.2 (2004): 193-221.

LaCapra, Dominick. *Writing History, Writing Trauma*. Baltimore: Johns Hopkins UP, 2001.

Leys, Ruth. *Trauma: A Genealogy.* Baltimore: Johns Hopkins UP, 2000.

Roth, Michael. "Trauma, Repräsentation und historisches Bewußtsein." *Die dunkle Spur der Vergangenheit: Psychoanalytische Zugänge zum Geschichtsbewußtsein.* Eds. Jörn Rüsen and Jürgen Straub. Frankfurt am Main: Suhrkamp, 1998. 153-173.

Sebald, W. G. "Jean Améry und Primo Levi." *Über Jean Améry.* Ed. Irene Heidelberger-Leonard. Heidelberg: Winter, 1990. 115-124.

Simon, Roger. "The Pedagogical Insistence of Public Memory." *Theorizing Historical Consciousness.* Ed. Peter Seixas. Toronto: U of Toronto P, 2004. 183-201.

Weilnböck, Harald. "'Das Trauma muss dem Gedächtnis unverfügbar bleiben': Trauma-Ontologie und anderer Miss-/Brauch von Traumakonzepten in geisteswissenschaftlichen Diskursen." *Mittelweg* 36 16.2 (2007): 2-64. [English: Weilnböck, Harald. "'The Trauma Must Remain Inaccessible to Memory': Trauma Melancholia and Other (Ab-)Uses of Trauma Concepts in Literary Theory." *Mittelweg* 36. 19 March 2008. ⟨http://www.eurozine.com/articles/2008-03-19-weilnbock-en.html⟩.]

Weinberg, Manfred. "Trauma-Geschichte, Gespenst, Literatur- und Gedächtnis." *Trauma: Zwischen Psychoanalyse und kulturellem Deutungsmuster.* Eds. Elizabeth Bronfen, Birgit Erdle and Sigrid Weigel. Cologne: Böhlau, 1999. 173-206.

体验与记忆：过去当中包含的想象性的未来

大卫·米德尔顿、斯蒂文·布朗

一、体验很重要

就现代人对于记忆的理解而言，记忆的保存和丧失之间存在着巨大的张力。记忆自身似乎常常悬挂在一根线上，在恢复和消解之间的风口浪尖上获得平衡。相比之下，本文论述的是强健的记忆和遗忘实践，它们发生在家庭和工作当中，发生在公共机构和商业组织当中，涉及语言和文本基础上的沟通、对象和地点。总的来说，我们想为社会心理研究提供一个基础，在这种研究当中体验非常重要。我们的讨论基于心理学（弗雷德里克·巴特利特）、社会学（莫里斯·哈布瓦赫）和哲学（亨利·柏格森）当中有关记忆的经典著作。我们采用了以记忆和遗忘作为关注点的各种情形的例子，来说明他们的想法对于我们的讨论的重要性。我们想超越这样一种观点，即认为体验存在于时间的线性展开当中，而记忆则被视为连接着过去、现在和未来的载体。相反，我们试图证明，自我是体验的变动中的交叉点，而我们当前的意识只是其中的前沿部分。接近这一目标的方法，就是聚焦于过去当中所包含的想象的未来。我们将证明，体验的重要性不在于过去发生了什么，而在于我们如何用未来构建过去,以便使它可能显得有所不同。换句话说,重要的是我们如何实现另一种**生活轨迹**。

二、现在和过去中的未来

我们很容易理解现在是如何取决于未来的。正如怀特海(Alfred North Whitehead)在《观念的冒险》一书中所言:"切断未来,现在坍塌,清空其确切内容。当下的存在要求将未来嵌入现在的缝隙中。"(Whitehead 223)比如,时间表、野心、焦虑、法律合同就是"无关紧要的意识的姿态",跟未来没有关系。换句话说,现在取决于未来。

然而,未来能否对以前的情况或者在此之前的情况起到重要作用?未来对过去而言是否很重要?我们认为答案是肯定的,因为过去当中包含着想象性的未来,我们如何利用想象性的未来,未来就如何对过去起着重要作用。下面这段话来自普利莫·莱维(Primo Levi)对其在奥斯维辛集中营的幸存体验的冷静描述:

> 我相信,我今天还活着,真的要感谢洛伦佐,不只是他的物质帮助,更多还是他的出现和他自然而然流露的善良朴实不断提醒着我,在我们置身的环境之外还存在着一个正义的世界[...]它很难界定,是一种遥远的善的可能性,值得为此而活下去(Levi 127)。

在六个月里,一位意大利平民劳动者洛伦佐(Lorenzo)把面包和配给自己的剩余物品带给普利莫·莱维。他给莱维带去一件旧马甲,以他的名义写了一张明信片,并给他带去了别人的回复。正如莱

维所言:"具体来讲,花费很少。"(Levi 127)

这不仅仅是关于幸存体验的描述。它以一种有趣的方式处理未来,将个人和环境、过去和现在、物质和道德连接在一起。与其说这是从过去浇注出的一种未来,还不如说是利用并通过想象性的未来构建的一种过去。用怀特海的话来说,这是一种"在它自己之前"的未来。这种描述涉及的是事物的另一面的可能性。

三、想象性的"缝隙填充"和醒目的细节

普利莫·莱维对于过去当中包含的想象性未来的处理方式,可以理解为一个"缝隙填充"(gap filling)过程。被赤裸裸剥夺了人类价值的集中营生活,围绕着洛伦佐的简单礼物和利他主义行为这一"醒目的"细节得到了重建。战后莱维的"赋意后效应"(effort after meaning),是根据那些醒目的细节,通过想象得到重构的。这些醒目的细节被包裹在过去和现在的交叠之处。

在《记忆:一项实验和社会心理学研究》一书中,弗雷德里克·巴特利特用这类术语对记忆进行了探讨。他在那本经典著作中提出,记忆主要关注过去如何被当下建构,以满足我们当前从事的任何活动之需。不应把人们所记住的东西视为一扇观察个体心灵内容和结构的窗户,或者是重述原初体验的刺耳的努力,相反,我们应当关注人们如何建构不同版本的过去、他们这么做的立场,以及他们对于什么东西应当被记住这一问题的看法。巴特利特将记忆界定为"赋意后效应"(effort after meaning)、"一种想象性的重构或者建构,它建立在如下二者关系的基础上:一方面是我们的态度,针对大量活跃的、组织化的过往反应或者体验,另一方面是少数醒目的细节"(Bartlett 213)。

上述路径对于记忆的探讨,强调了"大量"体验与"少数醒目细节"之间的缝隙。例如,我们可以设想一下,一小口浸泡了茶水的"玛德莱娜"小蛋糕对于普鲁斯特而言可能意味着什么。普鲁斯特不仅从它身上感受到了"逝去的时光",他还发掘了过去的潜力,揭示了以往体验过却没有意识到的东西。不过,这种想象性的重构,这种"缝隙填充"是如何完成的?巴特利特在《记忆》以及后来的《思索》两本书中都做了解释:对过去的重构是通过对话完成的。谈话是"日常思考"的一个基本方面,或者用巴特利特的话来说,是"即刻的交往思考"的一个基本方面(Bartlett, *Thinking* 164)。

也许有人会认为,这种解释不错,但真正的主题却是人们实际上如何处理自己的心灵、实际上能记住什么,而不是他们能报告什么。然而,正如德雷克·爱德华兹(Edwards)和乔纳森·波特(Potter)所言,这一区别很难在经验上维系。对体验的描述有着无限的可变性。除此之外,这种对话的一个主要功能,就是弄清楚实际上、有可能或者肯定发生了什么。在与参与者心理特点密切相关的意义上,原初事件的真相就是对话当中展示的逻辑**输出结果**,而不是**输入内容**。巴特利特留下的一个遗产,就是记忆分析的话语转向,即在交往行为的语用学之内去理解记忆如何被组织起来、如何得以实现。对话式记忆是社会行为的一个基本方面(比如可以参见 Middleton and Brown; Middleton and Edwards)。

四、交往行为中的想象性缝隙填充和醒目细节

下面的例子说明了沟通行为中的想象性缝隙填充和醒目细节,它来自费斯·吉布森(Faith Gibson)组织和记录的一次老年人的怀旧会议。玛丽谈到了 1900 年代早期自己在学校学习手写文字的

经历：

> 玛丽：(……)过去我写得很糟糕。(主持人笑了)
>
> 主持人：啊，你必定写得越来越好，现在你已经写得很好了。
>
> 玛丽：不，因为关节炎，现在也不好。过去，老师把我拎到(笑)，他们习惯把我叫到黑板那里，站在全班约40个人面前(。)我必须板书(。)你知道，老师写在黑板上端，而我应当尽可能模仿着照抄，直到我变成一个好的书写者(。)在爱尔兰学校，他们有一张巨大的证书，是由维尔·福斯特(Vere Foster)集团授予爱尔兰社团学校的一个手写团队的(。)那是在我之前的时代了(。)一天老师把我叫起来，她对我说(,)你能读一下吗(？)我说能(。)她说你看到你的名字在那儿吗(？)我说没有，我没有看到(。)她说没有，你永远看不到(别的人笑了)，而我真的从没看到。(笑声)
>
> 主持人：你那时不够好，玛丽。
>
> 玛丽：不，你知道，那是在我之前的时代，但我祖父就那样写字。
>
> 主持人：是的。
>
> 玛丽：他写得一手漂亮的字，我父亲也一样。

玛丽所描述的是，自己日后在书法方面的能力如何在学校时即已得到了潜在的勾勒。老师认定她显然会失败，她的能力被判定为不同于此前的几代人。那时的书写技艺有不同的判断标准，过去的证书就是明证，它们记录了以往学生达到的突出的能力水平，老师根据她与以往标准的差异得出判断："你永远看不到"。记忆的效力即在于她如何翻转那种差异，以表明自己的未来并不一定由那种轨迹所决定。这么做时，玛丽从过去那里找到了另一种未来的可能性的基础。在那个时代，她作为糟糕的书写者的身份并不是注定的。对她的评判无需依据"我之前的时代"的东西（主持人：你那时不够好，玛丽。玛丽：是的，那是在我之前的时代）。玛丽回到过去，构建了一种想象性的未来，围绕其中一些突出细节——那张上面没有她的名字的获奖证书，以及以往的教学实践（即直接照着老师的示范来书写）——进行了缝隙填充，由此实现了她作为一个人的现在的认同。这一重构对**时间**提出了质疑，使得另一种未来能够说得通。不过，被唤起的是何种时间？是钟表时间吗？还是作为一系列时刻的她的生命？

五、 生命的时间——绵延

生活不只是一系列时刻的线性展开——钟表时间里的生活。我们必须在时光中——在生活的时间或者绵延中过日子，后者总是某种更大的东西的一部分，这种东西亨利·柏格森称之为"流动的连续性的真实"（Bergson, *Creative Evolution*）。他将生活世界的基础描述为"不可分割的川流"，或者是"流动的连续性的真实"。此处无他，只有一种真实性，即持续不断的流变："实在的东西就是形式的不断变化；形式只是对变化拍摄的快照。"（Bergson 302）我们所感知的那些形式，类似于一个不停变动世界的"开放整体"的"快照"或者临时观点。虽然从根本上说，我们生活在一种"流动的连续性的真实"当中，但我们还是能够主动将那种川流中的离散形式"切割"开来，或者将它们"孤立"起来。在柏格森看来，关键在于这些形式都是与我们的独特视角有关的产品或结果——它们并非真实性本身(Bergson 300-302)。

柏格森认为,唯有在犹豫中我们才能正确地体验时间。换句话说,我们体验着自己的生活中的绵延。不过,是什么导致了犹豫不决?他认为就是当我们面对不确定性之时——面对**"不确定性的地带"**并"被迫等待"。我们本身的自觉的存在之节奏,是与他者时间的绵延相互依赖的,某种意义上还是以后者为基础的。为了证明这种相互依赖性,我们只需设想一下,如果"用一种更慢的节奏"来度过我们自己的绵延,那将会发生什么?我们跟世界的关系,或者是在现实世界的立足点,都将逐渐碎片化,因为我们会直接将现实体验为"不可分割的川流"、包含着无数变化的不断运动,结果我们将无法有效地去感知和行动(Bergson, *Matter and Memory* 201-208)。

柏格森在《创造进化论》中讨论了这种相互依赖性,其中最著名的例子如下:

> 如果我想要一杯糖和水的混合物,那么不管愿不愿意,都必须等待糖的溶化。事实虽小,意义却很重大。因为在这里,我必须等待的时间并不是那种数学时间,后者能够颇为平等地应用于物质世界的全部历史〔……〕我等待的这段时间与我的不耐烦相一致,也就是说,与我自己的绵延中的某个部分相一致,我没法随意延长或者缩短它。它不再是**想象中的**某种东西,它是**经验中的**某种东西。(Bergson 9-10)

在该例子中,"意义很重大"的东西,就是我们的绵延与他者——在这里就是溶化中的糖——的绵延之间的相互依赖性。我们被迫等待糖的溶化。由于这个过程所花费的时间,我们自己的绵延便以一种我们无法"随意延长或者缩短"的方式,跟糖水混合物的绵延勾连在一起。柏格森的观点是，我们感到越来越不耐烦，而这正是两种绵延的勾连呈现的特征，这一特征是不可化约的。此刻，我们完全有可能用数学方法预先计算出将要花多长时间来等待糖的溶化，但这种"数学时间"并不是我们度过的时间，我们的体验没法化约为数学时间。的确，这里最有趣的就是绵延的展开的不确定性：也许我们会变得非常不耐烦，糖还没有完全溶化就把水给喝了；也许我们会受到打扰，一直没有再碰那杯水；也许我们在等待之后，意识到自己已经不想喝那杯令人作呕的糖水。在柏格森看来，生命的特征必定体现为这种不得不等待的小事例中发现的"不确定性"："时间正是这一犹豫不决，否则它就什么都不是。"（Bergson, *Creative Evolution* 93）因此，准确地说，我们自己的绵延并不是真正意义上单独的——它总是与其他的绵延相连。有时候，其他这些绵延"笼罩"着我们自己的绵延，比如当我们不得不等待之时。同样，我们的绵延也能笼罩其他的绵延。

六、纪念性记忆之场：犹豫中的想象性阐述

可以思考一下我们如何与纪念场所联系在一起。纪念场所在"工作"时，由于不确定性而产生了犹豫。例如，美国华盛顿特区的越战纪念墙（the Vietnam Memorial Wall）恰好提供了这样一个地方，在这里，当人们面对不确定的区域时，想象性的阐述得以唤起。这个纪念碑是非具象的。在光滑的黑色花岗岩表面，按照死亡日期的时间顺序，镌刻着那场战争中超过58000名丧生者的名字。那里有多个关于非决定论的区域。那面墙是一处"反思"地带——犹豫地带。我们可以从字面上看到自己在墙上得到了反映，也被包含于其中。人们陷入那面"墙"的"文本"中，去寻找和比较参战者的名

字。他们留下了具有个人意义的物品（信件、衣服、个人遗物）。这些物品本身进而成为反思性的犹豫和想象性的阐述的源泉："这张明信片是在什么时候、在什么情况下写的？""这是寄给家里的最后讯息吗？"并没有规定我们应该如何去进行这种想象性的阐述。它是开放的，非具象的纪念碑的力量就在于它们创造了这类不确定性的区域。犹豫使生命的绵延成为可能，然而这种绵延不单是主观的体验。重要的是它们与别的绵延相互交叉，而正是在那种交叉中，进一步的想象性阐述成为可能。

七、交叉的绵延：创造差异

在这种非具象的纪念物中，体验的流动很缓慢，面对其中的不确定性，我们"被迫生活在"（柏格森语）想象性重构的展开过程的绵延中。但这有什么区别吗？在那些交叉的绵延中，就体验的真实性而言，重要的是变化本身。在这种绵延中，是否可以实现一种摆脱了过去负担的另类未来？最后的例子来自村上京子对记忆与和解问题的研究，其主题是战俘在战后的遭遇。京子收集了一系列对英国二战老兵的访谈，他们曾在远东地区做过战俘。被俘期间，他们先是修建泰缅铁路，然后被移送到日本的铜矿参加劳动。约50年后的1992年，28名前英国战俘回到铜矿遗址附近的一处纪念场所。这次拜访旨在推动和解，它是生活在英国的日本人、英国老兵协会以及遗址当地人所倡议和组织的一系列事件的一部分。在组织幸存战俘前往日本的和解之旅的过程中，纪念场所及其修建和维护状况成了努力的焦点。

下面的对话来自1999年对幸存老兵的一次采访，由村上京子记录。参与采访的有两位前英国战俘和其中一人的配偶，一名日本联系人,以及采访者——也就是研究者自己。老兵弗莱德(Fred)提供了一个例子,它可以说明与日本人关系的变化。下面这段文字详细讲述了促成那种变化的一个小插曲。我们看到的是不同绵延相互交叉的一个例子。不过具体如何呢?

F＝前英国战俘
M＝日本联系人
Int.＝采访者

F:多年前,我在伦敦的巴特西公园(Battersea Park)(.)战后(.)战争结束十年后(.)战争结束十年后(1.0)我端着一杯茶坐在户外的桌子旁,两个小(0.8)孩子在我面前跑来跑去(2.0) 我对自己说,"哦,上帝＞那是日本人＜"因为他们可能是中国人,或者(0.8)是泰国人(.)都有可能。

Int.:嗯,嗯。

F:＞你知道我的意思＜但在我看来,他们就是日本人(1.0) 我想 (0.8) 我没有迟疑多久,因为就在我身后,有人喊"Oi,koi"对吗?"到这儿来"。

Int.:嗯。

F:不是吗?我认为我知道,那句话的意思是"到这儿来",或者是"回来"(.) 我不太情愿地转过身,在我身后的邻桌,坐着一个日本男人和一个日本女子(.) 他们双双起身,走了下去(.) 站在湖边(.) 事情就是那样(.) 他给妻子和两个孩子照了一张相(.) 她又走过去,给丈夫和孩子们拍了一张(.) 我是＝我不用相机什么的(.) 但在那种情形中,我通常的做法(.) 我已经做了许多次,我会走出去说,"打扰了(.) 您介意——您愿意我替你们全家照张相吗?"

Int．：是的。

F：我半起身，心里想："不，我为什么要这样做？"我为此感到后悔（．）我后悔这样做（．）但多年以后（．）当我走过圭子（Keiko）在克罗伊登的房子，一位日本男（．）女（．）医生？

M：宽子（Hiro）？

F：两个孩子走过来，他们坐在圭子房前的楼梯上，然后我用自己的相机照了一张相（．）我想，也许最后我还是被救赎了（．）哈哈哈（．）你知道那是一桩小事。

Int．：是的。

这个例子发生的背景是，研究者请受访者回顾和描绘一下他们1992年重返日本参观之旅的影响。我们能看到，讲述者在两个不同场合——和解之旅发生之前和之后——拍照的体验，其间有一种行动的平衡。这个故事激发了一个关于变化的概念，并且呈现了一个用以评估那种变化的基础，它概括了讲述者弗莱德如何因为参加那次旅行而发生变化。故事中标明了讲述者对日本人态度的变化，勾勒了弗莱德现在持有的新视角。这种变化在他身上体现为一种可能的救赎："我想，也许最后我还是被救赎了"，尽管"你知道那是小事一桩"。第一则"故事"并不是孤立地存在。讲述者随即给出了第二个故事，由此确认自己是一个得到了改变的人（亦见 Sacks）。这样，在这些陈述的话语组织当中，空间问题（比如主观倾向）和历史问题（集体认同——比如日本人）相互交叉的方式就特别有意思。

我们在这一交叉中看到的，正是柏格森描述的那种"犹豫"和"阐述"，弗莱德为那声"Oi koi"所困扰，那句话起到了"命令词"的作用，使听者立即置于回忆中的个人关系地带（参见 Halbwachs,

On Collective Memory； Halbwachs, *The Collective Memory*）。听到用日语说的"到这儿来",就是"感受"到了发自内心的回忆的力量。不过,弗莱德接下来描述了自己如何也感受到了礼貌规则的压力,后者对应着他所居住环境的常规社会关系。某种意义上,他处于两种个人关系地带之间。半起身状态使两者间的张力戏剧化了:其间有一种犹豫,一种暂停。犹豫当中发生了什么?那正是叙事的核心问题。看到日本人在自己面前展现出的欢乐一家人的场景,弗莱德遭遇了出其不意的含糊性。他在巴特西公园的那杯茶完全变成了别的东西。

弗莱德身上的犹豫导致的正是这种"等待"的体验,因为只要弗莱德还在等待,他自己的绵延就为他者——在相机前轮流列队微笑的家庭成员——的绵延所笼罩。于是,这一并列使一种含糊性、一种"阐述"成为可能,因为弗莱德的展开之中的绵延——曾经的战俘,原本愿意帮助别人的人,在户外公园品茶——正向他敞开着。上面讲到的事件从他心头掠过,弗莱德坐了下来,继续享用他那杯茶。

弗莱德描述的第二件事与同样的中断或暂停无关。他为坐在楼梯上的两名日本儿童照相时,其行为之流没有中断。相反,犹豫处于两个事件之间,因为弗莱德随之对后一事件的流动与前者的行为中断进行了比较。将这两个事件放到一起,弗莱德发现了一种"慢下来"的方式,转向了他自己的绵延,拒绝了那种已经被安置给过去的秩序,这导致他将自己想象性地阐述或者重建为"最后得到了救赎"。正是绵延的并列和相互交叉,使"慢下来"和"犹豫"成为可能。不过在第二个例子中,起中介作用的是语言,即那句飘过头顶的话"Oi koi",以及弗莱德的即兴叙述,这使两个事件得以汇集起来。这就提供了一个基础,使我们可以去质疑对于生活体验的排序(弗莱德也被纳入了那种序列当中),并能将它重新表现出来。那些言说并不亚于纪念物,其中"包含"着差别,可以产生差异。

八、结论

因此,就过去发生了什么而言,体验并不那么重要。不过,如何在过去中建构未来,以便让差异成为可能,也就是有可能实现另一种生活轨迹,就此而言,体验却很重要。类似地,当过去的负担和醒目的细节在赋予意义之后的想象性缝隙填充努力中交叠在一起时,当想象性的犹豫作为相互交叉的绵延的后果时,想象也很重要。

此外,记忆的重要性,并不在于个人、群体和地点三者之间在法庭证据意义上的联系,而在于我们切入体验之流的方式。因此,记忆是一个断断续续的过程,它阻挡着过去的负担。同样,忘却并不意味着记忆的脆弱,而是让体验回归于想象性的再阐述。

总的来说,我们认为,过去当中包含的想象性的未来是一个关键问题,由此,在关于社会性的记忆和遗忘实践的记忆研究当中,体验颇为重要。我们旨在证明,想象是一种"缝隙填充"和"犹豫"的过程。在此,我们还讨论了这一点对于绵延意义上的时间的含义,或者说对于生活中的时间和时间流逝的体验的含义。我们的结论是,绵延是理解记忆的互动组织的关键,而相互重叠的绵延则为想象性的犹豫提供了基础。换句话说,关于体验的反思性阐述,对于个人和集体层面而言都很重要。

致谢:本文基于 2006 年 3 月 20 日在巴西圣卡特琳娜联邦大学(Universidade Federal de Santa Catarina, Florianopolis, Santa Caterina)召开的"记忆和想象讨论会"的大会演讲而撰成。我们对安德烈·赞内拉(Andréa Zanella)和所有参与组织这次会议的人深表谢意。还有阿娜·斯摩卡(Ana Smolka)、伊丽莎白·布拉卡

(Elisabeth dos Santos Braga)、鲁兹·雷特 (Luci Banks Leite)、阿德里安·德拉普兰 (Adriana Lia Friszman de Laplane) 和玛尔塔·科尔 (Marta Kohl),深深感谢他们建设性的批评和反馈。

参考文献

Bartlett, Frederick C. *Remembering: A Study in Experimental and Social Psychology*. Cambridge: Cambridge UP, 1932.

—. *Thinking: An Experimental and Social Study*. London: Allen & Unwin, 1958.

Bergson, Henri. *Creative Evolution*. 1911. Trans. Arthur Mitchell. Mineola, NY: Dover, 1998.

—. *The Creative Mind: An Introduction to Metaphysics*. 1946. Trans. Mabelle L. Andison. New York: Citadel, 1992.

—. *Matter and Memory*. 1908. Trans. Nancy Margaret Paul and W. Scott Palmer. New York: Zone, 1991.

Edwards, Derek, and Jonathan Potter. *Discursive Psychology*. London: Sage, 1992.

Gibson, Faith. *Using Reminiscence*. London: Help the Aged, 1989.

Halbwachs, Maurice. *The Collective Memory*. 1950. Trans. Francis J. Ditter, Jr. and Vida Yazdi Ditter. New York: Harper & Row, 1980.

—. *On Collective Memory*. 1925. Ed. and trans. Lewis A. Coser. Chicago: U of Chicago P, 1992.

Levi, Primo. *If This Is a Man*. 1958. London: Penguin, 1979.

Lynch, Michael, and David Bogen. *The Spectacle of History: Speech*,

Text, and Memory at the Iran-Contra Hearings. Durham: Duke UP, 1996.

Middleton, David, and Steven D. Brown. The Social Psychology of Experience: Studies in Remembering and Forgetting. London: Sage, 2005.

Middleton, David, and Derek Edwards. Collective Remembering. London: Sage, 1990.

Murakami, Kyoko. "Revisiting the Past: Social Organisation of Remembering and Reconciliation." Diss. Loughborough University, UK, 2001.

Proust, Marcel. In Remembrance of Things Past. 1913. Trans. C. K. Scott-Moncrieff, Terence Kilmartin and D. J. Enright. Vol. 1. Harmandsworth: Penguin, 1981.

Sacks, Harvey. "Lecture 4: Storyteller as 'Witness': Entitlement to Experience."Lectures on Conversation. Ed. Gail Jefferson. Vol. 2. Oxford: Blackwell, 1992. 242–248.

Whitehead, Alfred North. Adventures of Ideas. Harmondsworth: Penguin, 1933.

集体记忆的认知分类学

大卫·马尼尔、威廉·赫斯特

"集体记忆"这个概念的弹性,使我们很难去连贯地处理这一主题。这个术语被用来指当前所纪念和记住的仪式、传统、神话、很久之前的历史事件,以及不只是由个人而且由记忆共同体所记住的近期事件。有关仪式和传统的讨论,以及共同体对于近期事件的记忆的讨论,二者如何能够得到同等的处理?为此,我们尝试着建构集体记忆的二分法,以便在某种程度上更好地理解不同的用法有何异同之处。

我们的看法是,集体记忆并不仅仅是在共同体内共享的记忆,它还必须为该共同体发挥某种作用。正如不能将所有的个人记忆一概视为自传性记忆那样,我们也不能把所有共享记忆视为集体记忆。许多美国人大致知道圆周率的值,但那并不构成美国人的集体记忆。能够记住圆周率的值,也许是全世界受过教育者的相关特征,因而可能是**这一**社群的一种集体记忆,但它与美国人的认同无关,因而不能被视为美国人的集体记忆。因而,集体记忆是共同体成员心目中对于过去的再现,有助于形成该共同体的认同感。在一些学者看来,这种再现呈现为叙事的形式(参见 Brockmeier)。然而,并非所有那些塑造认同的记忆都跟叙事完全吻合。在我们看来,共同体的认同(部分程度上)是由那些成员构成的,他们不仅共享相似的叙事，而且共享一些思想模式和/或活着的历史。我们的集体记忆定义取决于群体认同，不一定以叙事形式来表达，而是基于共同的经历，后者既可能得到了清晰的表达，也可能没有清楚地表达出来（参见 Manier）。

一个替代方案就是将共同体的记忆实践分为两类，即阿斯曼所说的**交往记忆**与**文化记忆**。交往记忆以社会作为媒介，以某个群体为基础，通过日常交往在一个共同体内传播。它们的时间范围有限，大致从 80 到 100 年不等（四代人）。而文化记忆则通过社会实践和教化在不同世代之间得到维系，包括文本、仪式、纪念碑、纪念活动和纪念仪式等，这些东西阿斯曼称之为"记忆图案"（figures of memory）。文化记忆的时间范畴是无限的。

本文试图建立一种分类学，以关于个体记忆系统的认知心理学研究为基础。在许多学者看来，这种策略似乎显得执迷不悟，因为它将集体记忆和个人记忆混为一谈。根据许多理论性的探讨都承认的一个共同看法，集体记忆不仅是个人记忆的集合，而且我们没法把集体记忆的原理化约为个人记忆的原理。因此，康斯坦纳认为，弗洛伊德学派的观点——人们必须"度过"创伤以避免不想要的症状——也许适用于个人，但不适用于民族国家，因为"民族国家能够毫无心理顾忌地压抑创伤"（Kansteiner 186）。（亦见本书伍尔夫·康斯坦纳和哈罗德·维恩布克合撰的文章。）

然而，这个观点（如果有效的话）并不意味着个人记忆的原理对于集体记忆的运行完全没有任何约束。如果个体就是实际进行回忆的人，那么，一个群体如何回忆以及回忆什么，至少部分程度上是由个体记忆的性质所决定的。研究集体记忆的学者含蓄地接受这个断言，他们假定集体记忆并不仅仅是过去的忠实的再生产，而且这一断言往往有着如下观察作为基础：人类记忆（跟计算机的记忆不同）

容易受到当前态度和外在影响而发生扭曲（参见 Bartlett）。我们只是拓展了这一推理线索，认为人类个体记忆的独特结构可以在集体记忆的多样性中得到反映。

一、细分个人记忆的系统路径

心理学家不断证明，人类记忆包括独立但又相互联系的结构。理论上，人类的记忆系统可能是一种单一的机制，记忆的编码、储存和检索，所有阶段都由同样的原理所主宰。然而，研究证明，存在多种记忆系统，每个系统都遵循着一套独特的原理。就此而言，人类记忆类似于一台计算机，包含一系列不同的记忆系统——RAM、ROM、硬盘等等。

心理学家使用了好几种概念框架来描述人类记忆系统的特征（亦见本书汉斯·马科维奇的文章）。方案之一依赖于跟记忆相伴的回忆性的体验。有的情况下，人们清楚地意识到自己记住了一些东西，如他们声称"我记得上星期四跟简见过面"。在别的情形中，即便没有伴随着回忆性的体验，过去也能影响现在，如人们声称"我知道我们以前见过面，但我不知道在何时、何地"。某个人看上去很面熟，但我们并没有自觉的体验，想不起来过去的某个事件。

心理学家采用**回忆**与**熟悉**、**记住**与**知道**，以及更常见的**显性记忆**（explicit memory）与**隐性记忆**（implicit memory）之类的对比，区分了**直接**记忆任务与**间接**记忆任务，对不同的记忆亚系统进行了实验性的探索（参见 Schacter and Tulving）。**直接记忆任务**用来评估**显性记忆**，涉及有意识的回忆。在一项被称为**线索性回忆**（cued recall）的直接记忆任务当中，人们必须记住此前学过的材料，比如一长串单词。他们也许可以得到线索（比如此前学过的以 SUM 三个字母打头的单词），从而准确地想起 SUMMIT 这个答案。**间接记忆任务**用来评估**隐性记忆**，并不要求清楚地记住某个事物。例如，在一项**词干填充**任务中，参加者需要用脑海中闪现的第一个词来填充一个词干（比如 SUM）。如果参与者填充的词干来自此前学过的词汇表中的一个单词（SUMMIT），那么就可以说该词汇表在他们填充词干时起到了**事先指导**的作用。这两个任务虽然在结构上相似，却有着关键的区别：词干填充不同于线索性回忆，并不要求那样一种体验，即清楚地记住该词乃是此前学过的词汇表中的单词。

一份重要的文献表明，显性记忆和隐性记忆这两种类型的记忆在心理和神经层面都是相互脱离的。例如，神经受损的顺行性失忆症在线索性回忆任务中的表现令人沮丧，但在词干填充任务中却有正常水平的表现（Schacter 509）。神经完好无缺者的表现当中也存在着这种分裂现象（Schacter 507）。例如，在一项研究中，一群"正常的"参与者被要求读出一串单词，并指出每个单词属于下面哪一种情况：(1) 它是否包含着某种令人愉快或者令人不快的东西（一项深度引导性的任务）；(2) 它包含了多少个字母 E（一项具体引导性的任务）。引导性任务的深浅影响着随后的直接记忆任务，即线索性记忆（深度引导性的任务促进了更好的线索性回忆），但在间接记忆任务（词干完成）当中却并非如此。

大脑成像研究表明，显性记忆跟隐性记忆的区别有着神经学的基础（Schacter and Bruckner）。当参与者被赋予一项涉及显性记忆的任务时，研究者可以在其海马体和相关的大脑结构中观察到更高程度的神经活性。这一发现跟失忆症的研究结果相符，因为失忆症（它涉及对显性而非隐性记忆任务的损害）通常由于海马体的受损而产生。对于隐性记忆任务，海马体并没有发挥这种特殊的作用。

一些心理学家以记忆的内容为基础建立了自己的分类框架。例如，恩德尔·图尔温（Endel Tulving）观察到了一些记忆活动，他称之为**情节记忆**（episodic memories），这些记忆被赋予了具体的时间和空间，指向个人所经历的事件、地点或者东西（参见 Schacter and Tulving）。情节记忆的一个例子，就是记得今天的早餐是烤面包。其他记忆，即**语义记忆**（semantic memories），则不具备这种时空的具体性。许多人都知道拿破仑在滑铁卢战败，但不记得是在哪里学到了这个事实。有时候，他们似乎记得自己曾经学过有关这场战役的东西。许多语义记忆都始于情节记忆，但情节记忆往往逐渐消失，留下的仅仅是语义记忆，即学过什么东西。

跟显性记忆和隐性记忆的区分一样，无数研究确立了一种心理学意义上的现实，即把记忆区分为情节系统和语义系统。我们可以再思考一下失忆症的表现。失忆症发作后，失忆者无法记住发生过的事件，但他们可以学习新的事实。在一个惊人的案例中，一位少女从婴儿期就开始出现复杂的顺行性失忆症（参见 Vargha-Khadem et al.）。跟其他这类患者一样，她不能记住刚刚发生的事情，哪怕就在事发几分钟之后。然而，她在学校表现很好，经常处于班级的上游，因此她可以学会新的知识。

心理学家还将**程序性**（procedural）记忆和**陈述性**（declarative）记忆区别开来。前者指各种技能，也就是**知道如何**去做（Schacter and Tulving）。后者既指关于经历的记忆，也指关于事实的记忆，即**知道**发生了**什么**、事实的构成是什么。因此，你**知道如何**滑冰（一种程序性记忆）、你**知道**自己孩提时常去滑冰（一种陈述性记忆）。二者是可以区别开来的。因此，失忆者能以正常水准获得程序性记忆，但很难获得陈述性记忆，这一点并不令人惊讶。

虽然这些区分都采用了不同的分类方案，但它们本身有着共同之处。失忆症的研究提供了一个有效工具，可以捕捉到这些相似之处。失忆症患者很难有显性、情节性和陈述性的记忆，却表现出正常的隐性、程序性的记忆，在一些研究中甚至表现出正常的语义记忆。毕竟，情节记忆（**知道**某件事情发生过）是陈述性记忆这个类型下面的一个子集，它往往涉及显性、回忆性的经历。同样，对于隐性记忆、语义记忆和程序性记忆这一集群，我们也很容易观察到其中的交叠，因为程序性记忆和语义记忆并不要求对某个特定事件进行回忆。的确，一边练习跳舞或者滑冰这类能（使用程序性记忆），一边清楚地想着那种技能的各种构成部分（使用叙事性记忆），这可能是有害的。

个人层面的这些区分可以转移到集体记忆领域吗？在集体层面，是否也存在着类似于显性记忆和隐性记忆、情节记忆和语义记忆、陈述性记忆和程序性记忆之类的东西？如果有的话，这些细分能帮助我们更清楚地理解集体记忆的本质吗？

二、 细分的集体记忆

集体情节记忆。跟个人记忆一样，集体记忆也可以根据人们拥有的回忆性经历以及其中包含的时空信息来分类。许多集体记忆涉及的，都是作为记忆共同体成员的个人以往所经历的事件。一群朋友去现场观看世界杯比赛，看到他们的国家队踢得漂亮，他们就可能形成一种有关比赛的集体记忆，在接下来的岁月里相互分享。结果，每个人的记忆以及朋友间分享的集体记忆，就会披上一种空间-时间语境的外衣。每个朋友都会记得坐在体育场内观看比赛的经历。关于这种经历的记忆不仅会被分享，而且会增进他们作为一群朋友的认同。当然，记忆共同体的特质可以有着实质性的差别：一支体育队伍的粉丝是一种共同体，一个家庭的成员是另一种共同体，纽约"9·11"事件的幸存者是第三种共同体。此外,一个共同体(比如一群粉丝)对某个事件的记忆可能与另一个共同体(比如对手的粉丝)大不相同。但是,无论该共同体的构成如何,有关其自身经历的共享记忆都能构成某种集体情节记忆。

集体语义记忆。人们加以引用,但不必记住自己是从哪里获得的所有那些历史事实(以及其他许多事实),都是语义记忆,并且大多数情况下都是集体语义记忆。一些集体语义记忆涉及当代的事件、地点和事情。本文作者有关越南战争的记忆就是一个例子。虽然战争期间我们不在越南,但它发生时,我们的确从媒体、朋友、书籍、老师和其他来源了解了这件事情。我们所了解的也许不宜被称作情节记忆,因为其中大多数内容无法指向我们生活中任何特定的日子或地点,但是,这种记忆有一个鲜活的品质,因此我们称它为**鲜活的语义记忆**。

相比之下,许多集体语义记忆指向更遥远的事件。本文作者对于华盛顿横渡特拉华河的记忆,就是**遥远的集体语义记忆**(一个美国人的集体记忆)的一个绝佳例子。跟越南战争一样,我们通过学校、书籍和一幅典型的油画间接了解了华盛顿的军事策略。但是,不同于有关越战的鲜活记忆,我们有关华盛顿军事策略的遥远的语义记忆,却缺乏前者那种活生生的影响。

鲜活的语义记忆的影响之所以出现,至少部分是因为被记住的事件在个人和共同体那里都产生了更大的共鸣。作为个人,也许更重要的是作为美利坚共同体的成员,我们用以记住越南战争的方式,灌输给了我们一种个人和共同体的责任感,例如有关战争行为的集体羞耻感。特别是当我们在海外旅行时,我们国家糟糕的,有时是灾难性的外交政策如影随形,令我们难堪:我们把这段历史视为我们作为美国人无可逃避的集体认同的一部分。

而遥远的集体语义记忆，对共同体的成员却没有这种影响。许多美国人都知道华盛顿的军事策略，甚至可以说，有关华盛顿横渡特拉华河的知识对于美国人的认同感而言非常重要（参见 Hirsch, Kett, and Trefil）。但是，该记忆跟越战记忆不同，没法被视为同样构成了美国人的负担。许多美国人怀有的越战记忆，使他们对逃到美国的战争难民及其后代抱有一种责任感。可是，对于独立战争期间被杀死的美国的敌人（比如英国人）的后代，美国人并不觉得自己负有任何责任。大多数遥远的集体语义记忆，正如该术语所暗示的那样，远到足以解除共同体的情感负担和责任感，而更近的记忆则可能有着这种负担。

集体程序记忆或者**集体隐性记忆**。我们打算将（上述）语义记忆跟共同体的传统、实践和仪式做一比较，这些东西我们归类为**集体程序记忆**。虽然仪式在共同体中起作用的方式跟它们可能对记忆产生的影响有所不同，但毫无疑问，它们也可以被理解为一种记忆，在这里就是一种程序，而非事实或者情景。一些罗马天主教的教区居民可以遵循弥撒的程序，而不必清楚地记住每一项弥撒活动象征着什么，或者自己是从何处学会了这些仪式。他们**知道如何**做弥撒，但他们当然不必**知道**现今所做的弥撒源于 1545 年开始的特兰托宗教会议。

仪式和传统——或者更普遍地说就是程序性记忆——作为一种记忆工具，可以塑造实践者的集体认同，集体性地向他们提示陈述性记忆的存在。弥撒庆典意在提醒教区居民耶稣的受难。仪式或者程序性记忆中所包含的行为，也能创造一种集体情感和态度。屈膝的动作产生了一种服从感和敬畏感（参见 Connerton）。弥撒中授权的活动可以来自程序性（而非陈述性）记忆，但执行这些程序的结果，却能产生弥撒意在唤起的那种情感。

至少，许多人都遵循着一些传统和仪式，却没有意识到它们是习得的，甚至没有意识到它们是仪式或者传统。他们认为自己的行为自然而然，并不是经验的产物。在这种事例中，我们也许可以说知识或习得的程序得到了**具身化**（embodied）。具身化的知识能对人们的生活施加有力的影响，部分程度上也许正是因为人们没有清楚地认识到它是习得的东西，相反，它被视为理所当然。我们自己社会当中日常生活里的许多因素——从衣、食到卫生习惯、求婚仪式——都代表着这种具身化的知识。

三、总结和结论

现在我们也许可以回到本文开篇提出的问题：怎么才能够以处理共同体关于近期事件的记忆的方式，去处理仪式和传统？或者用本文提出的术语来说，集体的程序性记忆和集体的情节记忆，怎么才能够得到同等的处理？也就是说它们怎么才能被视为更一般意义上的集体记忆这一现象的表现形式？这些问题的答案跟个体记忆层面的答案一样简单：它们**不是**一回事。虽然集体的程序性记忆和集体的情节记忆都是集体记忆的范例，但它们涉及不同的记忆类型，具有不同的特性，因而不应当混为一谈或不加区别地进行探讨。

我们提出的集体记忆的认知分类学勾勒了一种方法，它可以将个体记忆层面的限制描画到集体层面。也就是说，通过考察那些支配着个体层面的对应物的原理，我们能分辨出一些支配着集体层面的情节记忆、语义记忆和程序性记忆的独特原理。例如，基于我们对个体记忆的了解，从对于外界干预的敏感程度以及可能被遗忘的程度而言，集体情节记忆应该高于集体语义记忆，而集体语义记忆又高于集体程序记忆。情况似乎就是如此。随着时间的流逝，教区居民在教义问答手册中学到的弥撒的意义,也即教区居民有关弥撒意义的集体语义记忆,比教区居民亲身参加过的特定弥撒形式所形成的集体情节记忆更有可能得到保留。不过,更可能得到保留的还是教区居民对于弥撒的集体程序记忆。他们也许无法记住特定的弥撒,也无法想起教义问答手册的具体内容,但他们可能直到去世都相当准确地记得应该如何参加弥撒活动。因此,相比于共享的情节记忆和共享的关于弥撒意义的知识,集体程序记忆对教区居民认同的影响可能更加重要。

我们在这里强调了不同类型的集体记忆的特性,而不是一个共同体利用这些记忆进行的记忆实践。记忆实践可以影响某种记忆的保存情况,但这种影响不能脱离所涉及记忆类型的限制范围。教区居民也许记得弥撒的程序,部分是因为他们每周都做弥撒。但是,即便缺席这种每周举行的仪式,人们记得更清楚的还是弥撒的程序,而不是教义问答手册中的语义知识,也不是特定弥撒活动的情景。

这种思考,能给当前那些关于不同类型集体记忆的文献提供一个更加微妙的理解。我们可以再来思考一下阿斯曼对于交往记忆和文化记忆的区分(亦见本书扬·阿斯曼的文章)。阿斯曼声称,交往记忆有着固定的时间范围,大约 80 到 100 年,而文化记忆则更加永久。他这一区分来自对维系记忆的各种实践的考察:在交往记忆当中,记忆通过交往得到维系;而在文化记忆当中,记忆通过他所说的记忆图像得到维系。但是,正如关于口头传统的研究所表明的,许多交往记忆的延续时间远远超过了 80 年,比如儿童的数数韵律"Eenie, Meenie, Miny, Moe"。另一方面,许多文化记忆(储存在文本或者包含在文化性人工制品中的信息)尽管延续的时间很长,对于一个共同体而言却可能难以触及,因而无法被有效地视为共同体文化记忆的一部分。阿斯曼也认为有这种可能性,他讨论了文化记忆的两种模式：潜在的与现实的。

为了更好地理解集体记忆的时间范围，我们可以思考一下它是集体的情节记忆、语义记忆还是程序记忆，而不只是停留于交往记忆与文化记忆之别。从定义上说，集体情节记忆只能延续一代人的时间。集体语义记忆能在代际间传递，但相对而言还是很脆弱。集体语义记忆除非在文本或文化性人工制品中得到外化，否则就会在代际传递过程中日渐式微，最终可能完全被遗忘。长期而言，集体程序记忆更可能具有可接触性（和可获得性），被扭曲的可能性更小，也更可能完整无缺地从这一代传递到下一代。相比于集体语义记忆而言，集体程序记忆（比如工具设备的使用技能）更有可能构成一个共同体"真实的"文化记忆的基础。也就是说，它们更可能作为一个共同体文化记忆的根基，以及（正如上文提到的）该共同体的认同的基础。这些结论跟阿斯曼的观点可能没有实质性的区别，但它们依赖的不是记忆实践，而是个体记忆的诸多特点。有意思的是，当我们用这些术语来观察文化记忆时，诺拉关于记忆取代了历史的讨论，就能被阐释为（稳定的）集体程序记忆取代了（不那么稳定的）集体语义记忆。

在这里，我们并没有否认记忆实践以及它们对集体记忆之形成和维系的影响的重要性。不过，利用一种认知分类学区别不同类型的集体记忆，我们将收获很多东西。这种分类学能推进我们对不同类型集体记忆及其不同特性和机制的理解。

作者注：本文作者的排序通过掷硬币决定。

参考文献

Assmann, Jan. "Collective Memory and Cultural Identity." Trans. John Czaplicka. *New German Critique* 65 (1995): 125-133.

Bartlett, Frederick. *Remembering: A Study in Experimental and Social Psychology.* 1932. Cambridge: Cambridge UP, 1995.

Brockmeier, Jens. "Remembering and Forgetting: Narrative as Cultural Memory." *Culture and Psychology* 8 (2002): 15-43.

Connerton, Paul. *How Societies Remember.* New York: Cambridge UP, 1989.

Hirsch, E. D., Joseph F. Kett, and James Trefil. *The New Dictionary of Cultural Literacy.* 3rd ed. Boston: Houghton Mifflin, 2002.

Kansteiner, Wulf. "Finding Meaning in Memory: A Methodological Critique of Collective Memory Studies." *History and Theory* 41 (2002): 179-197.

Manier, David. "Is Memory in the Brain? Remembering as Social Behavior." *Mind, Culture, and Activity* 11.4 (2004): 251-66.

Nora, Pierre. *Realms of Memory.* New York: Columbia UP, 1996.

Schacter, Daniel L. "Implicit Memory: History and Current Status." *Journal of Experimental Psychology: Learning, Memory, and Cognition* 13 (1987): 501-518.

Schacter, Daniel L., and R. L. Bruckner. "Priming and the Brain." *Neuron* 20 (1998): 185-195.

Schacter, Daniel L., and Endel Tulving. *Memory Systems* 1994. Cambridge: MIT Press, 1994.

Vargha-Khadem, Faraneh, D. G. Gardian, K. E. Watkins, A. Connelly, W. Van Paesschen, and M. Mishkin. "Differential Effects of Early Hippocampal Pathology on Episodic and Semantic Memory." *Science* 277 (1997): 376–380.

语言与记忆：社会和认知的过程

杰拉德·埃希特霍夫

人们可以用语言捕捉经历，语言也可以塑造一个人的记忆和知识。这种可能性吸引了诸如心理学、社会学、哲学、语言学、人类学和文化研究等不同学科的学者。关于某种经历如何导致关于该经历的独特的心理再现和记忆，日常生活给我们提供了大量的实例。如果同一件事情得到了不同的讲述或表达，它也就可能以不同方式被记忆。例如，某人在朋友面前讲述一位新同事上班第一天的情况，她将那位同事的行为举止描述为"野心勃勃，有点矫揉造作"，这些措辞就有可能塑造她对那位同事以及那天所发生事情的记忆再现（Higgins, "Communication Game"; Higgins, "Achieving"）。同样，说"某人在昨天的会议上踩了我的脚"，或者说"某人在昨天的会议上攻击了我"，二者唤起的是不同的记忆（参见 Semin and Fiedler）。在大众传媒中，将同一桩事故标识为"自卫行为"抑或"对无辜市民的鲁莽攻击"，显然将唤起不同的再现和评价，从而也可能塑形事后人们对该事件的记忆。同样是关于 19 世纪北美那些历史事件的记忆，很可能（并且往往被设计成）由于指涉内容的区别而大相径庭，有的指向"边疆开拓运动"，有的则指向"对原住民的驱逐和谋杀"。其他一些例子表明，如果一个人使用的语言缺乏语言学范畴来描述某个刺激因素，而另一个人使用的语言提供了更好的语言学工具来捕获该刺激因素,那么前者对该刺激因素的记忆就会比后者更糟糕(参见 Hunt and Agnoli)。(当然,在最基本的层面,如下事实很清楚:本文用语言来表现信息,而没有提供独立的、非语言的再现,因此从根本上说,本文也难以摆脱它所描述的那种偏见。)

鉴于这类例子在人际沟通、历史、政治和媒体中屡见不鲜,我们或许可以怀疑,语言形式是否真的对个体、集体和文化形态的记忆有着复杂的影响。语言主要是一个以传统规则为基础的系统,它既是文化的产物,也是人们用来塑造文化的工具。因此,语言对记忆的影响,也反映了记忆的文化维度。本文将提出一些理论路径、关键概念,以及承载这些现象的经验证据。因为本文的潜在视角是心理学研究,所以我将主要关注个体或者人际的层面,而不是宏观的(例如社会或文化的)层面。文中的许多讨论将围绕认知过程展开,它在语言对记忆的影响中发挥着突出作用。然而,由于语言也发挥着语用功能(说者希望对听者产生的影响)、服务于对话沟通的目的,因此本文也将社会过程纳入了考虑。

一、基本问题:语言与记忆之间的关系

记忆这个概念被用来指各种各样的过程、结构和系统,这些东西使时刻1的事件、经历能够影响人们在时刻2的体验和行为。语言通常被视为一种象征系统,它能以一种约定俗成的可沟通方式再现人们的经历。在某些规则(语法)的范围内,人们可以富有成效地整合一种语言的象征,从而传递某种以前不曾传递过的信息。语言这个术语也被用来指这样一种象征系统的使用情况。人们可以毫不费力并以惊人的速度,掌握自然生成语言的许多规则。

至少有两种主要方法来考查语言和记忆之间的关系。第一,我们可以研究语言是否以及如何塑造记忆。这一路径聚焦于作为核心现象的记忆,以及它如何依赖于语言,或者如何受到语言和语言再现形式的影响。第二,我们也可以探讨记忆如何影响语言。在这一情形中,焦点是作为核心现象的语言,以及它如何依赖于记忆的功能和过程,比如检索词汇或语法信息的能力。借用实验研究法的类比,第一种路径把记忆当作因变量,把语言当作潜在的相关自变量之一,而在第二种路径中,语言是核心的因变量,记忆是可能的自变量之一。考虑到这本指南的主题,本文将集中讨论第一种路径。

研究语言对记忆的影响,需要面对一个基本的问题,即这两个领域之间的关系。为了说明有关这一问题的不同立场,我们可以将记忆视为人类认知的有机组成部分。基本的问题是,人类的认知是否能够完全跟语言分离,也就是说,将两者视为相互独立、相互分离的现象,这样做是否合理。无需深入这个复杂的主题的有关细节,只要摆出如下立场就够了:语言提供了人类思维和记忆的精华,人们心中的心理再现不可避免地具有语言属性。因此,研究记忆和思维,我们首先、最重要的是处理语言。这个观点的渊源可以追溯到柏拉图那里,他在《斐多篇》中借苏格拉底之口宣称:"我决定在语言中寻求庇护,通过它来研究事物的真理。"沿着相似的思路,维特根斯坦表达了著名的看法:"在我看来,语言的限度就意味着世界的限度。"(Wittgenstein 115)同样在 1920 年代,著名的行为主义者约翰·华生(John Watson)将该路径发挥到极致,认为思想只是处于内在和前声音状态的口头行为——可以说还在耳语之下。此后,这一立场被概括为萨皮尔-沃尔夫假说,后者以人类学家爱德华·萨皮尔(Edward Sapir)及其学生本杰明·沃尔夫(Benjamin Whorf)的名字来命名。在该假说的增强版本中,它宣称人们对世界的体验本质上是语言性的,人类的认知天生就由思考者的语言所决定。

根据一种相反的立场，心智的内容和过程，包括我们的知识和记忆在内，是独立于人们用来交流思想和记忆的语言形式的，在特征上有所不同。这种观点的一个极端版本认为，知识和思想高于语言。爱因斯坦就是一个例子，可以验证这种解释。他显然是一个思维高度活跃的人，不过据说他的想法不是以词汇出现在脑海中，他只是在事后设法用语言将它们表达出来。在精神分析领域，语言的特征被概括为对"真正的"、前语言状态的心理基础的逃避（比如激进的法国理论家雅克·拉康）。为了强调心灵是在一种纯粹精神模式中以其独特方式运行的，认知心理学家们假定存在着一种普遍、抽象的"思维语言"，它不同于自然形成、用来进行内在而非外在沟通的语言——认知科学家斯蒂文·平克（Steven Pinker）称之为"心语"(mentalese)。

这些立场似乎相互矛盾，但心理学研究已经揭示了一个中间地带，它可以为我们提供合理、有效的视角，去探讨语言如何可能塑造了记忆。一方面，认知的某些侧面显然能够独立于语言而运行。例如，前语言状态的婴儿已经拥有高度的认知能力（比如因果思维和推断），严重临床语言混乱的病人展现了许多完整无缺的认知和记忆领域（参见 Weiskrantz）。研究还表明，非言语的人类认知模式，例如基于视觉、空间、听觉、嗅觉和运动神经信息的再现，都具有重要的作用（参见 Rubin）。相对而言，我们不太容易用言语来描述其中任何一种模式所再现出来的体验，比如面部表情、忧郁的情绪、某种环境中的独特气味等等。同样，研究者还辨别出一类记忆，它们往往没法用言语来形容，因为它们发生在人们清醒的意识之外。这种类型的记忆被称为非陈述性（non-declarative）记忆，意思是说人们很难，或者根本不可能"声称"这类记忆曾经发生过（参见本书大卫·马尼尔、威廉·赫斯特的文章）。跟运动神经有关（比如骑自行车）

的记忆,此前所接触的刺激物的提示性(隐性)影响,都是这类记忆的例子。

另一方面,语言是首要的、纯粹人为的手段,人们用它来阐释和保留自己的体验。的确,有些心理再现离开了语言就不可能存在,比如再现某人自己的名字。语言的再现特别善于捕捉抽象的或者更高层级的体验,例如我们会说某人"野心勃勃"或者"咄咄逼人",会说某个事件是"自卫行为"。有人提出,心理再现距离低层级的知觉或运动神经体验越远,语言因素就变得越重要(参见 Boroditsky)。陈述性记忆这个术语,通常用来指那些容易用言语来表达的记忆,也就是人们可以"声称"如此如此的那些记忆。陈述性记忆既包括语义记忆,即以获致性知识和世界观为基础的记忆,也包括情节记忆,即有意识地回忆自己在此前某种具体时空背景中的经历(参见本书大卫·马尼尔、威廉·赫斯特的文章)。我们说这些记忆是陈述性的,并不意味着它们**仅仅**由词语构成。实际上,研究记忆的大部分学者或许都会同意,情节记忆很大程度上建立在非语言再现的基础之上,后者包括初始体验时编制的视角、空间和听觉再现(如参见 Rubin)。

这些思考得出了一个结论,即有的认知和记忆的确可以超越语言,与此同时,并非所有的认知都基于语言,或者说是语言性的。一幅画能表达的可能比一千个字还多,不过一个字也足以决定对一幅画的诠释——后者原本就有着许多可能性。从这个角度来看,争论语言决定思想还是思想决定语言,这是徒劳无益的。与其拘泥于两极对立,还不如去探讨心理活动当中非语言和语言的再现如何互动、如何相互干预,这个问题在心理学上似乎更有分量、更有挑战性。

下面将呈现不同领域在语言对记忆的影响这个问题上的研究情况,我将回应不同层面的再现所起到的作用。例如语言遮蔽这个研究领域,关注了人们用语言来描述某种刺激的意图如何对记忆产生影响,这种刺激主要以非语言的方式来进行,因而很难加以描述(如面部表情、葡萄酒的味道)。词汇、句法和语用,不同研究领域对于语言的强调重点各不相同。传统上,语言与思想之争聚焦于语言在词汇层面的影响,例如,有关颜色刺激的记忆是否取决于一种语言中有无某些颜色术语。值得注意的是,我们也可以在故事讲述和叙事这种复杂的层面来研究语言。叙事图式对记忆的影响已经得到了广泛的研究(参见本书于尔根·斯特劳布的文章),不过本文没法对此进行更详细的讨论。

已有的研究既考察了讲不同母语者在记忆和认知方面的差异(语言间路径,between-language approach),也考察了同一语言内不同的口头表达的影响(语言内路径,within-language approach)。语言内路径可以进行实验性的操演,而语言间路径则基于对既有差异的观察。因此,从方法论角度来看,语言内路径(相对于语言间路径而言)为我们提供了更好的基础,去推断语言对记忆的因果影响(参见 Hardin and Banaji)。不过,语言间路径那种往往具有煽动性的主张,也在各个学科和研究领域中得到了并不算少的回应。

二、 语言间路径:一般语言结构的影响

萨皮尔-沃尔夫假说作为一个主要因素,激发了关于语言对思想和记忆的影响的经验研究。萨皮尔和他的学生沃尔夫都认为,言说者语言结构的不同导致了认知上的差异:"我们的所见、所闻或者是体验,很大程度上跟我们的行动一样,因为我们所属共同体的语言习惯已经预先选定了某些诠释。"(Sapir 69)"我们沿着自己母语设置的路线去剖析自然。"(Whorf 213)相关兴趣最初萌生于 1950 年

代，此后这一说法引发了激烈的争论，催生了大量的研究，讲不同语言的人（比如讲汉语普通话、英语、纳瓦霍语、意大利语的人）在认知方面的差异尤其受到关注。这个领域的研究主要针对语言的**结构**方面对于言说者的认知的影响程度。根据其观点，语言主要被视为一种静态的结构系统，其很大程度上这就是乔姆斯基所说的语言能力。

萨皮尔-沃尔夫假说的强化版本认为，语言对认知有着因果关系上的决定作用，尽管这个版本早已被人放弃，但一个更弱的版本至今仍在引起研究者的兴趣和争论，它假定语言和认知之间是一种非决定论的关系（参见 Boroditsky；Kay and Regier；但也参见 January and Kako）。当研究者刚开始进行经验研究时，他们认为颜色记忆是一个原型的（prototypical）领域，因为颜色的变化是在连续的维度中进行的，将它们区分开来的是不同的语言界限。萨皮尔-沃尔夫假说预言，颜色空间里不同的语言区分，意味着颜色认知和记忆方面的差异。例如，不同语言提供的颜色术语的数量差异，会导致对那些颜色的情节记忆的不同。对颜色记忆的语言间研究往往会考察如下问题：人们使用不同的语言，它们提供的颜色术语数量并不相同，对于相邻颜色之间的界限划分也不同，那么他们对选定的颜色刺激的记忆情况是否也不一样？

萨皮尔-沃尔夫假说在 20 世纪五六十年代颇受追捧，但这种热度由于埃莉诺·罗塞·海德尔（Eleanor Rosch Heider）等人的著名研究而大为降低。这些研究提出，不同语言中的颜色分类是围绕着普遍的焦点颜色组织起来的，而且人们对这些焦点颜色比非焦点颜色有着更精确的记忆，不管哪种语言的使用者都是如此，即便这些语言有着不同的颜色命名体系。不过，在这种广受认可的严肃批评之后，研究者又进一步发现，虽然颜色的分类服从于普遍的规则，但语言的差异确实能够导致颜色认知和记忆方面的不同。现有的证据表明，即便对于那些在很大程度上服从于普遍规则的体验而言，比如颜色认知、位数范围（digit span，人们在工作记忆中能掌握的随机数字的数量），语言的影响也是可能存在的。例如，一个人使用的语言的位数发音（digit articulation）越短，他所能达到的位数范围就越大（参见 Chincotta and Underwood）。显然，不同的语言能使人们面对自身体验的不同侧面，因而在学会一种语言的过程中，那些前语言的心理再现类别可以得到强化、调节甚至消除。一个合理的假说是，感官（知觉的、低水平的）信息或者人类生理机能对那些再现的约束越少，语言的潜在影响就越大（参见 Boroditsky；Kay and Regier）。这样，当再现在抽象的、更高的层面上得以形成之时，或者是直接的感官信息并不确定之时，语言间的影响就更有可能。社会、文化和政治领域的再现无疑也是如此（例如我们将某个人再现或者记为"野心勃勃"、将某个事件再现或者记为"自卫行为"）。

在一条相邻的研究路线当中，研究者探讨了记忆所受语言间影响在讲双语者身上的体现情况，这些人往往因为在不同语言共同体（国家）之间的迁移而学会了两种主要语言，以便在日常生活当中常规性地使用。维奥利卡·马里安（Viorica Marian）和乌尔瑞克·内瑟尔（Ulric Neisser）在一项研究中发现，同时讲俄语和英语的人用俄语接受采访时，他们回忆的多为讲俄语时期（往往是在他们移居美国之前）的经历，用英语接受采访时，他们回忆的多为讲英语时期的经历。跟语境决定记忆的假说一致，如果回忆时的语言环境与编码时的语言环境相互匹配，情节记忆就更容易被触及。这表明，不同语言共同体的成员资格，对于我们如何记住自己的个人历史而言可以发挥重要作用。由于语言环境的区别很可能包含着文化差异，这项研究还有一个更加普泛的暗示，即语言间的效应也可能会影响到文化记忆。

三、语言内路径：使用特定语言的影响

我们之所以在日常生活中遇到语言差异，往往是由于同一语言内部存在着不同的方式来用言语表达体验。本文导言中已经提供了这种差异的几个例子，比如对某个人的行为或者是对一些复杂事件的不同的言语描述。已经有大量研究考察了这种语言内的差异对人们的心理再现和记忆的影响。语言间路径关注普遍的，而且往往是静态的不同语言结构或者系统之间的差异，语言内路径则聚焦于语言在实际运用、具体使用时产生的影响（参见 Chiu, Krauss, and Lee），后者类似于乔姆斯基所说的语言的表现。

在语言内路径之下，研究者主要考察了语言在词汇和语义编码层面以及语用沟通层面的影响。第一条研究路线的关注焦点是，以言语形式对体验的编码和检索，如何影响了记忆和知识；第二条路线则专注人际沟通作为一种目的性的、受语境支配的行为，如何影响了沟通者的记忆和知识。

词汇和语义层面的影响：言语形式的编码和检索。使用词汇来描述或者传达某种体验，可能会以不同的方式对记忆产生影响。首先，言说者此前对这些体验的言语表达，可以影响到他们对于那些体验的记忆。学者们已经从不同视角对这种影响进行了研究。传统上，记忆研究者将输入信息的言语编码视为一种复述手段或者额外的激活。大量研究确实表明，言语表达有着很好的后果，即改善和巩固对于目标信息的记忆。某种程度上，信息的主动的自我生成（生成效应）可以解释这一记忆优势。然而，有关语言遮蔽的研究表明，用言语来表达那些相对难以描述的体验或者刺激（例如复杂的视觉刺

激、味道或者音乐），也能对记忆产生伤害性后果（参见 Schooler, Fiore, and Brandimonte）。例如，某个人用言语描述了一名罪犯的容貌（相比于没有描述其容貌而言），接下来在一堆照片中指认犯罪者时就没那么准确了。根据一种解释，对于刺激的言语再现会干扰最初的视觉再现，使随后的指认工作变得更加困难（参见 Rubin）。该研究只是揭示了言语行为（相对于非言语表达而言）的影响，其他研究则表明，不同类别的言语表达能导致不同的记忆。在芭芭拉·特维斯基（Barbara Tversky）和伊丽莎白·马什（Elizabeth Marsh）开展的一项研究中，一个故事此前的复述情况，会引导人们对于那个故事的各种记忆发生偏差（采取的视角要么对故事中某个特定的角色有利，要么对他不利）。

第二，词语的使用也可能影响言语信息接受者的记忆（参见 Hardin and Banaji）。伊丽莎白·洛夫图斯（Elizabeth Loftus）及其同行的著名实验表明，如果为事件的目击者提供有关该目击事件的不同言语信息或者回忆线索，就会使目击者对事件的记忆产生偏差。比方说，如果目击者获得了一份调查，其中一篇确定的（抑或不确定的）文章错误地假定最初的事件中存在着某个物件（例如"你看见**那辆**摩托车了吗？"或者"你看见**一辆**摩托车了吗？"），这时他们就更有可能会错误地记得在该事件中看见了某个物件。定型的文本或者叙事中嵌入的误导性的细节（例如"摩托车头盔"），也能侵入目击者对于事件的记忆，尤其是当他们并不想将目击事件期间形成的知觉再现与事后的言语再现区别开来之时（Echterhoff, Hirst, and Hussy）。

其他各种研究都已表明，给人们提供言语标签，让他们对刺激进行编码或者检索，可以塑造他们对这些刺激的心理再现及后续记忆（参见 Hardin and Banaji）。言语标签激活了认知图式或者范畴，后者被用来以有意义的方式去组织信息，接着指导人们对目标体验进行记忆。人际现象和社会现象往往包含着相对抽象层面的再现，因此人类的社会认知是一个原型的领域，在这个领域中，心理再现利用了言语的标签和范畴（比如"野心勃勃的""内敛的""穆斯林的""天主教的"）。利用**语言范畴模型**（linguistic category model）开展的研究已经表明（如参见 Semin and Fiedler），即便微妙的语言差异，也能使人对另一个人的行为的回忆产生偏离。比方说，如果让人们采用更加抽象的倾向性术语（"X 咄咄逼人"）或者更加具体的情景术语（X 朝 Y 大喊大叫）去思考目标对象的负面行为，他们的相关记忆和判断就会更加负面。这种语言偏见或者偏好，既取决于文化环境，又对后者有着影响，就此而言，它们可以被视为文化记忆的符号和载体。

语用沟通的影响：听众微调与社会共享的真实性。语言对记忆的影响并不局限于词汇或语义的维度，也不限于对言语形式再现的信息的编码和解码，它还可以涉及语用沟通的领域。从语用学角度来看，语言是一种有动机的、取决于语境的人际沟通手段，遵循着一些（显性和隐性）规则和假设。研究者已经辨别出了各种沟通动机，比如传递信息或意义、影响他人行为、让有益的社会反响最大化、完成一项合作任务、实现认知的确定性、与他人达成共同的理解等等。根据"沟通游戏"的共同规则（参见 Higgins, "Communication Game"），包括格莱斯（Grice）的交谈准则，沟通者应当传递他们所理解的真相，说出相关的内容，给予的信息不多不少，并且在语言使用方面考虑到听众的视角、知识、态度和偏好——这个过程被称为听众微调（audience tuning）。

采用"说出即相信"（saying-is-believing）范式的研究表明（Echterhoff, Higgins, and Groll; Echterhoff, Higgins, Kopietz, and

Groll；亦见 Higgins, "Communication Game"； Higgins, "Achieving"），针对听众（正面或负面）态度的微调，不仅会使讲述者给出的消息发生偏差，而且还可能影响他们对该消息的主题的事后记忆和认知再现。在"说出即相信"的研究中，研究者要求参与者（假定他们扮演沟通者的角色）根据一篇短文去描述一个目标人物，文中包含着对某些行为的模糊评价（比如那种可以被视为"节约"或者"吝啬"的行为）。在得知听众喜欢还是不喜欢目标人物之后，参与者往往会进行听众微调：如果听众持正面态度，他们就会给出一些正面的评价消息；如果听众持负面态度，他们就会传递一些负面的评价消息。"说出即相信"效应体现为如下发现：沟通者对于最初目标信息的事后记忆，与他们自己提供的消息的评价基调大体一致。这样，沟通者最终会相信并记住他们所说的东西，而不是他们最初了解到的有关该目标的信息。

重要的是，听众微调对记忆的影响显然在很大程度上依赖于人际沟通的动机和背景（Echterhoff, Higgins, and Groll； Echterhoff, Higgins, Kopietz, and Groll）。特别是，埃希特霍夫及其同行认为，当沟通者与听众围绕某个主题或者目标共同构建了一种社会共享的真实性时，这种作用就会发生。共享的真实性使先前不确定的体验再现具有了主观上的有效性，而人们对共建者的认知信任也反映了这种真实性。根据这一解释，沟通者在制作有关某个目标人物的消息时考虑了听众的态度，从而减少了与目标人物有关的不确定性。与共享的真实性的解释一致，埃希特霍夫、希金斯（Higgins）、科皮艾茨（Kopietz）以及格罗尔（Groll）都发现，只是在出于制作有关某个目标人物的共享的真实性而进行听众微调时，记忆的偏差才会发生；而出于其他非认知目标（比如得到金钱激励）的听众微调，则没有这种效果。同样，沟通者迎合群体内（in-group）的听众

（比如德国同胞），相信这些听众是合适的共建者，就会把经过听众微调的观点纳入自己的记忆中。而针对群体外（out-group）、信任程度不够的听众（比如一名土耳其人）微调自己的消息，情况就不会如此。

在这些研究中，公开表达的言语消息和回忆时可获得的消息中的信息，在共享的真实性这一点上**没有**什么不同。有所区别的是，沟通者在何种程度上相信自己给出的消息能够传递关于该目标的有效观点。因此，言语描述或者语言再现中的差异，本身并不总是足以影响讲述者接下来的记忆。相反，对于这种沟通在多大程度上塑造了沟通者对该主题的心理再现而言，沟通者的动机以及他跟听众的关系才是关键因素。

这一研究对于文化知识的生成也有着意味深长的含义。当人们作为沟通者积极地参与，而不是充当一名消极的接受者时，也就是说，当他们不仅遵守共同的规则（比如听众微调），而且与其沟通伙伴一起创造和体验了某种共享的真实性之时，言语沟通就能以相对微妙的方式传播知识、记忆和信念。面对不确定性，同质性的群体或者共同体的成员相互信任，共同建构真实性，在这样的群体当中，这种沟通也许可以确认甚至强化那些预设的世界观，包括主流的文化陈规（参见 Lyons and Kashima），从而激起与群体外的冲突。未来的研究应当致力于进一步整合这些认知的、动机的、社会文化的维度，去探讨言语沟通如何能够塑造记忆和知识。

作者注：感谢 Gerd Bohner 和 Bob Krauss 对本文草稿的评论。

参考文献

Boroditsky, Lera. "Does Language Shape Thought? Mandarin and English Speakers' Conception of Time." *Cognitive Psychology* 43 (2001): 1-22.

Chincotta, Dino, and Geoffrey Underwood. "Digit Span and Articulatory Suppression: A Cross-Linguistic Comparison." *European Journal of Cognitive Psychology* 9 (1997): 89-96.

Chiu, Chi-yue, Robert M. Krauss, and Sau-lai Lee. "Communication and Social Cognition: A Post-Whorfian Approach." *Progress in Asian Social Psychology: Theoretical and Empirical Contributions*. Eds. Toshio Sugiman, Minoru Karasawa, James H. Liu and Colleen Ward. Vol. 2. Seoul: Kyoyook Kwahak Sa, 1999. 127-143.

Echterhoff, Gerald, E. Tory Higgins, and Stephan Groll. "Audience-Tuning Effects on Memory: The Role of Shared Reality." *Journal of Personality and Social Psychology* 89 (2005): 257-276.

Echterhoff, Gerald, E. Tory Higgins, René Kopietz, and Stephan Groll. "How Communication Goals Determine When Audience Tuning Biases Memory." *Journal of Experimental Psychology: General* 137.1 (2008): 3-21.

Echterhoff, Gerald, William Hirst, and Walter Hussy. "How Eyewitnesses Resist Misinformation: Social Postwarnings and the Monitoring of Memory Characteristics." *Memory & Cognition* 33 (2005): 770-782.

Hardin, Curtis D., and Mahzarin R. Banaji. "The Influence of Language on Thought." *Social Cognition* 11 (1993): 277–308.

Higgins, E. Tory. "Achieving 'Shared Reality' in the Communication Game: A Social Action That Creates Meaning." *Journal of Language and Social Psychology* 11 (1992): 107–131.

—. "The 'Communication Game': Implications for Social Cognition and Persuasion." *Social Cognition: The Ontario Symposium*. Eds. E. T. Higgins, C. P. Herman and M. P. Zanna. Vol. 1. Hillsdale, NJ: Erlbaum, 1981. 343–392.

Hunt, Earl, and Franca Agnoli. "The Whorfian Hypothesis: A Cognitive Psychology Perspective." *Psychological Review* 98 (1991): 377–389.

January, David, and Edward Kako. "Re-Evaluating Evidence for Linguistic Relativity: Reply to Boroditsky (2001)." *Cognition* 104 (2007): 417–426.

Kay, Paul, and Terry Regier. "Language, Thought and Color: Recent Developments." *Trends in Cognitive Sciences* 10 (2006): 51–54.

Lyons, Anthony, and Yoshihisa Kashima. "How are Stereotypes Maintained through Communication? The Influence of Stereotype Sharedness." *Journal of Personality and Social Psychology* 85 (2003): 989–1005.

Marian, Viorica, and Ulric Neisser. "Language-Dependent Recall of Autobiographical Memories." *Journal of Experimental Psychology: General* 129 (2000): 361–368.

Rosch Heider, Eleanor H. "Probabilities, Sampling, and Ethnographic Method: The Case of Dani Color Names." *Man* 7 (1972):

448 – 466.

Rubin, David C. "The Basic-Systems Model of Episodic Memory." *Perspectives on Psychological Science* 1 (2006): 277 – 311.

Sapir, Edward. *Culture, Language, and Personality.* 1941. Berkeley: U of California P, 1964.

Schooler, Jonathan W., Stephen M. Fiore, and Maria A. Brandimonte. "At a Loss *from* Words: Verbal Overshadowing of Perceptual Memories." *The Psychology of Learning and Motivation* 37 (1997): 291 – 340.

Semin, Gün R., and Klaus Fiedler. "The Inferential Properties of Interpersonal Verbs." *Language, Interaction and Social Cognition.* Eds. Gün Semin and Klaus Fiedler. Newbury Park, CA: Sage, 1992. 58 – 76.

Tversky, Barbara, and Elizabeth J. Marsh. "Biased Retellings of Events Yield Biased Memories." *Cognitive Psychology* 40 (2000): 1 – 38.

Weiskrantz, Lawrence, ed. *Thought Without Language: A Fyssen Foundation Symposium.* Oxford: Clarendon, 1988.

Whorf, Benjamin L. *Language, Thought, and Reality: Selected Writings of Benjamin Lee Whorf.* Ed. John B. Carroll. Cambridge: MIT Press, 1956.

Wittgenstein, Ludwig. *Tractatus Logico-Philosophicus.* 1922. New York: Humanities, 1961.

文化记忆与神经科学

汉斯·马科维奇

为了理解文化记忆,首先必须理解一般性的记忆。直到1970年代,科学家们基本上都认为记忆是普遍存在于整个(绝大部分)动物王国的统一的功能,但在获得(习得)记忆的梯度、能力、差异化以及行为-认知灵活性等方面也许有所不同。罗伯特·加涅(Gagné)认为,这是一个等级性的序列,或者说从简单到复杂的学习形式的变化(根据加涅对学习的分类)。

(1)**信号学习**(Signal learning),**或者经典条件反射**:这种形式的学习,最著名的就是巴甫洛夫式条件反射。摇响铃铛时给狗一块肉,如此几番之后,当只有铃声而没有肉时,这条狗也会很快流出唾液。在经典条件反射中,无条件的刺激独立于主体的行为而发生。

(2)**刺激-反应的学习,或者工具性的条件反射**:工具性条件反射有赖于主体的行为。主体学会了刺激与反应之间的联系。

(3)**链式学习**(Chaining),包括言语联系:链式学习指好几个连续的反应,每一个反应都决定着下一个反应。例如,唯有几个互为依赖的反应才会得到奖赏。

(4)**辨别多样性的学习**(Multiple discrimination):学会辨别不同的刺激,它们有着一个或多个共同特征。

(5)**概念学习**:学会以同样方式回应各种对象或者具有某种共同

特征的对象。

（6）**原理学习**：获得知识，懂得如何掌控具有共同特征的一系列问题。

（7）**解决问题的学习**：正确地运用学来的原理并具有洞察力，也就是说，有能力作出推断。

当然，从定义来说，记忆是以学习为基础的：

> 记忆是通过学习对于个体发育过程中所获信息的储存机制。该信息有选择地得到整合，并以因物种而异的方式纳入系统发育的神经元结构中，在任何特定时刻都能检索出来，从而意味着它在合适的情景中都能够具有可利用性。一般而言，记忆基于神经元"网络"中传递属性的有条件变化，即在特定环境下，神经运动的信号以及对系统调整作出反应的行为模式（印痕），能够全部或者部分得到重现。(Sinz 19)

因此，对于学习，"原始的"动物被认为能够表现出习惯性或者经典条件反射（"巴甫洛夫的狗"）。系统发育程度更高级的物种可以进行操作性条件反射。研究者还发现，一些哺乳动物和鸟类物种（例如海豚、猿猴和牛）表现出了模仿能力或者观察学习能力。随着恩德尔·图尔温关于情节记忆和语义记忆的专门论文（Tulving, "Episodic and Semantic Memory"）、有关情节记忆的后续著作（Tulving, *Elements*），以及米什金和佩特里（Mishkin and Petri）关于动物的记忆和习惯的专书论文的面世，心理学和神经科学领域对记忆的看法发生了戏剧性的变化。对大量失忆症病人的研究进一步推动了这一变化。早在 1970 年，沃灵顿和魏斯克兰兹

(Warrington and Weiskrantz)已观察到,重度失忆症病人能够正确地重新辨识最初作为一个整体呈现给他们的物体的二维形象,但过一段时间以后,就只能部分辨识出这些形象。随后许多研究者都发现,所谓失忆症病人的记忆缺陷并不是总体性的,相反,这些病人也许能够展现出有限的记忆保持能力。

通过这些发现,以及对正常主体进行的实验心理学研究获得的补充性结果,研究者认为必须从过程和系统两个方面对记忆加以区分。以前,科学家们仅仅区分了短期(从几秒到几分钟)和长期记忆(五分钟以上或者超过相当数量的信息)(参见 Atkinson and Shiffrin)。过程的区别是指隐性记忆还是显性记忆,即记忆的编码过程中是否存在有意识的反思("有知觉的"还是"无知觉的")。系统路径最为重要。目前它将长期记忆划分为五个基本系统。下文将对此加以解释,参见表 1 的概括。

表 1 目前被认可的五种长期记忆系统及其过程中涉及的推测中的大脑区域

	程序记忆	启动效应	知觉记忆	语义记忆	情节记忆
含义	代表着机械的或者跟运动神经有关的技能	意味着更有可能辨识出此前感知到的信息	是指对于刺激的辨识,跟熟悉有关	是指对于一般事实的呈现和再现,这种事实跟语境无关	是以过去为导向的记忆系统,它使精神性的时间旅行得以穿越自知的意识
编码和巩固	基底神经节,跟运动神经有关的区域	初生及联络皮层	后感觉皮层	大脑皮层,边缘结构	边缘系统,前额皮层
存储	基底神经节,跟运动神经有关的区域	初生及联络皮质	后感觉皮层	大脑皮层(主要是联络区域)	大脑皮层(主要是联络区域),边缘区域
检索	基底神经节,跟运动神经有关的区域	初生及联络皮质	后感觉皮层	额颞皮层(左)	额颞皮层(右),边缘区域

程序记忆（procedural memory）。心理学和神经科学认为，儿童在运动神经的移动这一基础上展开记忆：他们通过学习得知，挥动手、胳膊和腿，可以对环境产生影响，例如做出一个运动的动作。这一知识后来被放大，并扩展为各种与运动神经有关的功能，从滑冰、骑自行车到开车、弹钢琴、玩牌等等。执行这些功能期间检索到的所有必要的过程，都是在自动、无意识的层面运行的。例如，你问人们开车换挡时**首先**需要做什么，许多人会立即回答"踩离合器"，而再想一下，也许会给出"首先松开油门"这一正确答案。这个例子表明，程序记忆系统使我们不用对常规情形进行反思。

启动效应（priming）。类似地，第二种记忆系统——启动效应——主要是一种无意识中运行的记忆系统，它对于许多日常情景很有帮助。实际上，一些研究者认为，人们面对的信息，95％都是在无意识层面加以处理的（参见 Drachman）。启动效应的一个例子是：人们坐在汽车里，听着广播中的旋律，大脑中就会自动检索该旋律的文本。启动效应现在也被用于广播和电视广告，例如，公司 A 的广告播放 20 秒，然后公司 B、公司 C 也分别出场 20 秒，之后再重复公司 A 的广告，不过这回的内容也许相似，却经过了缩略。广告内容短时间内重复出现，这种做法背后的理念是，最初（较长）的广告提供了一个启动条件，也就是对大脑产生了影响，但并未导致一个（充分）自觉的再现。在短暂（"偶然"）的时间内重复该广告的精华部分，就将广告内容带入了意识的层面，也许可以诱发对于该产品的购买行为。

知觉记忆（perceptual memory）。程序记忆和启动效应被视为无意识或无认知的记忆系统，而知觉记忆则被视为一个认知系统。知觉记忆被定义为一个前语义的记忆系统，不过它依然可以基于熟悉做出判断，去区别或辨识某个物体或者某种模式。例如，可以通过知觉记忆系统来辨识一个苹果，无论它是红的、黄的还是绿的，吃剩一半还是没有吃过的，从而将它与梨子、桃子区别开来。

语义记忆（semantic memory）。最后两个长期记忆系统——语义记忆和情节（自传）记忆——建立在前述记忆的基础之上。语义记忆指向一般性的事实，比如世界知识、学校知识，这些事实在意识的层面得到呈现，以至于主体能够得出结论："这是真的"，或者"这是假的"。比如，奥斯陆是挪威的首都，而悉尼不是澳大利亚的首都。

情节-自传记忆。情节记忆（episodic memory）构成了最高级的记忆系统，被视为具有自知的特性（参见 Markowitsch, "Autonoetic Consciousness"; Tulving, "Episodic Memory and Autonoesis"）。情节记忆实际上是指精神性的时间旅行，它既可能是后行（后退）的，也可能是前行的（"预期中的记忆"或者"proscopia"）。自传记忆（autobiographical memory）通常是情绪性的（跟心情有关的），暗含着主体对于事件的情感意义的评价。因此，自传记忆需要同时包括对于事件的事实性认知成分和相应的情感体验。此外，情节记忆总是指向自我，并着眼于自我和社会环境对事件进行评价。

文化记忆。界定了这些记忆系统之后，随之而来的问题是，文化记忆究竟与其中哪一种记忆相符。虽然人们倾向于认为文化记忆属于最高级的长期记忆系统，但实际上：首先，它无法被视为一个整体；其次，它跟情节记忆，部分程度上甚至还跟程序记忆和启动效应系统，都有着更加密切的联系。文化这个概念是以建构或者创造为基础的，这种东西原本并非自然的存在，而是人为的结果。一些生物学家甚至认为，各种动物物种中都存在着跟文化类似的特征。例如，他们认为如下事实就是一个例子：日本猕猴在吃土豆之前要将它清洗一下，而这种习惯显然是由一只年老的母猴引入猕猴群落中的。

无论是这种"像文化"的习惯，还是开汽车、骑自行车等等，都不能被视为属于情节记忆系统。实际上，我们可以举出许多例子，来说明文化记忆可以归结为更低级的记忆系统——情节记忆、程序记忆和启动效应。然而，这些习惯在不同世代之间延续，并且其中往往伴随着细节的改进和调整，这是一种独一无二的特征或者属性，将它们与基因驱动的低等动物的习惯区别开来，如不停地建造"有磁力的"白蚁山、修建复杂的窝巢等等。我们都知道，在许多情况下，人们或许都没有意识到他/她为何会以某种特定方式对待别人。例如，伊丽莎白·菲尔普斯及其合作者们发现，有一种无意识的人种性的评估，它受一种特殊的大脑结构杏仁体（amygdala）调节。他们认为，对于各种模式（视觉、听觉等等）预先处理的知觉信息，杏仁体根据它们对于个体的生物学和社会意义进行评估。杏仁体遭到伤害，比如基因性疾病皮肤粘膜类脂沉积症（Urbach-Wiethe disease）发作时，或许会导致患者无法恰当地处理来自环境的情绪性信号，从而使患者不能在社会文化环境中正常地进行互动（参见Markowitsch et al., "Amygdala's Contribution"）。这些例子都表明，不仅环境决定着大脑的处理过程，而且反之亦然，大脑的活动（或者缺乏活动）也会影响到对环境的感知和评估。

神经科学承认，自己的关注焦点有必要从个体大脑的视角扩大到社会世界的视角，因为个体是嵌入社会环境当中的，后者塑造了个体的大脑并使意识成为可能。实际上，正如詹姆斯·沃茨（James Wertsch）提出的，用"集体回忆"这个术语来代替集体记忆，可能会更加合适。"回忆"体现了过程特征：在当下的语境中，过去的记忆被唤起，进而在当下的语境和情绪中被重新编码。理查德·西蒙（Semon）早已指出了记忆的状态依赖性——他在记忆的编码、再现和唤起方面有着许多科学的想法，只是在很久之后，他那些想法的价值才得到了检验和认可（参见表2）。

表 2　信息处理的序列

感知（Perception）
编码（Encoding）
巩固（Consolidation）
存储（Storage）
唤起/兴奋印迹复现（Recall/Ecphory）

说明：被感知到的信息首先在大脑中进行编码，然后被进一步固定下来，嵌入已经存在的信息当中，并跟后者关联起来（巩固过程）。这意味着它被赋予了跟已经存储起来的相关记忆的同步性。最终存储过程的完成，被认为是通过神经元网络实现的，后者的一些组成部分优先再现事实、情绪，或者是专注性和警觉性的特征。被存储起来的信息的唤起，被认为是由外部（环境的）或者内部（"基于大脑"的）线索诱发的，这些线索导致了前额颞皮层结构的激活，这又会激发或者激活神经元网络（存储起来的记忆痕迹），以至于它们在被感知到的当下语境中苏醒为意识。

"兴奋印迹复现"（ecphory）一词来自理查德·西蒙，很久之后，图尔温重新引入该词，并加以精炼（Tulving, *Elements*）。西蒙创造该术语是为了涵盖这样的过程：检索线索与存储起来的信息产生互动，以便该信息的意象或者再现能够显示出来。（类似地，在最初的信息编码期间，所有内部和外部的线索、条件和情绪状态，都跟新信息被感知和处理的方式产生互动。）"兴奋印迹复现"这个术语在当代的研究中仍然较少得到使用（不过也可以参见 Calabrese et al.；Markowitsch, Thiel, Kessler, and Heiss），因为许多人相信的是更加静态的输入-输出关系。然而，过去的信息——包括传统和神话在内——的回忆和唤起过程，往往依赖于跟当下环境的互动，因而至少在很多情况下，也依赖于跟社会伙伴和文化语境或者文化框架的互动。

由此看来，对于大脑的输入和输出而言，文化和传统起到了生成、修正和不断调适的作用。现实可能被扭曲、重塑或重构。这在所谓"记忆隆起"（reminiscence bump）中体现得尤为明显，对此自传记忆研究常常会加以描述。大部分被唤起的记忆源自大约 25 岁以后，也就是说，源自于生命中的这样一段时期：(a) 发育成熟的过程已经大体完成；(b) 最重要的生活变动和事件已然发生。人们在那个年龄已经获得了关于世界、关于自己可能的社会地位和位置的重要知识。使自我跟生物环境和社会环境相匹配，其结果就是一种巩固过程，它超越了纯粹的记忆巩固，反而会导致一种自我的创造，这种自我可以意识到自己的社会-文化语境，并能游刃有余地穿梭于过去和未来之间。这样，文化、交往和大脑发育的协同行动，创造了自知意识的前提条件（Markowitsch, "Autonoetic Consciousness"）。

不过存在着两种对立的趋势。一方面，越是将孩子视为个体来对待，他就越早获得自知意识和自我意识。东亚地区的儿童，生活在犹太人集体农庄（kibbutz）里儿童，以及一个家庭中的老二、老三和更小的孩子，获得自我意识的时间都比生活在西方社会的长子长女更晚（参见 Harpaz-Rotem and Hirst）。在西方社会，个体——个人性的存在风格——被视为一种高级别的自我实现。另一方面，相比于以前各个时代，各种形态的文化——从电视到职业活动——在当前社会中发挥着更大的影响力。结果，与过去相比，我们的自我如今更多地体现为一种"关系格局"（in relation）的自我，一个由他人决定的自我。

这种"关系格局"可以从好几个视角来理解。从社会学角度来看，它主要跟一个社会中的其他成员有关。不过也可以从更加宽广的视角进行理解。哈钦斯（Hutchins）在一篇题为《一架战斗机如何记住其速度》的文章中阐明了这一点。座舱的仪表储存着一些信息，飞行员可以对这些信息进行查验。这里，人与机器之间的互动构成了一种记忆。类似地，单个人并没有聪明的头脑，只有跟自己所处社会中的其他人进行智力比较时，聪明与否才能在别人眼里显现出来；反之亦然，能够记忆的不是一个社会，而仅仅是该社会中的个人。神经科学绘制了类似的联系，也就是一个人的行为与其大脑之间的联系。目前，认知神经科学的方法——特别是功能性大脑成像过程——大都依赖于这一关系，认为一个人大脑中神经细胞彼此间的沟通对应着这个人的行为。最后，正如上文所提到的（参见 Semon），大脑重构了记忆，因此个体记忆和集体记忆所对应的都不是实际的过去。不过，两种记忆都强化了认同。地标和时间标记（比如古代的纪念碑）都有助于跟交往记忆产生共鸣（参见 Markowitsch, "Time"；亦见本书哈罗德·维泽尔的文章）。实际上，场所和时间最初都被视为情节记忆的基本构件（Tulving, Elements），只是在后来，人们才使用一个更加精致的定义（参见表 1，以及 Tulving, "Episodic Memory and Autonoesis"）。

交往记忆也意味着存在交往或者集体记忆方面的失败。的确，在残酷对待其他社群方面，许多国家都有集体失忆的例子（二战中日本人给南京留下的浩劫、萨达姆政权对库尔德人的大屠杀、纳粹对犹太人的大屠杀）。然而，也有交往记忆对个体大脑产生影响的例子。1998 年，耶胡达（Yehuda）、施梅德勒（Schmeidler）、温伯格（Wainberg）、宾得－布莱尼斯（Binder-Brynes）和杜德瓦尼（Duvdevani）联合发表了一篇论文，文中描述了大屠杀幸存者的后代在成年之后越来越容易遭受创伤后应激障碍（post traumatic stress disorder，简称 PTSD），他们强调交往记忆有着跨越代际的影响，也许会以负面方式影响着（作为记忆和性格的最终基础的）大脑。

总而言之，研究交往记忆有两种互补的路径。一种强调交往记忆在外部世界的存在（纪念碑、语言、诗歌、仪式和一般性文化素养）；另一种强调它在个体大脑中的存在。为了完整地理解交往记忆的本质，两种路径必须协同合作。

致谢：写作本文时，我在德国代尔门霍斯特的汉萨高级研究院 (Hanse Institute for Advanced Study) 从事访问研究。

参考文献

Atkinson, R. C., and R. M. Shiffrin. "Human Memory: A Proposed System and Its Control Processes." *The Psychology of Learning and Motivation: Advances in Research and Theory*. Eds. K. W. Spence and J. T. Spence. New York: Academic, 1968. 89–195.

Calabrese, P., H. J. Markowitsch, H. F. Durwen, B. Widlitzek, M. Haupts, B. Holinka, and W. Gehlen. "Right Temporofrontal Cortex as Critical Locus for the Ecphory of Old Episodic Memories." *Journal of Neurology, Neurosurgery, and Psychiatry* 61 (1996): 304–310.

Drachman, D. A. "Do We Have Brain to Spare?" *Neurology* 64 (2005): 2004–2005.

Gagné, Robert M. *The Conditions of Learning*. New York: Holt, Rinehart, and Winston, 1965.

Harpaz-Rotem, Ilan, and William Hirst. "The Earliest Memories in Individuals Raised in Either Traditional and Reformed Kibbutz or Outside the Kibbutz." *Memory* 13 (2005): 51–62.

Hutchins, E. "How a Cockpit Remembers Its Speed." *Cognitive Science* 19 (1995): 265–288.

Markowitsch, Hans J. "Autonoetic Consciousness." *The Self in Neuroscience and Psychiatry*. Eds. Tilo Kircher and Anthony David. Cambridge: Cambridge UP, 2003. 180–196.

—. "Time, Memory, and Consciousness: A View from the Brain." *Endophysics, Time, Quantum, and the Subjective*. Eds. Rosolino Buccheri, Avshalom C. Elitzur and Metod Saniga. Singapore: World Scientific, 2005. 131-147.

Markowitsch, H. J., P. Calabrese, M. Würker, H. F. Durwen, J. Kessler, R. Babinsky, D. Brechtelsbauer, L. Heuser, and W. Gehlen. "The Amygdala's Contribution to Memory: A Study on Two Patients with Urbach-Wiethe Disease." *NeuroReport* 5 (1994): 1349-1352.

Markowitsch, H. J., A. Thiel, J. Kessler, and W.-D. Heiss. "Ecphorizing Semi-Conscious Episodic Information via the Right Temporopolar Cortex: A PET Study." *Neurocase* 3 (1997): 445-449.

Mishkin, M., and H. L. Petri. "Memories and Habits: Some Implications for the Analysis of Learning and Retention." *Neuropsychology of Memory*. Eds. L. R. Squire and N. Butters. New York: Guilford, 1984. 287-296.

Phelps, E. A., K. J. O'Connor, W. A. Cunningham, E. S. Funayama, J. C. Gatenby, and M. R. Banji. "Performance on Indirect Measures of Race Evaluation Predicts Amygdala Activation." *Journal of Cognitive Neuroscience* 12 (2000): 729-738.

Semon, Richard. *Die Mneme als erhaltendes Prinzip im Wechsel des organischen Geschehens*. Leipzig: Engelmann, 1904.

Sinz, Rainer. *Neurobiologie und Gedächtnis*. Stuttgart: Fischer, 1979.

Tulving, Endel. *Elements of Episodic Memory*. Oxford: Clarendon, 1983.

—. "Episodic and Semantic Memory." *Organization of Memory*. Eds. E. Tulving and Wayne Donaldson. New York: Academic, 1972. 381-403.

—. "Episodic Memory and Autonoesis: Uniquely Human?" *The Missing Link in Cognition: Self-Knowing Consciousness in Man and Animals*. Eds. Herbert S. Terrace and Janet Metcalfe. New York: Oxford UP, 2005. 3-56.

Warrington, E. K., and L. Weiskrantz. "Amnesic Syndrome: Consolidation or Retrieval?" *Nature* 228 (1970): 628-630.

Wertsch, James V. "Collective Memory."*Learning and Memory: A Comprehensive Reference*. Eds. John H. Byrne and Henry Roediger. New York: Oxford UP, 2008.

Yehuda, R., J. Schmeidler, M. Wainberg, K. Binder-Brynes, and T. Duvdevani. "Vulnerability to Posttraumatic Stress Disorder in Adult Offspring of Holocaust Survivors." *American Journal of Psychiatry* 155 (1998): 1163-1171.

交往记忆

哈罗德·维泽尔

一、"交往记忆":概念的历史和发展

正如阿斯曼夫妇指出的,"交往记忆"这个概念来自对哈布瓦赫"集体"记忆概念的区分,即将其区分为"文化的"记忆和"交往的"记忆。"文化记忆"被定义为一个"关于所有知识的集体性的概念,这种知识通过几代人反复的社会实践和启蒙而获得,指导着一个社会的互动框架中的行为和体验"(Assmann 126)。

相比之下,"交往记忆"是一种互动的实践,位于个体和群体对过去的回忆的张力之间。跟"文化"记忆相比,它可以被视为一个社会的短期记忆,注定存在于活着的记忆承载者身上,存在于交往对象的体验当中,涵盖了三至四代人。这样,"交往记忆"的时间范围就随着特定当下时间而转移(Assmann 127)。这种记忆的内容,只能通过"文化生成",也就是对于过去的有组织、仪式性的沟通,才能被永久固定下来。"交往记忆"的特征是接近于日常生活,而文化记忆的特征则是远离日常生活(Assmann 128-29)。它由一些固定的要点支撑,这些要点不会随着当下而变动,相反,它们被视为命定的、有意义的,并通过文本、仪式、纪念碑和纪念活动得到标记

(Assmann 129)。

另一方面,"交往记忆"表示一个群体的成员对如下事情达成了意愿上的一致:在与我们族群这一特定认同的宏大叙事的相互作用中,他们所理解的自己的过去是什么样子,他们赋予这一过去什么意义。"文化记忆"和"交往记忆"只能在理论上严格区分开来,在实际的个体和社会群体的记忆实践中,这两种记忆在形式和方法上都关联在一起。这也能够解释为何我们可以看到——至少在一个较长的时间周期里来看的话——"文化记忆"的形状会发生变化,因为交往记忆降低了某些方面的价值,同时赋予了其他方面更多的价值,并且也增加了新的因素。

这个经典的"交往记忆"定义,仍然清楚地指向群体和社会的交往实践,却撇开了如下问题:个体层面的交往记忆是什么样子,如何才能更好地描述交往记忆的社会和自传两个侧面之间的中介层次。这里同样必须强调的是,术语和概念的区分最重要的是具有分析功能;从经验层面来看,各种记忆形式相互流入,形成了"交往记忆"的实践。本文将对"社会"记忆、"自传"记忆和"交往"记忆这三个概念做一介绍。

1. 社会记忆

在过去的二十年里,记忆研究总体上取得了快速进步,不过尽管在理论上有了广泛的发现和进展,对于非有意的、偶然的、社会性的记忆过程,相关研究仍有相当的空白。记忆的纹理看上去如此复杂,如此短暂,以至于试图通过科学工具来弄清记忆由什么组成、每天如何产生,其结局只会以失败而告终。同时,如下知识也得到了确认:个体记忆唯有在社会和文化框架内才能形成;过去无数的面相,对当前的阐释和决策有着直接和持续的影响；体验能够跨越世代进行传递，其影响甚至可能深入后代的神经元过程的生物化学机制；非同步的纽带能出其不意地突然引发行动，变得具有历史意义。传统在世代之间的传承、非同步性，以及愿景和希望的历史，构成了社会记忆主观性的一面（Fentress and Wickham；Welzer, *Das soziale Gedächtnis*）。建筑、风景、荒地等等，这些东西传递着历史和记忆，对它们进行处理的日常实践构成了社会记忆客观性的一面。"社会记忆"是指以非有意的方式传输和沟通过去、诠释过去的每一件事情。

我们可以区分出四种用于形成过去的社会实践媒介：记录、（动态的）影像、空间，以及直接的互动。每一种媒介所指向的东西，都不是为了形成某种传统，而是在社会语境中传递历史、塑造过去。下面对它们进行具体描述。

首先，那些并非为了回忆历史而写下的**记录**，依然传递着关于过去的弦外之音。从挂在厨房里的格言警句，到家族档案中的一捆情书，任何东西都可以成为记录。这种社会记忆涵盖了所有那些书面的记载，事后它们会被历史学家尊奉为研究资料。

第二，正如格特鲁德·科赫（Gertrud Koch）所言，戏剧、歌剧、小说，特别是**照片和电影**等文化产品，与过去有着基本的内在联系，也总是传递着对于历史的建构或者是过去的版本（Koch 537）。叙事和视觉媒介至少总有一个潜台词，相比于公开呈现出来的评论，这种潜台词能向受众暗示某种可能是完全对立的阐释。因此，历史阐释，比如雷妮·瑞芬斯塔尔（Leni Riefenstahl）为纳粹体制提供的视觉影像，也许能通过一种分析性评论得到相对化的处理，而不是被毁灭。历史小说或电影同样如此。

但是，媒介产品并不只是传递着过去的版本，它们也决定着对于当下的认知。正如欧文·戈夫曼（Erving Goffmann）所指出的，不仅体验的传递遵循着这种模式和规则，事件发生之际对于事件的感知和阐释即已如此。特别是电视机发明以后，士兵们在初次与敌人遭遇之前就已经知道，敌方士兵如果受了致命创伤会是什么样子。历史学家乔安娜·伯克（Joanna Bourke）研究了参战者的日记、书信和自传，揭示了他们自己的认知和记忆如何吸纳了文学和电影的手法（Bourke 16ff.；亦见 Welzer, *Das kommunikative Gedächtnis* 185ff）。

文化框架对作为结构性信息处理矩阵的个人意识已经产生了影响——这意味着，当我们去考察预先形成的体验如何注入某人自己的生活史这一现象时，我们面对的是一种循环操作。正如最近的一项研究所表明的（Welzer et al.），如果电影中的片段被证明为具有可改编性，能够被用于建构"亲身体验的"战争故事，那么部分程度上，这是因为它们反过来也许构成了某种体验片段的基底，而这种体验许多退伍士兵实际上都遭遇过，至少形式类似，无论全部还是部分。归根结底，电影的手法无疑从先于自己的叙事中借鉴了叙事结构和场景安排：单个士兵在战争中成长的故事，冒险故事的叙事结构，悲剧的演义，这些都是影像媒介所借鉴的模板。这样，叙事模式、体验本身、对体验的报导，以及利用现有视觉资料做出的说明，都被一种不可避免的复杂关系联系在一起。

第三，**空间**是社会记忆的一部分。城市规划和建筑都是其中的合奏，历史年代在石头、混凝土和沥青中相互交叠。当然，不仅历史主义和后现代建筑表明，这种社会记忆也许是有意而为的记忆政治的结果：建筑师和城市规划师往往会突出一个城市历史的独特构造，强调某些历史因素，同时消灭别的因素。

必须承认，对于居民和过客而言，城市体现为一个不断被重塑的实体,历史的不同层次或多或少受到关注,就这样相互重叠在一起。对于那些生活在或者曾经生活在某个城市的人而言,其纵横交错的街区自然也具有某种意义维度,与他们的生命故事直接相关。非常有意思的是,正是那种不复存在的东西,而不是那些修建或重建起来的东西,能对记忆有着更加重要的影响。在记忆理论的语境中,我还发现指出如下一点也很重要:景观体验在人们的记忆中能够以完全不同的方式得到反映,这取决于他/她当时实际的精神和心理状况。1917年,库尔特·勒温(Kurt Lewin)将自己的炮兵经历转变为一项关于"战争场景"的现象学实验。他认为,一名观察者对某种环境的特征的感知,取决于他在某个特定时刻卷入的军事行动。例如在进攻期间,场景似乎是"被导演的",其特征——比如尸体、山丘和房屋——都是根据它们在战斗中的功能被界定的;而在撤退期间,同样的场景又恢复为"不是被导演的"和平景色。在进攻期间,观察者看到的是潜在的掩体和炮位;而在撤退期间,山丘、壕沟和田野呈现出农业功能或者纯粹是美景(Lewin 322)。

第四,也是最后一种媒介,即直接的**互动**,包括交往实践在内,后者要么涉及以何种方式来想象过去,要么涉及对过去的主题化处理。在分享性的"记忆对话"(参见 Nelson)实践中,通过越来越多地讨论微观的过去,比如以往的日常体验,如何能够发展出一种可以回溯到确切的过去的自传性自我(autobiographical I)?对此,发展心理学领域已经有许多探索。在此过程中,参与者"得知",对过去的提及实际上是共享性的存在的一个组成部分,谈论过去是社会实践当中一个无所不在的方面。通过沟通使体验到的过去变得现实化,这是一个终身持续的过程(参见 Middleton and Edwards),尽管值得注意的是,当人们在谈话中形塑过去时,事实上并没必要明确提起过去。例如,当家庭成员聚会时,可以说在被叙述的故事的"背后",也存在着一个历史的关联空间,在这里得到交流的也有历史主角的环境、时代精神以及惯习。这样的社会互动顺便传递着历史,而言说者漫不经心,甚至没有注意到。

社会记忆的这四种形式,也许还包括整个社会记忆,都可以被称为"兴奋印迹之外的记忆系统"(exogrammatic memory system)。这里还应提及的是,人类的记忆绝不仅仅在主体内部运行,而且——很可能在日益增加的程度上——还位于主体之外。

神经科学的记忆研究涉及神经元的行动模式,后者对应着某种心理意象,或者是作为"兴奋印迹"(engrams)的某种记忆。也许有人会说,兴奋印迹再现了我们全部体验的痕迹。相比之下,"外印迹"(exograms,参见 Donald)是指任何种类的外在的记忆内容,它被用来对付当前的需求、发展未来的行动进程。这些东西可以是书面的、口头的、象征的、再现的、音乐的、习惯的——换句话说,可以是任何一种内容,它要么已经发展为人类的定位工具(例如语言),要么可以这样来使用(比如利用星空来导航)。用量子理论的语言来说,这样的内容被主体作为外在记忆内容加以观察和使用之际,它就跳跃至一种外印迹的状态。

作为兴奋印迹的对立面,外印迹是永恒的,也就是说,它们跨越了个体存在的时空边界以及个人体验的范围。从演化的观点来看,人类系统发育中决定性的一步就是象征符号的发展,因为正如梅林·唐纳德(Merlin Donald)所表明的,它们增添了极为有效的记忆储存,丰富了人类认知的可能性。必须加以区别的主要是兴奋印迹和外印迹提供的存储特征:兴奋印迹是"暂时的、微小的,很难加以提炼,无法显示任何时间长度的意识,难以进行定位和回忆";而外印迹则是"稳定、永恒、几乎无尽的记忆记录,可以无限地进行重新格式化",并且可以被有意识地接近(Donald 309ff.)。此外,通过各种不同的方法,我们可以很容易接近外印迹。这样,人类的意识可以使用两套再现系统,一是内部的,一是外部的,而所有其他的生命形式却只有一套内部的系统。

这一成就在演化上具有决定意义,它基于两种记忆功能:一是自知记忆的能力,假定记忆运行时具有某种才能(Markowitsch and Welzer 80ff.);二是外包给他人、体制和媒介的记忆。自知的记忆,也就是自我意识和自我反思的记忆,使人们能够等待更好的机会,度过困难的局面,提出更有效的解决方案。换句话说,它减轻了人们的压力,使人们不必立刻行动,实际上创造了恰好位于刺激和反应(我们称之为"行动")之间的地带。

第二,外印迹使记忆内容能够有着独一无二的再现形式,从而减轻了人们的行动压力,也使记忆的社会传递变得可能。人类可以储存和沟通信息。随着书写的发明,他们甚至能把信息传递给与他们没有时空联系的人,从而打开了知识储存的蓄水池,极大地克服了直接沟通的种种限制。由此,种种经验有可能通过文化得到传播(Tomasello),缓慢的生物进化也有可能通过社会手段得到加速。人类能够意识到自己对于变迁中的环境具有独一无二的适应能力,因为他们创造了一个合作演化的环境,将自己从生物学的演化范围中解放出来。社会记忆描述了文化传播过程的外印迹的结构及其内容。

2. 自传记忆

自传记忆是一种功能性系统,它整合了神经科学提出的如下记忆系统:程序记忆、启动效应、知觉记忆、语义记忆以及情节记忆(参见本书汉斯·马科维奇的文章中表1的内容)。直至目前,我们仍然不太清楚情节记忆和自传记忆为何无法在神经元层面相互区别开来，尽管它们有着截然不同的技能，在现象层面的认知情况也不一样。我们出于经验得出的暗示是：自传记忆被理解为一种社会建构的系统，它只是情节记忆在内容——而非功能——层面的放大。自传记忆将五个基本的记忆系统整合为一个功能单位，确保每个系统都能跟波动中的其他四个系统相互同步。

自传记忆比其他任何记忆都更能决定、指称和确保人类的自我，它在社会交换的过程中得到发展。这一点不仅适用于它的内容，也适用于记忆系统，其结构——它们将内容组织起来——本身就是社会生成的产物。

这种记忆（我们将它视为人类的自我之核心）展现出了许多侧面，实际上，这些侧面不仅最初形成于跟别的记忆在一起之时，而且只存在于那儿。人类的自我以及我们的决定，其中一些基本侧面跟直觉和联想捆绑在一起。我们并不总是——实际上也许只是偶尔——有意识地控制这些直觉和联想，相反，我们的行动却——也许并非偶尔——受它们的指导和控制。一方面是相对的个体自主性和自我意识，另一方面是对社会存在和社会实体的明显依赖，二者间的联系决定了我们的存在。正是自传记忆负责将这种联系综合起来，并在二者之间创造了一种连续性。然而，我们甚至都没有意识到这个任务，以至于我们总是能够确信一个显然不变的自我的存在——它跨越了所有时代、所有环境。这种自我（以及我们视为自身认同的一切，它们来自我们的生活史和我们所属的记忆共同体的过去）在某种程度上是一种自我**误解**，虽然这种误解很有必要，也很有意义。伽达默尔所说的自传性"再私人化的"历史就是这种东西（Gadamer 281）。历史并不属于我们，相反，我们属于历史，因为它作为一个整体呈现在我们面前，包括术语、概念、定位手段，以及先人所提供的东西。

由此看来,西方社会将个人主义的自我概念归因于它们的成员以及训练,这只不过是对于自我的功能性误解。实际上,我们跟既近又远的他者的联系,远比我们对于自我的体验中所显现的更加紧密。

人类的自我,其实在很大程度上是从跟他者的历史和社会关系中发展出来的,并且生活在这种关系当中。当我们注意到这一点时,它看上去也许不像我们所希望的那么独立,但仍然是某种完全独一无二的东西。诚然,世界上的数十亿人,每一个人的独特性都是由所有那些基因、历史、文化、社会和交往条件的结合所构成的,这些条件的数量和形式只有靠他自己去体验。这一序列同时体现了人格发展的连续统一性,它的一极是稳定性,另一极是多变性。这种连续统一性清楚地表明,交往体验的历史,让我们的记忆和自我变得极大地个人化。就此而言,社会性与个人性并不对立,而是相互决定着对方。

个体发育,是指儿童与其生活环境中的其他人在象征、认知和时间方面变得越来越同步化。这种同步化同时发生于范畴、语言和概念建构等层面,其关键在于记忆的自传化。只有当体验、观察和想法跟某个自我连接在一起时,正在成长中的个体才能变得跟周遭的人越来越同步。因此,个体化和社会化绝不是相互对立的,相反,它们是同时发生的。个体发育与社会发生只是同一进程的两个方面。

由于人类是在合作性的进化环境中发展的,他们在实践中获得的东西包括最新的象征形式。他们正在使用前人留下的物质材料,而且他们很容易对这些物质材料进行改造,因为他们积极地利用自身的环境,而不只是去适应它。

这就提供了对于某人自传背景的直接洞察。合作的进化环境必然是一个不断变化的世界，这对人类生活的形态产生了影响，使后者呈现为各种历史和文化形式，从而也影响了个体发育的特殊性，后者确保先来者与后到者能够一一相互吻合。一个物种在利用合作性的进化环境时需要某种接力，后者使其成员具有交际能力，可以跟增生之中、正在变得多样化的社会群体发生联系。自传记忆正是这样一种接力，它是一个心理-社会实体，主观上捍卫着一致性和连续性，即便社会环境以及对于个体的要求灵活多变。正是这种接力功能，也可以解释我们为何既能记录从历史角度来看层面各异的自传化（autobiographization），从跨文化视角来看，也能记录不同生命阶段的个体发育方面的自传化，以及随之而来一个连续的自我的模样开始出现。

自传记忆使我们不仅能够将记忆标注为**我们的**记忆，它还构成了人类自我的时间反馈矩阵，借此我们可以衡量自己在哪些方面、如何发生了变化，在哪些方面、如何保持着始终如一。它还提供了一个矩阵，使我们可以协调自己对于社会环境的几乎是无休止的归因、评估和判断。

对连续性的渴望不仅是个体的期待，如果其成员缺乏认同的连续性，一个社会群体或者一个社会就无法运转。因为只有在今天、昨天乃至明天人们都保持始终如一、可以信赖的情况下，人类存在的核心范畴——合作——才能得到确保。

早在四分之三个世纪之前，社会学家诺伯特·埃利亚斯即已指出，如果希望充分理解人类的心理和社会发生，我们就必须将它们背后的过程视为从根本上总是发生在某种人类形态内部的，这种人类形态在儿童成长**之前**即已存在，并且出生后的整个成长过程都依赖于该形态以合作进化方式发展出来的文化和社会行为及方法。发展心理学家列维·维戈茨基（Lev Wygotsky）、丹尼尔·施特恩（Daniel

Stern)、迈克尔·托马塞洛（Michael Tomasello）等人从不同方面回应了上述观点。他们的研究表明，人们在成长过程中没有"内化"（internalize）任何东西；相反，人们跟其他人一起，习得了某个社会正常运转所需的东西，以便自己成为该社会的一名成熟的成员。

记忆的发展是从社会性走向个人性的。婴幼儿阶段没有自传记忆，他们还没有对不同的记忆来源做出区分，在他们的世界里，事物只是它们本来的样子。到了学龄前阶段，通过日益扩大的时间分化，人们逐渐获得对于时间当中的自我的理解。最终，认知性的自我通过语言变成了自传的我（autobiographical I），它将早前和未来的经历整合为一个兼具社会性和个人性的生命故事。

在照料者指导之下对儿童状况的规制，逐渐演变为内省的关系：外在的规制变成了自我规制（参见 Holodynski and Friedlmeier）。我认为，自传记忆代表了声明和反思方面可接近的自我规制实体，而其他记忆系统则在连续的基础上提供了隐性的自我规制形式，使它们具有情境方面的可接近性（Markowitsch and Welzer 80ff.）。

因此，任何一名儿童的个体发育都包括其情境的历时性转变。一种转变是历史的，涉及感知、沟通和养育形式（由此还包括一些意象和理念，比如什么才是"好"、应该如何对待婴儿）的变化；另一种转变涉及个体的他/她如何成长为自己，包括与他人、与自己的关系的持续变化，也就是人际间规制（interpersonal regulations）和内省性规制（intrapersonal regulations）之间的动态平衡。

自传记忆因而更多地由"外部"而不是"内部"构成，必须从外部不断得到支撑和延续。很显然，比如一个人因受伤诱发了失忆症，他就再也无法让自己的记忆与别人的记忆保持同步。我们往往忽略了记忆的功能性的外在方面，因为它看上去与我们个体的自我形象并不一致。然而，人类的记忆空间通过外印迹在理论上几乎可以得到无限的扩展，以及这种扩展对于人类的系统发育和个体发育而言的意义，都表明人类记忆的全部能力不能归因于内部的功能，而应归因于外部的过程。因此，将人类视为网络当中的界面，而不是个体的人，他们就更容易得到理解。

3. 交往记忆

显然，我们的感知、阐释和行动中所包含的因素，总是比我们意识中能够触及的更多。在此背景下，正如心理学家马克·弗里曼提出的，自传不是生活的再现，而是构成自我的多种资源的合奏（Freeman 40）。将这些资源联系起来的是社会实践，后者构成了交往过程。一种"交往性无意识"（communicative unconscious）将这些资源连接在一起，从根本上说，它所依据的"知识"超过了单个行动者以及全体行动者意识中能够触及的范围。自尊的基本要素、行动的取向，以及我们的记忆，都是在无意识层面运行的——不是"被抑制"或者"分裂"意义上的无意识，而是功能性的无意识，由于操作原因它位于意识门槛的另一边。语言学家乔治·拉科夫和马克·约翰逊甚至提到了一种"认知性无意识"（cognitive unconsciousness），即人们知道但同时又不知道的某种东西。他们借助人们在交谈期间的活跃的认知过程来说明这一点。这些认知过程包括（他们强调这些只是交往过程中存在的活跃认知的很小一部分）：能够从一系列声音和语调中辨别出一种语言，并解码其语法结构；能够理解逻辑的联系；能够理解所说的全部词汇和句子的语义和语用意义；能够使沟通处于一种适宜的框架中；能够做出有意义的反对或补充；能够建构和验证正在讨论中的心理意象；能够补充某些被遗漏的东西；能够期待进一步的交谈过程；最后但并非最不重要的，能够唤起与主题有关的记忆（Lakoff and Johnson 10ff.）。

我们如此灵活、迅速地进行这些认知过程，以至于它们并没有进入我们的意识中。只有在出现了误解，或者是对话者的肢体语言与其口头表达之间出现明显矛盾之时，我们才清楚地明白到底是什么东西正在"交往性无意识"层面指导着我们在该情境中的行为：那就是一种长久的、高度敏感的、精确的感知和阐释过程，它可以毫不费力地区分交往情境的中心与边缘、区分活跃的交往过程和交往的语境，并区分所有感官知觉层面同时发生的各种对话。如果有人想解码任何特定时刻、特定对话中发生的各个层面的情绪和认知过程，他很快就会无望地迷失在同时性（simultaneity）的丛林中，那种同时性本身就证明我们所"知道"的往往比我们所意识到的还要多。如果所有这些活动都发生在意识的控制之下，那我们就无法行动了。因此，是超越弗洛伊德和精神分析学家的时候了，我们应该赋予"无意识"更加积极的地位：无意识在人类的存在当中具有高度的功能性，因为它能减轻部分负载，从而使有意识的行动变得更有效率、更加自由。实际上，我们可以将弗洛伊德的名言反过来说："自我在哪里，本我就在哪里。"也就是说，在每个单独的时刻，无意识都是由交往构成的，并具有交往效果。

有意识的交往实践，是由每一个将"意义"带入交往情境的人组成的，甚至在对方的行为完成之前，人们就会去推断其意图或者意愿。比如，当人们观察一场比赛中的移动情况（例如足球比赛中的二过一传球），或者偶然听到别人电话聊天中的部分内容时，都会不由自主地推断另一头说了什么。因此，我们所有的社会行为，特别是讲话，总是已经将他者包括在内。

如果这种交往实践以过去和历史作为对象，那么它就绝不仅限于传播一些能够并且已经以这种或那种方式组合起来的叙事和内容片段，而且，它也总是涉及这些组合的组织结构，这种结构事先早已确定了行动者能以什么角色出现，以及应当如何去评估自己所经历的东西。因而在很多情况下，报告中的情绪方面、氛围色彩更多地得到了传播，并决定着人们对于过去的想象和阐释，而内容本身，比如事件的情境、前因后果等等，却可以被随意改动，以使这些故事对于听众和复述者而言能够具有最大意义。这就解释了为何个体以及集体的生活故事，都要根据当前新的体验、新的需要不断加以重写。可以说，每一个当下、每一代人、每一个时代，都出于自己的未来定位和选择，为自己创造了一种具有最大的功能性价值的过去。

二、作为一个聚合领域的记忆：问题和余音

如果我们假定只有人类才能拥有自传记忆，这种回忆形式必须习得，且记忆有着生物学的基础，但又包括文化内容，那么，记忆和回忆作为一个研究领域，它就注定要采用跨学科的路径。我们已经从跨学科研究计划中获得了第一批发现，比如研究一下特定年龄的记忆的发展情况（Markowitsch and Welzer），就会有更多的研究随之而来。不过，我们在这篇文章中也许较少关注跨学科性，而是更多地考察了一个新的子学科的起源，这个子学科将在某个时刻呈现为"社会神经科学"。这样一种范式框架将是令人向往的，因为各个学科在处理交往记忆这一现象时，其发现和理论路径的精致程度各不相同。例如，神经科学的路径缺少社会互动理论和交往理论的视角，即便研究者普遍承认人类的大脑只能被理解为网络的一部分。尽管如此，神经科学的认知仍然基于个体的大脑。此外，神经科学对交往的理解只是基于信息概念，后者并不足以面对记忆内容的交往性生成这一经验现实。另一方面，在人文和社会科学中，对于记忆生成现

象的讨论往往不考虑基本的生物-社会因素。同样，在人物传记研究、口述史这种依靠主观证据的学科中，如果放弃神经科学的记忆研究的发现，当然也是不合适的。

当前研究的问题包括该领域的国际异质性。到目前为止，英美学术界的综合研究水平还明显低于德语学术界的记忆和回忆研究。然而从跨国的角度来看，人文和社会科学的记忆研究，可以说往往是从政治和规范方面来语境化的，由此导致各国使用的概念和术语框架颇为不同。神经科学的记忆研究当中看不到这种国别的差异。就此而言，我们必须承认，从国际性的视角来看，文化领域的记忆和回忆研究还没有达到神经科学中那种综合水平。然而反过来说，神经科学中的记忆研究，也不足以说明其研究对象的构成条件，以及其自身的一些发现的含义。

显然，我们最终必须明白的是，**交往记忆**的核心，也就是存在于记忆实践本身的核心，永远无法通过科学或者学术分析得到完整、充分的理解。弗拉基米尔·纳博科夫（Vladimir Nabokov）的文学性自传《说吧，记忆》，克里斯·马克（Chris Marker）的电影《日月无光》，这些审美的路径可以不必为自己的反思提供证据，因而相比于科学论辩和证明的累赘工具，往往更可能接近**交往记忆**这一现象。

（本文由萨拉·杨译成英文）

参考文献

Assmann, Jan. "Collective Memory and Cultural Identity." Trans. John Czaplicka. *New German Critique* 65 (1995): 125-33. Trans. of "Kollektives Gedächtnis und kulturelle Identität."

Kultur und Gedächtnis. Eds. Jan Assmann and Tonio Hölscher. Frankfurt am Main: Suhrkamp, 1988. 9 - 19.

Bourke, Joanna. *An Intimate History of Killing: Face-to-Face Killing in Twentieth Century Warfare*. London: Granta, 1999.

Donald, Merlin. *A Mind so Rare: The Evolution of Human Consciousness*. New York: Norton, 2001.

Fentress, James, and Chris Wickham. *Social Memory*. Oxford: Blackwell, 1992.

Freeman, Mark. "Tradition und Erinnerung des Selbst und der Kultur." *Das soziale Gedächtnis: Geschichte, Erinnerung, Tradierung*. Ed. Harald Welzer. Hamburg: Hamburger Edition, 2001. 25 - 40.

Gadamer, Hans-Georg. *Wahrheit und Methode*. By Gadamer. Vol 2. Tübingen: Mohr, 1986.

Goffmann, Erving. *Rahmenanalyse: Ein Versuch über die Organisation von Alltagserfahrungen*. Frankfurt am Main: Suhrkamp, 1979.

Holodynski, Manfred, and Wolfgang Friedlmeier. *Development of Emotions and Their Regulation*. Munich: Springer, 2005.

Koch, Gertrud. "Nachstellungen: Film und historischer Moment." *Historische Sinnbildung: Problemstellungen, Zeitkonzepte, Wahrnehmungshorizonte, Darstellungsstrategien*. Eds. Klaus E. Müller and Jörn Rüsen. Reinbek: Rowohlt, 1997. 536 - 551.

Lakoff, George, and Mark Johnson. *Philosophy in the Flesh: The Embodied Mind and Its Challenge to Western Thought*. New York: Basic, 1999.

Lewin, Kurt. *Werkausgabe*. Ed. Carl-Friedrich Graumann. Vol. 4. Stuttgart: Klett-Cotta, 1982.

Markowitsch, Hans-J., and Harald Welzer. *Das autobiographische Gedächtnis: Hirnorganische Grundlagen und biosoziale Entwicklung*. Stuttgart: Klett-Cotta, 2005.

Middleton, David, and Derek Edwards, eds. *Collective Remembering*. London: Sage, 1990.

Nelson, Katherine. *Language in Cognitive Development: The Emergence of the Mediated Mind*. Cambridge: Cambridge UP, 1996.

Tomasello, Michael. *The Cultural Origins of Human Cognition*. Cambridge: Harvard UP, 1999.

Trevarthen, Colwyn. "Frühe Kommunikation und autobiographisches Gedächtnis." *BIOS* 15.2 (2002): 213–240.

Welzer, Harald. *Das kommunikative Gedächtnis: Eine Theorie der Erinnerung*. Munich: Beck, 2002.

—, ed. *Das soziale Gedächtnis: Geschichte, Erinnerung, Tradierung*. Hamburg: Hamburger Edition, 2001.

Welzer, Harald, Sabine Moller, Karoline Tschuggnall, Olaf Jensen, and Torsten Koch. *"Opa war kein Nazi": Nationalsozialismus und Holocaust im Familiengedachtnis*. Frankfurt am Main: Fischer, 2002.

第五编　文学与文化记忆

文学的记忆性和互文性

雷娜特·拉赫曼

一

从记忆角度来看,文学是最优秀的记忆术。文学是文化的记忆,它不只是一种记录的工具,更是纪念行动的载体,包含了某种文化所储存的知识,实际上也包含了某种文化所创造出来并构成了该文化的全部文本。写作既是一种记忆行为,也是一种新的阐释,新文本由此浸入记忆空间。不管是汇聚还是疏离,吸收还是排斥,新文本都反映了某种文化中的存世文本,置身于一种互惠互利的关系中,这种参与坚持了该文化所暗含的记忆概念。文本作者以各种方式借鉴了其他文本,既有古代的,也有当代的;既可能是自身文化的,也可能是其他文化的。他们提及、征引、转述乃至整合了这些文本。文学研究者使用"互文性"这一术语来把握(文学和非文学)文本之间在形式上和语义上的这种接触和交叉关系。互文性揭示了某种文化——此处指某种书面文化——如何持续重写和转录自身,如何不断地通过其标志符号来重新界定自身。作为梗概性的记忆空间,每一份具体的文本都蕴含着宏观记忆空间,或者再现了某种文化,或者呈现了那种文化。

二

文学是文化记录的优秀（但并非唯一）代表，与其他记忆范式有着密切联系，是一种文化的构成要件。在这方面最有意义的就是源自古代记忆术领域的记忆技巧，这个领域催生了丰富的知识再现和传播传统。在记忆方面，写作跟这种技巧有许多相投之处，这涉及记忆的概念、图像在追忆和回想过程中发挥的作用。

记忆术有着传奇般的起源。传说它由古希腊诗人西摩尼得斯·梅里库斯（Simonides Melicus）发明，西塞罗和昆体良则将其作为回忆行为的处方传给后人。故事背后有一个遥远的神话，它讲述了从上古祖先崇拜时代到后来不再崇拜而是哀悼死者的时代期间记忆技巧的发展情况（Goldmann；亦见本书皮姆·邓布尔的文章）。这则传奇讲述了如下故事：一座建筑物由于地震而倒塌，当时屋内正在举办宴会，赴宴者按某种次序就坐。死难者面容损毁厉害，无法加以辨认，也无法弄清他们的名字。诗人西摩尼得斯——灾难中唯一的幸存者——目睹了被毁前的座次，虽然百年一遇的地震使其无法辨认。他通过一种"内心的写作"和解读，也就是使用像字母那样起作用的图像，恢复了这一座次。遗忘是一种大的灾难，特定的符号次序被抹杀。唯有建立一个能够重新确立符号的"生产"和阐释的学科，才能将这种次序复原。从一开始，记忆技巧就致力于将悼念工作转变为一项技术。图像的发现"治愈"了被毁灭的东西：记忆技巧恢复了受害者支离破碎的形貌，通过确立他们活着时的位置，使他们能够被辨认出来。文化记忆的保留类似于某种记忆装置，它或者通过复原，或者通过图像（幻影或幻象）来再现缺席的东西，或者将记忆对象化（为力量和能力、意识空间、分类辞典），或者通过图像检索（不停地复原丢失的意义）来防止遗忘。

我们认为，这则神话故事派生了好几个关键概念，它们有助于形塑多种风格的记忆技巧：遗忘和记忆（作为确立一种文化的机制），知识的储存（作为某种传统的生存战略），以目击或者文本作为（记忆）承载者来保留文化经验的必要性。这则神话预示着记忆术中文字和图像之间的竞争，也预示着记忆和死亡作用的共存。

传奇或者神话叙事的重要性在西塞罗和昆体良的复述中浮现出来。他们的说法略有不同，但都把记忆术界定为一种想象，它揉合了次序的体验和图像的发明。要记住的图像作为事实、物品、姓名和言词的再现，被"登记"在预先设定的空间安排当中，"存放"于寺庙、公共空间、宽敞的房间之类的想象空间里。当心灵穿越这类记忆图像的存放处所之时，人们就能回想起这些图像，将它们安排在一个系列中，然后把它们恢复成所取代的那些元素。西塞罗推荐的技术尤其指向文本的记忆化。

西塞罗在阐释西摩尼得斯传奇时，对图像和文字之间的关系提出了新的见解。他把记忆术的两个基本因素——位置和图像——等同于蜡板和字母。这些等式是其观点的精华：蜡板＝记忆空间，字母＝图像。在《论演说家》的第二篇里，记忆工作需要勾勒出一种内在的图像。这种内在图像被指派为代表着需要被记住的不可见、不复存在的对象。图像成了该对象在记忆空间当中用来蚀刻自己的可见符号。图像被"登记"在记忆空间里——就像文字被刻写在一块写字板上那样。

一份文本将自身嵌入文本之间的记忆空间，就不可避免地创造出一个被改变了的记忆空间、一个文本式的存放处所，其句法和语义可以用西摩尼得斯记忆术的语言描述为**位置**和**图像**。记忆大厦取代了蜡板，同样，文学的文本空间也取代了记忆大厦。文本穿越了记忆空间，并在其中栖身下来。同时，每一份增加的文本都丰富了新文本即将穿越的记忆空间。

三

记忆术和文学之间的这一纽带，根植于"图像"（*imago*）的双重含义：它既是一种记忆图像，也是想象的产物，是文学的创造性刺激物。记忆的图像-生产活动整合了诗意的想象。这里的关键问题是如何界定记忆想象和诗意想象的互动方式。它们似乎相互映衬，相互评论。似乎也可以认为，文学想象必然吸引记忆想象，文学的图像库等同于记忆的图像库。

想象（幻想）跟记忆之间有着惊人的类似，这当然是事实。它们都用图像来再现不在场的对象。在两者当中，图像都是模糊的，既是真的也是假的。然而，替代方案可能并不明确，它们无法完全排除对方。古典时代的哲学和美学论著以及后世思想家的著作，都指出了幻想和记忆之间的类似，以及两者之间以联合体形式呈现的互动。我们可以举两个例子（代表不同的思想传统）。英国经验主义者约瑟夫·艾迪生（Joseph Addison）在《想象的愉悦》（1712）一文中认为，最主要的愉悦来自视觉，他称后者为"我们所有感官中最完美、最令人愉快的一种"；想象是紧随其次的愉悦，"它来自对可见对象的想法，此时对象实际上不在我们眼前，而是在我们的记忆中被唤起，或者形成了缺席的，或是虚构的可接受的事物愿景"。事物之所以缺席，是因为它们乃是过去的印象或者体验，甚或只是虚构性的幻想的产物。维柯的《新科学》（1744）一书加入了第三个因素，即幻想和记忆的联合体，也就是内在品质（*ingenium*）。维柯把幻想、记忆和创造视为人类的能力，它们是不可相互分割的。幻想改变了记忆所提供的东西，而内在品质就是这样一种能力，它负责定制和登记所记住的东西。回忆和想象是相互缠绕的（参见 Trabant）。

四

不过，如果深入考察互文过程，记忆技巧与作为一种记忆行为的写作之间仍然存在着别的相似之处。当一份特定的文本进入其他文本的领域时，其指涉可以是全部文本、一个文本范式、一个类型、一份特定文本中的某些要素、一种文体手法、叙事技巧、母题等等。在某份特定文本和"别的"文本（参照文本）之间的联系就是参照信号，或者说互涉文本。互涉文本正是被整合、吸收、引用、扭曲、颠覆和再语义化的另一份文本的要素。

文本的记忆由其指涉的互文性生成。互文性来自写作行为，因为每一个新的写作行为都横跨了既有文本之间的空间。互文性话语中那些相互缠绕的要素所属的编码，保留了自身对于语义潜力和文化体验的指涉特征。文化记忆依然是没法被欺骗的互文性游戏的源泉，跟它的任何互动——包括对于记忆有所怀疑的互动——结果都在不断地验证着某个文化空间的存在。

我准备提出三种互文模型，试图以此说明上文提及的记忆与文化之间的相互关系：参与（participation）、转义（troping）和改写（transformation）。在这些模型背后，是作为连续的写作、作为重复的写作、作为反驳的写作，以及再写作。

参与是文化在文本中的对话性分享，它发生在写作过程中。我是在哈罗德·布鲁姆（Harold Bloom）的比喻（trope）概念这一意义上来理解转义的。他将比喻视为与先行文本的脱离，与那些必定会在写作者自己的文本中留下烙印的其他文本的悲壮对抗，视为超越、抗拒和根除先行文本的痕迹的尝试。与此相对照，我认为改写涉及对其他文本的挪用，这种挪用是通过远离它们，通过将一种至高无上而且实际上是篡夺性的控制强加于它们身上而实现的。这种挪用掩藏了别的文本，将它们隐匿起来，跟它们相互嬉戏，使它们无法辨识，毫不谦逊地颠覆了它们的对立面，将过多的文本混合在一起，由此一方面显示了深奥、神秘的倾向，另一方面又显示了兼收并蓄、狂欢化的倾向。

所有文本参与、重复并构成了记忆行为，一切都是它们远离、超越先行文本的产物。除了其他文本显现的痕迹和明显的改写形式以外，一切都包含着神秘的因素。所有文本都在有意无意间打上了显性和隐性的双重烙印。所有文本都利用记忆术的程序来勾勒空间、图像和视觉意象（*imagines agentes*）。作为互涉文本的合集，文本自身就是一种记忆空间；作为一种纹理，它就是记忆建筑，等等。此外，所有文本都有赖于改写程序，不管它们是偷偷摸摸地还是顽皮而公开地利用了这些程序。

为了描述对其他文本因素的互文性指涉，必须借助修辞类型，将转喻的类型与隐喻的类型区别开来。根据接近关系或者相似关系的区别，文本挪用的发生情况有所不同。这里似乎很清楚，转喻的倾向应当归于参与模型。在典故、回文、双关当中，先行文本与新文本之间的界限发生了转换，在某种意义上，这些文本相互进入了对方。隐喻性指涉使先行文本看上去就是新文本中的一个图像；相似性唤起了最初的文本，但同时也使它被隐匿、被扭曲。

转义、参与和改写分别强调了转喻和隐喻的过程，无法根据文本中的意义构成对它们做出清楚的区分：它们所处的位置居于肯定和否定的语义之间，居于语义剩余价值的生产与语义的疏散之间。基于相似性的互文（引发了语义转换和极性反转的形象）消解了某文本此前存在的意义，而基于转喻的互文（参与性形象）却似乎保留了前文本。我们没法说上述模型要么是隐喻的、要么是转喻的互文性。不过，我们可以在普希金、阿赫玛托娃（Akhmatova）、曼德尔斯塔姆（Mandelstam）等作者身上注意到一种转喻的倾向，这种倾向主要体现为他们对回文、双关、典故、影射、反驳和重复等手法的运用，也体现为对其他文本的超越，以及辨别、融会前文本所处时代与自己文本所处时代的努力。在陀思妥耶夫斯基、安德烈·别雷（Andrei Bely）、弗拉基米尔·纳博科夫等作者身上，人们也能发现转喻的互文性，然而，它的重复、保留姿态，被汇集起来的互涉文本的融合性颠覆了。毫无疑问，在这些作者身上，隐喻的互文性得到了更强劲的发展。通过比喻的或者（修辞意义上）"不正确"的文本实现的语义再极化（repolarization），使文本中早已存在的意思发生了改变，同时具有了另一种意思。隐喻互文性的拟像特征就在于互文性文本的双重地位，即它既是自己，同时也是别的文本。通过重组和掩饰的游戏，它否认了其他文本的存在，尽管它又同时显示着该本文的存在。这一点也适用于转喻文本，即它们的表面结构被一份潜在文本颠覆。同时，对另一份文本的接近，也是对它的远离，因为其他文本模型在得到遵循的同时也被一笔抹掉——尤其是在陀思妥耶夫斯基那里。

五

　　文学的记忆能力包括再现和传递知识。为了恢复和积累知识，古代记忆术的替代学科倾向于生成体系、创造百科全书的模式，由雷蒙德斯·卢勒（Raimundus Lullus）开创，并为16—18世纪的作者们接受和完善的传统尤其如此，而文学则以不那么系统化的方式来回应这个问题。文学征引和讨论了哲学、美学、神学、历史和科学的知识，从而存储和传递着知识，并将它转换为艺术文本（例如不同时期的诗歌和散文文本)中的一个要素。文学成了现实知识的承载者、历史知识的传递者,还可以解释文学文本与非文学文本之间的互文性联系。此外,文学还重新整合了先前遭到拒绝的一些非官方、神秘的知识传统,从而使其得到复兴。处理这种知识的独特写作方式就是魔幻文学,尤其是在浪漫主义当中。在这里,魔幻文学作为一种记忆工具,使被遗忘、被压制的知识重新得到了显现,进而补偿了那些由于文化束缚而失落的东西。这一写作方式支持和滋养了被压制的知识传统,后者在启蒙运动的主流之下暗流涌动。各个领域的神秘知识、学说和实践的独特本质,炼金术、催眠术的秘密,犹太教奥秘派(Kabbala)的象征语言及其仪式的保存和传播,凡此种种,都让魔幻文本的作者们着迷不已,希望借助它们重新获得那些被遗忘已久的对于人类本质的洞见,以及已经失去的世界秩序。并未充分得到科学证明的一些技术,比如催眠疗法和催眠术,与开明的学科和科学相伴(或者"在它们之下")运行,相安无事。在魔幻文学中,人们可以再次遭遇已经被遗忘的过去,复述那种过去可以恢复某种被阻隔的记忆。在这种写作方式中,作者们(在"古典"魔幻和"新魔幻"传统中)以极其明显的方式借鉴了别的文本,使人想起了以前那些文本所处理的的风格策略、情节、主题、人物以及人类学和哲学问题;他们就这样传播了此种文学类型的结构和语义(参见 Mary Shelley, E. T. A. Hoffmann, Nikolaj Gogol, Edgar Allan Poe, H. G. Wells 等人所代表的哥特式小说的传统)。

六

文学文本的作者喜欢阐述自己的记忆概念。一些作者提出了错综复杂的"神话诗歌"(mythopoetic)理论,后者体现了哲学和文学理论的同化。先锋派运动的种种表现(例如意大利和俄国的未来主义）宣称既有艺术-文学传统已经死亡，目的是在其废墟上开辟新天地。俄国的形式主义者提出了相应的文学理论，它将文学（文化）的演进视为系统的更迭，鼓吹其动力来自断裂和分裂。未来主义者鼓吹有计划地抹杀过去，而安娜·阿赫玛托娃（Anna Akhmatova）和奥斯普·曼德尔斯塔姆（Osip Mandelstam）的阿克梅派（Acmeists）运动，则激烈反对这种做法。阿克梅派没有捍卫心灵是一张白纸这种理念，而是"渴望世界性的文化"（参见 Mandelstam），视其为不朽的百科全书，他们想吸收和重复它，将它转换成一种文本。他们的诗歌就是参与模型的一个生动例子，看上去很好地再现了互文性的记忆功能。参与起到了唤起过去文本的作用，起到了分享和重复的作用。安娜·阿赫玛托娃谈到了"重现的极度喜悦（the profound joy of recurrence）"。它包括将写作主题化为回忆过程，阿赫玛托娃将其描述为如下程式："当我写作时，我就是在回忆；当我回忆时，我就是在写作。" 曼德尔斯塔姆在《文学的莫斯科》(1922) 中更明确地将其表达为："创造和回忆在诗歌中携手并行；记住什么和发现什么是一回事，记住的人也是创造者。［……］诗歌用鼻子和嘴巴欢呼回忆和创造。"曼德尔斯塔姆提出了一种精致的文化记忆理论，其中一些构成理念借鉴了亨利·柏格森有关时间、绵延、进化和记忆的概念。过去应该被理解为逐渐生成的过程，具有既非过去亦非现在而总是深入未来的延迟意义。曼德尔斯塔姆将文化当作一种宏观意识来处理，从而转置了柏格森的概念，后者原本跟人类意识和文化领域有关。回顾性反思是通向由书写承载的历史的一条路径，体现了对于作为一个整体的文化历史的参与努力。

失序的多元主义，与可分割、可度量的时间的脱离，诗性语言的多元声音对于早先时代的回答，独特的时间谱系的体验——曼德尔斯塔姆的概念意象中的所有这些侧面，都是对柏格森的概念的回应。

纯粹的绵延是异质性的。回忆并不是恢复某种统一、一元的复合体，而是唤起异质的、相互关联的谱系。在曼德尔斯塔姆看来，文化是一个整体，它包含着各种要素的不断累积，这些要素没法根据可度量的时间相互关联起来。为了将时间纳入非时序的同步体，曼德尔斯塔姆将其从顺序性的铁律中抽离出来。异质性储存在文本和记忆中，它本身就是一种时间现象，正如时间亦是一种异质现象那样。

曼德尔斯塔姆考虑到了柏格森关于过去、现在和未来的理念，以及他的记忆角色理论，将柏格森的时间概念解读为"创造性的进化"（évolution créatrice）和"不可逆转的绵延"（durée irréversible）。柏格森认为当下是过去的累积，这个观点使他假定存在着一种机制，后者压制了记忆当中对于把握现在而言并非必需的那些东西。阿克梅派的记忆公开针对符号的遗忘以及实利态度对它们的压制——在这一点上乃是源自柏格森。在他们看来，绵延只有作为不断层累的记忆存储才有可能存在。创造性的写作行为沉浸在绵延当中。写作行为起到了预防效果，使记忆和回想中汇集的东西难以获得一个确定的身份。曼德尔斯塔姆在散文《普希金和斯克里亚宾》（1919）中公式化地宣称："记忆不惜以死亡的代价而获胜！死亡就是记住，记住就是死亡。"这表达了一种超越个人层面的记忆概念。把死亡看作记住，意味着一个人（一位作家）储存的文化经验所能存续的时间，比该人存在的时间还要长久。写作中珍藏的记忆，与文化经验的瓦解正好针锋相对。这一超越个人层面的非遗传的记忆，其焦点就是文本。

七

在某一文本的表面结构中嵌入其他文本或者外来文本的要素

(引用、典故、回忆录等等),将属于各种诗歌系统的许多不同文本混合、汇集起来,甚至是以论争性的回应、戏拟、恶搞形式对一份著名文本的重写或反驳,在这些技巧、过程和做法当中,关注点既不是魔法般变出一个原样的文学传统,也不是通过文本中吸纳的引语展现一种取之不尽的博学多才。问题的重心在于语义爆炸,它发生在文本的碰撞和交锋过程中,发生在审美和语义剩余的产生过程中。文学的记忆功能激起了互文性的过程,或者反过来说,互文性产生和维持了文学的记忆。

参考文献

Addison, Joseph. "The Pleasures of the Imagination." *The Spectator* 411–421 (1712). Rpt. in *The Spectator*. Ed. Donald F. Bond. Vol. 3. Oxford: Clarendon, 1965. 535–582.

Akhmatova, Anna. *The Complete Poems of Anna Akhmatova*. Trans. Judith Hemschemeyer. Ed. Roberta Reeder. 2 vols. Somerville, MA: Zephyr, 1990.

Bergson, Henri. *Creative Evolution*. 1911. Trans. Arthur Mitchell. New York: Modern Library, 1944.

Bloom, Harold. *The Anxiety of Influence: A Theory of Poetry*. Oxford: Oxford UP, 1973.

Goldmann, Stefan. "'Statt Totenklage Gedächtnis': Zur Erfindung der Mnemotechnik durch Simonides von Keos." *Poetica* 21. 1–2 (1989): 43–66.

Jenny, Laurent. "The Strategy of Form." *French Literary Theory Today: A Reader*. Trans. R. Carter. Ed. Tzvetan Todorov.

Cambridge: Cambridge UP, 1982. 34 - 63.

Kristeva, Julia. "Word, Dialogue, and Novel."*Desire in Language*: A *Semiotic Approach to Literature and Art*. Ed. Leon S. Roudiez. Trans. Thomas Gora, Alice Jardine and Leon S. Roudiez. New York: Columbia UP, 1984. 64 - 91.

Lachmann, Renate.*Erzählte Phantastik*: *Zu Phantasiegeschichte und Semantik phantastischer Texte*. Frankfurt am Main: Suhrkamp, 2002.

—. *Gedächtnis und Literatur*: *Intertextualität in der russischen Moderne*. Frankfurt am Main: Suhrkamp, 1990.

—.*Memory and Literature*: *Intertextuality in Russian Modernism*. Trans. Roy Sellars and Anthony Wall. Minneapolis: U of Minnesota P, 1997.

Mandelstam, Osip. *The Complete Critical Prose and Letters*. Trans. Jane Gary Harris and Constance Link. Ann Arbor: Ardis, 1979.

Rossi, Paolo. *Clavis universalis*: *Arti della memoria e logica combinatoria da Lullo a Leibniz*. Bologna: Il Mulino, 1983.

Trabant, Jürgen. "Memoria. Fantasia. Ingegno." *Memoria*: *Erinnern und Vergessen*. Eds. Anselm Haverkamp and Renate Lachmann. Poetik und Hermeneutik 15. Munich: Fink, 1993. 406 - 424.

Yates, Frances A. *The Art of Memory*. London: Routledge, 1966.

文化记忆与文学经典

赫伯特·格拉贝斯

每当我落笔之际,大量细节便流向过去。毫不奇怪,当我试图储存它们时,我的记忆总是高度选择性的。如果这一点已经涉及个人记忆,那么,一个群体无论规模大小,他们在储存共享记忆时,其选择性必定会强得多,这种选择性过程的结果就被称为经典(参见本书阿莱达·阿斯曼的文章)。

由于我们有充分理由假定选择过程通常以评价为基础,因此,经典是个人或者群体共享价值的客观化。由此,它们在更大的文化框架内拥有相当高的声望。在 20 世纪的最后几十年里,一群批评家(大部分是美国人)一致意识到情况就是如此,对"经典"发起了猛烈的抨击。这些批判表明,当集体价值观念发生变化时,经典的有效性也可能受到极大的影响。

通过个人体验和历史我们可以了解到,价值层级的变化并非罕见,这些变化的客观指标就是随着时间推移能观察到的经典切换。因此并不奇怪,在经典研究领域,最开阔的方向一直是"经典"的概念史(参见 Gorak),以及这些文学经典实际如何形成的历史(参见 Weinbrot;Kramnick;Ross;Grabes and Sichert)。鉴于变化的可能性以及同一文化中经典相互竞争现象的出现,我们似乎可以把经典理解为某段时间内一个文化中的各个群体所共享和推动的价值评估的结果。

另一方面,经典是为了传承而被解读的,经典的生成历史也表明,尽管困难重重,但它们依然拥有超长的生命力。这跟它们在塑造和支持文化记忆方面的至关重要性有关。1988 年,扬·阿斯曼发表了一篇开创性论文《集体记忆和文化认同》("Kollektives Gedächtnis und kulturelle Identität"),将文化记忆界定为"反复得到使用的文本、图像和仪式的特色存储,在培育这些东西的过程中,每个社会和时代的自我形象都输入其中并稳定下来。一种集体共享的偏好于(但并非完全专注于)过去的知识,在此基础上一个群体得以形成其团结意识和特征"(Jan Assmann 15)。

由于这种团结功能日渐发挥作用,不可或缺的是,集体记忆当中应该保留足够数量的来自过去的有价值的东西。跟传奇历史的神话和叙事一样,经典也是确保这一点的最有效手段。也正是因为经典与文化记忆之间存在着密切联系,最近有关经典的争论中,研究者最为关注的首先是追溯经典的历史变化,其次就是经典在文化中的嵌入及其各种文化功能。它们将以往事件的无限性和成就转变为一种"可用的过去",除此之外,尤为值得提及的是罗杰·沙图克(Roger Shattuck)的看法。他试图捍卫经典,他说人们不仅仅"期待着在宏观的文化领域——习俗、制度和艺术品——发现连续性[……]",而且期待着"在我们所发展出来的感知和想象的连续性当中,去发现有关人类之伟大的数量有限的版本","连续性和伟大在传世的艺术品或者精品杰作当中得到了有效的传递和庆祝"(Shattuck 90)。

然而,参与经典争论的大多数批评者却赞同霍华德·菲尔佩林(Howard Felperin)的观点,即"经典依赖于高度政治化的持续的文化谈判,在此过程中它势必得到不断的重塑"(Felperin xii)。毕竟,集体经典在许多方面决定着一个社会的文化记忆中哪些东西得到保留，而这又会影响到人们对于现在和过去的看法。政治取向的一个典型例子就是，约翰·盖尔利（John Guillory）利用皮埃尔·布迪厄的"文化资本"这一隐喻来探讨《文学经典的生成问题》(*The Problem of Literary Canon Formation* ix)，甚至哈罗德·布鲁姆在预测西方经典的未来时，也坦然承认"经典总是间接服务于西方社会每一代富裕阶层的社会、政治乃至精神关切"(Bloom 33)。这就不难理解，在渴望一个平等社会的旗号之下，会有人主张消解所有集体性的经典制作："我们都在制作自己的经典：每一个教育者都是自己的牛顿。[……]也许，不胜枚举的英国文学经典的出现，就是适宜的后现代解决方案（或多个解决方案）。经典死了：各为所用万岁。"(Munns 26)

值得注意的是，近期有关经典的争论集中于文学经典方面，尽管文化记忆构成的经典涉及众多领域的文化活动——例如绘画、音乐、戏剧和哲学。对此，杰西卡·蒙斯的评论已经提供了一个理由：在美国，文学经典被等同于大学里的课程内容，严重依赖于少数权威性的文学作品选集，后者占据着相应的市场。这一等同并不那么不得要领：经典只有在世代相传时才能对文化记忆的运行具有某种价值，而教育机构在该过程中起着首要作用。然而，除了教学经典之外，还有许多别的经典——例如，全国性和国际性的文学名著，尤其是一部不仅仅靠印刷、翻译流传的经典，有"高雅"文学经典，也有"流行"文学经典，还有代表特定国家的民族精粹的广义经典文本，正如许多国家的文学史所表明的那样。

尤其是在美国，当女权主义者和少数族群都主张在集体记忆中得到更公平的再现之时，教学经典不可避免地具有的高度选择性，以及经典作为"文化资本"至少具有的假定影响力，在所谓经典之战中激起了深厚的情感和许多论战。1984年，罗伯特·冯·哈尔伯格（Robert von Hallberg）出版了一部很有影响的批评集《经典》。正如他在该书导言中所说的："这里一个关键问题就是［……］，经典作为一个社会群体或阶层利益对抗其他群体或阶层利益的表达，是否能够得到充分理解。"(Hallberg 2) 人们必须对付同一个社会中同时存在的好几种"记忆文化"，而不仅仅是一种记忆文化（也不仅仅是在一个"多元文化的"社会中）。就这一事实看，这些记忆文化跟作为其档案的经典之间当然存在竞争。几乎毋庸置疑的是，在美国的教育体系中，正如芭芭拉·史密斯（Barbara H. Smith）在著名的反经典论文《价值的偶然性》中所言，那些"在负责编辑选集、准备阅读清单的人，显然就是那些占据某种文化权力的人，他们的评估行为——表现在他们排除了什么、收录了什么——不仅构成了价值的推荐，而且构成［……］价值的决定因素"（Smith "Contingencies of Value", 29）。不过，这一点不怎么适用于欧洲的情况，它表明文学经典和基于《圣经》神圣启示的宗教圣典之间缺少区别。后者确实能成为文化权力的一个经典范式，而对历史的考察将表明，文学经典总是具有开放性，并且容易受到复杂的文化过程带来的变化的影响。

一旦我们不是以化约的方式将文学经典等同于教学经典或者课程内容，就会意识到许多因素都有助于文学经典的生成和维系。后来的作者从早先的作者那里借鉴了形式和主题。文学史家和文艺批评家围绕特定的作品和作者而写作，从而使其受到人们关注；文学史的编撰者为其留下了或大或小的空间，或者完全不理它们；编辑和出版工作者制作了作品，使其能够被人获得；人们多少会购买，有时甚至会阅读这些作品，尤其是出于老师和教授的敦促、出于朋友或评论家的说服，或者是在刚刚看过电影版本的时候。就接踵而来的复杂性而言，西蒙·温科（Simone Winko）建议把经典的生成理解为一种"不可见之手"现象——经济学家亚当·斯密（Adam Smith）提出了这个术语，用以描述某种很难辨别其实际起源的东西，因为这种东西的形成出于众人之手，尽管人们并不必然意识到这一点。至少我们可以说，文学经典作为文化记忆的存档，绝不只是由批评家创造的，因而，反经典主义的批评家和理论家要想消灭经典，这种希望似乎相当渺茫。

虽然经典所包含的文学作品也许具有卓然不群的特征，但经典本身并非如此，因而上述情形越发明显。在一个社会当中，经典控制着何种文本能在集体记忆中得到保留，得到"认真"对待，以某种特定方式得到阐释。例如，翻阅一下19世纪英国的英语文学史，它们几乎都会揭示如下内容：各个层级的英语文学经典，都旨在传播道德价值以及强烈的民族自豪感，以便增进民族统一和认同。至于在20世纪，简·高拉克（Jan Gorak）已经表明，"经典承担着如下功能：国家政治的载体，通过批判性先锋提出的文化独立宣言，创造性成就的细微差别的校准工具，百科全书式、神话或者历史叙事的源泉"（Gorak 221）。经典给文学遗产提供了常新的诠释和效力，因而有能力协调传统和当下的需求。由此之故，它们对文化变迁具有强大的适应性，以至于似乎能够确保自己长盛不衰。

真正的问题在于，最近对于经典的选择性和"压制性权力"的负面影响的集中关注，令它们可能的功能蒙上了阴影。其中之一就是文学经典提供给作者的动机和取向。用查尔斯·阿尔提艾瑞（Charles Altieri）的话来说，"经典使人们注意到可以在文学媒介内部做些什么。经典是一座发明的宝库，也挑战了我们进一步发展某种类型或者风格的能力［……］"（Altieri 33）。此外，经典也划定了文学研究的领域，并为其提供定性指导。基于历史偶然性的标准，它们从数以千计的既存文本中挑选出那些称得上"文学"的作品，这个过程实际上就产生了"文学"的概念。对每个人——无论是作者、批评家还是"一般读者"——而言，经典都起到了最基本的、不可或缺的功能，也就是把太多的存世文本变成一种"可用的过去"、一个能在集体记忆中得到保留和进行检索的文本库。

值得注意的是，经典即便仅仅被视为启发性的工具，它们也仍然可以发挥上述所有这些功能。不过，由于它们在教育体系中可以被赋予一种强烈的规范功能，因而可以理解的是，它们也能引起同样强烈的反对之声。我们在文学史当中发现的经典比教学经典要广泛得多，而在许多欧洲国家，大学课程传统上没有受到严格控制，因此，在美国的经典之争当中，人们只有明白了本科课程教学究竟在多大程度上为某种"引入的"主导选集的使用情况所决定，才能理解"开放经典"这一战斗口号的意义。该争论所揭示的是，对于经典的评判在很大程度上依赖于、受制于个人经验以及由文化决定的职业实践。例如，令人惊讶至极的是，由于在美国大学的教学过程中，人们几乎只是在选集中碰到"经典"，文学史上的经典甚至几乎不被提及，虽然它有着在集体记忆中保存文本的最长久的传统。

因此，经典之争日益转变为历史的、系统的文学经典和经典生成研究，主要在更广阔的文化记忆研究框架内进行，这是一个重大的改进（参见 Assmann and Assmann；Gorak；Guillory；Moog-Grünewald；Kramnick；Ross；Heydebrand）。不过令人诧异的是，经典的范围这个问题——到底有多少远古或者近代传承下来的文本值得在文化记忆中加以保留——却根本没有得到很好的探讨，尽管这个问题对于经典性的其他各个方面而言都具有核心意义（参见 Grabes and Sichert）。为了跳出纯粹术语层面的区分，我打算以英国民族文化记忆中的写作史再现情况为例，证明存在着多种选择的可能性。理想情况下，最全面的档案应该包括所有古英语和中世纪的手稿，以及印刷术引入之后的全部印刷文本。人们尝试着建立尽可能完整的版本目录，至少对于近代早期而言，已经有了波洛德（A. W. Pollard）、雷德格雷夫（G. R. Redgrave）和唐纳德·温（Donald Wing）编纂的《英文印刷书籍简明标题目录》（*Short-Title Catalogues*）。亨利八世时期，修道院被解散，修道院的图书藏品随之散落于各处，一部分被毁坏。面对民族文学传统丢失的危险，16世纪中期的两位古物研究者约翰·乐兰德（John Leland）和约翰·巴勒（John Bale）编纂了关于英语作家和作品历史的第一批著作，旨在尽可能完整地保留文献。从 1540 年代初期开始，乐兰德编纂的四卷本编年体英国作家传记合集（*Libri quatuor de uiris illustribus, siue de scriptoribus Britannici*），即已提供了相对广泛的经典作品，涉及各种写作风格，总共包含 674 名作者，其中有的出于推测，有的得到了确认。而新教改革家约翰·巴勒做得更好，他在 1557—1559 年间编纂的《大不列颠著名作家目录》（*Scriptorum Illustrium maioris Brytannie, quam nunc Angliam & Scotiam uocant: Catalogus*）收入了 1400 条目录，此后两百多年里一直是此类著作中最简明扼要的一种。1748 年，主教托马斯·坦纳（Thomas Tanner）推出了自己的《英格兰-爱尔兰图书目录》（*Bibliotheca Britannico-Hibernica*），这部九卷本的作家传记合集，意味着 17 世纪早期之前的所有作家都被囊括在内。

当然，根据当时学术作品的习惯，早期的综合性著作都是用拉丁文写的；如果说这样做事先限定了它们的影响范围，那也必须承认，相对晚近的《英文印刷书籍简明标题目录》也只是给专家们留下了信息来源。然而，同样应该弄清的是，所有这些广泛的经典作品，恰恰是更宽泛意义上的文化记忆存档，因为它们代表着书面文化的全部范围，而不仅仅是文学文本或者（用古老的说法）"诗歌"。然而，正如特里沃·罗斯（Trevor Ross）已经能够表明的，早在16世纪末17世纪初，就出现了制作英国诗歌经典的各种尝试，尽管这些努力仍然相当不成熟。

1687年起，威廉·温斯坦利（William Winstanley）开始出版《最著名英国诗人的生平》（Lives of the Most Famous English Poets）一书，这是最早出版的大部头英国文学史，涵盖了从12世纪到17世纪的大约150首"诗歌"经典。因此，大多数文学史家认为英国文学经典最初确立于18世纪，这个看法是错的。如下事实则是正确的：西奥菲勒斯·西伯（Theophilus Cibber）从1753年开始出版《大不列颠和爱尔兰诗人生平》，包含了从乔叟（Chaucer）到玛丽·钱德勒（Mary Chandler）在内的202位经典作者，他们按时间先后排列；甚至塞缪尔·约翰逊（Samuel Johnson）1781年开始出版的《最杰出英国诗人的生平》，也依然采用了与温斯坦利相同的结构模式。约翰逊的著作有一个重要的创新，即收录了对于特定作品的批判性评论，但他开列的54位"杰出诗人"仅仅涵盖了从莎士比亚到利特尔顿（Lyttelton）这一时期。

结构上真正的创新，是托马斯·沃顿（Thomas Warton）在1774至1781年间出版的《英国诗歌史》，该书首次以宏大叙事再现了英国文化史和文学史。该书过于野心勃勃，广泛涉猎文化史的众多领域，以至于全书写到16世纪早期即力不能支，戛然而止，但其中连贯性的叙述指明了文学史写作的一个新方向。不过，关于经典的发展，19世纪以后直至20世纪初期几乎所有的英国文学史论著，其模板都来自爱丁堡历史学家和出版商罗伯特·钱伯斯（Robert Chambers），后者从1836年开始出版《英语语言和文学史》一书。钱伯斯意欲向更多读者展现"民族心灵"的卓越，因此在定性和定量经典之间达成了一种简洁的妥协，而这两种经典此前被分开来处理，只有托马斯·沃顿那种漫无边际的叙述是一个例外。钱伯斯的著作明显将文学作者置于优先地位，但也包含了"随笔作者""玄学作者""历史批评和神学作者""百科全书和杂志""传记作者""旅行家""政治经济学家""大众出版物"，乃至"科普作者"，从而达成了这种妥协。将更加狭义"文学"意义上的定性经典与在各种话语中代表着民族国家书面文化的更加广义的经典结合起来，这种方式即将成为英国民族文学史撰述的主导传统。20世纪初期（1907—1916）出版的15卷本《剑桥英国文学史》即为该传统的缩影。应该补充的是，这一传统至今依然存活，它不仅见于已经出版的大部头著作《新编剑桥英国文学史》和新的《牛津英国文学史》，也见于安德鲁·桑德斯（Andrew Sanders）的《剑桥英国文学简史》之类的单卷本著作。

该传统的典型是一个相当稳定的"核心经典"阵营，其成员包括乔叟、斯宾塞（Spencer）、莎士比亚、弥尔顿、德莱顿（Dryden）、蒲柏（Pope）、约翰逊博士、华兹华斯（Wordsworth）、狄更斯（Dickens）和丁尼生（Tennyson），20世纪又增添了简·奥斯汀（Jane Austen）、乔治·艾略特（George Eliot）、T.S.艾略特、乔伊斯（Joyce）和贝克特（Beckett）等人。位居经典边缘、被认为依然很杰出的作家，其范围更广，更容易受到文学批评思潮变迁的影响。更多的变化发生在更低一个层级的作家身上，他们至少得到了某种评论。在最低的关注层面，或许只是粗略地列出了作者的姓名和作品的名称——这个层面的作家的作用，显然只是提醒我们书面文化中还有许多值得注意的东西。

因此，对于"开放经典"的需求，我们能说的是，传统英国文学史的经典就此而言永远大门敞开。然而如下指责也无法回避,即经典已经成为"民族、种族和性别优势的一个载体"(Gorak 235),19世纪和20世纪初期尤其如此。不过我们也可以说,从《英国语言中的文学领域史》(the *Sphere History of Literature in the English Language*,1970)、《麦克米伦英国文学史》(the *Macmillan History of English Literature*,1985)以及《朗文英国文学系列》(*Longman Literature in English Series*,1985—)等著作开始,更加晚近的英国文学史的经典确实认识到了后殖民文学的存在,有的力度还很大,同时也接纳了更多的女作家——这主要是出于女权主义历史学家和批评家的出色工作以及他们施加的压力。

或许文学史家真的更乐意追逐传统,因而跟那些总想站在"前沿"、擅长理论思维的批评家们相比,对文化变迁的回应更加迟缓。然而近年来的事实表明,情况并非必然如此。随着迈克尔·亚历山大(Michael Alexander)的《英国文学史》(2000)、约翰·佩克(John Peck)和马丁·柯伊尔(Martin Coyle)的《英国文学简史》(2002)的面世,一些新的文学史在英国相继出版,它们所呈现的经典几乎都只致力于狭义的"文学"。在即将到来的文化主义似乎对想象性写作在文化记忆中的优势地位构成威胁之际,正是这些文学史家抵制了这一趋势。由此进一步表明,在一个不断变化、充满活力的文化中,到底是更加古老还是更加晚近的过去能够确保自己在文化记忆中据有一席之地,围绕这个问题的竞争,在作为文化记忆存档库的经典之争那里体现得最为明显。放弃经典即意味着抛却文化记忆。甚至批评者们也都似乎重新意识到了这一点。2004年,一部题为《愉悦和变迁:经典的审美》的著作问世,该书代表了弗兰克·克默德(Frank Kermode)对于经典的更加新近的看法,而在十年以前，这种事情几乎是不可想象的。因此，尽管时不时有激烈反对经典的观点冒出来，但经典不会死亡。经典化的愿望强烈至极，文化记忆的经典化极为有用，文学史家和文化史家不断重写经典之举极受追捧。

参考文献

Altieri, Charles. *Canons and Consequences: Reflections on the Ethical Force of Imaginative Ideals*. Evanston: Northwestern UP, 1990.

Assmann, Aleida, and Jan Assmann, eds. *Kanon und Zensur*. Munich: Fink, 1987.

Assmann, Jan. "Kollektives Gedächtnis und kulturelle Identität." *Kultur und Gedächtnis*. Eds. Jan Assmann and Tonio Hölscher. Frankfurt am Main: Fischer, 1988. 9-19. [English: Assmann, Jan. "Collective Memory and Cultural Identity." Trans. John Czaplicka. *New German Critique* 65 (1995): 125-133.]

Bloom, Harold. *The Western Canon: The Books and School of the Ages*. New York: Harcourt Brace, 1994.

Felperin, Howard. *The Uses of the Canon: Elizabethan Literature and Contemporary Theory*. Oxford: Clarendon, 1990.

Gorak, Jan. *The Making of the Modern Canon: Genesis and Crisis of a Literary Idea*. London: Athlone, 1991.

Grabes, Herbert, and Margit Sichert. "Literaturgeschichte, Kanon und nationale Identität." *Gedächtniskonzepte der Literaturwissenschaft: Theoretische Grundlegung und Anwendungsperspektiven*. Eds.

Astrid Erll and Ansgar Nünning. Berlin: de Gruyter, 2005. 297-314.

Guillory, John. *Cultural Capital: The Problem of Literary Canon Formation*. Chicago: U of Chicago P, 1993.

Hallberg, Robert von, ed. *Canons*. Chicago: U of Chicago P, 1984.

Herrnstein Smith, Barbara. "Contingencies of Value." *Canons*. Ed. Robert von Hallberg. Chicago: U of Chicago P, 1984. 5-40.

Heydebrand, Renate von, ed. *Kanon-Macht-Kultur: Theoretische, historische und soziale Aspekte ästhetischer Kanonbildungen*. Stuttgart: Metzler, 1998.

Kermode, Frank. *Pleasure and Change: The Aesthetics of Canon*. Ed. Robert Alter. Oxford: Oxford UP, 2004.

Kramnick, Jonathan Brody. *Making the English Canon: Print-Capitalism and the Cultural Past, 1700-1770*. Cambridge: Cambridge UP, 1998.

Moog-Grünewald, Maria, ed. *Kanon und Theorie*. Heidelberg: Winter, 1997.

Munns, Jessica. "Cannon Fodder: Women's Studies and the (British) Literary Canon." *Canon vs. Culture: Reflections on the Current Debate*. Ed. Jan Gorak. New York: Garland, 2001. 17-27.

Ross, Trevor. *The English Literary Canon: From the Middle Ages to the Late Eighteenth Century*. Montreal: McGill-Queen's UP, 1998.

Shattuck, Roger. "Perplexing Lessons: Is There a Core Tradition in the Humanities?" *The Hospitable Canon*. Eds. Virgil Nemoianu and Robert Royal. Philadelphia: John Benjamins, 1991. 85 – 96.

Weinbrot, Howard. *Britannia's Issue: The Rise of British Literature from Dryden to Ossian*. Cambridge: Cambridge UP, 1993.

Winko, Simone. "Literatur-Kanon als *invisible hand*-Phänomen." *Literarische Kanonbildung*. Ed. Heinz Ludwig Arnold. Munich: Edition Text Kritik, 2002. 9 – 24.

传记、文化记忆与文学研究

马克斯·桑德斯

"传记"(life-writing)是一个有争议的术语,它涵盖了一系列的文本和类型。实际上,至少在部分程度上,该术语的争议性正是由于它在一些人看来涵盖面太广。正如英国著名传记作家李赫敏(Hermione Lee)所言,有时候人们使用该术语,"却将各种不同的生平故事讲述方式混为一谈,不管它是回忆录、自传、传记、日记、书信,还是自传体小说"(Hermione Lee, 100),这正是本文采用该术语时将使用到的主要意思。尽管如同李赫敏指出的,"在传记和自传的区别被有意模糊之际"(Hermione Lee, 100),该术语还有另一种基本用法。评论家们有时采用"自/传"(auto/biography)一词来显示这种文体上的交融(或者作为一个简略的说法来笼统地谈论自传和传记)。"自传"一词创生于18世纪末浪漫主义成型之际。具有反讽意味的是,此时也开始出现这样一种观念,即一切撰述都具有自传的维度。这种看法在19世纪变得越来越巩固,最终为后现代主义所分享。按照这种看法,自传与传记、小说等其他撰述形式的区别一直以来都是很模糊的。由此,李赫敏所区分的这两种含义,其实并不那么界限分明。别人的生平也可能成为你自传中的一部分,因为你写下的是你生命当中重要的东西。学者们愿意花上几年的时间去钻研别人的传记,是因为它们能告诉你一些有关其生平的东西。某种意义上，他们是在撰写错位的自传。正是错位这一矢量，导致最审慎、最忠实的传记都难免夹杂着虚构的成分。

保罗·德曼（Paul de Man）在其开创性的《作为毁损的自传》一文中，对自传性解读这个问题进行了理论化处理，他认为，自传根本不是一种文学类型，而只是一种阅读模式。一部传记中的一句话可以号称指向其主体——约翰逊博士如是说——但我们可以随意将其解读为自传性的，从反面解读为向我们透露着传记作者自身的某些东西。不过，文类的模糊是另一种方式的特征。传记根本上是互文性的（参见本书雷娜特·拉赫曼的文章），传记将从可能获得的写作对象的书信、日记或演讲中随意摘引其内容。回忆录撰写者会引用他们声称自己逐字逐句记住的对话。人们也许会认为，自传是最纯粹的文类，它仅仅依靠记忆行为来获取资料。然而，自传的撰写者也会引用文献、他人的传记以及他们自己的杂志或者小说。而根据相同的文类模糊原理，这些资料本身自然已经被模糊了。例如，齐格弗里德·萨松（Siegfried Sassoon）在《步兵军官回忆录》（1930）中借助"乔治·谢思顿"（George Sherston）这个虚构的人物展现了个人的生平（他和萨松拥有同样的战争经历，但没有他那种诗人的职业）。书中摘录了萨松在战壕里写的日记，其效果是将叙事建立在直接证据的基础之上。然而，已经出版的萨松个人日记暴露了一些撩人眼球的东西。他经常用第三人称的口吻描述自己，好像为了书写自己的经历，他就有必要将自己视为小说中的人物。这样，该日记早已被小说化了。因此，为了使《步兵军官回忆录》中摘录的日记文字听起来更像自传，它们已经被重写——被再小说化了。并非所有的传记都玩弄这种复杂的互文和跨文体（inter-generity）游戏，不过大多数例子都有着这样的痕迹。

传记提出的这个文类问题具有重要的理论含义，对于文化记忆研究而言尤为如此。特别是不久前由菲利普·勒热纳（Philippe Lejeune）开创的自传理论，聚焦于作者和读者之间的一种"契约"概念，从而保证了书名页出现的人就是该书实际上的叙述主体以及相应的人物原型。但是，这种讨论只不过提出了文学契约的合法性这个问题，以及如何去处理不符合契约模式的情形这个问题——这种情形可以称之为非契约自传（non-contractual autobiography），例如第三人称自传（如《亨利·亚当斯的教育》，1918）、笔名出版物（如威廉·哈勒·怀特的《马克·卢瑟福特自传》，1881），以及浩如烟海的自传体小说这一类型。

由于文类的去稳定化，我们不太好说传记跟主体经历和个人记忆之间有着直接的联系。不过从另一个角度来看，这种问题化的处理也呈现了一个机会。如果其他类型、子类型或者形式，如小说、诗歌、短篇故事、旅行作品、地图类书籍、史学作品等，都可以被理解为传记的话，那么它们也都可以被用作切入文化记忆的路径。不过，如果我们要把这些文学文本用作文化记忆研究的资料，我们当然不能简单地把它们当作历史"文献"或者第一手证据的"来源"来使用。实际上，我们必须把它们理解为文学批评，意识到我们正在处理的东西只是文本。也就是说，我们不是像19世纪的历史学家那样，努力"如实说明历史"，通过记忆文本去研究历史事实。相反，我们的研究目标在于写作模式。这些文本不是直接给予我们原汁原味的记忆，而是揭示了记忆的文化。也就是说，当我们将传记视为文化记忆的一种资料时，我们的结论也将具有文学批评的性质：阐释记忆是如何产生、建构、书写和传播的。

这一点看起来也许是一种小小的限制，它打击了历史学家了解过去的渴望，取而代之的是如何调和过去的讨论。不过，我们同样可以将一个明显的限制理解为一种优势，因为传记表明：人们也许会认为记忆在一定程度上优先于自传/传记、文学或者任何篇章形式的东西,但人们的记忆却总是已经被文本化了。根据定义,它们是"事后"的,但作为事件的再现、中介或者叙事,它们也总是开始将事件转变为别的某种东西(参见本书于尔根·斯特劳布的文章)。即便看上去是即刻写下的日志(反正它们不及萨松的日记来得巧妙),也受到了短期记忆的调节。"虚妄记忆综合症"的临床谈话产生了不幸的副作用,暗示着记忆必须传递真相。当然,我们可以对被描述的记忆的真相进行讨论,并发现其中一些内容与其他证据更加一致,而另一些内容则不那么一致。但是,从某种意义上说,所有记忆都带有作伪的成分,因为它必定是由被记住的事件或者经历转换而来的。因此,把文学性的传记文本视为文化记忆研究的资料,能使我们成为更老练的文化史家、更老练的记忆学者。

我们还可以成为更老练的文学批评者,因为把传记或自传理解为文化记忆,某种程度上就是把它们理解为与事实格格不入。这两种形式都根据个人生活来界定它们的范围,并且号称能够提供无与伦比的路径去触及其主体的内心、经历和记忆。对于历史学家和文化记忆研究者而言,这正是它们的诱惑之所在。威廉·华兹华斯的《序曲》中(The Prelude)有一段最让人难忘的文字,描绘了自己儿时如何在一个傍晚发现了一艘小船,然后偷偷将它划入湖中(Wordsworth 1805 text, bk. 1, lines 372-427)。当时他面对着湖岸,注意到离岸边较远之处有一片悬崖,早先未能看见,此时似乎随着他的划水动作逐渐映入眼帘。他害怕起来,头脑中想象着那块悬崖正在立起后腿试图追赶他。他赶紧往岸边划,不仅感到懊悔,而且渐渐感到这个情节就是一个例子,说明他的道德感不是通过他人、通过宗教说教,而是通过自然本身形成的。这是一个非常关键的情节,为我们提供了关于记忆如何生成的洞见;这个情节对成年后的诗人依然有着影响,是其传记发展中的一个里程碑。现代的自传,主要关注这种书写自我、再现主观性、内在性和个人记忆的努力。

然而,从文化记忆的角度来理解,即便《序曲》记录了一种非同寻常的、自由的、非建构的个体童年,它也给了我们一段无与伦比的叙述,即在18世纪后期一名儿童可能是什么样子,在整个19世纪童年又是如何以独特的方式被重新塑造为应该被记住的某种东西。这样,我们解读《序曲》时,也就(如前所述,只是)把它当作寻常的历史资料来处理,将它视为个体记忆的书面证据,能够嵌入其他个体记忆之中,以便建构某种跨越整个文化的记忆模型。简言之,我们将自传解读为文化记忆的一个组成部分,理解为对文化记忆的反思。不过,《序曲》这样一部文学作品,其地位不同于历史学家们喜欢的未刊史料,比如日记或者书信。当它进入公众意识之时,它也促成了文化记忆的**生产**。

正是上述这类自传作品,而不是那些晦涩的自传,也不是那些已经变得典化的人物的文本,意在吸引最具理论性的关注。像保罗·德曼那样的批评家,其高深的后结构主义理论倾向于以浪漫主义为关注焦点,后者在近代传记方面的奠基性文本就是《序曲》和卢梭的《忏悔录》(1781—1788),在这些文本当中,主人公的独特性不言而喻,对于自我表达的强调是主要的动力。然而,如果只是聚焦于这类文本,我们就看不到其他传记实践如何在历史上同样发挥过强大的文化功能。书信、日记和旅行叙事,所有这些作品都被大量用于社会性的生产和再现,它们最近开始得到更多的理论关注。尤其是传记,已经成为文化记忆生产的一种核心形态。这部分程度上属于人类学。传记已经被视为祖先崇拜的一种形式,当然,那些描写统治者生平的早期范本,比如普鲁塔克的《希腊罗马名人传》,也在备受尊崇中焕发了活力。它们也起到了界定和颂扬自己所属社会的价值观念的功能——它们倾向于在形成过程中展示这个社会。它们还有显著的道德功能,这一点在圣徒传中体现得更加明显,后者颂扬的正是宗教生活,以便装点道德楷模。

随着启蒙运动以来西方社会的日益世俗化,传记的文化功能以对立的方式得到了发展。"世界的历史就是伟人的传记"(Carlyle 29),托马斯·卡莱尔(Thomas Carlyle)在1840年写下的这句著名格言代表着一种潮流,它在本质上使古代的崇敬功能变得现代化。这种伟人因其个人力量改变了历史进程而被授予了荣耀。这句格言避而不谈伟大女性的可能性,撇开这一点不谈,其中有三个方面与我们的讨论有关。首先,英雄人物的伟大就是其独特性和个性的标志。就此而言,卡莱尔持一种罗马式的个人"天才"概念:他仅仅在历史而非艺术领域释放自己的能量。其次,也顺理成章的是,虽然这样的人物是"榜样性的",但他们所代表的是人类成就的至高点,是普通人无法企及的那种成就。实际上,我们可以将卡莱尔的策略视为典型的维多利亚时代知识分子对工业化和民主化的回应,这两种变迁的力量使人类感到自身正在变得渺小。再次,虽然被讲述的英雄生平是个人性的,但他们都为集体的"历史"做出了贡献。这里的结论自相矛盾:它将"历史"碎片化为个人传记;但与此同时,它又似乎很看重伟人对于人类集体故事的贡献。某种意义上,我们可以将这种悖论理解为对于非人格性、唯物主义的历史的期待,后者与19世纪的马克思这个人(讽刺性地)联系在一起。根据马克思主义的辩证唯物主义,个人生活是由经济决定的历史过程的结果,而不是历史的原因;认为英雄人物创造了历史,这种观念是意识形态上的故弄玄虚。

世俗化的传记的另一股潮流,不是颂扬杰出的人物,而是赞美代表性的男人或女人,这一点如果说在传记中体现得不那么明显

（关于无名者的书更难卖得动），那么在自传中就更加明显。不过，约翰·密尔、威尔斯（H. G. Wells）这样的作家，在讲述其按任何标准都极为出色的智识成就时，仍然坚持认为自己的才能谈不上多么杰出，而仅仅是训练或者环境赋予了自己某种优势。这种策略，至少在部分程度上是为了将自传从其克星自我主义中挽救出来。但是，他们或许还表明了一种焦虑，即人文学科和人类科学在19世纪日益受到心理学的影响，倾向于将自我再现为某种越来越私人性、越来越唯我主义的东西。爱默生写道："全部历史变成了主观性的东西，换句话说，就没有什么历史，唯有传记。"（Emerson 15）他这样说的意思是，普遍性的东西只能存在于个体心灵中，因为个体分享了普遍的心灵。但是，在我们那种已经对整体性宏大叙事失去信心的后现代主义治疗文化看来，只有私人性和忏悔性的东西才被认为有意义。"文化记忆"这一概念尽管自相矛盾，但也可以被视为一种尝试，即试图保留这种爱默生式理想主义的普遍化的个人主义观念。

传记的后续命运，有可能根据一系列理论挑战得到最好的理解，特别是精神分析学说、马克思主义、女权主义、（后）结构主义以及后殖民主义，其中每一种理论都导致自传和传记的发展轨迹发生了新的转向。这里简单地勾勒一下这些挑战，作为本文的结尾。

精神分析学说的挑战，不在于它质疑了对于个体生命的阐释的价值，而在于它完全改变了这类阐释的性质。首先，它提供了一幅极度碎片化的自我画像，自我的一个构成部分，即无意识，无法直接被再现出来。自传作者不再能够接近自己的全部主观性；传记作者有了一个新的理由不去信任其主人公，后者不仅不知道他们自己的全部故事，而且在详述他们知道或者认为知道的事情时可能产生无意识的扭曲。因此，接受过精神分析训练的传记作者乃至自传作者，自以为扮演着分析者的角色，倾听其主人公表露出的压抑、错置或者下滑的迹象，同时也认识到（如果他们一丝不苟的话）传记从来不可能等同于正式的心理分析互动。1927 年，弗吉尼亚·伍尔芙（Virginia Woolf）打出了"新传记"的旗号，当时她心里想到的正是利顿·斯特拉奇（Lytton Strachey）那样有影响的先驱性心理分析作品。斯特拉奇的里程碑式著作《维多利亚时代名人传》（*Eminent Victorians*，1918），用晦涩的颠覆性讽刺笔法，简洁地剖析了当时的四个知名偶像——红衣主教曼宁（Manning）、弗洛伦斯·南丁格尔（Nightingale）、教育家阿诺德博士（Arnold）以及戈登将军（Gordon）。然而，直到 1970 年代，作为个人历史的对立面，人们才有可能在自传/传记中直言不讳地讨论性。

"新传记"运动产生了对于形式的新热情，正如劳拉·马尔库斯（Laura Marcus）所言："传记热的出现跟如下认识相连：传记是为二十世纪而重新发明出来的，它对批判性的自我意识提出了新的更高水平的要求。"（Marcus, "The Newness" 193 - 94）但是，新传记运动颂扬"个性"和"性格"，无论得到怎样崭新的表达，它都与现代主义的非人格（*im*personality）学说及其将性格碎片化为蒙太奇般的声音组合的做法相一致。新传记运动是对现代主义实验的回应，而现代主义者又对传记做出了反抗，不仅反抗其维多利亚时代的形式，而且也反抗新传记运动。也许正是个性文学的复兴这种意识，使艾略特（在《维多利亚时代名人传》出版后的第二年）写道："诗歌［……］不是个性的表达，而是个性的逃离。"（Eliot 21）

艾略特那种"非人格理论"的形式主义，代表着对传记的权威的另一种挑战。如果像艾略特所说的那样，"艺术家越是完美，承受痛苦者和创造者的心灵就越是四分五裂"，那么我们就没法通过重要艺术家的传记来了解其富有创造力的心灵，或者是他们创作的艺术作品（Eliot 18）。美国"新批判主义"的批评家吸纳了艾略特的看法，比如维姆赛特（W. K. Wimsatt），他和门罗·比尔兹利（Monroe C. Beardsley）一道，对如下尝试提出了批评，即从一件艺术作品转向其背后的假想的传记性意图，他们为这种尝试贴上了"故意的谬误"的标签。这个学派，以及理查兹（I. A. Richards）、威廉·爱普森（William Empson）、利维斯（F. R. Leavis）的剑桥"实践的批判主义"，都试图集中关注"页面上的文字"，而非其作者的个性。主要由于这种苛评的影响，关于传记的批评和理论在20世纪中期消失了。

马克思主义出现的时间虽然早于上述这些立场，但它在文学和文化研究中最有影响力的时间却是20世纪六七十年代。它特别发出了两种相关的异议。首先，自传和传记的**形式**根本上是保守的，它是自由主义的个人主义和资产阶级意识形态的表达。其次，自传和传记的**功能**在于保存一种虚假的意识：它所表现的那种整体性、连贯的、有意义的个体生活，乃是异化的资本主义世界中的一个幻象。然而，传记为研究阶级斗争的实际社会体验的社会史学家们提供了珍贵资料。

女权主义也转向传记，以纠正一种文化失忆症——书写那些完全被遗忘，却对历史做出过贡献的女性的文化记忆。此外，正如卡罗琳·海布伦（Carolyn Heilbrun）所言，女权主义的发展意味着，女性只有在20世纪才能在其传记中实现完全的"讲真话"，说出维多利亚时代的人所忽略的东西：女性的欲望、独立、力量、愤怒和身体。我们可以分辨出女权主义写作的三种主要策略。首先，撰写女性的自传和传记。其次，出版一些参考书，比如《女权主义英语文学指南》（*Feminist Companion to Literature in English*，1990）。第三，将下面这类资料纳入参考书：已确立地位的书，如《英国传记大辞典》(*Dictionary of National Biography*)、《牛津英国文学指南》(*Oxford Companion to English Literature*);或者是新近出版的书,如桑德拉·坎普(Sandra Kemp)、夏洛特·米切尔(Charlotte Mitchell)和大卫·特罗特(David Trotter)编辑的《爱德华七世时代的小说:牛津指南》(*Edwardian Fiction: An Oxford Companion*,1997)。

正如女权主义让传记恢复了活力那样,其他形式的认同政治也发现传记对自己的事业必不可少。由于一些书信、日记、回忆录的重新发现,以及传记性的反主流文化的建立,性别、种族和阶级认同的历史变得更加丰富。这种作品在宗旨上往往具有公然的鼓动性,为被压迫的少数族裔提供某种历史团结感,并致力于记录官方文化意在压制或者试图忘却的反主流文化的记忆。

当然,小说也经常承担这种意识形态拯救工作,但是,20世纪的历史创伤似乎苛求幸存者给出证据、作出见证。阿多诺断言:"在奥斯维辛之后,写诗是一件野蛮的事情"。如果说这句话显得过于绝对,那么将文化记忆意在神圣化的事件写成小说,这种尝试则被证明是有争议的。在有关第一次世界大战和纳粹大屠杀的报告文学当中,往往变成经典文本的正是自传性写作,比如罗伯特·格雷夫斯(Robert Graves)、维拉·布里顿(Vera Brittain)、普利莫·莱维(Primo Levi)、艾利·威瑟尔(Elie Wiesel)的回忆录。不过,最具标志性的大屠杀文本是由一位没能幸存下来的受害者撰写的,它在其作者被捕并被送往死亡集中营之前戛然而止。安妮·弗兰克(Anne Frank)的日记见证了一种遭受迫害和恐惧的生活。但是,故事的感伤之处在于她对强烈感受到的个人生活的描绘,更加令人同情的是,她注定无法实现自己那个异常早熟的愿望。我们读她的日记,知道她所害怕的死亡如影随形,注定没法摆脱。但在文化记忆当中,个体命运也成了大屠杀集体受害者的提喻。

罗兰·巴特的著名文章《作者之死》(1967),具体表达了(后)结构主义对文学传记的挑战;而传记的证词范式——我们或许可以称之为作者的死亡见证——则与这一挑战截然对立。巴特反对传记的传统,理由是它对阐释产生了反动的影响。新批判主义的批评家们认为传记是对文本意义的偏离,但他们仍然认为意义具有决定性。在罗兰·巴特看来,传记的谬误就在于,它试图把自己与作者结合在一起,从而将意义固定下来。相反,他赞美那种从作者的控制中解放出来的文本愉悦:一连串的多数。作者具有权威功能,类似于上帝、先知、国王之类的其他权威人物。罗兰·巴特宣称作者已死,这在文本上等同于尼采的上帝已死的宣言。他这篇文章还促发了紧张的断言,有人认为关于作者已死的报道被夸大了。不过,他们没有弄明白罗兰·巴特的要点,后者其实意在勾勒一场乌托邦式的阅读革命。米歇尔·福柯 (Michel Foucault) 的文章《什么是作者?》(1969) 从另一个视角切入该问题。在罗兰·巴特那里,作者是意义的暴君,而福柯却一如既往地关注话语:作者的话语,"作者"作为组织知识的一种手段,根据特定的分类方法使文字体系变得明白易懂。

对于这种后结构主义的挑战,回应方法之一就是让自传/传记成为后现代写作,让它更多地意识到自身的叙事性、虚构性和不可能性(就如巴特自己那本根据主题组织的著作《罗兰·巴特论罗兰·巴特》那样)。这一转向,与20世纪小说当中日益明显的自传/传记转向相互吻合,产生了徘徊于传记和小说之间的写作实践。"纪实小说"(faction) 或者非虚构小说,比如杜鲁门·卡波特 (Truman Capote) 的《冷血》(In Cold Blood, 1966)、诺曼·梅乐尔 (Norman Mailer) 的《刽子手之歌》(The Executioner's Song, 1979),都以小说的形式和风格叙述了真实生活的内容。类似地,埃德蒙·怀特（Edmund White）的术语"自传体小说"（autofiction）主张一种不同模式的文类融合，它不是宣称小说基于自传性的事实之上，而是暗示自我本身已经被虚构化了。后现代的传记也使用明显的历史形式来容纳虚构性材料。彼得·阿克罗伊德（Peter Ackroyd）的《狄更斯》（1990）一书，章节之间包含着一些幻想，比如狄更斯与自己笔下的人物交谈，或者与奥斯卡·王尔德（Oscar Wilde）、T. S. 艾略特交谈。埃德蒙·莫里斯（Edmund Morris）的《荷兰人：罗纳德·里根回忆录》（1999）引发了更大的争议。莫里斯尽管有着里根的"官方传记作者"的身份，但他却在书中虚构了几个人物，包括一个虚构版本的他本人，描述了一桩他实际上并未参与的事情。可以说在这两个例子中，事实和小说的模糊反映了其主人公的虚构能力。

由于这些挑战的威力，并不令人惊讶的是，传记很晚才受到文学理论家的关注。不过吊诡的是，就在对于文本再现自我的能力最为怀疑之际，传记研究的复兴迹象却依稀可辨。这种复兴的发生，部分是由于传记写作在学术圈内逐渐得到了重新接受，同时也是由于传记创作者围绕形式进行了批判性和理论性的写作。主要代表人物包括理查德·霍姆斯（Richard Holmes）、约翰·巴彻勒（John Batchelor）、沃维克·古尔德（Warwick Gould）、托马斯·斯特利（Thomas F. Staley）以及李赫敏等人。

这类作品主要是一种技艺的解释，而不是文学理论的阐述。但是，在过去三十年里，批评家们开始欣赏各种传记形式的理论趣味。尽管距离现代主义者对于伍尔芙这样的作者的探索已经过去了半个世纪，"新传记"运动终归结出了成果，我们或许可以称之为"新传记理论"，宝拉·巴克希德（Paula R. Backscheider）、卡罗琳·海布伦、罗兰·巴特、彼得·弗兰斯（Peter France）、圣克莱尔（St.

Clair)和玛格丽塔·乔利(Margaretta Jolly)就是其中的代表人物。

当然,由于本文开头给出的原因,"传记理论"必然也是"自/传理论"。目前最优秀的传记理论意在聚焦于自传,或者聚焦于自传跟传记、小说等附属模式之间的关系。代表人物有:保罗·德曼、林达·安德森(Linda Anderson)、菲利普·勒热纳、劳拉·马尔库斯、詹姆斯·奥尔尼(James Olney)、利兹·斯坦利(Liz Stanley)、茱莉亚·斯温德尔丝(Julia Swindells)。

本文的结论是:经历了19世纪的巅峰之后,在20世纪的大部分时间里,传记往往遭到轻视,被当作一种纯文学形式,跟文学研究或者社会研究都没有关系。形式主义批评家把它视为没有多少生命力的小玩意,需要将它清除出文学领域,以便为诗歌、小说和戏剧这些重要的创造性作品让路;政治批评家把它视为不合时宜的意识形态方面的弄虚作假。20世纪晚期,两种相互对立的理论发展路向赋予了它新的相关性。在新历史主义者看来,这种语境化的材料似乎是文本的生产和接纳过程中不可分割的一部分,因而也是文本的阐释的一部分。相反,后结构主义者认为文本之外一无所有,这意味着传记并不那么像是语境,而是别的文本和材料,跟原始文本一样,需要进行质疑性的分析。一直存在着以这种方式来考察某些传记的趋势。如约翰·济慈(John Keats)的华丽书信,这类作品本身就被有效地视为创造性作品:它们本质上是诗歌作品,不过碰巧采用了书信的形式。新历史主义当中有一种强烈的根基主义(foundationalism)情结,而后结构主义则反对根基主义,无情地怀疑为特定意义和事实寻找根基的可能性。文化记忆概念的一个优势在于,它有能力在这一竞争中两面下注,因为它关注的不是实际的事件,而是事件的文化反响;不是实际的记忆,而是作为再现的记忆和记忆的再现。由于有了这些关键的发展,文本的等级秩序受到了质疑。传记文本和其他文本各得其所,就跟别的东西一样有效、有权威。实际上,它们往往是质疑文类界限最为有力的文本。

参考文献

Anderson, Linda. *Autobiography*. London: Routledge, 2001.

Backscheider, Paula R. *Reflections on Biography*. Oxford: Oxford UP, 1999.

Barthes, Roland. "The Death of the Author." Trans. Richard Howard. *Aspen Magazine* 5-6 (1967): n. pag.

Batchelor, John, ed. *The Art of Literary Biography*. New York: Oxford UP, 1995.

Carlyle, Thomas. "Lecture on the Hero as Divinity." *Heroes, Hero-Worship and the Heroic in History*. 1841. London: Chapman and Hall, 1904. 1-41.

de Man, Paul. "Autobiography as De-Facement." *The Rhetoric of Romanticism*. New York: Columbia UP, 1984.

Eliot, T. S. "Tradition and the Individual Talent." 1919. *Selected Essays*. 3rd, enl. ed. London: Faber and Faber, 1951. 13-22.

Emerson, Ralph Waldo. "History." *Essays*. Cambridge, MA: Riverside, 1865. 7-44.

France, Peter, and William St. Clair, eds. *Mapping Lives: The Uses of Biography*. Oxford: Oxford UP, 2002.

Gould, Warwick, and Thomas F. Staley, eds. *Writing the Lives of Writers*. London: Macmillan; New York: St. Martin's, 1998.

Heilbrun, Carolyn. *Writing a Woman's Life*. New York:

Norton, 1988.

Holmes, Richard. *Footsteps: Adventures of a Romantic Biographer*. London: Hodder and Stoughton, 1985.

Jolly, Margaretta, ed. *Encyclopedia of Life Writing: Autobiographical and Biographical Forms*. 2 vols. London: Fitzroy Dearborn, 2002.

Lee, Hermione. *Body Parts*. London: Chatto and Windus, 2005.

Lejeune, Philippe. *Le pacte autobiographique*. Paris: Editions du Seuil, 1975.

Marcus, Laura. *Auto/Biographical Discourses*. Manchester: Manchester UP, 1994.

—. "The Newness of the 'New Biography': Biographical Theory and Practice in the Early Twentieth Century." *Mapping Lives: The Uses of Biography*. Eds. Peter France and William St. Clair. Oxford: Oxford UP, 2002. 193–218.

Olney, James. *Metaphors of Self: The Meaning of Autobiography*. Princeton: Princeton UP, 1972.

Stanley, Liz. *The Autobiographical I*. Manchester: Manchester UP, 1995.

Swindells, Julia, ed. *The Uses of Autobiography*. London: Taylor and Francis, 1995.

记忆的文学再现

柏吉特·纽曼

记忆和记忆过程,一直以来都是文学领域的一个重要话题,甚至是主导话题。无数文本描述了个体和群体如何记住过去、如何在回想起来的记忆基础上建构其认同。它们关注过去在当下的记忆性存在,它们重新考察过去与现在的关系,它们揭示记忆在认同的构造方面所发挥的各种作用。这些文本指出,人们的记忆具有高度选择性,记忆的呈现过程可能会告诉我们关于记忆主体更多的东西,比如他们的现在、他们的期待和否认,而不仅仅是实际发生过的事情。文化记忆尤其如此,因其涉及的人为精细加工程度比个体记忆高得多。因此,文学作品传播着关于个体记忆和文化记忆以及记忆的本质和功能的有力模式。

研究个体记忆过程的文学再现,一直是文学研究中核心的认识论兴趣之一。对于不同时代和作者的大量研究已表明,文学在主题和形式上都与记忆和认同这一复合主题密切交织在一起。研究个体记忆的再现,这是长期以来的既定路径,只是到了最近学者们才开始研究集体记忆的文学再现(参见 Erll)。叙事学已经广泛涉及文学记忆形式的讨论(参见 Löschnigg;Henke;Erll and Nünning;Basseler and Birke),事实证明,它在探索记忆的再现方面具有重大价值。叙事学的路径使人们注意到了文学的形式美学特征，从而使虚构性的世界创造或者记忆制作的可能性进入了人们的视野。这种路径基于如下假设：小说作品掌握了真正文学性的独特技巧，可以去探索记忆和认同之间的联系。文学不仅能使记忆与认同的联系成为直接反思的对象，而且还能含蓄地再现这一联系——也就是说，通过各种语义化的形式再现这一联系。随着"文学形式的语义化"这一概念的明晰，叙事性的再现技巧发挥了意义的独立承载者的功能（参见 Nünning，"Semantisierung"），后者对于意义的建构做出了核心的、多维语义的贡献，从而提供了富有成效的阐释可能性。文学利用了文本之外的现实，此话不假。然而，作为一种去真实化的媒介，它代表着一种面对世界的建设性方法，并用纯粹文学性的技巧去创造自己的记忆世界。

长期以来，再现记忆过程的这类文本都缺少合适的名称。不过，批评家们最近提出了"记忆小说"一词（参见 Nünning, *Fictions*; Neumann），以此给这类作品命名。"记忆小说"（fictions of memory）这个术语有意暗指小说的双重意义。首先，它指那些描绘记忆如何运行的文学性、非指涉性（non-referential）的叙事。其次，在更广泛的意义上，"记忆小说"这个术语是指这样一些故事：某个人或者某种文化讲述有关自己过去的故事，以回答"我是谁？"或集体性的"我们是谁？"这个问题。这些故事也可以被称为"记忆小说"，因为它们往往构成了对于过去的一种想象性（重新）建构，回应的是当前的需要。这种概念性、思想性的记忆小说由倾向、偏见和价值观念组成，它们为理解过去和现在提供了一致的代码，在文学剧情和神话中得到了最简洁的表达（参见 Nünning，"Editorial" 5）。

一、记忆的模仿

在记忆小说中,回忆过程是由文学批评家所说的"记忆模仿"唤起的(参见 Neumann),该术语是指叙事形式和美学技术的合奏,文学文本藉此展现和反映记忆如何工作。该术语不是表明了文学的模仿性,而是指出了文学的创造性:小说并不模仿现存版本的记忆,而是在话语行为中创造了它们声称要描述的过去。热拉尔·热内特(Gérard Genette)指出,"没有任何叙事能够展现或者模仿其所讲述的故事。[……]语言在表意时无需模仿"(Genette 164)。因此,它所能做的就是以一种详细、精确、生动的方式讲述某个故事,从而产生"模仿的错觉"。确实,正如保罗·利科三层模仿概念所显示的,记忆的文学再现,总是由特定文化的记忆构造和有关记忆运行的当下话语提供了预兆。但在文本层面,小说创造了新的记忆模式,它们设定了记忆的再现,因为它们选择和编辑了既定文化的话语要素。它们把真实和想象的、被记住和被遗忘的东西结合起来,并通过叙事工具,对记忆的运作进行想象性的探索,从而提供了有关过去的新视角。这种想象性的探索能够影响读者对过去的理解,由此重塑占据着文化优势的记忆版本。因此,文学从来不是既存文化话语的简单反映,相反,它积极促成了文化记忆的协商。

文学不是一个封闭的体系,而是一种文化的主导性意义生成过程的一部分,它跟别的象征体系不断互动。如果从这个前提出发,那么对于记忆的文学呈现情况的分析,就能提供有关某种文化的主导记忆概念的信息。文学代表着一种"重新整合的交织话语"(reintegrative interdiscourse,参见 Jürgen Link),它跟其他一些系统(如心理学、历史学、法律、宗教等)相互交织,并借鉴了早已在某种文化中流传的记忆的内容和概念。在文学的世界里，文学作品求助于文化上占据主导地位的记忆理念，并通过自己的文学技巧，以一种凝练的美学形式来再现这些理念。文学的文化先成性（cultural preformation）也暗示着叙事技巧并非一成不变的常数，而是因时而变的策略，它提供了针对特定时代的阐释模式。文学代表着一种挪用现实的文化表达形式，它可以任意采用那些被标注为虚构性的特定手法。由于文学作品这种特殊的指涉性，即一方面是文化先成性，另一方面是想象性生成的可能性，有关记忆的虚构性再现的研究，便产生了对于文化上占据优势的记忆概念的洞见，对于自我和他者这些固有概念的洞见，以及对于被认可和未被认可的记忆的洞见。

在展现个体记忆和文化记忆时，叙事文本可以求助于一系列美学技巧，从叙事中介的独有特征，到内心世界、时间和空间的再现，再到互文性或者情节模式的设计，其范围颇为广阔。这些叙事工具的语义化程度之高，以至于它们能够含蓄地传递特定文化当中有关个体记忆和集体记忆如何运行的一些概念。接下来我们将讨论一些最突出的技巧，人们可以在叙事中用它来展现回忆过程。此外，下面还将表明，时间再现和叙事中介之类的技巧，使我们能够得出一些有关文化上占据优势的记忆概念的具体结论。

记忆小说通常体现为如下情形：一个回忆性的叙事者或者人物在回顾自己的过去，试图按照当下的观点将意义强加给浮现出来的记忆身上。因此，通过文学来再现记忆，典型的模式就是回溯或者倒叙（Genette 40）。过去发生的事情，只有后来（也就是现在）才能回想起来，并被再现为叙事者或某个人所经历的记忆。因此，所有的记忆小说都有一个构成特征，即采用共存（co-present）的时间视角：过去和现在的多重时间维度以种种复杂的方式相互搅合在一起。这种组织方式所确立的不仅仅是一个连续的序列、沿着时间轴线的一连串因素，也是一个参照系统，在这个系统当中，每个事件都跟其他事件前后相互联系，每个事件都既由先前的全部事件所预示，也唤起了对于即将发生的事件的预期。

记忆小说在倒叙的顺序方面千差万别。典型情况下，倒叙是根据时间顺序来安排顺序的，因而相继弥合了过去的特定事件（即主人公自己创造的记忆起点）与回忆过程开始之际的当下某个时刻之间的鸿沟。如此完整的倒叙（Genette 51）尤其有利于描绘一个虚构角色的心理发展，其记忆似乎在有意义的传记内部变得有条不紊。上述现象通常见于古典的小说性自传，它们似乎预设了连贯建构某种过去的可能性（参见 Basseler and Birke）。然而，特别是在当代的记忆小说中，这种时间顺序分崩离析，其代价就是主人公的时间体验。在这种情况下，不同时间维度之间的不断震荡，削弱了事件之间严格的序列。序列顺序中的偏差（时间倒错）往往被语义化，因为它们说明了记忆运行的随意性，从而大大有助于揭示叙事的类记忆属性。

个体记忆和认同之间引人注目的相互作用，体现为经历过或者记住的东西与正在讲述或者正在回忆的东西之间的张力——这是同故事叙事（homodiegetic narration）的构成要素。这一建构也意味着一种相当大的时间张力。处于回顾状态的我面对着一种核心的挑战，即如何通过意义的创造来调和时间的与认知-情感的矛盾，即过去与记忆被找回之际的当前环境之间的意义联系。就记忆和认同之间密切的相互关系而言，回溯性的叙事对应着如下过程：在某人的情景记忆（也就是自传记忆）基础上，建构一种历时性的、叙事的认同。对话过程中，正在回忆的我用过去的自我构筑了自己的认同，在此过程中，理想情况下，不同的认同侧面被纳入了叙事模型中的时间连续体，并被显示为一个相对的统一体。叙事成功地在过去的经历和当下之间建立了重要的关系,就此而言,记忆叙事的持续的创造潜力,也就是对于异质因素的有意义的整合潜力,便得到了体现。另一方面,如果回忆中的我无法以一种创造意义的方式来调整自己的记忆,从而满足自己当前的需要,那么,其认同的稳定性往往就会有问题。正在消失的跟过去的联系表明了认知和情感方面的模糊性,因而倾向于一种叙事生成,它指向生物学上的某种断裂。如果无法拼合不同的时间维度,随之而来的就是其消解为不同的记忆碎片,后者说明了意义生成过程的不稳定性。

大体而言,我们可以采用位于连续统一体中的两种基本方式,来构思叙事的我和体验的我之间的张力。在标尺的一端,回忆的当下语境几乎很少变得充实,回忆的我和被回忆的我之间的时间间隔,主要体现为过去时的使用。对于过去的再现,将同时发生的回忆情景推进为背景,就此而言,意义生成的重构特征,包括它对共存状况的依赖,就得到了掩饰。在标尺的另一端,当前的自传性复述行为背后的语境和动机极为突出、极为鲜明。在这些同故事叙事的例子中,焦点从故事本身转移到了故事之外复述行为层面。相应地,叙事焦点往往在框架叙事当中简单的时间延续和嵌入式记忆流的多重时间维度之间切换,由此,自反的(self-reflexive)描绘性记忆跟它被忆起的语境相互缠绕在一起。一般而言,意义生成过程的自反性披露,往往会强调记忆与现在的联系,从而揭露了一种特定的叙事中介过程。

看一看当代文学,我们就会发现这类自反性小说的数量明显有了增加,这表明人们逐渐意识到了出于创造认同而挪用过去这种行为的根本问题和局限。许多当代小说在元层面(meta-level)将记忆过程问题化,强调了记忆以哪些方式被建构。称它们为元记忆小说也许并不为过,这类小说结合了亲身参与的记忆与对记忆功能的批判性反思视角,从而使"人们如何记忆"这个问题成为记忆的核心内容。故事与话语不断相互调和,又相互拆台,在相互对立当中不断生产、扩大和质疑彼此的意义。由于这一自相矛盾的结构,它们面临着与其内在冲突的隔离,使读者陷入了持续的对话,以不同的途径去阐释文学性的过去。根据最近的记忆研究路径,这种小说提示我们:有意义的记忆并不先于回忆和叙述过去的过程而存在,相反,它们是由自我叙事的主动创造行为构造出来的。我们揭示出记忆的建构本质,并不意味着过去就无足轻重。然而,它使记忆成为争议的主题。

挪用过去之举的困难之处,往往还突出体现为运用不可靠叙事的技巧,以及将独一无二的情节消解为可能的世界。不可靠叙事(unreliable narration)这个概念基于读者对于文本或者规范方面的不连贯性的认识。尤其是当代记忆小说中的叙事,往往在叙事的过程当中,对个体的过去以及基于此种过去的认同,进行积极的阐释、再阐释和不断地重新创造。文本的不协调性、模糊性、(自我)矛盾或者是离经叛道的再现,都极有可能导致叙事者显得不可靠。对过去的再阐释,以及与此相关的回忆世界的多元化,使过去的经历明显具有多方面的相关性,实际上变得难以捉摸;同时,这些因素也强调,记忆行为既提供了关于过去实际情形的洞见,也提供了关于目前的阐释方案的洞见。它表明,任何自传性的叙事注定都会通过选择、挪用和评估过程被虚拟化,由此强调了一点,即记忆活动主要意味着建构一种"可使用的过去",进而创造认同。

在挪用集体过去而非个体过去的小说中,使集体记忆、身份认同和价值体系之间的谈判成为可能的一个基本工具,就是视角结构。人物和人格化叙事的情形,一般被赋予一个特定的视角,由此去洞察他们的信息维度和心理性情,以及支配着他们的行为的规范。

多视角叙事或者焦点化的文本，可以洞察多个叙事情形或者人物的记忆，由此可以揭示集体性的记忆创造之举的功能以及其中的问题。分析一下视角结构，就能了解小说世界的社会结构，以及特定版本的过去的重要性或者价值：哪些记忆版本得到了表达？哪些版本又没有得到充分表达？谁记住了谁，或者记住了什么？不同个体的记忆视角之间有汇聚性吗？还是说它们互不兼容，围绕阐释方面的控制权形成了竞争？

虚构性文本的一个基本优势，就是能够通过相互视角化（mutual perspectivization），将文化上相互分割的记忆版本整合起来，将记住的事情、禁忌的事情放在一起，并对那些被一致边缘化的记忆版本的记忆-文化相关性进行检验。它们让那些此前沉默的记忆小说发出了声音，从而构成了一种想象性的反记忆，挑战了霸权性的记忆文化，质疑了由社会确立的记忆和忘却之间的边界（参见 Singh, Sherrett, and Hogan）。通过从多视角来扩展被记住的世界，记忆小说可以设计一种共存性的集体记忆的全景图，由此，对于过去的一致阐释，但也包括对于共享的集体过去的非兼容记忆，变得一目了然。在此过程中，个体视角的汇聚程度，往往跟共享性的意义生成的稳定与否有关联。个体视角在主体间的逐渐确认，为集体性的过去提供了一个整体的形象，强调了集体认同意义上的经历的共通性。相比之下，发散的、折射视角的记忆，标志着记忆创造当中不可否认的多元性，以及记忆文化的特征分化。共同的过去消解为大量异质的记忆版本，虚构性记忆世界内部的裂痕和竞争暴露出来，今日记忆文化的特征也就变得显而易见。相互矛盾、互为相对化的视角，在争夺记忆主导权的敌对关系中互为对手，这就挑战了一种理念，即认为存在着优势的、统一的、有约束力的记忆。

结构性多元视角的形式，也就是对于物质维度的记忆文化的互文性和互媒性指涉，可以进一步增强竞争性的过去版本的社会多元化趋势。互媒性指涉可以说明记忆的文化传播媒介和各个版本的过去的同步多元性。它们唤起了过去的踪迹，把文本转变为过去的"回音室"（Barthes 78），在这里，复杂的文化遗产持续不断地与现在共振回响。对于传奇、童话、神话，以及关于可疑的历史真相的其他故事，种种典故表明：事实和虚构在文化记忆当中相互纠缠，因此这些虚构就其本身而言应该被视为一种文化记录，因为它们揭示了被当作一种文化的过去而记住的实际上是什么东西。此外，互媒化（intermedialization）的技巧显示了媒体的一个特性，即建构现实。这些技巧还表明，只有在文化能够提供外部支持的情况下，个体记忆才有着可能性。因而很清楚，对于过去的挪用也受到了媒介传播条件的限制，至于谁的记忆版本能够在历史界定权之争中胜出，这个问题取决于特定记忆媒介的记忆-文化效用（参见本书安·芮格妮的文章）。因而，通过互文性和互媒性指涉实现的视角多元化，既指向记忆的社会维度，也指向物质维度的功能发挥，从而强调了媒体对于集体记忆的创造的重要性。

时间结构、叙事中介，以及叙事文本的视角结构，都是核心的文学形式，这些东西使我们可以去呈现和反映记忆的创造。小说在记忆文化中的优势如下：实验一些新的记忆概念，替一直居于边缘地位的记忆发声，最终让个体记忆和集体记忆的创造变得可见。显然，跟记忆的呈现有关的叙事技巧，这里的概述并不全面。比如，空间的语义化，或者使用记忆的隐喻，这两种手法也都是记忆术的组成部分，许多小说都借此来再现回忆过程。记忆小说可以采用空间再现手法，以此作为个体或者集体记忆的象征性展示。空间不仅可以提供一个线索，触发一个人（往往是受压制的）过去的经历，它还可以变戏法般地激起关于某个共同体之过去的无数回音和潜在情感。因此,空间可以作为以往事件的象征性中介,它强调了层累的过往文化的持久的物质性存在,后者甚至就印刻在风景园林和建筑中。空间和记忆之间的密切关系,也体现为空间隐喻在回忆的修辞中扮演的重要角色(参见 Assmann 158–65)。建筑物或建筑物的一部分,比如阁楼,常常以视觉方式再现着记忆,因而呼应了空间与记忆之间的紧密联系,而这种联系可以追溯至古典时代。空间的有序往往表示着过去很容易接近,而空间的失序则意味着过去很难接近、很复杂,甚至根本就不可能接近。

此外,还应当考虑到一种更广泛的讨论,即回忆过程不仅在小说中,也在戏剧(所谓的记忆剧,memory-plays)和诗歌中得到了再现(参见 Gymnich)。戏剧可以求助于对话来刻画特定版本的过去,或者使用倒叙来重演过去的事件(往往体现为一些剧场效果,比如舞台灯光渐渐熄灭)。过去的行为可以被理解为情节记忆的一个序列,因而跟意识的叙事再现之间有着戏剧性的相似。最后,在诗歌当中,言说者可以扮演特定记忆文化之代表的角色,他说出的既是个体的也是集体的记忆。记忆诗歌的特征在于一种明显的异质性,因而可以激发一群虚构的集体听众去回忆共享的过去当中的重大事件。由于有着独特的韵脚(往往是节奏),诗歌尤其易于影响和塑造文化记忆。考虑到小说、戏剧和诗歌之间的这些差异,本领域未来的研究应当重视特定类型的记忆术,即文学文本中用以再现记忆的特定类型的工具。

二、文学在记忆生成中的作用

由于文学跟记忆文化的其他系统相互交织,因而它不仅吸纳了既存的话语系统，而且处于一种能够有效影响这些系统的位置。小说功能变迁史（*Funktionsgeschichte*，参见 Fluck）的路径强调，文学作为主导性的记忆创造过程的一部分，被赋予了一种（记忆-）文化的作用，因而能够提供一种新的视角，即知识的文本外（extra-textual）秩序和价值观念的等级体系。驻守在小说媒介中的记忆概念，可以影响文学之外的记忆文化——假定这些概念也在读者那里得到了实现的话。因此，这些概念能够影响到关于过去的个体以及集体意象的创造和反思。作为文化性的自我反思媒介，文学通过其美学结构，为文化变迁铺平了道路。

叙事心理学家已经指出，小说——连同它那俗套的情节线索和高度暗示性的神话——提供了有力的、往往是规范的模型，让我们可以去自我讲述和阐释自己的过去（参见本书于尔根·斯特劳布的文章）。显然，我们在阐释自己的经历时，总是（而且往往是无意识地）利用文学提供的既存叙事模式。因此，通过传播有关过去的新的阐释以及身份认同的新模型，记忆小说也可以影响到我们——作为读者——如何去叙述自己的过去、如何去讲述自身的存在。对于那些居于文化边缘地位或者被遗忘的人和事，记忆小说可以象征性地赋予其力量，从而扮演一种想象性的反向话语（counter-discourse）的角色。它们把多种版本的，甚至是不协调的过去聚集在一起，从而让人意识到如下问题一直存在：集体的过去究竟代表着什么？究竟应当如何去记住集体的过去？此外，许多记忆小说还将霸权话语与未能实现、无法表达的可能的过去联系起来，就此而言，它们可以成为一股不断创新和文化自我更新的力量。因此，记忆小说远非仅仅延续了文化方面的既存记忆，相反，它们在很大程度上帮助强化了新的记忆概念。文学成为记忆文化内部的生成性媒介，基于特定象征符号的特征，它可以完成别的象征系统无法承担的独特功能。就此而言，我们可以得出如下结论：关于虚构性叙事的研究不仅跟特定的生活世界相关，而且变成了一个实验室，在这里，我们可以在文化允许的范围内，尝试着对过去进行各种可能的建构。

参考文献

Assmann, Aleida. *Erinnerungsräume: Formen und Wandlungen des kulturellen Gedächtnisses*. Munich: Beck, 1999.

Barthes, Roland. *Roland Barthes par Roland Barthes*. Paris: Seuil, 1975.

Basseler, Michael, and Dorothee Birke. "Mimesis des Erinnerns." *Gedächtniskonzepte der Literaturwissenschaft: Theoretische Grundlegung und Anwendungsperspektiven*. Eds. Astrid Erll and Ansgar Nünning. Berlin: de Gruyter, 2005. 123 - 148.

Erll, Astrid. *Gedächtnisromane: Literatur über den Ersten Weltkrieg als Medium englischer und deutscher Erinnerungskulturen in den 1920er Jahren*. Trier: WVT, 2003.

Erll, Astrid, and Ansgar Nünning, eds. *Gedächtniskonzepte der Literaturwissenschaft: Theoretische Grundlegung und Anwendungsperspektiven*. Berlin: de Gruyter, 2005.

Fluck, Winfried. *Das kulturelle Imaginäre: Eine Funktionsgeschichte des amerikanischen Romans 1790 - 1900*. Frankfurt am Main: Suhrkamp, 1997.

Genette, Gérard. *Narrative Discourse*. 1972. Oxford: Basil Backwell,

1980.

Gymnich, Marion. "Individuelle Identität und Erinnerung aus Sicht von Identitätstheorie und Gedächtnisforschung sowie als Gegenstand literarischer Inszenierung." *Literatur, Erinnerung und Identität: Theoriekonzeptionen und Fallstudien.* Eds. Astrid Erll, Marion Gymnich and Ansgar Nünning. Trier: WVT, 2003. 29–48.

Henke, Christoph. "Remembering Selves, Constructing Selves: Memory and Identity in Contemporary British Fiction." *Fictions of Memory.* Ed. Ansgar Nünning. Spec. issue of *Journal for the Study of British Cultures* 10.1 (2003): 77–100.

Löschnigg, Martin. "'The Prismatic Hues of Memory': Autobiographische Modellierung und die Rhetorik der Erinnerung in Dickens' *David Copperfield.*" *Poetica* 31 (1999): 175–200.

Neumann, Birgit. *Erinnerung-Identität-Narration: Gattungstypologie und Funktionen kanadischer Fictions of Memory.* Berlin: de Gruyter, 2005.

Nünning, Ansgar. "Editorial: New Directions in the Study of Individual and Cultural Memory and Memorial Cultures." *Fictions of Memory.* Ed. Ansgar Nünning. Spec. issue of *Journal for the Study of British Cultures* 10.1 (2003): 3–9.

—. ed. *Fictions of Memory.* Spec. issue of *Journal for the Study of British Cultures* 10.1 (2003).

—. "Semantisierung literarischer Formen." *Metzler Lexikon Literatur- und Kulturtheorie: Ansätze-Personen-Grundbegriffe.* 1998. Ed. Ansgar Nünning. Stuttgart: Metzler, 2001. 579–580.

Ricoeur, Paul. *Time and Narrative*. 3 vols. Chicago: U of Chicago P, 1984-1988.

Singh, Amritjit, Joseph Skerrett, and Robert Hogan, eds. *Memory, Narrative, and Identity: New Essays in Ethnic American Literatures*. Boston: Northeastern UP, 1994.

记忆的机制：介于纪念性和变体之间的文本

安·芮格妮

一、记忆研究：从"场"到"机制"

1980年代后期，当集体记忆初次在学术议程中崭露头角之时，它强调的是记忆共同体内作为共同参照点的"场"（sites）。这些"场"（本书第一编对此有所论述）并不总是体现为实际的位置，但它们有一个共同之处：将多方面的体验装入一个有限的形象库里，从而为同时代人之间的记忆交流和不同世代之间的记忆传承提供了位置标志符。

正如我们从近期的论著中所知，记忆之场既不是"自然"形成的，也不是一次性形成的。相反，它们是一种选择过程的产物，这一过程将某些"记忆图像"置于其他形象之上（参见 J. Assmann），并且，与此相关，它们也是通过多种多样的类型和媒介进行的众多记忆行为的产物。因为只有通过文化实践的中介作用，记忆图像才能在特定的共同体内获得形状、意义和高度的公众形象。随着时间的推移，这种文化实践的剧目与技术和美学创新一道发生变化。例如在 19 世纪初期，历史小说位居新记忆术实践的最前沿，然而到了现在，扮演这一角色的却很可能是阿特·斯皮格曼（Art Spiegelman）的《鼠族》(*Maus*，1973、1986)、乔·萨科 (Joe Sacco) 的《安全区戈拉日代》(*Safe Area Goražde*, 2000) 之类的漫画小说，以及使用新的数字媒介的虚拟纪念馆。

"记忆之场"尽管已被证明是一个有用的概念工具，但这个隐喻却可能产生误导，如果将其解释为集体记忆永远与特定的图像、偶像或者纪念碑捆绑在一起的话。正如"记忆"(remembrance) 一词的演示性方面所暗示的那样，集体记忆不断"处于工作状态"，像一位游泳者一样，必须持续划水，哪怕只是为了浮在水面上。给记忆做出盖棺定论，实际上就是一种遗忘。安放一座纪念碑，看上去是一种确保记忆长存的方式，但实际上却可能标志着失忆症的开始，除非该纪念碑被不断地赋予新的意义（参见 Koselleck）。

有鉴于此，似乎不可避免的是，近年来研究者的注意力已经从这类记忆之场转向了它们得以发挥功能的文化机制（Olick and Robbins 122-130；Rigney, "Plenitude"）。扬·阿斯曼对于"交流记忆"和"文化记忆"的区分已经表明，文化记忆服从于某种内在的机制或者生命周期：它由同时代人和见证者之间相对散漫的故事交流，演变为日益选择性地聚焦于一些"经典"之场，后者发挥着代际间参照点的作用。其他学者思考了文化记忆的发展如何受到社会框架变迁的影响，后者影响着特定时间内什么东西被认为具有相关性，以至于足以被人记住（参见 Irwin-Zarecka）。研究表明，一个共同体所确认的那些经典的记忆之场，通常服从于群体的修正行为，后者试图寻求某种方案来取代、补充或者修正那些用来再现过去的主流做法，以此维护他们自己的认同（Olick and Robbins 122-128）。

在这种持续进行的过程中，既存的记忆之场被赋予新的意义，并获得新生。但是，别的"场"也可能抢走它们的风头，让它们实际上变得过时或者迟钝。的确,文化记忆的"机制"视角意味着,"记忆之场"在发展为许多记忆行为的汇聚点之后,只有在人们认为值得就其意义展开争论的情况下才能存活下来。集体记忆的悖论之一或许就在于,共识(即"我们都以同样的方式来回忆")最终是通往失忆之路。并且具有反讽意味的是,正是一致性的缺乏,让某些记忆之场保持着活力。

当前学术界对于文化记忆机制的兴趣,为我们提供了一个新的视角,去观察艺术(包括文学在内)在集体记忆生成过程中所起到的作用。此外,正如我们将看到的,记忆研究领域内从"场"到"机制"的兴趣转换,是跟文化研究领域内的更大变化并肩而行的,即关注对象从生产转向过程,关注焦点从文化产品转向它们的传播方式及对所在环境的影响。

二、文学研究:从"产品"到"过程"

书写作为文化记忆的媒介,在历史上就很重要,因此并不令人惊讶的是,文学研究者对于文化记忆研究有着普遍的兴趣(参见 Erll 的概述)。他们关注的焦点主要是个别文本,以及文本媒介如何被用于塑造记忆,比如关注某些事情而不是别的事情、以某些方式来组织信息、鼓励读者去反思自己对于被呈现的事件的相关立场。

一条特别有效的研究路线,已经接续了历史哲学领域先前的讨论,论述了叙事结构在回忆真实事件时所发挥的作用。正如1970年代以来海登·怀特(Hayden White)表明的,事件并非"自然地"采取故事的形式,这意味着无论谁来叙述某件事,他都实际上参与了如下塑造行为:主动将经历纳入一种明白易懂的模式,有着开头、中间和结尾,并且充分调动读者对于特定人物形象的反感和同情。这些关于"叙事对于再现现实的价值"的洞见（参见 White）导致了一项有趣的研究，即叙事的运用。作为一种阐释工具，叙事在历史学家和研究其他记忆领域的人那里得到了广泛使用。此外，在最近的讨论中，叙事化（narrativization）不仅作为一种阐释工具，也是作为一种特定**记忆**工具而出现的。故事"有粘性"，它们以一种结构化的方式勾勒过去，其中加入了读者或观众的同情，从而有助于让特定事件具有**可记忆性**（Rigney, "Portable"）。或许所有其他形式的记忆（纪念碑、纪念活动、博物馆等等）都通过记忆的叙事化行为获得意义，在这种叙事中，个体角色或者斗争，或者屈服，或者存活下来。

讨论叙事在文化记忆中的角色时，我们难免遇到这样一个问题：历史书写和小说之间的关系。虽然纪实与小说之间的差异看上去已经不像以往那么绝对（因为即便纪实也是以对于信息的叙事性组装为基础的），但是小说仍然具有其他记忆形式所缺乏的那种灵活性，即它可以自由地虚构信息，而不仅仅是对信息进行组装。研究表明，小说（比如历史小说）在叙述事件时有很大帮助，因为叙事者可以自由地设计自己的故事，更容易唤起生动的人物角色，为事件提供更好的结尾（Rigney, *Imperfect Histories* 13-58）。不无悖论的是，那些"忠于事实"的人能够以更符合历史、更真实的故事来结尾，但跟小说相比，这种结尾不那么容易让人记住。后者不仅在将材料叙事化时有着诗性的特质，而且常常拥有创造性的、纯文学的技能，有助于赋予其作品额外的美学价值。这一美学维度，意味着他们能吸引并掌控人们的注意力，后者对主题没有优先兴趣，但愿意欣赏一个好的故事，并暂时打消自己的怀疑（Landsberg 25-48）。

可记忆性、美学力量和文化生命力之间的关系，还有待于进一步研究。不过已有证据表明，相比于有欠熟练的叙事者的作品，以及那些更严格地忠实于个人记忆或者档案的作品，"不真实"版本的过去或许最终更具有文化生命力。不管它们在历史方面存在着多少缺点，托尔斯泰的《战争与和平》、斯皮尔伯格的《辛德勒名单》这类虚构性作品都享有很高的公众声望，无疑，它们分别提供了关于拿破仑时代和第二次世界大战的集体记忆的文化框架。它们都是小说，就此而言，这类叙事的地位具有编年上的模糊性，这意味着它们将不断受到人们对于过去的非虚构性回忆的挑战。然而实践证明，小说往往很难被取代，因为很难有哪一种非虚构的描述能够拥有同样的叙事化和美学力量（Rigney, *Imperfect Histories*）。此外，在创伤事件的情形中，虚构性和文学性的表达模式所具有的自由度，提供了唯一可行的平台，使人们能够回忆某些特定的经历，这种经历或者难以进入公众记忆的视野，或者很难以别的方式表达出来（参见本书伍尔夫·康斯坦纳、哈罗德·维恩布克的文章）。的确，文学叙事与虚构性叙事的区别或许就在于它们的表现力：由于作者的想象力和对媒介的独特掌控，它们具有言说和唤起更多记忆的力量。

对于那些被其他记忆形态忽略的内容，文学（和其他艺术形式一道）有着优势的作用，能够替它们发声，这一点往往为人所津津乐道（参见 Rigney, "Portable"）。的确，文学和其他艺术形式往往呈现出一种有着独特优势的**对立性**的记忆媒介、一种"反记忆"和批判性的力量，能够削弱关于过去的霸权性观点（参见 Hartman）。这种推理路线深深地根植于 20 世纪的主流批判传统，在那种传统中，艺术价值跟已接受观念的去熟悉化有关，仔细解读单个的、得到了高度评价的作品，就需要揭示它们如何颠覆了主导观念并提供另一种愿景，甚至直到今天，它依然反映了作者的道德权威（如参见 Bal and Crewe）。

然而，正如上文所表明的，记忆研究的"机制"转向，本身不过是文化研究领域更大转向的一部分：关注焦点从单个产品，转向那些产品被解读进而发挥作用的过程。文学研究领域侧重点的变动背后颇有深意，其中包含着如下理念：与新历史主义有关，认为单个产品是社会性的意义和观念传播的一部分；大体上跟后结构主义有关，认为此种意义绝非一劳永逸地被固定下来，而是**体现为**对事件、文本和其他文化产品的挪用（反复被挪用，每次都不尽相同）。这一"机制"转向，近来已经导致研究者对如下问题越来越感兴趣：文本如何引发了评论、反叙事、被翻译成别的语言、被改编为其他媒介和别的话语类型，甚至被改编为个人和群体身上的特定行为？改编、翻译、接受和挪用，因而成了关键的词汇，具有一件艺术作品的文化力量，这种力量在于它所引发的文化行为，而不在于它本身是什么。例如，《蒙娜丽莎》这幅油画的文化意义并不"在于自身"，而在于它的被接受情况，包括它所引起的全部欣赏性评论、恶搞、模仿等。艺术作品不仅仅是人造物，也是行为主体（参见 Gell）。

将研究文学作品的各种路径（把它们当作产品、当作行为主体）综合起来，那么它们在文化记忆中的双重作用就浮现出来。首先，文学作品类似于纪念碑，因为它们提供了固定的参照点。它们是"文本式的纪念碑"，可以在各种新版本中不时得到重印，即便围绕它们的环境发生了变化（Rigney，"Portable"）。并且有意思的是，这种意义上的纪念性不只适用于那些本身就是回忆行为的作品（如《战争与和平》），也适用于所有其他那些已经进入文学经典之列、获得了纪念碑式地位的作品（参见本书赫伯特·格拉贝斯的文章）。文学作品能够享有这种纪念性，不过与此同时，它们也不断衍生为许多别的文化产品，后者以直接或者间接的方式来回忆、改编和修正它们。

我们可以拿瓦尔特·司各特（Walter Scott）的《劫后英雄传》（*Ivanhoe*，1819）为例，来说明这种纪念性和衍生性、持久性和延展性的兼而有之。这部小说被重印了无数次,成为我们能够参考的"文本式的纪念碑"(即便在这里它的用处只不过是一个普通的参照点)。同时,原书的叙事在其他各种媒介(戏剧、漫画书籍、电影、数字游戏和摹拟重现)中被许多别的作者重写、重塑,包括受到司各特事例鼓舞的历史学家,还有一些人试图以更精确的叙述来取代原书关于中世纪的叙事。因此,中世纪史专家雅克·勒高夫在 2005 年 5 月的一次访谈中声称,作为一名历史学家,自己的全部作品都"始于"对司各特小说的阅读。

从 1819 年的《劫后英雄传》到 2005 年勒高夫的《中世纪的英雄和奇观》,文本之路漫长而曲折,却见证了故事的持久性和易变性。

三、文本:既是"纪念碑"又是"行为主体"

由上可见,文学作品在文化记忆中的作用很复杂。为了充分理解这种作用,我们需要超越对于单个作品的分析,进一步去研究它们在各种媒介和类型中的被接纳情况、跟其他记忆行为的互动情况。如果将文学置于这一更加广阔的机制中,我们就能重温传统的主题,揭示文学作品在文化记忆的表演当中扮演的各种角色。我们至少能看到五种相关的角色,其中一些角色适用于所有虚构性叙事,而不管是什么媒介;另一些角色则跟那些公认具有文化价值的文学作品相连。

1. **中继站**。虚构性叙事往往基于早先的记忆形式,或者循环利用了这些记忆形式(Rigney, "Plenitude"),因而在这个意义上,我们可以将其描绘为记忆流通的中继站。记忆图像通过各种媒介(图像、文本)、话语类型(文学的、历史的和司法的)和实践(纪念活动、司法程序和私人阅读)来传播,正因为此,它们最终能够成为散居各地者的集体性参照点。因此，维克多·雨果（Victor Hugo）在《巴黎圣母院》（1831）中对于大教堂的生动描写，不仅以文本形式"重申"了这座真实的哥特式建筑的存在，而且激发了当时的人关于这座教堂的保护情况的讨论（参见 Friedrich）。由此，虚构性叙事可以被视为一种渠道，记忆图像藉此得以流传，并获得高度地位。实际上，它们或许是最重要的中继站，因为它们流传范围很广，有着强大的魅力。

2. **稳定器**。如上所述，虚构性叙事能够以一种可记忆的方式成功地勾勒特定时代，并为后来的回忆提供一个文化框架。因而，它们作为叙事和审美产品的黏合力，就在文化记忆中起到了稳定器（参见 A. Assmann）的作用。这样，在讨论 17 世纪苏格兰内战时，司各特的小说《修墓老人》（*Old Mortality*, 1816）就是一个很好的参照点，哪怕它仅仅是一只沙袋（Rigney, *Imperfect Histories* 13-58）。关于第一次世界大战，埃里希·雷马克（Erich Maria Remarque）的《西线无战事》（*Im Westen nichts Neues*, 1929）起到了类似的作用。这表明，（跟战争之类的事件一样）文化**的**记忆代表着集体记忆内部的一个特殊领域，文学经典本身传统上也发挥着记忆的稳定器的作用：颂扬过去的文学"纪念碑"（无论它们自身是否有着记忆维度），有助于强化当下的共同体性（communality）。

3. **催化剂**：由于创作者的想象力，在吸引文化记忆的"新"题材以及一直被忽视的题材方面，小说似乎发挥了特殊的作用。在上述情形中，它们不只是中继站，而且实际上可能有助于将某个题材确立**为**社会相关话题，并激发各种相关的回忆行为。这样，路易·德伯尼埃尔（Louis de Bernières）的《柯莱利上尉的曼陀林》（1994）的出版，就为纪念二战期间意大利人在希腊的经历提供了一个机会；

而君特·格拉斯（Günter Grass）的小说《蟹行》（*Im Krebsgang*, 2002），则有助于推进对于二战结束之际德国难民的困境的讨论。

4．**回忆对象**：文学文本并不只是发挥着记忆媒介的作用，它们本身也成为其他媒介和表达形式中的回忆对象（Erll 159）。这一点可以从如下事例中得到体现：乔伊斯在《尤利西斯》（*Ulysses*, 1922）中描述了一个（虚构的）故事，它发生在1904年，为了纪念该故事发生一百周年，2004年在都柏林举行了广泛的庆祝活动。但是，文学不仅仅是这种形式化的回忆的对象，对先前文本的"再造"、修改，以及它们在新的媒介中的补正（remediation），同样都是让先前叙事"与时俱进"的重要手段，也就是说，让先前的叙事可以根据新群体的规范被人们记住。各种故事如何在新的媒介中出现变种，如何在新的语境中被挪用，对此，相关研究仍处于初级阶段（参见 Sanders），但它们已经为文化记忆研究打开了新的视野。它们使我们洞察了故事的文化生命力，明白了后者将如何变异为某种新的东西，或者被"过度曝光"侵蚀。递归性（recursivity）确保某些故事变得广为人知，同时也意味着它们最终可能被"榨干"，从戏剧、电影到纪念品和其他搭配，以越来越化约的形式得到重复。例如，等到人们只知道司各特的历史小说《威弗利》（*Waverley*, 1814）就是曼哈顿一座剧院的名字时，我们所面对的就再也不是那个仍在积极塑造集体记忆过程的故事了。

5．**校准器**：经典的文学式的"纪念碑"还发挥着特殊的作用，也就是为批判性地反思主流的记忆实践提供某种基准。实际上，对经典文本的**修订**（不同于对它们的纯粹补正，参见第4点）代表了一种重要的记忆实践，特别是在后现代文学的文化框架内，在这里，原创性体现为对先前文本的重写，而不是对新奇的追求（参见本书雷娜特·拉赫曼的文章)。先前文本中熟悉的人物形象，或者以旧瓶装新酒的方式，被注入新版的、往往是完全对立版本的过去；或者被当作一个楔子，用来打开某个一直被忽视的主题。因而，库切（J.M. Coetzee）的小说《仇敌》（*Foe*, 1986）对笛福的《鲁滨逊漂流记》（1719—1720）进行了重写，是对笛福所讲述故事的重写本，具有后殖民的色彩；而奇努阿·阿切贝（Chinua Achebe）的《瓦解》（*Things Fall Apart*, 1958）和奈保尔（V.S. Naipaul）的《大河湾》（*A Bend in the River*, 1979），都可以被视为对康拉德（Conrad）的《黑暗之心》（*Heart of Darkness*, 1899）的批判性重写（更多的例子参见 Plate）。结果就是一种批判性的文化记忆形态，它跟艺术实践的区别或许在于，为了对先前那些叙述和它们塑造的记忆进行批判性的反思，写作者便利用了先前作品的纪念性和延展性。

四、结论

将文学实践置于更大的文化记忆研究框架之内，就可以展现一些与故事的流传、集体记忆的演进有关的复杂过程：既包括记忆在特定"场"的汇聚，也包括那些"场"的逐渐蚀化。在许多方面，文学文本和其他艺术作品都可以一同被视为只是一种记忆形态。但与此同时，它们还能发挥一种独特的美学和叙事"黏力"（staying power），确保自己不至于总是被后来的记忆行为简单地取代。无论作为被记忆的对象，还是作为被修正的故事，文学文本都证明了如下事实：记忆机制并不只是以线性或累积的方式发挥作用。实际上，它们通过文化产品的各种循环往复而运行，这些文化产品不只是记忆的媒介（中继站或者催化剂），也是回忆和修订的对象。

参考文献

Assmann, Aleida. *Erinnerungsräume: Formen und Wandlungen des kulturellen Gedächtnisses*. Munich: Beck, 1999.

Assmann, Jan. *Das kulturelle Gedächtnis: Schrift, Erinnerung und politische Identität in frühen Hochkulturen*. 1992. Munich: Beck, 1997.

Bal, Mieke, and Jonathan Crewe, eds. *Acts of Memory: Cultural Recall in the Present*. Hanover, NH: UP of New England, 1999.

Erll, Astrid. *Kollektives Gedächtnis und Erinnerungskulturen*. Stuttgart: Metzler, 2005.

Friedrich, Sabine. "Erinnerung als Auslöschung: Zum Verhältnis zwischen kulturellen Gedächtnisräumen und ihrer medialen Vermittlung in Victor Hugos *Notre-Dame de Paris* und *Les Misérables*." *Arcadia: Zeitschrift für vergleichende Literaturwissenschaft* 40.1 (2005): 61-78.

Gell, Alfred. *Art and Agency: An Anthropological Theory*. Oxford: Oxford UP, 1998.

Hartman, Geoffrey H. "Public Memory and Its Discontents." *The Uses of Literary History*. Ed. Marshall Brown. Durham: Duke UP, 1995. 73-91.

Irwin-Zarecka, Iwona. *Frames of Remembrance: The Dynamics of Collective Memory*. New Brunswick, NJ: Transaction, 1994.

Koselleck, Reinhart. "Kriegerdenkmale als Identitätsstiftungen der Überlebenden." *Identität*. Eds. Odo Marquard and Karlheinz

Stierle. Poetik und Hermeneutik 8. Munich: Fink, 1979. 255-276.

Landsberg, Alison. *Prosthetic Memory: The Transformation of American Remembrance in the Age of Mass Culture*. New York: Columbia UP, 2004.

Olick, Jeffrey K., and Joyce Robbins. "Social Memory Studies: From 'Collective Memory' to the Historical Sociology of Mnemonic Practices." *Annual Review of Sociology* 24 (1998): 105-140.

Plate, Liedeke. "Women Readers Write Back: Rewriting and/as Reception." *SPIEL* 19.1 (2000): 155-167.

Rigney, Ann. *Imperfect Histories: The Elusive Past and the Legacy of Romantic Historicism*. Ithaca: Cornell UP, 2001.

—. "Plenitude, Scarcity and the Circulation of Cultural Memory." *Journal of European Studies* 35.1 (2005): 209-226.

—. "Portable Monuments: Literature, Cultural Memory, and the Case of Jeanie Deans." *Poetics Today* 25.2 (2004): 361-96.

Sanders, Julie. *Adaptation and Appropriation*. London: Routledge, 2006.

White, Hayden. *The Content of the Form: Narrative Discourse and Historical Representation*. 1981. Baltimore: Johns Hopkins UP, 1987.

第六编　媒介与文化记忆

记忆的纹理：关于大屠杀历史的纪念物

詹姆斯·杨

随着大屠杀事件在幸存者的日记、回忆录以及下一代的电影、小说和艺术作品当中得到编排和塑造，有关这个时代的公共记忆在大量激增的记忆图案和空间里得到了铸就。这些纪念物由不同的人在不同地点建成，它们根据各种各样的民族神话、理想和政治需要来记住过去。一些人回忆战争中的死难者，一些人记住了抵抗运动，还有一些人记住了大规模的屠杀。所有这些都反映了回忆者过去的经历和所在共同体当下的生活，以及大写的国家的自我记忆。在一个更独特的层面上，这些纪念物也反映了记忆艺术所处时代的特征、它们在审美话语中的位置，以及它们的媒介和物质。

有关大屠杀的记忆从来不是在真空中塑造的，并且这种记忆的动机从来也不是单纯的。无论是被赋予大屠杀纪念物和博物馆的理由，还是它们生产的记忆种类，都像记忆之场自身那样有着多种多样的形态。一些场馆的建设回应了犹太人对于记忆的传统禁令；另一些则出于政府的需要，即向自己解释民族国家的过去。一些纪念物旨在教育下一代，灌输一种共享的体验和命运；另一些纪念物则被视为赎罪或者自我炫耀之举；亦有一些旨在吸引旅游者。除了犹太人传统的纪念图像外，每一个国家都有自己制度化的纪念形式。结果，有关大屠杀的纪念物不可避免地夹杂着民族国家与犹太人的形象，政治与宗教意象交织在一起。

然而，一个国家与其大屠杀纪念物之间的关系并非单方面的。一方面，官方机构居于公开塑造记忆的地位，以它们认为合适的方式，让记忆成为服务国家利益的最好工具；另一方面，纪念物一旦被创造出来，就有了自己的生命，常常顽固地抗拒民族国家原本的意图。在一些情形中，那些按照国家理想创造出来的纪念物，实际上以纪念物自己的形象转而重塑了这些理想。新一代在新的环境中参观这些纪念物，赋予它们新的意义。结果，这些纪念物的意义发生了变化，它们产生于新的时代，与此相伴的是自我的发现。

例如，在波兰，尤其是在奥斯维辛、马伊达内克（Majdanek）、贝尔赛克（Belzec）、特雷布林卡（Treblinka）等前死亡集中营，以及乡村各地，有着数不清的纪念物，通过被杀害的犹太人的形象来纪念波兰遭受的整体破坏。波兰境内对犹太人的大屠杀，被记忆为波兰自身的国家殉难图景中的一个固有部分，这种意象往往通过不可修复的裂口和破碎的容器来表达。在以色列，1948年建国时半数人口来自大屠杀的幸存者，殉难者和英雄一起得到了纪念。以色列的大屠杀国家纪念日（Yom Hasho'ah Vehagvurah），因而既纪念着欧洲犹太人的大屠杀，也纪念着犹太战士的英雄主义——似乎从这个国家诞生起一切都已经注定。随着数以千计的前苏联移民的涌入，以色列的大屠杀记忆也变得更加多元、更加具有包容性，这在重新设计的恢宏壮观的以色列国立大屠杀纪念博物馆（Yad Vashem）身上得到了很好的体现。

欧洲和以色列的大屠杀记忆是由政治、美学和宗教坐标共同塑造的，同样，在美国，有关大屠杀的记忆也是由美国的理想和经验所指导的，比如自由、多元主义和移民。无论是漫步在波士顿的自由小径、新泽西的自由国家公园，还是徜徉在华盛顿特区的国家广场，乃至安居于迈阿密的拉丁美洲移民社区,美国的大屠杀纪念物都不仅仅铭记着大屠杀的历史,同时也敬奉着美国的民主和平等理想,因为后者刚好与大屠杀形成了对照。在这些纪念物身上,美国记忆本身得以拓宽,被包括进来的还有美国移民的历史,以及关于那些在遥远海岸的另一端驱使这些人首选移民美国的事件的记忆。

然而,正是在德国,如何纪念大屠杀成了最尖锐、最痛苦的问题。在这片被索尔·弗里德兰德(Saul Friedlander)称为"救赎的反犹主义"(redemptory anti-Semitism)的土地上(Friedlander 3),一种可能性始终萦绕在战后一代记忆艺术家的心头,即艺术能否通过"美"(或者是"丑")来救赎大规模的屠杀?或者说纪念物能否通过记忆的工具化在一定程度上救赎这种过去?此外,一连串不可能的记忆问题既折磨也鼓舞着这些德国的艺术家:一个国家如何才能将羞耻纳入其民族记忆的图景之中?一个国家如何复述,更不用说纪念其一连串的错误行径,从而使它在一定程度上情有可原?在何种记忆的庇护下、哪些规则让一个民族记住了它自身的野蛮性(参见本书安德烈亚斯·朗格诺尔以及艾瑞克·梅耶的文章)?纪念性道歉的传统何在?土著美洲人的种族灭绝,上百万非洲人在美洲被奴役、被谋杀,相关的国家纪念物何在?波兰、荷兰、以色列等受害国家和人民在国家资助下为自己修建了纪念物,与此不同,德国的纪念物必然属于迫害者对受害者的纪念。面对传统"记忆编码"中这一必然的断裂,人们几乎毫不奇怪地发现,德国有关大屠杀的国家记忆仍然显得支离破碎、遮遮掩掩。德国的"犹太人问题"而今是一个具有双重含义的纪念问题:一个民族如何悼念以己之名犯下的大屠杀罪?一个民族如何在其深重罪恶的基岩上再次团结起来?这些问题构成了德国备受煎熬的内心,它要跟自己关于大屠杀的民族记忆作斗争。

德国的记忆难题最有说服力的结果之一,就是国内"反纪念碑"运动的出现:明目张胆的、痛苦的、自觉的纪念空间被视为正好挑战了它们的存在前提。当代德国的记忆艺术家继承了双刃的战后遗产:他们极度不信任纪念碑的形式,因为这种东西曾经被纳粹系统地利用;同时他们又深切渴望通过记忆将自己这一代人与杀人者那一代人区别开来(参见本书于尔根·罗伊勒克的文章)。在他们眼中,纪念碑说教的逻辑,即煽动的刚性和历史的确定性,一直在唤起与法西斯主义本身过于接近的特性。因此,一座反对法西斯主义的纪念碑就必须自我反对,即背离纪念碑传统的说教功能,背离它们那种掏空过去的倾向——而我们本来可以对过去进行思考。最后,就是背离纪念空间中的独裁倾向,后者将观众化约为被动的旁观者。

当代的艺术家和建筑师,比如约亨·格尔茨(Jochen Gerz)、埃斯特·史莱夫(Esther Shalev)、霍斯特·霍海塞尔(Horst Hoheisel)和汉斯·海克(Hans Haacke)、瑞纳塔·史迪(Renata Stih)和弗莱德尔·施诺克(Frieder Schnock)、索尔·勒威特(Sol LeWitt)和理查德·塞拉(Richard Serra)、丹尼尔·李博斯金(Daniel Libeskind)和彼得·艾森曼(Peter Eisenman)等人,与其说试图在自己的设计中解决此类记忆问题,还不如说努力让这些问题本身得到正式的表达。例如,1986年,约亨·格尔茨和埃斯特·史莱夫在哈布斯堡创作了"反法西斯主义纪念碑"。当人们在这根高12米、以铅包裹的柱子上刻下自己的名字时,它就会一点点下沉,直至1994年完全没入泥土中。艺术家们希望,它会将记忆的负担交还给那些寻找记忆的人。这样,他们大胆而简洁的"反纪念碑"就藐视了许多纪念的惯例:其目标不是安慰而是刺激,不是保持确定而是改变,不是为了永久而是为了消失,不是让路过者视而不见而是要求产生互动,不是为了保持纯洁而是让人侵犯自己,不是优雅地接受记忆的负担而是将其扔回这座城市的脚边。记住一个当下缺席的民族，岂不好过一个渐渐消失的纪念物？

与此类似，霍斯特·霍海塞尔在卡塞尔建造了"否定形式的纪念碑"（Aschrott-Brunnen, 1986），并在 1995 年为欧洲遇害犹太人举行的全德纪念碑竞赛中提议炸毁勃兰登堡门，由此纪念欧洲失踪犹太人留下的虚空。在这里，霍海塞尔用一种毁灭来标记另一种毁灭。米察·乌尔曼（Micha Ullman）和雷切尔·怀特雷德（Rachel Whiteread）设计了另一处纪念装置，也转向了书卷气的主题和消极的空间，以再现"书籍民族"留下的虚空。还有一些德国艺术家试图用过去的微光来重新激活其他一些被遗忘的场域，从而提醒我们这些场域的历史也包括它们本身的被忘却、它们自身记忆的消失。柏林的艺术家瑞纳塔·史迪和弗莱德尔·施诺克在柏林波茨坦广场附近的街角、街道和人行道上树立了 80 个路标，每一个路标牌上，一边是简单的日常物品形象，另一边是选自 1930 年代和 1940 年代反犹太人法案的短文。以前市民曾经依据这些法律来过日子，但如今，市民则依据有关这些法律的记忆来过日子。

对这些以及其他艺术家、建筑师而言，若将如此严肃的事件的记忆化约为大众手艺和廉价苦难的展示，那是无法忍受的。他们轻蔑地拒绝了公共记忆艺术的传统形态和依据，那种纪念空间要么安慰参观者，要么替此类悲剧性事件赎罪，或者沉迷于一种对遭受迫害的犹太人的肤浅补偿（*Wiedergutmachung*），或者意图修补一个被杀戮民族的记忆。他们担心传统纪念物不是把记忆深深烙在公众意识当中，而是将记忆尘封于集体意识之中。他们发现，纪念物不是使记忆具身化，而仅仅是取代了记忆。这些艺术家的担心很有道理，即我们鼓励纪念碑为我们承担记忆工作，但我们自己却变得更加健忘。他们相信，纪念大屠杀这类事件的初始动力，实际上也许来自一种相反的、同等的渴望，即忘掉这种事件。

确实，在当代的许多艺术家和批评家眼里，传统纪念碑僵化的本质、貌似宏大久远的外表，使它注定是一种过时的、前现代的东西。甚至更糟糕的是，纪念碑坚持自己的意义就跟它在风景中的位置一样固定，这就似乎忘记了所有文化制品所具有的本质上的易变性，因为在所有的艺术当中，意义的体现方式都是因时而变的。就此而言，纪念碑一直致力于提供某种自然化的记忆焦点，它们所铸造的国家的胜利和牺牲、国家的理想和建国神话，仿佛就跟它们所在之处的风景一样具有自然的真实性。这些都是纪念碑一直以来的幻象，也是它们之所以显得耐久和有力的原理。但实际上，正如好几代——既有现代派，也有后现代派——艺术家尖锐地批评的那样，不管是纪念碑还是其意义，都不具有真正的持久性。纪念碑及其意义都是在特定时空当中建构起来的，具体依当时的政治、历史和审美现实而定。

实际上，正如当代的许多艺术家们早就已经意识到的那样，纪念物的竞征过程本身往往就跟最终结果一样都没有什么回报。因为，有关大屠杀的记忆总是处于"被竞争"状态，只要有不止一个群体或者个人在纪念它的话。纪念物的公开竞征，不仅使这种竞争性的记忆变得明显，它也凸显了一些复杂的、基本上是不可能解决的问题，每一位试图去构思这样一种纪念物的艺术家或者建筑师都会遇到这些问题。当代的大屠杀纪念物设计者们面临的悖论包括：如何通过几何形式的抽象姿态来记住那些可怕的真实事件？如何在废墟当中创造一个记忆的焦点，而又不至于亵渎空间本身？如何让记忆具身化，看上去又不至于取代记忆？

这些以及其他一些问题，发端于1957年奥斯维辛纪念馆设计方案的第一次公开竞征。有关方面为这次竞征组织了一个国际知名的评判委员会，雕塑家亨利·摩尔（Henry Moore）担任该委员会的负责人。他这样写道："为奥斯维辛挑选一份纪念碑方案，这并不是一件容易的任务。本质上说，此处所尝试的，是创建一座有关罪行和丑恶、谋杀和恐怖的纪念碑。罪行的程度是如此惊人，以至于任何一件艺术作品都必须有适度的规模。除此之外，我们实际上还有可能去创造一件艺术品来表达奥斯维辛带来的情绪么？"（参见 Moore）

1957 年亨利·摩尔很清楚，许多批评家和艺术家此后也很明白，无论是一般意义上的大众艺术，还是具体意义上的大屠杀纪念物，都倾向乞灵于传统艺术和历史探究。关于大屠杀纪念空间的大多数讨论，不是停留在纯粹美学方面，就是停留在几乎纯粹的历史方面，却都忽视了这些演示在本质上的公共维度。因此，对于内森·拉博波特（Nathan Rapoport，他设计了华沙犹太人纪念馆）这样一位雕塑家、艺术史研究者的评价固然永远不会像当时人那么高；而雅克·李普希茨（Jacques Lipshitz）和亨利·摩尔的作品，也不可能仅仅因为具有大众吸引力就被艺术史研究者弃之一边。大胆的呈现、英雄气质、指示性，他的作品由于具备大众参与性和历史指涉性，似乎注定成为至关重要的纪念物。但实际上，也许正是这种大众吸引力，才最终构成了纪念碑的美学演示，使这种纪念物有待于大众性和历史方面的解密，即便它们自己也谴责自己过于晦涩。我们不应止步于正式的问题或者历史指涉，而应该继续追问，历史的纪念性再现会如何将自己最终织入正在发生的事件过程当中。

有关大屠杀纪念物的讨论一直充斥着高雅艺术和大众艺术问题，但这些问题不再支配着相关的重要讨论。相反，我们或许还记得流行的纪念性再现（有时是粗俗的）到处充斥的情景，即便我们对媚俗（kitsch）做出严格定义，只是把它当作一种批评范畴用来讨论公共纪念物的话。我们不是迎合群众趣味，而是意识到，大众趣味的强势力量，以及公认为大众性的艺术当中的某些传统形态，最终将对公共记忆产生影响——不管我们是否认可这种影响。这就是承认，如此众多的大屠杀纪念物，都有着不时髦的、往往是过时的一面，即便我们超越它们展望未来。这也是承认，这样的大众艺术需要另外一种批评标准，如果这种作品的生命力和意义需要通过艺术史话语来维系而不是压制的话。

一方面是公认为大众性的艺术，比如这类公共纪念物，另一方面是几乎纯粹为艺术圈、批评家、其他艺术家、美术馆而生产的艺术，二者之间存在着差异，对此还有待于正确的认识。人们不会因为大屠杀纪念馆的新颖、锐利或者时尚而前往那些地方，正如批评家很快就会提到的，这些纪念馆绝大多数都缺乏上述特征。当代艺术是作为自我或者媒介的反思而出现的；而公共的大屠杀纪念物则是特意为历史指涉而制作的，意在引导观众超越自我，去理解或者唤起某些事件。作为**公共的**纪念物，这些纪念馆一般不会严丝合缝地指涉那些导致了自己的出现的过程。当代艺术邀请观众和批评家去凝视它自己的物质形态，或者是它跟此前此后其他作品的关系；而纪念馆的意图则主要评论过去的事件，而不是评论它们自身的存在，**因为**过去的事件已经不复存在。就此而言，大屠杀纪念馆很快就会越过它们自身，指向更远的地方。

因此，融合了大众艺术和流行文化、历史记忆和政治后果的大屠杀纪念馆需要另外一种批评，这种批评应该超越了高雅艺术抑或大众艺术、品位抑或粗俗之类的问题。我们不应该仅仅致力于辨别诞生了公共记忆的那些运动和形态，也不应该只是追问这些纪念物是否准确地或者以时尚方式反映了过去的历史，而是应该转而探究这种艺术如何使自己成为政治和社会行动的一个基础。也就是说，在这里我们也许不仅可以问一问，纪念物制作者所处的时代和教育情况如何形塑了当时的记忆、纪念物如何可能反映过去的历史。最重要的是，我们还可以问一问，纪念物在当前的历史中扮演了何种角色。

现在，我们或许不必太过拘泥于大众纪念艺术到底是一种好的还是糟糕的艺术，而是可以更多地关注它对人们产生了什么影响。这就是说，像任何大众艺术空间一样，大屠杀纪念物既不是有利的，亦非毫不相干，相反，它们暗示着自己是政治和社会行动的基础。在这里，我们的目标不仅仅是探讨人们与其纪念物之间的关系，也要探讨这些关系在历史时间中的后果。有的艺术史研究者习惯上拒绝接受这种艺术路径，认为这是人类学、社会学或者心理学的取向；也有的研究者持开放的知识立场，愿意去考虑更大的艺术社会学的问题。公共纪念物就是很好的例子，它们体现了艺术作品的社会生命力、在社会心灵当中的生命力。问题不仅仅在于人们如何被这些纪念物打动，还在于：它将人们引向了何种结果？引向了何种历史结论？引向了关于人们自身生活的何种理解和行动？这就是说，我们没法将纪念物与其公共生命割裂开来，这种艺术的社会功能**就在于**它的美学呈现（参见本书安·芮格妮的文章）。

人们通常以为，纪念碑在公众心目中的生命力就像其外形那样顽强、那样亮丽，纪念碑的意义就像它在景观中的位置那样牢固。不过，正因为纪念碑看上去纪念着一切，唯独不包括它自身的过去、不包括它自己的创造过程，批评家们现在也许可以重新考察它的记忆，去探究它本身是如何形成的。回到纪念物本身的某种记忆，我们其实是在提醒自己，纪念物本质上是脆弱的，它们的生命力依赖于别的东西，它们是经由人类之手在人类的时空当中创造出来的，跟我们一样，充其量也只是景观中的一块自然的碎片。书页上的文字，总是透过有形的纸墨指示着某种东西，与此不同，纪念馆的图像看上去体现着某种理念，让观众对物质的存在产生误解，对不朽的永恒进行衡量。这样一种批评或许可以挽救我们的记忆**图像**（icons），使它们不至于硬化为记忆的**偶像**（idols）。

因为通常情况下，纪念碑往往有着亮丽的、成形的饰面，太过呈现为死亡面具的形象，并不反映当前的记忆，也不回应当代的问题。这样一种路径不是敬奉某种已经得到敬奉的记忆，而是有可能提供一种独到的启发性见解，即纪念碑具有内在的生命力（也就是剧烈的社会、政治和审美因素），它通常为纪念碑沉默寡言的外表所掩盖。通过回顾纪念物的制作过程，我们可以让纪念碑这个概念焕发活力，进而留意所有这类文化制品的形成过程。

至此，我们或许可以将大屠杀纪念物的生命力和机理扩展为如下因素：构思的时间和地点，历史和政治背景中的实际建构过程，在公共空间中的最终形态，在国家记忆星座中的位置，在公众心目中以及历代犹太人心灵中不断演变的生命力，甚至还有最终的解体。考虑了这些维度，我们不仅能看到单个纪念碑如何创造并强化了特定的大屠杀记忆，也能看到事件如何重新进入为纪念碑所塑造的政治生活。

在更加宽泛的层面，我们也许可以探讨一下，当时间的王国被转化为物质的形态、当时间瓦解为空间以后，所有的纪念物产生了何种意义。纪念物是如何运用时间和记忆的？它们如何将界限强加给时间、将外表强加给记忆？时间与地点、地点与记忆、记忆与时间，相互之间是什么样的关系？最后还有两个本质上相互关联的问题：某个特定地点如何塑造了我们关于特定时间的记忆？这种关于以往时间的记忆又如何塑造了我们对当下时刻的理解？

通过这些问题，我们也意识到了参观者在纪念文本中扮演的不可或缺的角色：我们通过纪念碑记住了什么以及如何记住，很大程度上取决于我们是谁、我们为何要去记忆以及我们如何去看待。所有这些意在表明,大屠杀纪念物本质上具有交互作用的、对话的性质。因为公共记忆及其意义不仅取决于这些纪念物中的形态和图案,也取决于观众对它们的反应。通过关注纪念行为,我们或许还可以提醒自己,公共记忆是建构起来的,对事件的理解取决于记忆的建构,它们是纪念物所催生的那种历史理解的世俗后果。这样我们就发现,大屠杀纪念物的演示,不是取决于历史与其纪念性再现之间的某种确切距离,而是依赖于私人记忆和公共记忆的合并,依赖于纪念性的行为,人们的心灵通过这行为来反思过去,同时不可避免地陷入当下的历史时刻中。

总的来说,这些阶段构成了一种真正的记忆行为,过去岁月的文化制品由此被当下的时刻激活,即便后者制约着我们对周围世界的理解。我们不容许过去凝固为纪念物的形式,而是通过记忆工作本身让记忆变得生动起来。由此,事件、对事件的回忆,以及纪念物在我们生活中扮演的角色,都保持着永不枯竭的活力。追问那些纪念物是否记住了大屠杀,乃至追问它们如何记住大屠杀,这是不够的。还应当追问的是,我们最终记住了什么?也就是说,我们如何依据自己所记住的过去,来应对当前的时刻?这就是说,记忆的面貌无法脱离以记忆名义所采取的行动,没有后果的记忆则包含着毁灭自身的种子。

参考文献

Foundation of the Memorial to the Murdered Jews of Europe. *Materials on the Memorial to the Murdered Jews of Europe*. Berlin: Nicolai, 2005.

Frahm, Klaus. *Denkmal für die ermordeten Juden Europas/Memorial to the Murdered Jews of Europe*. Berlin: Nicolai, 2005.

Friedlander, Saul. *Nazi Germany and the Jews, Volume I: The Years of Persecution, 1933-1939*. New York: Harper Collins, 1997.

Hoheisel, Horst, and Andreas Knitz. *Zermahlene Geschichte: Kunst als Umweg*. Weimar: Schriften des Thüringischen Hauptstaatsarchivs, 1999.

Huyssen, Andreas. *Twilight Memories: Marking Time in a Culture of Amnesia*. New York: Routledge, 1995.

Jeisman, Michael, ed. *Mahnmal Mitte: Eine Kontroverse*. Cologne: Dumont, 1999.

Konneke, Achim, ed. *Das Harburger Mahnmal gegen Faschismus/ The Harburg Monument against Fascism*. Hamburg: Hatje, 1994.

Linenthal, Edward T. *Preserving Memory: The Struggle to Create America's Holocaust Museum*. New York: Viking, 1995.

Moore, Henry. *The Auschwitz Competition*. Auschwitz: State Museum of Auschwitz, 1964. N. pag.

Rieth, Adolph. *Monuments to the Victims of Tyranny*. New York: Praeger, 1969.

Winzen, Matthias. "The Need for Public Representation and the Burden of the German Past." *Art Journal* 48 (1989): 309-314.

Young, James E., ed. *The Art of Memory: Holocaust Memorials in History*. Munich: Prestel, 1994.

—. *At Memory's Edge: After-Images of the Holocaust in*

Contemporary Art and Architecture. New Haven: Yale UP, 2000.

—. "Memory and Counter-Memory: Towards a Social Aesthetic of Holocaust Memorials." *After Auschwitz: Responses to the Holocaust in Contemporary Art*. Ed. Monica Bohm-Duchen. London: Lund Humphries, 1995. 78 – 102.

—. *The Texture of Memory: Holocaust Memorials and Meaning*. New Haven: Yale UP, 1993.

摄影：记忆的外化与痕迹

詹斯·鲁查兹

如果记忆如同哈布瓦赫所指出的那样本质上是社会性的，那么，任何记忆的形成基本上都要依靠知识的交换和分享这一途径（参见 Assmann, *Erinnerungsräume* 132）。一些符号表征着或者体现了关于过去的知识，并且能够在某个社会群体当中流通，离开了这样的符号，记忆就没法形成。换句话说，集体记忆的延伸和复杂性很大程度上依赖于可获得的媒介。本文将以摄影为例，来揭示记忆与媒介之间是如何互动的。

一、外化

媒介与记忆之间的关联似乎有两种基本相反的方式：**外化**（externalization）与**痕迹**（trace）。外化概念强调了媒介的工具属性和社会属性，而痕迹概念则突出了媒介技术的自主性。也可以这么说，"**外化**"是一个确定的、字面意义上的记忆媒介概念。相应地，某个媒介中的文本或者形式（或者是整个媒介）跟人类记忆的关系，要么体现为存储记忆的内容，要么体现为与记忆在结构上相似。其他学者已经提出了类似的术语，比如"外向化"（exteriorization，参见 Leroi-Gourhan 257）或者"发掘"（excarnation，参见 Assmann,

"Exkarnation"），来讨论某些媒介技术在信息保存方面的长处，如果没有那些技术，信息将只能通过人体的神经系统来保存，或者更有可能的是被忘掉。外化技术具有强化记忆能力的作用，它们遵循了人类内在的记忆技术并对后者形成了补充。

记忆与媒介的密切关系体现为许多隐喻，它们将媒介解释为记忆，反之亦然。至于摄影，我们必然要引用一句名言，它将银版照相法，也就是"镀银的铜片"上的照片，描述为"有记忆的镜子"（Holmes 54），这句话出现于1859年。在《文明及其不满》一书里，弗洛伊德总体上将技术理解为一种旨在生产"假体"的文化程序，以补偿人类器官的缺陷（Freud, *Civilization and its Discontents* 38）。从这个视角来看，照相机和留声机已经促进了人类记忆能力的"物质化"，它们都能够捕获瞬间的情感（关于更多的这类比喻，参见 Stiegler, *Bilder* 102-05）。存储媒介曾经被比拟为甚或等同于记忆功能，同样，人类的记忆能力也可以通过新式媒介技术所提供的隐喻来加以理解。荷兰心理学史研究者杜威·德拉埃斯马揭示了人类记忆这一不可避免是隐喻性的概念如何强烈依赖于媒介技术的演进：摄影术发明之后，人类的记忆"变成了一张摄影底片，它是用来记录和再现视觉体验的"（Douwe Draaisma 120）。类似地，"摄影记忆"这一术语也证实了一种冲动，即采用媒介作为认知模型，来理解记忆的运行。

媒介与"自然的"记忆通常被用来相互理解对方，除此之外，媒介与记忆之间假定的亲和力也透露了人类学和文化史的信息。仅举一个例子（更多的情况可参见 Ruchatz, "Externalisierungen"），法国人类学家安德烈·勒华古朗（André Leroi-Gourhan）的研究表明，人类文化的演进，很大程度上可以——即便不是完全——从媒介的历史中去发现，后者使"社会记忆"的形态成为可能。动物不能超越本能行为，但人类却能够让自己摆脱物种的生物记忆，并将其"行动程序"（action programs）外化为象征性的表述，由此可以对不同的行动选项进行比较。这样，人类的进化必定意味着知识数量的扩充，后者同时可以变得具有可获得性（Leroi-Gourhan 219-35）。从纯粹口头文化向文字文化的转变，标志着知识"外化"的开始。文字很容易超越大脑的局限，从而使得经验和知识可以通过物质形态来保存，而这种保存形态的能力几乎是无边无际的。总而言之，安德烈·勒华古朗将集体记忆的历史区分为五个阶段："口头传播阶段、使用书面图表或者索引来传播的阶段、简单的索引卡阶段、机械复制法（主要是穿孔卡片）阶段，以及电子化串行传输（即现代计算机）阶段"（Leroi-Gourhan 258）。就此而言，人类进化体现为知识体系的迅速成长，后者很快就需要一些新颖的序列编制方式（图书馆的"索引卡"），最终导致了"机器大脑"即计算机的出现。在安德烈·勒华古朗看来，计算机挑战了人类对思考的垄断。

媒介是否能够辅助甚或悄无声息地取代"自然的"记忆工作，这个问题经常引起关注。柏拉图（Plato 274e-276d）在一篇著名的批评中认为，对于言说者而言，文字虽然可以被视为一种记忆的辅助手段，但它本身不能被视为一种交往记忆（参见本书扬·阿斯曼的文章）。不无悖论的是，使技术性的存储能够成为"自然"记忆的重要辅助的那些属性，同时也使二者明确区别开来。一方面，文字存储着信息，它们可以在不同于其原始时空环境的背景下进行阅读，正如柏拉图所抱怨的，由此必然导致其意义发生改变。另一方面，书面形态中储存的每一字节信息都是稳定的，并且至少在物质形态上是永远不会改变的，而在人类的记忆当中，新的、旧的"输入"并存，交互作用，形成一种动态的、无时不在变化的情景。不过很明显，假如媒介完全像人类大脑那样保存信息的话，它们就根本没有任何用处。这些东西使心灵与其外化之间保持着距离，如果将媒介看作一种痕迹的话，这一点将会体现得更加明显。

二、痕迹

如果考虑到摄影本身也已经被视为一种记忆的话，那么更不能令人理解的是，摄影在记忆的媒介历史中几乎没有得到反映，不管是安德烈·勒华古朗还是阿斯曼夫妇，都没有论及摄影的重要性。记忆媒介的历史分期通常局限于四个阶段：口头、文字、印刷和数字化时期。拟真的记录媒介，最主要的是照片、唱片和电影，如果被包括进来的话，也只是居于边缘位置。这一忽略很容易得到解释，因为摄影被认为是一种非常彻底的外化，以至于它远远超出了概念本身的限度。或许可以这么说，不仅是知识的保存，就连感觉也都被外化了，由此在整个过程中都避开了人类的干预。

法国电影评论家安德烈·巴赞（André Bazin）致力于描画"木乃伊化"（mummification）这一任务的功能，即让人们的外貌永垂千古，从而象征性地拯救人类，使之免于死亡。摄影媒介可以声称自己在召唤过去方面具有更强大的力量，因为图像中的自主信息省略了诠释，从而使记忆摆脱了主观性的束缚。在安德烈·巴赞看来，"所有的艺术都建立在人的在场这一基础上，只有摄影享有人的缺席这一优势"（Bazin 13）。类似地，齐格弗里德·克拉考尔（Siegfried Kracauer）论述了人类记忆与摄影记录之间的区别：

> 摄影捕捉的是空间（或者时间）的连续统一体，记忆图像保留的是有意义的东西。什么是有意义的，这个问题不能化约为纯粹的空间或者时间概念，因此，记忆图像与摄影再现并不一

致。(Kracauer 50–51)

手工的再现方式,比如文字、绘画和油画,或许可以提高一个社会或者个体的"储存"能力,从而只需在最低程度上去挑选何者值得保存,但摄影曝光却绕过了所有层面的人类干预。这种选择性的空白,正是"摄影记忆"这一术语所意味着的属性:这种记忆不会根据相关性来过滤某些东西,甚至明显是不重要的东西都能得到保留。

就此而言,照片所指向的过去不是一种外化,而是一种痕迹(Ruchatz, "Fotografische" 89–92)。将照片理解为一种痕迹,意味着把它当作其中所呈现的事物的证据,并重建其原始情境。当照片所指向的不是过去的再现,而是过去的产品时,它所发挥的主要就是提示者的功能,即激发或者引导记忆,而不是记忆本身。由于痕迹被认为是无意之中产生的,它们被视为尤其真实、值得相信的过去的证词。然而,这种立场还有待于证实:一旦某种痕迹被辨别出来,它就脱离了本真的领域,进入了文化的领域。痕迹不是被定义为初始意义的载体(通常的符号系统则是如此,比如言论),不过,将某些对象(比如指纹)标示为有意义的痕迹时,其中还是采用了文化知识。此外,尽管痕迹的产生过程据称不存在文化编码行为,但不无悖论的是,痕迹的"解读"(正如这个词本身所透露的)却是一种"解码"行为。即便"解读"痕迹时很少用到常规化的知识,留下了特定痕迹中的信息的那件事情,依旧只能通过诉诸更普遍的知识来重建,比如忽略其特殊性,而着眼于一些典型的、可解码的特性。痕迹仅仅在它尚未被解读时才是"本真的"。

至于摄影与记忆的关系,痕迹这个概念被证明是有用的,因为它指向摄影特有的时间性。跟那些可迭代的寻常符号不同,摄影指向时间当中独一无二的某个瞬间,当我们观看最终冲洗出来的成品时，它当然就是过去。摄影的深刻特征就在于它所呈现出来的这种转瞬即逝性（fugaciousness）。通过照片，我们可以看到某种被证明为过去曾经存在，但现已不复存在的东西，仿佛它依然存在一样。根据罗兰·巴特的看法，摄影带来了"人类历史上的人类学革命"，因为它传达的主要不是某种事物的存在感，而是"一种关于它曾经存在过的感觉"（Barthes, "Rhetoric" 44）。过去与现在、存在与缺席之间的这种复杂的纠缠，使摄影不仅跟手工的再现方式区别开来，也跟移动的电影图像区别开来，后者正如罗兰·巴特所言，传达了一种存在的感觉。因此，对于过去的事件而言，影像痕迹也许是能够吸纳其缺席感的唯一再现方式。当然，需要明确的是，如果说任何照片都**可以**被视为过去的遗迹，那么这种使用模式并非在所有情境中都是主导的。相比于实地指南或者烹饪书籍中的照片插图，家庭影集中的照片更有可能这样来理解，前者无意作为某种特殊东西的独特痕迹，而是一种示范性的描绘，显示了某一类事物的代表性标本。

无论是作为一种媒介的摄影，还是单张照片，都不能被排他性地——或是在本体论意义上——与某一种表意模式捆绑在一起。毋庸赘言，每一张照片都不是自动产生的，而是同样服从于许多有意义的决定：对象的选择，影像的框架，曝光的时刻，特定镜头和感光材料的使用，所有这些因素都影响着图像的最终样子。曝光以后的行为同样如此，特别是冲洗的过程。不过，所有这些自发的行为仅仅围绕着曝光时刻进行，当时光线在胶片上形成了影像，摄影者对此无法加以干涉（Dubois 47）。因此，任何摄影作品都包含着选择和意外、重要时刻和不重要时刻的不同比率的混合。摄影产生了一种特殊类型的痕迹，因为它们是以常规方式有意制作的，同时也被承认为有意义、有所指的：照片显示了——但不解释——何者导致自己的产生。

为了弄清摄影如何扮演着符号的角色，有必要求助于皮尔士（Charles Sanders Peirce）对符号的三重划分（参见Dubois 17-53）。用他的术语来说，摄影的痕迹起到了**标引符号**（*index*）的作用，这种符号指示着它跟其渊源的关系。被外化和编码的信息则是**象征符号**（*symbol*），这种符号借助习俗来指意。摄影最重要的属性即大体上位于上述两种对立的形象之间：作为**相似符号**（*icons*），照片通过相似性来指意。感光乳剂上反射的光线勾勒出镜头前的物体的形象，无需任何密码就能将这些物体辨认出。当我们观察一张照片时，其中往往夹杂着上述多种指意模式。比如，照片在能够呈现某种象征意义之前，照片中的对象必须通过其相似性被辨识出。

类似地，痕迹和外化并不一定相互排斥，即要么侧重于摄影的文化方面，要么强调其技术方面。相反，这两个概念有助于区分两种摄影指意方式，它们甚至可出现在同一张照片中。外化与痕迹之间的差异，区分了媒介性的人工产品的两种功能，它们不仅仅属于摄影，不同程度上也能见之于被用来保存过去的任何媒介。下面我将考察一下照片在个体记忆和集体记忆过程中所起的作用。我们将看到，私人摄影倾向于被用作痕迹，即被当作标引符号来解读；而集体记忆所偏爱的摄影，则支持一种象征性的解读，因此很适合于作为一种外化。

三、私人摄影

私人照片显然是为一个目的而拍摄的，即用作日后的辅助记忆手段（Starl 23）。它们处理的或者是摄影者自己，或者是他/她所属的家庭，这个事实向无关的观看者提出了值得认真对待的问题。一方面，如果说私人摄影看上去并非私人性或者个体性，而是具有相当的"可交换性"（Hirsch, *Familial Gaze* xiii），那么它们的意义并不限于典型的摄制和主体的选择。相反，它们充当了"锚"的作用（Barthes, "Rhetoric" 39-41），由此开始记忆那些在图像中实际上看不见的东西。帕特里夏·霍兰德（Patricia Holland 107）区分了私人摄影的**使用者**和**读者**，阐述了上述见解。使用者就是任何一套私人照片的收件人，他们或者通过个人经历，或者通过与亲友的交谈，了解照片中可见内容的背景。相比之下，读者则没法透过照片图像的表面获得更多东西，因为他们根本接触不到这种私人知识，因而尝试着通过辨别其中存在的社会代码去理解这些照片。这样，图像就丧失其特定意义，倾向于更加一般化的社会和文化习俗的见解。

皮埃尔·布迪厄在1960年代开展了一项著名的实证研究，揭示了私人摄影在何种程度上是一种社会性的实践。什么场合值得留影（一些事件仪式，如受洗、婚姻、节日等），如何构图，地点，以及主体的姿势，都可以被理解为前结构化的集体选择。"由此，当我们在家庭环境中为自己留影时，我们并不是在真空中做这件事情；我们是在回应主导性的家庭生活神话，回应那些我们已经继承下来的概念，回应那些我们在电视、广告、电影中见过的图像"（Hirsch, *Familial Gaze* xvi）。私人摄影显然点缀着社会性的预置安排，并为后者所结构化。因此，建立在摄影基础上的私人记忆是一个很好的例子，可以用来证明哈布瓦赫的观点，即个体记忆是社会性的，因为它确实依赖于集体性的框架。

当读者观看私人照片时，它们通常将其理解为隐晦的意识形态和集体记忆编码的外化。使用者倾向于将自己的私人照片理解为一种痕迹，它们提供了有形的起点来回忆曝光时所发生的事情。对他们来说，自己所作所为中的意识形态方面多多少少是模糊的。读者倾向于将一张照片划分为不同的指意层次（构图、姿势等等），而使用者则更可能将整张照片当作过去事件的痕迹。在使用者眼里，摄影的主要目的是提供一种视觉证据，用于提示和开启记忆行为。如果说摄影或许具有支持性的图标指示能力的话，那么这种能力最终也仅仅是第二位的。即便是模糊不清、曝光不足或者从其他方面而言是失败的摄影，也能发挥作用，只要它们在物理上跟产生了这些照片的事件连在一起（Starl 23）。

为了建立与过去的某种联系，照片无需作为个人印象的外化而被接受。私人照片或许就是如此，如果它们符合某人自己的印象或者感受的话——简单地说，如果相似性被认为很明显的话。摄影绕过了主体性来记录事件，不过这种能力引发了某种疑虑，即它也许不是唤起，而是取代了活生生的体验。罗兰·巴特指出，照片"本质上从来不是记忆"，而是被阻隔的记忆，很容易变成一种"反记忆"（Barthes, *Camera* 91）。反复使用照片来激发记忆，结果心里所记住的很可能就是照片上所保留的东西——如果照片被当作一种外化，它们首先就应该能够被内化。依据相似符号所传达、指引符号所证实的内容，摄影图像不仅有能力提示记忆，也有能力重新定位和改变记忆。

在私人背景下，照片被用来有目的地恢复记忆。相册中有着稳定的顺序排列，一张张照片可以构成一种视觉性的自传，主人用它来确定自己的认同，摄影叙事起到了物质证据的作用（参见本书于尔根·斯特劳布的文章）。私人照片所涉及的知识也许来自一个人自己的经历，但也可以扩展至一个家庭的交往记忆，如果这幅照片涉及自己出生之前即已发生的家庭事件的话。后一种情况下，建立在照片基础上的回忆既不是自传记忆，也不是非人格性的历史，它已经被称为"后记忆"（Hirsch, *Family Frames* 22）。

四、作为偶像的公共摄影

跟私人摄影相反,公开传播的照片通常是为即时消费而制作的。每年出版的照片当中,只有一小部分能够活过其出版时间,并且进入集体记忆——这并不是出于摄影者的意图,而是出于偶然。那些得到集体尊敬和纪念的照片通常被称为"偶像"(icons)。不过,这种"偶像"并不是皮尔士所说的那种相似符号,因为照片偶像有一个明确的特征,即它们偏向于象征的领域。

"照片偶像"(photographic icon)一词,至今仅指那些能够吸引强烈的集体关注和情绪反应的图像。它还有待于发展为一个清晰的概念(Brink 232 - 38)。不过依然存在着某种共识,即偶像性的照片突出了象征价值。如果说照片一般都具有"立即转变为象征符号的属性"的话(Goldberg 135;亦参见 Brink 15),那么问题依然在于,为何有的图像确实比其他图像更容易转变为象征符号?至少有三个因素支持着这一转变,即从指向单个事件的痕迹(证明它曾经发生过),转变为文化意义的载体。

首先,如果一张照片的创作跟某些视觉和修辞传统一致的话,也就是说,如果它在潜意识中被视为集体知识的既定组织模式的外化,它就更容易转变(Edwards and Winkler 290 - 291; Bertelsen 85 - 89)。不过,象征化也可能走得太远。罗兰·巴特提出,所谓令人震惊的照片不能给人留下深刻印象,因为摄影者过于明显地取代了受众的位置,将自己的道德判断刻入了图像之中(Barthes, "Shock")。由于痕迹当中缺乏符号学代码,照片具有令人棘手的含糊性,这种含糊性掩藏在一种表面的、类语言的信息之下,后者只能由观看者来确定。一幅成功的照片偶像作品能够在痕迹和假定的外化之间保持平衡，以便其象征维度看上去属于真实性本身：它表明"生活可以超越艺术"（Bertelsen 83）。这种假设的重要性，可以从关于两幅著名照片是否摆拍的持续争议中明显体现出来，一幅是罗伯特·卡帕（Robert Capa）的照片《一位西班牙义士之死》，另一幅是乔·罗森塔尔（Joe Rosenthal）拍摄的美军士兵在硫磺岛竖起国旗的照片（Griffin 137-40，143f.；Goldberg 144）。

其次，照片的再现，可以淡化它跟自己所指向的特定事件之间的关联。在杂志或者报纸当中，照片既可以配上一目了然的**说明文字**，介绍具体的曝光地点和日期，由此强调其标引属性，也可以只配一个**标题**，鼓励读者对它进行更加宽泛的诠释，后者可能超越照片中呈现的具体事件（Scott 46-74）。媒体照片被集体记忆采纳的同时，其确切标题往往被放弃。

再次，一张照片的反复出版，自动松缓了它跟特定历史时点的联系（Griffin 140）。如果一张照片被持续再版，它的标引能力，即对初始的特定事件的指涉，就被逐渐剥离。相反，它越来越跟后续的使用情况相连，变成一个通过社会习俗来指意的符号。抽象化和经典化的过程携手并行、相互强化，因为一张照片凝聚的清晰的、象征性的意义越多，它就越可能得到重新出版。最终，一张照片可以转化为一种视觉象征、一个记忆符号，它代表着整个事件、一系列事件甚或一个历史时代，就像乔·罗森塔尔拍摄的二战期间美军士兵在太平洋硫磺岛竖起国旗的照片那样（亦见本书阿斯特莉特·埃尔的文章）。这幅照片在一系列视觉媒介中不断被挪用，由此可见它已经在多大程度上成为一种传统。从1945年起，这幅照片出现在邮票和明信片上。1954年，它被用作阿灵顿美国海军陆战队纪念碑的模型，后者由波普艺术家爱德华·凯恩霍兹（Edward Kienholz）完成，这是一个重要的复制；它又成为小说《父辈的旗帜》以及克林特·伊斯特伍德（Clint Eastwood）的同名电影中的焦点（参见 Dülffer）。它最终切断了与二战的联系，成为一个"视觉性的表意文字"，可以灵活地适应其他历史背景，不管是以时政漫画的形式出现（参见 Edwards and Winkler），还是体现为"9·11"事件中纽约消防员的照片形象。

照片可以经典化为名副其实的"记忆之场"，步入文化记忆的阵营，最终进入历史教科书（亦见本书乌多·黑贝尔的文章）。照片史研究者薇姬·戈德堡（Vicki Goldberg）提出，摄影图像越来越起到了概括复杂的历史现象的功能，"部分程度上取代了公共纪念碑"（Goldberg 135）。移动图像的流行甚至强化了摄影的重要性，因为静态的图像此时反而更容易被人们把握，它将事件过程压缩为单个时刻（Goldberg 218-19, 226）。

数码摄影的到来和成功，是否以及将如何影响到摄影与记忆之间的联系，这是一个重大的问题，不过至今依然没有答案。人们往往认为，当传统摄影的感光化学技术为易于依次操作的数字化字节所取代时，照片将不再被视为痕迹，因为它们的真实性从根本上遭到了质疑。将来或许会出现这种情况：摄影图片的偶像式外表，也许既不再意味着标引意义上的真实性，也不再意味着绝对过去中的起源，而是意味着时间意义上无差异的外化（Stiegler，"Digitale"）。没有了痕迹这个基本的侧面——它确保了摄影图像在时间方面的专一性——摄影在视觉记忆中无声的位置将会遭到严重威胁。

参考文献

Assmann, Aleida. *Erinnerungsräume: Formen und Wandlungen des kulturellen Gedächtnisses*. Munich: Beck, 1999.

—. "Exkarnation: Gedanken zur Grenze zwischen Körper und Schrift." *Raum und Verfahren: Interventionen 2.* Eds. Jörg Huber and Alois Martin Müller. Basel: Stroemfeld/Roter Stern, 1993. 133 – 157.

Assmann, Aleida, and Jan Assmann. "Das Gestern im Heute: Medien und soziales Gedächtnis." *Die Wirklichkeit der Medien: Eine Einführung in die Kommunikationswissenschaft.* Eds. Klaus Merten, Siegfried J. Schmidt and Siegfried Weischenberg. Opladen: Westdeutscher Verlag, 1994. 114 – 140.

Barthes, Roland. *Camera Lucida.* London: Fontana, 1984.

—. "The Rhetoric of the Image." *Image, Music, Text.* Trans. Stephen Heath. London: Fontana, 1977. 32 – 51.

—. "Shock Photos." *The Eiffel Tower and Other Mythologies.* New York: Hall and Wang, 1979. 71 – 74.

Bazin, André. "The Ontology of the Photographic Image." *What is Cinema?* Trans. Hugh Gray. Vol. 1. Berkeley: U of California P, 1967. 9 – 16.

Bertelsen, Lance. "Icons on Iwo." *Journal of Popular Culture* 22.2 (1989): 79 – 95.

Bourdieu, Pierre. *Photography: A Middle-Brow Art.* Trans. Shaun Whiteside. Stanford: Stanford UP, 1990. Trans. of *Un art moyen: Essai sur les usages sociaux de la photographie.* Paris: Les Éditions de Minuit, 1965.

Brink, Cornelia. *Ikonen der Vernichtung: Öffentlicher Gebrauch von Fotografien aus nationalsozialistischen Konzentrationslagern nach 1945.* Berlin: Akademie, 1997.

Draaisma, Douwe. *Metaphors of Memory: A History of Ideas about the Mind*. Cambridge: Cambridge UP, 2000.

Dubois, Philippe. *L'Acte photographique et autres essais*. Paris: Nathan, 1990.

Dülffer, Jost. "Über-Helden—Das Bild von Iwo Jima in der Repräsentation des Sieges: Eine Studie zur US-amerikanischen Erinnerungskultur seit 1945." *Zeithistorische Forschungen/Studies in Contemporary History* 3.2 (2006). 7 Nov. 2007 ⟨http://www.zeithistorische-forschungen.de/16126041-Duelffer-2-2006⟩.

Edwards, Janis, and Carol K. Winkler. "Representative Form and Visual Ideograph: The Iwo Jima Image in Editorial Cartoons." *The Quarterly Journal of Speech* 83 (1997): 289–310.

Freud, Sigmund. *Civilization and Its Discontents*. New York: Norton, 1962.

Goldberg, Vicki. *The Power of Photography: How Photographs Changed Our Lives*. New York: Abbeville, 1991.

Griffin, Michael. "The Great War Photographs: Constructing Myths of History and Photojournalism." *Picturing the Past: Media, History and Photography*. Eds. Bonnie Brennen and Hanno Hardt. Urbana: U of Illinois P, 1999. 122–157.

Hirsch, Marianne, ed. *The Familial Gaze*. Hanover, NH: UP of New England, 1999.

—. *Family Frames: Photography, Narrative, and Postmemory*. Cambridge: Harvard UP, 1997.

Holland, Patricia. "'Sweet it is to scan...': Personal Photographs and

Popular Photography." *Photography: A Critical Introduction.* Ed. Liz Wells. London: Routledge, 1997. 103 - 150.

Holmes, Oliver Wendell. "The Stereoscope and the Stereograph." 1859. *Photography: Essays and Images.* Ed. Beaumont Newhall. London: Secker & Warburg, 1980. 53 - 62.

Kracauer, Siegfried. "Photography." 1927. *The Mass Ornament: Weimar Essays.* Ed. Thomas Y. Levin. Cambridge: Harvard UP, 1995. 47 - 63.

Leroi-Gourhan, André. *Gesture and Speech.* Cambridge: MIT Press, 1993.

Plato. "Phaedrus." Trans. R. Hackforth. *The Collected Dialogues of Plato Including the Letters.* 1961. Eds. Edith Hamilton and Huntington Cairns. Princeton: Princeton UP, 1989. 475 - 525.

Ruchatz, Jens. "Externalisierungen: Gedächtnisforschung als mediale Anthropologie." *Handlung Kultur Interpretation* 12.1 (2003): 94 -118.

—. "Fotografische Gedächtnisse: Ein Panorama medienwissenschaftlicher Fragestellungen." *Medien des kollektiven Gedächtnisses: Konstruktivität-Historizität-Kulturspezifität.* Eds. Astrid Erll and Ansgar Nünning. Berlin: de Gruyter, 2004. 83 - 105.

Scott, Clive. *The Spoken Image: Photography and Language.* London: Reaktion, 1999. Starl, Timm. *Knipser: Die Bildgeschichte der privaten Fotografie in Deutschland und Österreich von 1880 bis* 1980. Berlin: Koehler & Amelang, 1995.

Stiegler, Bernd. *Bilder der Photographie: Ein Album photographischer Metaphern.* Frankfurt am Main: Suhrkamp, 2006.

—. "Digitale Photographie als epistemologischer Bruch und historische Wende." *Das Gesicht der Welt: Medien in der digitalen Kultur.* Munich: Fink, 2004. 105 – 125.

Wiedenmann, Nicole. "'So ist das, was das Bild dokumentiert, das Gegenteil dessen, was es symbolisiert': Holocaustfotografien im Spannungsfeld zwischen Geschichtswissenschaft und Kulturellem Gedächtnis." *Die Medien der Geschichte: Historizität und Medialität in interdisziplinärer Perspektive.* Eds. Fabio Crivellari, Kay Kirchmann, Marcus Sandl and Rudolf Schlögl. Konstanz: UVK, 2004. 317 – 349.

Zelizer, Barbie. "From the Image of Record to the Image of Memory: Holocaust Photography, Then and Now." *Picturing the Past: Media, History and Photography.* Eds. Bonnie Brennen and Hanno Hardt. Urbana: U of Illinois P, 1999. 98 – 121.

新闻的记忆工作

芭比·塞里泽

在集体记忆的确立和维持所涉及的众多社会和文化安排当中,跟新闻相连的环境或许属于最不起眼的记忆媒介之列。不过,对于塑造我们思考过去的方式而言,新闻工作者起到了系统性的、持久的作用。本文旨在思考有关新闻与记忆之间的关系的研究情况,并论述这种关系如何既加强又弱化了两者各自的组成部分。

一、为何说新闻-记忆的关联是有问题的,并且是不可避免的

如果从新闻工作者自己对其成果之重要性的评判视角来看,那么新闻似乎很不适合于提供某种有关过去的独立轨迹。因为只要一谈到新闻,我们就会碰到一种流行的假设,即新闻提供了最初的,而不是最终的关于过去的草稿,而对新闻提供的原始事件进行最终处理这件任务则留给了历史学家。面对这种劳动分工,新闻逐渐被理解为这样一种安排,它主要强调此时此地而非彼时彼处,被时间限制束缚,截止日期迅速被推翻。新闻与历史的区别在于,前者追求一种新闻价值感,后者来自接近度、题材性和新颖性;前者总是需要填充某个正在枯竭的新闻洞,尽管风险很高,节奏疯狂,资源并不确定。就此而言,在历史领域来完成自己的工作目标,这似乎有点超出

了新闻工作者的能力和义务范围。

新闻由当下所驱动，以至于它跟记忆——实际上包括跟过去有关的所有东西——的结盟显得与其本身的自我感并不相符。正如吉尔·艾迪简洁阐述的那样：

> 新闻媒体要使用历史事件，这个事实简直有点违反直觉。新闻工作者传统上一直很强调最早刊出新闻信息的价值。号外、新闻短讯、由于重大新闻信息而中断节目，这些都证明了一种渴望，即为读者呈现最新的信息。许多故事都已经过时了，没法使用，如果事发当天的新闻产品中没有它们的位置的话。(Edy 74)

因此，并不令人奇怪的是，记忆被视为不在新闻工作者的关注范围之内。

但是，新闻真的把过去留给了别人吗？1980年代中期集体记忆研究文献的勃兴，帮助推动了学术界对于新闻与过去之间关系的认识的转变。因为随着哈布瓦赫、雅克·勒高夫、皮埃尔·诺拉以及其他学者的著作被翻译出版并得到广泛传播，学者们逐渐认识到，相比于传统的历史概念所暗示的东西而言，新闻与过去的结盟反映了一种稍微复杂一些的关系。学者们开始关注一个事实，即集体性的回忆和过去的重构，是由那些有着自己的目标议程的行为者安排的，同时，（特别是在巴里·施瓦茨 [Schwartz]、迈克尔·舒德森 [Schudson]、华格纳-帕斯菲西 [Wagner-Pacifici] 等社会学家看来）记忆存在于群体的层面。这使记忆成为一种有效的方式，可以用来思考新闻工作者对过去的参与情况，学者们也开始论述新闻界一种持续的，尽管是不用明说的偏好，即喜欢那些比当代事件发生之时更早的时代。正如朗氏夫妇提出的，记忆工作吸取了"过去的一系列意象，只要它们依然为媒介所传达的话，……其重要性几乎没有随着时间的流逝而丧失"（Lang and Lang 138）。他们提出，在新闻当中，

> 即便粗略地瞄一眼，也能发现许多对于不再新鲜的事件的指涉，这些事件已经不是新闻学意义上的新闻。过去和未来共同设计了对当前事件的报导框架。哪些过去、何种未来在起作用，这取决于编辑和新闻记者们相信何种东西合乎公共领域，取决于新闻传统，当然也取决于个人观念。（Lang and Lang 126）

把新闻理解为一种记忆工作，这为学者们提供了更多的方式来解释新闻。人们逐渐认识到，对过去的参考有助于新闻工作者有条不紊地理解现在。根据朗氏夫妇的看法，这种参考对于新闻工作者试图理解急剧演变的事件而言可以起到多方面的作用。它们有助于新闻工作者去建立联系，作出推论，产生故事题材，像码尺一样去测量事件的量级和影响，提供类比，并给出简要的解释。对于新闻而言，过去被看得如此重要，以至于它作为一种无言的背景而出现，当代的新闻记录工作正是在这一背景下才得以进行。

所有这些都以迂回的方式表明了学者们对一个问题的密切参与，即新闻工作如何显示了新闻工作者很少将过去让渡给别人。虽然已经有很多人研究过新闻工作者对于所谓新闻戒律问题——新闻的5个"W"，即何人、何事、何地、何时、如何，对于"为何"强调得不够（参见 Carey）——的依赖性，但在新闻界对于当前事件的解释范式的背后，总是存在着可以自由取用的必要的附件。过去依然

是新闻工作者最丰富的知识仓库之一,可以拿来解释当前的事件,学者们也已经开始研究过去究竟如何有助于新闻记者诠释现在。

意识到新闻工作与记忆有关之后,随之而来的就是如何去界定新闻工作者自己的修辞,即他们声称自己要做什么样的事情。不过,对于记忆的制作和保存而言,在那些制度化的中介以及重要的背景性安排当中,新闻工作者应该扮演了最重要的角色(参见 Zelizer,"News";Zelizer,"Reading the Past")。同样有关的是,混进新闻当中的过去,如何比传统的历史概念更有助于认识集体记忆。新闻工作者是一个特别有用的例子,由此可以说明记忆工作如何在那些生产了关于过去的回忆的人当中成形。也就是说,当新闻工作者卷入记录过去的工作时,他们就反映了一种更大的冲动,后者使回忆的所有者身份变得复杂。沃伦·苏曼早就观察到,"历史……并不是专门留给历史学家的东西"(Warren Susman 5)。按照这一说法,过去在新闻当中的权势强化了一种可能性,即在肯尼迪遇刺(参见 Zelizer,"*Covering the Body*")、水门事件(参见 Schudson,*Watergate*)、尼克松回忆录(参见 Johnson)等许多事件上,新闻工作者可能会成为业余的史学家、历史侦探,他们的处理方式兼容了历史的常变本质以及它在现代媒介技术中的各种变体。这意味着,集体记忆,而不是历史,才是思考新闻的有用框架。

二、 新闻-记忆之间的关联特征

新闻与记忆之间特殊的密切关系有着众多特征,它们源于一个基本事实,即许多新闻的制作都超出了其他人的接触和审查范围。这意味着,当新闻工作者拒不让出自己对公共事件的掌握时,便几乎没有什么东西可以抵消他们的努力。重写、重访陈旧的事件,纪念性的或者周年纪念新闻,甚至连对貌似"历史"事件的调查,这些做法都是日常新闻制作流程中的常规行为(Zelizer,"News";Edy)。

1989年,朗氏夫妇考虑了公共舆论过程如何为过去的事件所塑造,这是有关记忆与新闻的最早的学术探讨之一,它提示了一个关键的切入点去思考新闻与记忆的关系,即考察受众和新闻界如何影响了公众对过去的理解(例如,参见 Volkmer)。记忆作为透视新闻的一道棱镜继续受到学者们的关注,不过更多学者也开始将新闻工作本身当作一个跟记忆有关的题材,来探讨它在受众的理解和反应当中扮演的角色。

这并不总是新闻与记忆研究的一个明显特征。比如,许多学者已经倾向于这样来处理新闻与记忆的联系:淡化新闻项目的特殊角色,将它置于更广泛的媒介现象当中去讨论;有时又是一种大范围的思考,将新闻所覆盖的过去理解为众多记忆中介之一。加利·艾格顿和彼得·罗林斯(Edgerton and Rollins)整体上探讨了电视所提供的对于过去的各种处理方式,托马斯·多赫提(Doherty)则探讨了视觉资料在塑造1950年代陆军-麦卡锡听证案(Army-McCarthy Hearings)方面所起的作用。不过,虽然涌现了大量相关的文献,但并非所有文献都可以被看作对新闻与记忆之间的联系的研究。这实际上轻慢了新闻在帮助我们追踪过去时可能发挥的独特作用。

对于理解记忆工作而言,新闻能够带来什么不同于其他记忆中介的东西?现有的许多文献沿着两条相互交织的线索来处理新闻,即思考记忆的形式和内容。

三、通过形式和内容来唤起记忆

新闻特有的记忆规则和习惯,使它在某些方面非常适合于唤起记忆,但在别的方面又有局限。许多学者集中关注作为一种叙述的新闻工作,它坚持新闻对于真相和真实性的尊重,在过去和现在之间策略性地摆动(参见 Schudson, *Watergate*; Zelizer, "*Covering the Body*"; Huxford),自始至终体现了记忆工作的突出特征,即过程性、不可预测性、偏颇性、可用性,兼具独特性和普遍性,以及物质性(参见 Zelizer, "Reading the Past")。这种双生现象被认为导致了新闻所能生产的那种记忆工作中的张力,这种记忆工作并不一定是最有效的重新思考过去的工具。新闻叙事的重心倾向于简单化的叙事、无背景的叙述、最小化的细微差别,以及灰色的现象领域,这都在某种程度上限制了它接近过去的能力。针对这一张力,新闻工作者的记忆工作倾向于处理新闻的内容与其形式之间的各种关系。正如华格纳-帕斯菲西提到的,"内容与形式之间并不存在任何自然的对话,任何事情都有待于做出决定"(Wagner-Pacifici 302)。决定如何做出取决于各种因素,它们对于新闻的制作而言至关重要。

四、从内容中得到记忆

新闻的专属工作是解释公共领域的事件,就此而言,记忆和过去显然提供了一种用来帮助理解题材性事件的渊源。比如,欧仁·梅耶斯(Meyers)揭示了有关以色列国庆活动的新闻处理如何受到了对于早前庆典的指涉的影响,基奇探讨了美国的杂志如何循环利用名人故事和某种类型的民族国家故事,把它们当作可预测的常备的内容仓库(Kitch, *Pages from the Past*)。沃德尔(Wardle)将儿童谋杀故事放在历史偶然性的背景下来思考,后者使一种类似的故事在不同时期呈现为不同的形态。

新闻题材之所以被赋予一种向后看的面貌,通常仅仅是因为涉足该题材就要跟过去发生关系。比如,讣闻作为一种认真对待历史的终结的方式,就是一种跟过去发生关系的模式。涉及死亡的事件本身往往就是很好的新闻故事,而当公众需要获得帮助以便从死亡带来的创伤当中恢复过来时,新闻工作者往往会将目光投向记忆。比如,美国人对"9·11"事件的反应,就是由新闻媒体的如下这种能力共同造成的:让有关悲伤的故事转向关于复苏的故事(Kitch, "Mourning in America")。

新闻业的制度性记忆,其养分来自公共领域中的重大事件所产生的紧张,因此,争议和辩论往往是一个可靠的信号,预示着记忆工作即将从某一时刻开始。这意味着,当事件本身有争议时,如战争、犯罪、恐怖、自然灾害的新闻往往都是如此,此时新闻工作者就面向记忆的故事,以此来指导事件的复述。

五、从形式中得到记忆

跟过去的关联之所以有趣,有时候正是因为可获得的记忆形式,而不是新闻故事。新闻界看待过去的某些形式暗示着对于记忆的处理,尽管它们并不坚持记忆的存在。比如,将过去当作一种方法来运用,以便理解新闻的题材性。将历史或者过去的事件当作一种理解现在的方法,这是集体记忆研究中的基本路数,但它也是以实用主义的方式进入新闻领域的。过去提供了一个比较的支点、类比的机会、怀旧的邀请,以及对先前事件的纠正。

更常见的情况是,跟过去的关系往往体现为历史类比的形式。比如,《时代》周刊关于伊拉克战争的封面文章,便采用了"第二次海湾战争"这一标签(参见 Zelizer,"When War")。又比如"哥伦比亚"号航天飞机失事灾难,在相关讨论中被表述为"挑战者"号航天飞机爆炸事故的重演（参见 Edy and Daradanova）。可以预料的是，过去有时会被错误地记住。一项关于美国媒体对越南战争和第一次海湾战争报导情况的研究表明，新闻媒体给第一次海湾战争而不是越南战争中的抗议者贴上了"反对部队"（anti-troop）的标贴，这是一种对于战争的策略性的错误记忆，以便更好地适应新闻工作者对于后来冲突的讨论（参见 Beamish, Molotch and Flacks）。

学者们着力探讨了有关特定新闻事件的报导，以及这些报导所做出的历史类比。我自己的文章讨论了新闻工作者如何利用历史背景，来重新衡量就视觉方面而言的现在与过去的关系，揭示了他们如何通过先前事件的图像来说明波斯尼亚和卢旺达的暴行（Zelizer 1998）以及伊拉克战争（Zelizer 2004）。

六、形式使记忆成为必要

有时候，新闻是由那些新闻形式驱动的，后者之所以存在是由于它们容易用来生产记忆。这些形式本身需要进行阶段性的修复（参见 Schwartz），它们包括各种类型的纪念话语、回溯式问题，以及其他各种周年纪念报导。比如，吉尔·艾迪提出，新闻工作者主要以三种方式与过去发生联系：纪念、历史类比和历史背景。可以说，在任何一种情况下，如果不事先跟过去发生某种联系的话，新闻项目就没法存在。

新闻界倾向于通过那些拥有最丰富档案的新闻机构来开展记忆工作，就此而言，某些类型的新闻制度、机构和个人要比其他一些制度、机构和个人更加适合于干这件事。比如，基奇（Kitch, "Useful Memory"）的研究表明，时代公司已经成为一个预料之中的资源库，可以制作有关过去的记忆，因为该公司拥有庞大的、易于获取的数据检索系统。即便是倾向于处理过去的单个新闻工作者，自己通常也卷入了被处理的过去。作为一名初出茅庐的记者，丹·拉瑟（Dan Rather）曾经报导过肯尼迪遇刺事件，后来他主导着对这一事件的记忆性处理（Zelizer, "Covering the Body"）。多年来，水门故事的讲述，一直离不开鲍勃·伍德沃德（Woodward）和卡尔·伯恩斯坦（Bernstein）这两位著名人物（Schudson, Watergate）。

这种工作可以分为两种类型。一方面是新闻机构制作的特殊项目，它们策略性地触及过去——它们也正是为此目的而制作的。其中包括那些涉及一般性的过去的出版和播报，比如回溯式问题、节目、特别播报、书籍、期刊等等，长期以来新闻机构、新闻媒体、新闻工作者一般都是这样做的；同时也包括那些有关特定的过去的出版和播报，长期以来对于特定新闻事件或者社会问题的报导都是如此。另一方面，新闻工作者花了很大的力气去探究过去，其方式是策略性地直接追踪新闻界自己的早先项目。保罗·格兰杰缜密地分析了《时代》周刊关于20世纪最有影响力的一百人的报导背后的各种意图。他毫不意外地发现，这份名单读起来就像一种"特殊类型的记忆文本、一幅集体性的文化遗产图像"，《时代》杂志希望它能够作为"民主和资本主义的成就的记忆"而传播开来（Grainge 204）。我自己（Zelizer, "Journalists"）在研究中发现，新闻工作者以一种"双倍时间"的方式来处理他们报导的事件，从而能够在后来的报导中纠正自己先前的错误。这样，他们就把关于麦卡锡主义和水门事件的先前报导改编为故事，后者更符合他们对事件的最新理解。

这些关于显性的记忆参与形式的研究暗示着，回到过去是新闻的一个有机组成部分。本质上说，它为新闻流（news flow）提供了一个"暂停"（参见 Zelizer, "Collective Memory"），由此新闻工作者以及雇用他们的机构都能够预见并控制新闻流的飘忽不定性。就此而言，它们呼应了集体记忆更普遍的作用，也就是给那些始终存在的围绕过去的争论提供一种凝聚力，不管这种凝聚力的效力能够持续多久。

七、论新闻与记忆

新闻的记忆工作既是广泛的，又是多侧面的，它从内容、形式入手，它所容纳的形式使得对过去的处理成为必需。对现在的讲述，是跟一系列错综复杂的行为纠缠在一起的，后者往往跟过去发生了某种模糊的关系。这使得新闻成为记忆工作的一道关键中介，即便新闻工作者自己并不愿意承认这是自己所做的一部分事情。

所有这些都意味着，关于记忆是如何形成的，新闻能告诉我们更多的东西，而我们对此还很不清楚。由于新闻依然是当代社会中一种主要的记录和记忆体制，因此我们需要付出更多的努力，去理解新闻如何记忆，及它为何那样记忆。

致谢：感谢 Dan Berger 对于本文的帮助。本文较早一个版本曾经收录于 Vita Fortunati and Elena Agazzi, eds., *Ricordare*: *Percorsi transdisciplinari attraverso la memoria*. Rome: Meltemi, 2006。

参考文献

Beamish, Thomas D., Harvey Molotch, and Richard Flacks. "Who Supports the Troops? Vietnam, the Gulf War, and the Making of Collective Memory." *Social Problems* 42.3 (1995): 344 – 360.

Carey, James. "The Dark Continent of American Journalism."*Reading the News*. Eds. Robert Manoff and Michael Schudson. New York: Pantheon, 1986. 146-196.

Doherty, Thomas. *Cold War, Cool Medium: Television, McCarthyism and American Culture*. New York: Columbia UP, 2003.

Edgerton, Gary R., and Peter C. Rollins. *Television Histories: Shaping Collective Memory in the Media Age*. Lexington: UP of Kentucky, 2001.

Edy, Jill A. "Journalistic Uses of Collective Memory." *Journal of Communication* 49.2 (1999): 71-85.

Edy, Jill A., and Miglena Daradanova. "Reporting the Present Through the Lens of the Past: From Challenger to Columbia." *Journalism: Theory, Practice and Criticism* 7.2 (2006): 131-151.

Grainge, Paul. "Remembering the 'American Century': Media Memory and the *Time* 100 List." *International Journal of Cultural Studies* 5.2 (2002): 201-219.

Huxford, John. "Beyond the Referential: Uses of Visual Symbolism in the Press." *Journalism: Theory, Practice and Criticism* 2.1 (2001): 45-72.

Johnson, Thomas J. *The Rehabilitation of Richard Nixon: The Media's Effect on Collective Memory*. New York: Garland, 1995.

Kitch, Carolyn. "Mourning in America: Ritual, Redemption, and Recovery in News Narrative after September 11." *Journalism Studies* 4.2 (2003): 213-224.

—. *Pages From the Past: History and Memory in American Magazines*. Chapel Hill: U of North Carolina P, 2005.

—. "'Useful Memory' in Time Inc Magazines."*Journalism Studies* 7. 1 (2006): 94–110.

Lang, Kurt, and Gladys Engel Lang. "Collective Memory and the News." *Communication* 11 (1989): 123–139.

Meyers, Oren. "Still Photographs, Dynamic Memories: An Analysis of the Visual Presentation of Israel's History in Commemorative Newspaper Supplements." *Communication Review* 5.3 (2002): 179–205.

Schudson, Michael. "Dynamics of Distortion in Collective Memory." *Memory Distortion: How Minds, Brains and Societies Reconstruct the Past*. Ed. Daniel Schacter. Cambridge: Harvard UP, 1995. 346–364.

—. *Watergate in American Memory: How We Remember, Forget and Reconstruct the Past*. New York: Basic, 1992.

Schwartz, Barry. "The Social Context of Commemoration: A Study in Collective Memory." *Social Forces* 61.2 (1982): 374–402.

Susman, Warren. *Culture as History*. New York: Pantheon, 1984.

Volkmer, Ingrid, ed. *News in Public Memory*. New York: Lang, 2006.

Wagner-Pacifici, Robin. "Memories in the Making: The Shape of Things That Went." *Qualitative Sociology* 19.3 (1996): 301–320.

Wardle, Claire. "Monsters and Angels: Visual Press Coverage of Child Murders in the US and UK, 1930–1990." *Journalism: Theory,*

Practice and Criticism 8.3 (2007): 263-284.

Zelizer, Barbie. "Collective Memory as 'Time-Out': Repairing the Time-Community Link." *Communication and Community*. Eds. Gregory J. Shepherd and Eric W. Rothenbuhler. Mahwah, NJ: Erlbaum, 2001. 181-189.

—. *"Covering the Body": The Kennedy Assassination, the Media and the Shaping of Collective Memory*. Chicago: U of Chicago P, 1992.

—. "Journalists as Interpretive Communities."*Critical Studies in Mass Communication* 10 (1993): 219-237.

—. "News: First or Final Draft of History?" *Mosaic* 2 (1993): 2-3.

—. "Reading the Past Against the Grain: The Shape of Memory Studies." *Critical Studies in Mass Communication* 12.2 (1995): 215-239.

—. *Remembering To Forget: Holocaust Memory Through the Camera's Eye*. Chicago: U of Chicago P, 1998.

—. "When War is Reduced to a Photograph." *Reporting War: Journalism in Wartime*. Eds. Stuart Allan and Barbie Zelizer. London: Routledge, 2004. 115-135.

文学、电影与文化记忆的媒介性

阿斯特莉特·埃尔

一、虚构的力量：小说和电影作为文化记忆的媒介

文化记忆的基础是通过媒介而实现的沟通。共享版本的过去总是通过"媒介外化"（medial externalization，参见本书阿莱达·阿斯曼的文章）途径而产生的，最基本的形态就是口头语言，最常见的情形或许就是爷爷奶奶向孩子们讲述关于"过去岁月"的故事。更加精致的媒介技术，如写作、电影和互联网，拓宽了记忆的时间和空间范围。文化记忆由一系列不同的媒介构成，在各种象征系统内运行：宗教文本、历史绘画、史籍编纂、电视纪录片、纪念碑和纪念仪式等。每一种媒介都有其特定的记忆方式，都会在它所创造的记忆当中留下痕迹。那么，文学和电影所生产的是一种什么样的文化记忆？

小说和故事片等虚构性的媒介，其特点是能够以一种在文学研究者看来真正令人着迷（而在历史学家看来却有点让人担忧）的方式，去塑造某种关于过去的集体想象。埃里希·雷马克的《西线无战事》，以及玛格丽特·米切尔（Margaret Mitchell）的《飘》（*Gone with the Wind*, 1936），就是两个最著名的例子。二者最初都是非常流行的小说，有着天文数字般的发行量，又都被拍成了甚至更加成

功的电影。甚至直至今日,对于许多人而言,第一次世界大战就是"西线无战事",美国南方就是"飘"。小说虚构和电影虚构都具有一种潜力,能够催生、铸造某种关于过去的意象,这种意象将为整整一代人所保留。史实的准确性并不是这类"制作记忆的"小说和电影的关注点,相反,它们以各种各样所谓"本来面目"或者"真实性"来迎合大众。它们创造了跟文化记忆相互呼应的关于过去的意象。这种虚构通常既不能被称为"精品文学",也没有迈入艺术杰作的经典之列(参见本书阿莱达·阿斯曼以及赫伯特·格拉贝斯的文章),而且,它们往往来也匆匆、去也匆匆。

这些观察结果在方法论层面为文化记忆研究提出了值得注意的两种动向或者转换:一是从上层文化转向大众文化,二是从与时间相连的存储媒介转向与空间相连的流通媒介,前者使文化记忆能够跨越几个世纪,甚至让自己变成记忆对象(比如莎士比亚的历史剧),后者能够几乎同时触及大量受众,文化记忆今天被制作,明天就被忘记(参见 Innis)。

此处探讨的关键问题是:到底是什么东西让**某种**媒介(而不是**别的**媒介)变成了强有力的"文化记忆的媒介",以至于能够催生、铸造关于过去的集体意象?本文主要采用战争文学和战争电影的例子,分三步提供了三个答案:首先考察媒介**内部**的"集体记忆的修辞";然后考察媒介之间的动态机制,即早期的再现与后来的再现之间的相互作用;最后考察那些制作记忆的小说和电影得以出现并产生影响的**多媒介**背景。简言之,本文关注媒介**内部**、媒介**之间**以及媒介**周边**的现象,正是那些媒介有能力制作并塑造文化记忆。

二、集体记忆的修辞：战争小说如何创造了记忆模式

无论何时，当我们要再现过去时，我们所选择的媒介和形式都将对它们所创造的那种记忆产生影响。比如，通过口头方式来再现一场战争，由一位年迈的邻居来讲述战争中的轶事，这场战争似乎就变成了鲜活的当代历史的一部分；但作为瓦格纳歌剧的对象，同样一场战争就可以被转变为显然是无时间的、神话般的事件。文学跟电影一样，也有不同的再现模式，它们可能在读者当中勾起不同的文化记忆模式。

至于有关第一次世界大战的小说，我区分了四种模式的"集体记忆修辞"：体验型、神话型、对抗型和反思型。体验型修辞的文学形式将过去再现为刚刚度过的新近体验，它们跟所谓"交往记忆"（参见本书扬·阿斯曼的文章）密切相连。交往记忆的特定属性，在文学文本中往往表现为第一人称的叙事，从而昭示着一种"生平书写"（参见本书马克斯·桑德斯的文章）。齐格弗里德·萨松以及罗伯特·格雷夫斯（Robert Graves）关于第一次世界大战的小说便运用了这一策略。另一种典型的战争再现形式是意识流技术，现代主义作家（比如弗吉尼亚·伍尔芙和福特·马多克斯·福特）特别喜欢采用这种手法，它传达了关于战壕、战斗和创伤的特殊的内在体验。此外，关于战争当中日常生活的非常具体的描写，以及口头语言的再现，特别是士兵俚语之类的社会方言，都可能有助于创造某种（用罗兰·巴特的话来说）或许可以被称为真实的记忆的效果，这种策略可见于弗雷德里克·曼宁（Frederic Manning）的战争小说《财富的中间部分》（*The Middle Parts of Fortune*, 1929）。

构成神话型修辞的文学形式，跟扬·阿斯曼"文化记忆"框架之

内的再现过去很相似，即回忆一些基础性的事件，它们位于遥远的、神话般的过去当中。这种趋势的典型是恩斯特·荣格（Ernst Jünger）的小说《钢铁风暴》（*In Stahlgewittern*，1920），小说中德国士兵被转换为日耳曼神话中的人物。此外还有弗朗西斯·福特·科波拉（Francis Ford Coppola）那部广受赞誉的越南战争电影《现代启示录》（*Apocalypse Now*，1979），通过互文性指涉手法，运用一系列视觉和声音效果，创造了一种原始的氛围，使历史事件变得像神话一样。

有助于坚持一种版本同时拒绝另一种版本的过去的文学形式，构成了对抗型的修辞。负面形象的塑造，比如关于第一次世界大战的早期英语诗歌将德国人称为"匈人"（the Hun）或者"畜生"，是确立对抗型修辞最明显的手法。更精致的手法是诉诸有偏见的视角结构：只将某个群体的记忆呈现为真实的，而将与自己冲突的记忆文化的成员所表达的版本解构为虚假的。"迷惘的一代"的作者们，比如海明威（Ernest Hemingway）和理查德·奥尔丁顿（Richard Aldington），都大量使用了这些策略。诉诸第一人称叙述，可以强化一部小说的对抗潜力。这确实是雷马克关于失去一代的安魂曲《西线无战事》当中最鲜明的叙事特征。在这里，第一人称叙述为年轻的前线士兵这一代人创造了一种集体认同，他们跟家中年老的战争贩子一代截然区别开来。

文学作品通常允许读者进行第一手和第二手的观察：它给我们一种（以体验、神话或者是对抗方式）瞥见过去的幻觉，同时也是一种对这些再现过程进行批判性反思的重要媒介物。文学作品是一种同时建构并观察着记忆的媒介物。那些吸引人们去关注记忆的过程和问题的文学形式，构成了明显的反思型的模式，其中之一就是记忆作品当中清晰的叙述性评论，比如普鲁斯特（Marcel Proust）著名的记忆小说《追忆似水年华》(*A la recherche du temps perdu*,1913-1927)。其他一些策略包括对于不同版本的过去的剪辑,如艾德勒·克彭(Edlef Koeppen)的《更高指示》(*Heeresbericht*,1930),这是脱胎于第一次世界大战的最好的德国小说。关于二战的文学作品当中甚至出现了更多的体验形式,如在《五号屠宰场》(*Slaughterhouse-Five*, 1969)一书里,库尔特·冯内古特(Kurt Vonnegut)采用了年代倒置方式来表现德累斯顿大轰炸。

这些再现过去的不同模式——或者沉入日常生活,或者逸入无时间的神话;或者参与论争,或者超然地持反思立场——并不局限于战争小说,甚至也不局限于历史小说。从浪漫主义小说到哥特式小说再到侦探小说,所有表现过去的文学体裁中都可以见到集体记忆的修辞。当然,它也见于别的媒介,比如故事片。反过来,记忆模式并不一定需要通过口头、文字和叙事形式才能得到确立。非虚构的媒介,比如史籍编纂、新闻(参见本书芭比·塞里泽的文章),以及绘画、照片之类的视觉媒介(参见本书詹斯·鲁查兹的文章),都发展出了自己的"集体记忆修辞"。

三、"预见"和"补正":记忆的互媒机制

将虚构转变为文化记忆之媒介的过程,不仅涉及媒介**内部**的策略,比如集体记忆的修辞,还涉及媒介**之间**的关系。文化记忆的互媒(inter-medial)机制,其特征通常体现为一种双重运动,即"预见"(premediation)和"补正"(remediation)之间的互动(参见 Bolter and Grusin;Hoskins;Erll,*Prämediation*;以及本书安·芮格妮的文章)。我所说的"补正"是指这样一个事实,即值得纪念的事件往往会在几十年乃至几百年里通过不同媒介反复得到再现,如报纸

文章、照片、日记、史籍编纂、小说、电影等。因此，人们对于那些已经变成记忆之场的战争、革命以及其他任何事件的了解，看来主要不是指向我们可能会谨慎地称之为"真实事件"的东西，而是指向既存的媒介结构的标准，指向媒介文化中流传的叙事和意象。被记住的事件是一种跨媒介现象，即它们的再现并不局限于某种特定的媒介物。因此，所有可获得的媒介都可以被用于再现它们。有影响的记忆之场的创造，情况正是如此（参见 Rigney）。

"预见"关注这样一个事实，即某个社会当中流通的既有媒介为将来的体验及其再现提供了图式。这样，对殖民战争的再现"预见"了后来对第一次世界大战的再现，后者又被当作一种模型来再现二战。然而，塑造了我们对于后来事件的理解的，并不只有那些关于一定程度上具有可比性的早先事件的描写。那些属于甚至更加遥远的文化领域的媒介，比如艺术、神话、宗教或者法律，也都可以作为"预见者"（premediators）发挥强大的影响。正如保罗·福塞尔（Paul Fussell）所揭示的，约翰·班扬（John Bunyan）的《天路历程》(*The Pilgrim's Progress*, 1678) 以及其中的插曲《阴影和死亡之谷》(Valley of the Shadow and Death)，为第一次世界大战期间许多报刊文章和书信提供了"预见"（同时，该书本身又是圣经叙事的"补正"）。灾难电影、十字军叙事和圣经故事，显然"预见"了美国人对"9·11"事件的理解和再现。因此，"预见"是指一种关于观察、命名和叙述的文化实践。它既是由媒介传达的记忆的效果，也是后者的起点。

关于1857年的印度叛乱（一场殖民地印度反对英国统治的起义），我已经揭示了亲历者的书信、报纸文章以及现场制作的绘画如何在史籍编纂、小说和绘画当中得到了"补正"，从而使这些后来的媒介具有一种体验感和真实性的氛围，而这种氛围通常与当时的媒介相连。同时，这些表述也来自一系列东西的"预见"，比如早先那些有关当局与叛乱者暴力冲突的殖民叙事，源于文艺复兴绘画的图像传统以及长期的宗教和文学写作传统（Erll, *Prämediation*）。

不无悖论的是，即便有着对抗型和反思型的再现形式，"补正"仍然倾向于巩固文化记忆，创造某种关于过去的叙述和偶像，并使之稳定下来。"9·11"作为美国的并且实际上是跨国的记忆之场的出现，便体现了"补正"的这种稳定化效果（参见本书乌多·黑贝尔的文章）。燃烧的双子塔楼很快就被提炼为"9·11"事件的标准图像，这一图像又在电视新闻、摄影、电影、连环漫画等媒介当中反复得到"补正"。不过这种偶像化并不局限于视觉媒介。跟"9·11"有关的另一个例子是"坠落者"（falling man）这一图像，它纪念的是那些身陷世贸中心顶层大火、不愿葬身火海而决定跳楼者。理查德·德鲁（Richard Drew）拍摄的照片最早表现了"坠落者"这一形象。2003年9月，这幅照片在汤姆·朱诺德（Tom Junod）撰写的一则故事中得到"补正"，刊载于《时尚》（*Esquire*）杂志。2006年3月，亨利·辛格（Henry Singer）和理查德·纽莫罗夫（Richard Numeroff）将"坠落者"变成了一部纪录片，即《"9·11"：坠落者》。2007年，敦·德利罗（Don DeLillo）的小说《坠落者》面世。这些只是其"补正"情况的部分例子，它们构造了文本、形象以及非常不同的故事和意义，不过与此同时，它们都有助于"坠落者"形象的稳定化，使之成为"9·11"事件的标志性形象。

"补正"并不局限于图像和叙事，甚至也可以选择真实的媒介产品和媒介技术作为自己的对象。尤其是在有关文化记忆的电影当中，我们发现了这种形态各异的"补正"现象。新的电影里吸收了真实的历史纪实资料，影像媒介的整合创造了一种真实的效果，即虚构的故事似乎能够跟它所描述的历史事件一一对应（亦见本书詹斯·鲁查兹的文章)。不过,纪实资料与虚构性重演之间的界限(参见 Sturken),在"补正"过程中往往被模糊了。1945 年 2 月 23 日,乔·罗森塔尔拍摄的著名照片《美军士兵在硫磺岛竖起国旗》就是一个例子。这幅照片表现了一群美国海军陆战队士兵在东京以南的一个日本岛屿上升起美国国旗的情景。不久之后,它出现在《纽约时报》,为已经厌倦了战争的美国人带来了希望。直到今天,这幅照片依然代表着美国人对于英雄主义以及即将赢得的胜利的记忆。杂志上的照片一旦出版,就会在纪念馆、雕塑、书籍、歌曲、仪式、邮票以及其他摄影当中不断得到"补正"。这幅照片也被辑入(有时是翻拍,有时是重演)许多流行的战争电影当中,比如约翰·韦恩(John Wayne)主演的《血战硫磺岛》(*Sands of Iwo Jima*, 1949)。它在电影中的最新运用可见于克林特·伊斯特伍德的《父辈的旗帜》(*Flags of Our Fathers*, 2006),在这部电影中,好莱坞明星们重演了升旗仪式。一幅关于这一重演场景的剧照作为电影海报而出现,它跟原始的照片极为相似,唯一的区别就是彩色的。也许多年以后,伊斯特伍德的重演剧照将作为真正的"原始材料"在别处出现,本身也受到"补正",以使另一种再现显得真实。

《父辈的旗帜》作为一个例子,也显示了特定媒介技术如何可以被"补正":有意漂白的照片颜色,让观众想起了二战期间的单色新闻报导,当然还有罗森塔尔那幅原始的黑白照片。过去通过"补正"成为电影版本中的一部分,但它不只是真实的纪实材料,也是特定的"样子"(它通常来自当时的媒介技术,但也来自历史美学)。比如,越南战争电影《野战排》(*Platoon*, 1986)中的一部分内容,就模拟了前线战争新闻的镜头晃动特征,从而体现了 20 世纪六七十年代新闻报导的样子。另一个例子是《拯救大兵瑞恩》(*Saving Private Ryan*, 1998),这是一部关于二战的电影,其中一些关键片段采用了粒状风格的 16 毫米彩色胶片，由此模仿了 1940 年代纪录片的影像技术（参见 Westwell 78, 92）。

正是一种双重机制，即"预见"与"补正"，也就是媒介对事件的演示和重塑，连接着对于过去的再现与媒介记忆的历史。首先并且最重要的是，这些过程让过去变得明白易懂；同时，它们也使媒介的再现具有真实性的光环；最后，对于历史事件的记忆走向稳定化并成为记忆之场而言，它们起到了决定性的作用。

四、电影与文化记忆：多媒介的网络

如果有人再问到究竟是什么因素使一些小说和电影变成了颇有影响力的制作记忆的虚构，我们就可以给出一个初步的答案：正是某些媒介内部和媒介之间的策略（如本文第二、三节所述），使这些小说和电影脱颖而出，成为文化记忆的媒介。不过，这种策略只是使虚构具有了制作记忆的**潜力**。这种潜力还要在接受过程当中才能**实现**：这些小说和电影必须被某个社群**当作**文化记忆的媒介来阅读和理解。没人看的电影、没人读的书籍，也许能够提供最有意思的过去形象，但它们不会对记忆文化产生任何影响。将虚构转变为制作记忆之虚构的特定接受形态，不是一种个体的现象，而是一种集体现象。它需要的正是某种**语境**，在这种语境下，这些小说和电影作为塑造记忆的媒介被制作出来，并为人们所接受。

以当代的电影制作为例，吉森大学（University of Giessen）一批跨学科的学者群体已经细致地重构了这种语境（参见 Erll and Wodianka）。我们可以考察一下那些流行的德国历史电影，比如关于希特勒最后岁月的电影《帝国的毁灭》（*Der Untergang*, 2004），以及关于东德生活的电影《窃听风暴》（*Das Leben der Anderen*,

2006）。实际上出现了历史电影和影像记忆行情大流行的现象，这在德国体现得尤为明显，当然并不局限于德国。过去十五年里，电影、电视连续剧、虚构片、纪录片以及类纪录片，几乎完全沉浸于对当代历史的再现："第三帝国"、纳粹大屠杀、二战及其深远影响，等等。从流行程度及其影响力来看，影像似乎已经成为流行文化记忆的主导媒介。

仔细考察一下围绕着历史电影的文化实践，我们就能发现，一部"有关历史的电影"之所以能够变成一部"制作记忆的电影"，主要还不在于媒介的以及媒介之间的策略，而在于那些围绕它们而确立起来的东西，即一个紧密的其他媒介再现（以及通过媒介再现的行动）网络，它奠定了这种电影的基础，引导受众沿着某些方向去理解，开放并主持了公众讨论，由此赋予这种电影纪念意义。在前述两个例子中，人们往往会跟着如下这些东西走：全国性和国际性报纸和电影杂志的影评，电视上的剧情简介，目标定位非常细致的市场策略，商品，DVD 版本（包括花絮"制作"、对导演和演员的采访、历史背景信息等），获奖（《窃听风暴》获得了 2007 年奥斯卡奖），政治演说，学术争论（特别是《帝国的毁灭》，历史学家们对其中的伦理问题提出了质疑，即是否应该将希特勒再现为电影的主角从而使他变得人性化），关于该电影或以该电影为基础的书籍的出版（及其审查情况，如《窃听风暴》的例子），最后还有那些教学片，这两部电影都变成了德国课堂上的教学单元。

所有这些广告、影评、讨论和争论，共同构成了一种集体语境，它引导人们对一部电影的接受，并且有可能使它变成文化记忆的一道媒介。此外，所有这些表达都通过媒介来流通。因此，我们可以将这些语境称为"**多媒介的网络**"。概括地说：媒介内和媒介间层次的某些策略，使虚构具有变成文化记忆媒介的潜力，不过这种潜力只能在多媒介的语境下才能变成现实。"制作记忆的电影",以及"制作记忆的小说",都是**在**环绕它们周围的媒介网络内出现的,并且是**由**后者制作的。

五、结论

文学和电影可以对个体**和**集体层面的文化记忆产生影响(关于个体层面和集体层面的文化记忆的区别,见本书导言)。在集体层面,虚构性的文本和电影可以成为颇有影响力的媒介,它们提供的关于过去的版本在很大一部分地区流传,甚至能够在国际上传播。不过,这些文化记忆媒介很少没有争议,其记忆制作效果不在于它们所传达的意象的统一性、一致性和意识形态上的不含糊性,而在于一个事实,即它们作为线索启发人们去讨论那些意象,从而将记忆文化置于某些媒介再现以及跟它们相连的一系列问题的中心。将这些复杂的集体过程理解为代表性的文学和媒介研究学者与历史学家、社会学家之间的密集对话,这就有望提供进一步的洞见,去理解媒介如何得到传播、接受、批判性的讨论、体制化和经典化。

在个体层面,媒介的再现提供了那些图式和脚本,使我们能够在自己心里创造某些关于过去的意象,甚至可以塑造我们自己的体验和自传性记忆(参见本书汉斯·马科维奇以及哈罗德·维泽尔的文章)。从许多方面来看,"文化心灵"就是一种"媒介心灵":我们所生活的模式,正是来自媒介文化,特别是那些塑造了(尽管通常是在无意之中)我们关于现实的理念和我们的记忆的虚构。出于这种见解,我们呼吁文学和媒介研究与心理学和神经科学携起手来,展开跨学科合作,尽管它们似乎位于记忆研究光谱中距离最为遥远的两个端点。

参考文献

Assmann, Aleida. *Erinnerungsräume: Formen und Wandlungen des kulturellen Gedächtnisses*. Munich: Beck, 1999.

Assmann, Jan. *Das kulturelle Gedächtnis: Schrift, Erinnerung und politische Identität in frühen Hochkulturen*. Munich: Beck, 1992.

Bolter, Jay David, and Richard Grusin, eds. *Remediation: Understanding New Media*. Cambridge: MIT Press, 1999.

Cook, Pam. *Screening the Past: Memory and Nostalgia in Cinema*. London: Routledge, 2005.

Erll, Astrid. *Gedächtnisromane: Literatur über den Ersten Weltkrieg als Medium englischer und deutscher Erinnerungskulturen in den 1920er Jahren*. Trier: WVT, 2003.

—. *Prämediation-Remediation: Repräsentationen des indischen Aufstands in imperialen und post-kolonialen Medienkulturen (von 1857 bis zur Gegenwart)*. Trier: WVT, 2007.

Erll, Astrid, and Ann Rigney, eds. *Mediation, Remediation, and the Dynamics of Cultural Memory*. Berlin: de Gruyter, 2008.

Erll, Astrid, and Stephanie Wodianka, eds. *Plurimediale Konstellationen: Film und kulturelle Erinnerung*. Berlin: de Gruyter, 2008.

Fussell, Paul. *The Great War and Modern Memory*. Oxford: Oxford UP, 1975.

Hoskins, Andrew. *Televising War: From Vietnam to Iraq*. London: Continuum, 2004.

Innis, Harold A. *The Bias of Communication*. Toronto: U of Toronto P, 1951.

Rigney, Ann. "Plenitude, Scarcity and the Circulation of Cultural Memory." *Journal of European Studies* 35.1-2 (2005): 209-226.

Sturken, Marita. *Tangled Memories: The Vietnam War, the AIDS Epidemic, and the Politics of Remembering*. Berkeley: U of California P, 1997.

Westwell, Guy. *War Cinema: Hollywood on the Front Line*. London: Wallflower, 2006.

记忆与媒介文化

马丁·兹罗德

媒介跟个体以及社会形态的记忆的相关性，得到了记忆研究领域相关代表人物的广泛承认。对记忆与流行媒介文化之间的联系进行分析，这是一个相对较新的视角，它以媒介与记忆过程之间的密切关系为基础，但它侧重于处理那些很大程度上被流行话语忽视的话题。其出发点是一种特别的兴趣，即对**当前**媒介文化背景下的社会记忆进行理论和经验层面的描述和分析。

这是一个相对新颖的视角，也是一个形态非常不确定的研究领域，到目前为止既没法用某个既有的标签来加以描述，它也不是建立在一种同质性的经典的基础上，比如一些基本文本、概念或者模型。尽管如此，文化记忆研究领域有一种日益明显的趋势，即试图发现一些新的方法，以便将关于媒介的**当代**发展状况的分析纳入社会记忆研究当中。

以往关于媒介与社会记忆之间的联系的分析，通常会聚焦于媒介的历史，而不是媒介理论或者当代的发展状况。比如，关于口传社会和早期文字社会中不同形态的社会记忆，已经有许多综合性的、具体的分析。然而，对于跟社会记忆有关的流行的媒介-文化状况，却只有一些简短的、碎片化的考察，并且往往带有非常强烈的悲观主义观点。有学者担心现代社会甚至可能会逐渐忘却那些构成其当下存在的预设,并忘记自己的过去。媒介的最新发展,比如电子媒介的勃兴和数字化,往往会遭到这种批评,即所谓记忆的消失。

最近有人尝试去分析流行媒介系统及其对社会记忆的影响,他们对那种归纳并不满意,因为那种归纳并没有很好地处理现时代媒介系统的复杂性以及往往是自相矛盾的发展。为此,国际学术界有一批学者正在尝试提出一种高级的跨学科理论和实证主义,可以算是记忆研究的媒介文化研究路径的一部分。其中包括阿斯特莉特·埃尔(Astrid Erll),她为文化记忆研究贡献了一个精制的模型(*Kollektives Gedächtnis* 130ff.)。还有弗兰西斯卡·希克,他呼吁对媒介技术与其应用情况之间的系统联系进行精确的研究(Franziska Sick 44ff)。克莱恩(Kerwin Lee Klein 127ff.)和阿龙·康菲诺(Alon Confino 1386ff.;亦见本书他的文章)等历史学家对记忆研究的早期批评,是新路径的重要起点,迈克尔·舒德森(Michael Schudson)、芭比·塞里泽(Barbie Zelizer,参见本书她的文章)等新闻学者关于记忆的实证研究也是如此。最近我尝试着提出了一个媒介-文化研究视角的整合性理论概念的初稿,糅合了文化研究和社会科学的理论。显然,要确立新的视角,首先要对此前的研究进行批判性的评估,系统地分析其在描述当前发展情况方面的适切性。

一、对已有研究的批判性看法

记忆研究的代表性人物所诊断出的记忆危机,显然取决于他们假定的记忆概念及其评判标准。然而,举个例子,通过为数众多的历史题材的电视纪录片,也可以得出相反的结论,即当今社会记忆正在爆炸。之所以出现这种矛盾现象,一个主要原因似乎在于缺乏明晰的术语以及评判标准的含糊,即何者可以被视为功能性的社会记忆,何者被视为惊人的发展。在盎格鲁-美利坚主导的国际话语中,记忆研究的某些方面遭到了激烈的批评。最重要的一个方面仍然是如下问题:记忆研究的理论是否足够明晰。这些批评总的来说就是,"记忆"或者"回忆"这些术语的使用似乎太过于含糊,甚至是任意的。一些记忆研究学者强调,他们有意不以阐述某种关于文化记忆的**理论**为目标(比如参见 Assmann 16)。回避某种明晰的理论,这似乎是一种灵活、开放的态度,某种程度上也很有效,但随着这个研究领域逐渐走向建制化,这种态度就变得非常有问题。

美国历史学家克莱恩是最早为"记忆"一词的含糊、任意使用而哀叹的人之一,这种情况最终使该词变得令人费解(Klein 129)。美国历史学家阿龙·康菲诺也对术语之争提出了批评,尽管他承认记忆研究产生了众多原创性的成果,但他的结论是,"记忆"一词的使用过于膨胀,缺乏一个明显的焦点,以及对于理论和方法的批判性反思(Confino 1387)。

美国学者的根本性批评同样适用于欧洲的研究情况,尽管阿斯曼夫妇等学者使用的术语相比之下似乎相对更精确、更清楚一些(参见本书中他们的文章)。他们具体描述了不同记忆系统的区别,比如"文化记忆"和"交往记忆",不过一些基本术语,比如"文化"甚或"记忆"和"回忆",却仅仅是想当然的,这自然有问题。

此前的模型缺乏明晰度,这在涉及集体记忆的"位置"问题时表现得尤为明显。如果脱离了个体行动者,那么在社会语境下使用"记忆"一词是否还有价值?康菲诺对此表示质疑(Confino 1387)。只要各位学者对于"集体记忆"模型的构筑方式并不清楚的话,那么就会存在一种风险,即把它诠释为一种本体论意义上的实体,而不是一种学术建构。比如,以色列历史学家诺阿·葛迪和依盖尔·伊拉姆就指责皮埃尔·诺拉体现了这样的理念（Noa Gedi and Yigal Elam 34）。克莱恩也指出，从个体心理现象神秘地转至想象性的集体现象，这是很成问题的（Klein 135）。

然而，这种对于记忆研究所用概念的批评，不仅仅基于它们都缺乏明晰度，也指向相关理论和概念的源头。阿斯曼夫妇所用的术语就是一个很好的例子，即主要借助于对前近代社会的研究而提出某个概念。不过，这个概念似乎理所当然地被认为同样适用于对当代社会的全面解释。然而，如果认真追究一下阿斯曼的"文化记忆"的定义，它指的是关于某种绝对过去的奠基性神话，那么晚近的记忆过程实际上就不能作为"文化记忆"的一部分来加以讨论。过去八十至一百年里通过电子媒介来传播的几乎所有的记忆案例，都不能用文化记忆这个术语来加以分析。不过这并不一定意味着那种记忆的终结。考察一下现代媒介的加速过程就能清楚地发现，记忆的社会过程的时间轴线已经发生了变化。

因此，阿斯曼的模型虽然有很多优点，但由于其特定渊源，它是否适用于现代社会形态，这一点仍有疑问。目前可以看到越来越多的术语同样如此。我们可以看到一种日益明显的趋势，即为记忆话语引入进一步的术语，这些术语根植于阿斯曼夫妇对于交往记忆和文化记忆的最初定义，但又以某种方式有所扩展。这种扩展受到了一些来自神经生物学和心理学的记忆研究的概念的指引，但往往对这些概念的内涵缺乏足够的反思。神经科学可以一直声称记忆的位置在于大脑（参见本书汉斯·马科维奇的文章），但即便是最新的记忆研究概念，其模型也往往未能解释清楚记忆在社会当中的位置。

随着媒介概念的进一步引入——跟集体记忆、文化记忆和社会记忆概念一样，它的使用也往往是含糊的、不清楚的——问题甚至变得更加明显。媒介的发展历史表明，媒介的演进使得对于口传社会而言貌似可靠的记忆概念发生了革命。在早期口传社会里，个体的记忆在很大程度上对应着某种抽象的共同记忆，后者通过相互的经验以及特殊的庆典和仪式得以确立并稳定下来，几乎每个成员都完全知道它的存在。甚至在更高级的口传社会里，与社会相关的记忆也可以被视为跟专门人士及其记忆相连。然而，随着文字的发展，所谓个体记忆的位置问题就凸显出来。社会与触手可及的媒介进一步区别开来，这使任何术语学都显得过时，不足以对自己那些以比喻方式从心理学当中借用的术语进行解释和反思。此外，阿斯特莉特·埃尔还指出，记忆研究当中往往任意使用"媒介"一词，用它来指称非常不同的层面，既作为沟通工具，又作为不同的类型，其所承担的功能大相径庭（Erll "Medium" 6ff.）。

最后，声称**某一种**媒介技术应该为所有记忆的终结负责，这种归纳是非常有问题的。印刷媒介的死亡并不意味着书籍的终结，更不意味着书写或者阅读的终结。要对社会媒介与社会记忆形态的条件之间的关系进行足够的分析，不能仅仅依靠归纳，或者是对单个"媒介供应"（*Medienangebote*）——比如一本书、一部电影、一篇报纸文章等等现行媒介产品——的瞬时分析，根据齐格弗里德·施密特（Siegfried J. Schmidt）的观点，这些东西是用来沟通的，它们为媒介的使用者提供了各种层面的参与的不同机会。从复杂的媒介系统这一背景出发来分析媒介与记忆之间的联系，可能是一个更加有希望的研究领域，这种媒介系统不仅包括手写和印刷媒介，也包括广播、电视、互联网，并且对相反的甚至是相互矛盾的发展情况保持开放态度。我相信，就现代媒介技术而言有时几乎像是天启式（apocalyptical）情节的全部记忆的终结，很大程度上乃是由于规范性的、静态的文化记忆概念之故。采用一种绝对的概念来讨论社会记忆应该如何如何，我们就没法解释为何在现代社会里记忆或许不太可能发生,但依然大量发生。那种概念只能陈述某种危机,其中应该描绘的是改变。一个更加抽象、非规范性的记忆概念可以拓宽我们的视界,它认可社会记忆的形式可以随着媒介的发展而变化,它的关注焦点正是我们今天所经历的那些相反的、相互矛盾的发展情况。

二、 文化记忆研究的另一个视角

对于社会记忆的更抽象的理解,应该能够替换掉原先一些相当有问题的静态的模型。最近我试图提出一个概念,它部分程度上基于阿斯特莉特·埃尔和齐格弗里德·施密特的工作(参见本书中他们的文章)。这种整合性的视角,结合了社会科学、媒介研究以及文化研究的模型,意在跟跨学科研究相互兼容。这个概念并不声称提供了一个比其他模型更加"正确"的模型,而只是一个有着特定关注焦点的替代方案。这个概念当中发展出来的术语,应当能够有助于我们在不取代其他路径的情况下去分析现代社会。这一替代视角的基本思想,是由本书当中齐格弗里德·施密特的文章提出来的(亦见 Schmidt, *Kalte Faszination*; Schmidt, *Geschichten & Diskurse*; Zierold 106ff.)。

在这里,我想以整合性的媒介概念为焦点(它是替代那些孤立的分析的新视角的基础),考察一个社会里各种媒介系统之间全面的相互依赖性。基于齐格弗里德·施密特的理论,阿斯特莉特·埃尔建议记忆研究采用一种新的媒介模型,这一建议是这种系统分析的重要基础。

阿斯特莉特·埃尔区分了媒介的物质维度和社会维度。她所说的物质维度是指一些符号学的工具,涉及沟通(比如语言、图像或者声音)、媒介技术（比如印刷、广播、电视或者万维网），以及用于记忆的"媒介供应"(media offer，包括特定的报纸文章、电视节目和互联网网址)。至于社会维度，至少有两种情况应该区别对待：一是"媒介供应"的生产和分配，二是"媒介供应"的使用情况，后者往往发生得更晚，而且往往在完全不同的历史条件下发生。与系统的、同质性的生产和分配不同，"媒介供应"的接受和使用不能被理解为具有社会的同质性。与个体相关的记忆过程采用何种"媒介供应"，取决于一个社会内部差异化的社会系统。相同的"媒介供应"可能以完全不同的方式被用于不同的系统背景。不过在考虑社会背景时，重要的是要记住，"媒介供应"的接受和使用，总是由沟通工具和媒介技术允许或者禁止的特定选择所塑造的。

这样一种整合性但也明显不同的"媒介"概念，似乎特别适合于用来探讨媒介与记忆的社会形态之间的联系，因为这种概念使复杂的分析成为可能。有了这个概念，学者们就能讲清楚自己希望聚焦的媒介与记忆关系的特定方面，而且他们也不得不弄清还有哪些方面有待于探讨。

如果这个概念得到认真对待，那么对于媒介的单个侧面的碎片化分析就是不够的，相反，我们应当去观察和描述各种现象之间的关系。相应地，对于某种"媒介供应"的分析，也应该放在其生产和分配条件这一背景下来思考，并考虑到不同社会系统当中可能呈现的各种接受和使用方式。用来生产"媒介供应"的沟通工具和媒介技术在任何层面都是决定性的要素。同样，"媒介供应"的生产、接受和使用过程中，媒介技术及其使用者之间也存在着矛盾的关系：一方面，没有使用者，媒介就没有任何意义；但另一方面，媒介的不同侧面之间的复杂联系表明，媒介的可能使用情况又并不是完全没有局限的。应该以多面的方式来理解媒介对于记忆过程的影响。从所有可获得的媒介技术的相互作用来考察媒介的影响，这也是不可或缺的，对于社会记忆形态的分析而言尤其具有相关性。关于媒介与记忆，一些思考将很有意思，如在众多可获得的媒介技术当中何种媒介被用于社会性的记忆场合，它们允许何种形式的记忆阐述，何者得到了实现，又是如何被接受和被使用的，等等。

对媒介概念的区分可以表明，连为一体的复合媒介概念的任何一个侧面，都跟其他侧面相互联系在一起。媒介技术的影响总是取决于它们在"媒介供应"的生产和使用当中的特定应用，而后者总是随机的，因文化而异。不管分析的起点是什么，有了一个差异化的媒介概念，我们就必须时刻记住媒介的不同维度之间的相互依赖性。即便不可能进行总体的分析，也应该将尽可能多的关系包括进来，并且应该清楚地标明还有哪些问题尚未解答。

这些基本的反思也暗示着，新的媒介技术——过去对它们的研究颇为疏忽，相当模糊——可能会导致非常不一样的发展。它们使新式的个体记忆过程成为可能，并使互联网上的"媒介供应"很容易获得。对于数字信息的长期可获得性的担忧依然不无道理。不过应该考虑的是，这个问题主要取决于媒介技术的运用情况以及媒介技术的进一步发展。它不仅仅是一个技术问题，也是一个文化问题，即一个社会如何去利用其媒介系统。在不久的将来，人们将决定媒介运用的商业方面是否拥有相对于文化利益的优先性。数字技术使"媒介供应"的广泛分配成为可能，但它们也让一种对于技术运用的前所未知的限制性规制成为可能。今天，一方面是开放资源项目和知识共享（Creative Commons）证书，另一方面是限制性的新式版权和数字权利管理，这使所有的选项都成为可能。一二十年甚或一百年里，我们如何才能将这些当前的新技术用于记忆过程，这要取决于社会在这些问题上的决定。媒介技术的这些发展不是预定的，它们强调了一种长期的社会性的记忆政治的重要性，后者不仅仅是悲观主义的，而且可以作为差异化分析的基础。

跟记忆政策有关的问题存在于各个层面。在技术层面，人们必须决定如何才能确保信息正常地转入新的文件格式和存储系统，如果计算机语言、文件标准、单个字节的信息甚或整件档案的权利的商业化都受到限制的话。在生产层面，重要的不是哀悼所有记忆的终结，而是分析谁居于可以影响记忆政治的位置，即谁来挑选那些应该在媒介中被记住的历史主题，又采用了何种策略来展现这些故事。媒介对过去的再现是一个重要因素，它决定着谁的特定记忆场合和阐述将被视为具有相关性、何种（媒介的）记忆供应有机会得到社会的接受。

使用者只能运用可从媒介中获得的那些记忆场合。在记忆场合的区分过程中，使用情况很可能是不一致的。社会记忆过程可以被诠释为政治性的权力工具，因为它们跟社会群体的认同紧密相连，后者一直处于重新催生和协商过程当中。

三、未来值得研究的主题

目前勾勒的初步思想，仅仅是研究现代媒介与记忆之间的联系的出发点。重要的是，将来应该强化理论方面的探讨，改进已有的模型，提出进一步的建议。考虑到社会记忆过程的各种不同倾向和多元化趋势，我们不能仅仅通过理论方式来描述媒介与记忆之间的联系，还应该从经验层面对其进行具体的观察。我们需要一些实证研究，来考察现代媒介系统条件下的记忆过程，以便充实初始的理论概念。

放弃规范性的判断，偏向于对社会记忆过程的变迁情况进行非规范性的、动态的具体描述，这仅仅是必需的第一步，这种摆脱了任何价值判断的观察并不意味着事情的终结。本文对记忆过程的当下发展情况的批评或许过于一般化，不过并非完全没有事实根据。比如，日益加剧的商业化，事实上可能会给我们对于过去的处理以及我们的认同政治带来严重的限制。研究工作不应该完全排除批评。将来的一项重要任务就是发展一种立场，以使我们能够以批评的但足够复杂和差异化的方式来描述社会。对于提出一种反思性的媒介文化批评理论而言，社会如何在现有的媒介系统中对待自己的过去，这个问题将是一个重要方面。

参考文献

Assmann, Aleida. *Erinnerungsräume: Formen und Wandlungen des kulturellen Gedächtnisses*. Munich: Beck, 1996.

Confino, Alon. "Collective Memory and Cultural History: Problems of Method." *The American Historical Review* 102.5 (1997): 1386–1403.

Erll, Astrid. *Kollektives Gedächtnis und Erinnerungskulturen: Eine Einführung*. Stuttgart: Metzler, 2005.

—. "Medium des kollektiven Gedächtnisses-ein (erinnerungs-)kulturwissenschaftlicher Kompaktbegriff." *Medien des kollektiven Gedächtnisses: Konstruktivität – Historizität – Kulturspezifität*. Eds. Astrid Erll and Ansgar Nünning. Berlin: de Gruyter, 2004. 3–22.

Gedi, Noa, and Yigal Elam. "Collective Memory – What Is It?" *History & Memory* 8.1 (1996): 30–50.

Hejl, Peter M. "Wie Gesellschaften Erfahrungen machen oder: Was Gesellschaftstheorie zum Verständnis des Gedächtnisproblems beitragen kann." *Gedächtnis: Probleme und Perspektiven der interdisziplinären Gedächtnisforschung.* Ed. Siegfried J. Schmidt. Frankfurt am Main: Suhrkamp, 1991. 293–336.

Klein, Kerwin Lee. "On the Emergence of Memory in Historical Discourse." *Representations* 69 (2000): 127–150.

Reinhardt, Jan D., and Michael Jäckel. "Massenmedien als Gedächtnisund Erinnerungs 'generatoren' – Mythos und Realität einer 'Mediengesellschaft'." *Mythen der Mediengesellschaft/ The Media Society and its Myths.* Eds. Patrick Rössler and Friedrich Krotz. Konstanz: UVK, 2005. 93–112.

Schmidt, Siegfried J. *Geschichten & Diskurse: Abschied vom Konstruktivismus.* Reinbek: Rowohlt, 2003.

—. *Kalte Faszination: Medien, Kultur, Wissenschaft in der Mediengesellschaft.* Weilerswist: Velbrück Wissenschaft, 2000.

Schudson, Michael. *Watergate in American Memory: How We Remember, Forget, and Reconstruct the Past.* New York: Basic, 1992.

Sick, Franziska. "Digitales Recht und digitales Gedächtnis." *Medium und Gedächtnis: Von der Überbietung der Grenzen.* Eds. Franziska Sick and Beate Ochsner. Frankfurt am Main: Lang, 2004. 43–69.

Thompson, John B. *The Media and Modernity: A Social Theory of the Media.* Cambridge: Polity, 2003.

Zelizer, Barbie. "Reading the Past Against the Grain: The Shape of Memory Studies." *Critical Studies in Mass Communication* 12 (1995): 214–239.

Zierold, Martin. *Gesellschaftliche Erinnerung: Eine medienkulturwissenschaftliche Perspektive*. Berlin: de Gruyter, 2006.

人名索引

（索引中的页码为原著页码，检索时请查本书边码）

Achebe, Chinua 奇努阿·阿切贝 352
Ackroyd, Peter 彼得·阿克罗伊德 329
Adams, Ansel 安塞尔·亚当斯 52
Adams, Henry 亨利·亚当斯 50, 322
Addison, Joseph 约瑟夫·艾迪生 303, 309
Adler, Victor 维克多·阿德勒 42
Adolphi, Rainer 莱纳·阿道菲 205—06, 210
Adorno, Theodor W. 西奥多·W.阿多诺 231, 327
Agamben, Giorgio 吉奥乔·阿甘本 234
Agazzi, Elena 艾丽娜·阿加齐 136—37, 386
Agnoli, Franca 弗兰卡·阿尼奥利 264—65, 274
Aguilar, Paloma 帕洛玛·阿圭勒 174, 179

Akhmatova, Anna 安娜·阿赫玛托娃 305, 307, 309
Aldington, Richard 理查德·奥尔丁顿 391
Alexander, Jeffrey 杰弗里·亚历山大 171—72, 235, 239
Alexander, Michael 迈克尔·亚历山大 318
Allan, Stuart 斯图亚特·艾兰 387
Almond, Gabriel A. 加布里埃尔·A.阿尔蒙德 174, 179
Alter, Robert 罗伯特·阿尔特 319
Altieri, Charles 查尔斯·阿尔提艾瑞 314, 318
Anderson, Benedict 本尼迪克特·安德森 169
Anderson, Linda 林达·安德森 329—330
Antin, Mary 玛丽·安亭 50
Arendt, Hannah 汉娜·阿伦特 137, 209

Arenhövel, Mark 马克·阿伦赫维尔 164, 167, 171—72

Aristotle 亚里士多德 204—05

Arnold, Heinz Ludwig 海因兹·路德维希·阿诺德 319

Ashbridge, Elisabeth 伊丽莎白·阿什布里奇 49

Askani, Hans-Christoph 汉斯-克里斯托弗·阿斯卡尼 208, 210

Assmann, Aleida 阿莱达·阿斯曼 3, 5, 8—10, 13, 24, 86, 89—94, 96, 110—11, 118, 124, 137, 199—200, 315, 318, 340, 342, 350, 352, 367, 369, 376, 389, 397, 400—01, 405

Assmann, Jan 扬·阿斯曼 3, 5, 8—10, 13, 61, 73, 85—86, 88—96, 110, 111, 124, 152, 160, 178—79, 218, 254, 260—62, 285, 297, 312, 315, 318, 345—46, 352, 368—69, 376, 390—91, 397, 400—01

Atkinson, R. C. R. C.阿特金森 276, 282

Attucks, Crispus 克里斯普斯·阿塔克斯 54

Atwood, Margaret 玛格丽特·阿特伍德 103, 106, 107

Austen, Jane 简·奥斯汀 317

Babinsky, R. R.巴宾斯基 283

Backscheider, Paula R. 宝拉·R.巴克希德 329—30

Baer, Ulrich 乌尔里希·贝尔 232, 239

Bakhurst, David 戴维·贝克赫斯特 155, 160

Bakunin 巴枯宁 32

Bal, Mieke 米克·巴尔 348, 352

Bale, John 约翰·巴勒 315—16

Ballone, Adriano 阿德里亚诺·巴洛内 34

Banaji, Mahzarin R. 马扎琳·R.巴娜吉 267, 270, 273

Banji, M. R. M.R.班吉 283

Barahona de Brito, Alexandra 亚历山德拉·德布里托·巴拉奥纳 173, 179

Barash, Jeffrey Andrew 杰弗里·安德鲁·巴拉什 210

Barthes, Roland 罗兰·巴特 87, 88, 95, 328—330, 339, 342, 370, 372—76, 391

Bartlett, Frederic C. 弗雷德里克·C.巴特利特 8—9, 13, 155, 160, 215, 220—22, 227, 242, 250, 254, 262

Basseler, Michael 迈克尔·巴塞勒 333, 336, 342

Basset, Jean-Claude 让-克劳德·巴西特 118

Bastide, Roger. 罗格·巴斯蒂德 87, 95

Batchelor, John 约翰·巴彻勒 329—30

Bazin, André 安德烈·巴赞 369, 376

Beamish, Thomas D. 托马斯·D.比米什 384, 386

Beardsley, Monroe C. 门罗·C.比尔兹利 326

Beckett, Samuel 萨缪尔·贝克特 317

Bell, Duncan 顿堪·贝尔 239

Bely, Andrei 安德烈·别雷 306

Benes, Edvard 爱德华·贝奈斯 45

Benjamin, Walter 瓦尔特·本雅明 8, 49, 51, 57—58, 129, 137, 222,

Bergmann, Werner 韦纳·博格曼 169, 172

Bergson, Henri 亨利·柏格森 8, 141—42, 148, 153—55, 242, 244—50, 308—09

Bertelsen, Lance 兰斯·贝特森 374, 376

Binder-Brynes, K. K.宾德-布莱尼斯 282—83

Birke, Dorothee 多萝西·伯克 334, 336, 342

Black Elk 黑麋鹿 50

Blight, David W. 戴维·W.布莱特 58

Bloch, Marc 马克·布洛赫 1, 8, 10, 14, 77—78, 83, 90, 153

Bloom, Harold 哈罗德·布鲁姆 101—02, 106—07, 309, 312, 318

Bodnar, John 约翰·博德纳 58

Bogen, David 戴维·伯根 251

Bohm-Duchen, Monica 莫妮卡·伯姆杜晨 365

Böhnke, Michael 米歇尔·伯恩克 210

Bohr, Niels 尼尔斯·玻尔 23

Bolter, Jay David 杰伊·大卫·博尔特 392, 397

Bond, Donald F. 唐纳德·F.邦德 309

Booth, W. James W.詹姆斯·布斯 171—72

Boraine, Alex 亚历克斯·柏莱尼 168, 172

Borgeaud, Philippe 菲利普·博格奥德 115, 118

Boroditsky, Lera 蕾拉·布罗迪斯基 266, 268, 273—74

Bourdieu, Pierre 皮埃尔·布迪厄 86, 95, 372, 376

Bourke, Joanna 乔安娜·伯克 287, 297

Bradford, William 威廉·布拉福德 48

Brady, Mathew 马修·布莱迪 52

Brandimonte, Maria A. 玛利亚·布兰迪蒙特 270, 274

Bravo, Anna 安娜·布拉沃 31, 34

Brechtelsbauer, D. D. 布雷切斯鲍尔 283

Breitling, Andris 安德里斯·布雷特林 210—11

Brennen, Bonnie 邦妮·布伦能 377—78

Brier, Stephen 斯蒂芬·布莱尔 152, 161

Brink, Cornelia 科娜莉亚·布林克 374, 376

Brittain, Vera 维拉·布里顿 328

Brockmeier, Jens 延斯·布洛克梅尔 216—18, 227, 253, 262

Bronfen, Elizabeth 伊丽莎白·布隆芬 240

Brown, Steven D. 斯蒂文·D.布朗 4, 9, 12, 243—44, 251, 353

Browne, Thomas 托马斯·布朗尼 98, 107

Bruckner, R.L. R.L.布鲁克纳 255, 262

Bruner, Jerome 杰洛米·布鲁纳 216, 227

Buccheri, Rosalino 罗沙力诺·布克彻里 283

Bunyan, John 约翰·班扬 393

Burckhardt, Jakob 雅各布·布克哈特 98—99

Burke, Peter 彼得·伯克 83, 92, 95

Burnham, Patricia M 帕特里夏·M.伯恩海姆 58

Busek, Erhard 厄哈德·卜塞科 46

Bush, George W. 乔治·W.布什 234

Busse, Dietrich 迪特里奇·布斯 96

Butler, Thomas 托马斯·巴特勒 25, 95

Butters, N. N.巴特斯 283

Byrd, William 威廉·伯德 49

Cafiero, Carlo 卡洛·卡菲罗 32

Cairns, Huntington 亨廷顿·凯姆斯 377

Calabrese, P. P.卡拉布雷斯 280, 282—83

Capa, Robert 罗伯特·卡帕 374

Capote, Truman 杜鲁门·卡波特 328

Carbaugh, Donal 多纳尔·凯博 217, 227

Carey, James 詹姆斯·卡雷 381, 386

Carlyle, Thomas 托马斯·卡莱尔 106, 330

Carnegie, Andrew 安德鲁·卡耐基 50

Carroll, John B. 约翰·B.卡罗尔 274

Caruth, Cathy 凯西·卡鲁思 230—34, 239

Castelli-Gattinara, Enrico 恩里克·卡斯特里-加提那拉 210

Cattaneo, Carlo 卡洛·卡塔内奥 30

Cavour, Camillo Benso di 加富尔 31—32

Celan, Paul 保罗·策兰 42

Celtis, Conrad 康拉德·塞尔提斯 40

Chambers, Robert 罗伯特·钱伯斯 317

Chandler, Mary 玛丽·钱德勒 316

Channing, Walter 沃尔特·钱宁 48

Chartier, Roger 罗杰·夏蒂埃 84, 151, 160

Chaucer, Geoffrey 杰弗里·乔叟 316—17

Child, Lydia Maria 莉迪亚·玛丽亚·柴尔德 49

Chincotta, Dino 迪诺·琴科塔 268, 273

Chiu, Chi-yue 赵志裕 268, 273

Choate, Rufus 鲁弗斯·乔特 48

Chomsky, Noam 诺姆·乔姆斯基 268—69

Cibber, Theophilus 西奥菲勒斯·西伯 316

Cicero 西塞罗 10, 19—21, 24, 301—03

Cisneros, Sandra 桑德拉·希斯内罗丝 50

Clement of Alexandria 亚历山大的克雷芒 115, 118

Coetzee, J.M. J.M.库切 352

Coleman, Janet 贾妮特·科尔曼 153, 160

Confino, Alon 阿龙·康菲诺 2, 4, 8, 10, 14, 79, 83, 399—401, 406

Connelly, A. A.康纳利 262

Connerton, Paul 保罗·康纳顿 137, 259, 262

Cook, Pam 帕姆·库克 397

Cook, Patricia 帕特里克·库克 93, 95

Coser, Lewis A. 刘易斯·A.科塞 14, 83, 118, 157, 160, 250

Costa, Andrea 安德雷亚·科斯塔 32

Coyle, Martin 马丁·柯伊尔 318

Crewe, Jonathan 乔纳森·克鲁 348

Crivellari, Fabio 法比奥·格里夫拉里 378

Crossley, Michele L. 米歇尔·L.克劳斯雷 218, 226—27

Csáky, Moritz 莫里茨·柯萨基 46, 107

Cunningham, W.A. W.A.库宁翰 283

Curtis, Edward 爱德华·柯蒂斯 52

Dabag, Mihran 米兰·达巴格 125

Daniel, Ute 尤特·丹尼尔 124

Daradanova, Miglena 米格雷娜特·达拉达诺娃 384, 386

David, Anthony 安东尼·大卫 282

De Bernière, Louis 路易·德伯尼埃尔 351

De Bry, Theodore 西奥多·德布莱 51

De Certau, Michel 米歇尔·德·塞托 205—06, 211

De la Blache, Vidal 维达尔·白兰士 146

De Man, Paul 保罗·德曼 230, 235, 322, 324, 329—30

Defoe, Daniel 丹尼尔·笛福 352

DeForest, John W. 约翰·W.弗雷斯特 49

DeLillo, Don 敦·德利罗 393

Déloy, Yves 伊芙·德罗伊 149

Den Boer, Pim 皮姆·邓布尔 10, 25

Denis, Ernest 厄内斯特·丹尼斯 45

Derrida, Jacques 雅克·德里达 107, 234—35

Di Cori, Paola 宝拉·迪科里 34

Di Giovanni, Marco 马尔科·乔凡尼 34

Dickens, Charles 查尔斯·狄更斯 317, 329

Dilthey, Wilhelm 威廉·狄尔泰 120, 217

Doctorow, E.L. E.L.多克特罗 49

Doherty, Thomas 托马斯·多赫提 382, 386

Donald, Merlin 梅林·唐纳德 289, 297

Donaldson, Wayne 维尼·唐纳逊 283

Dosse, Francois 弗朗索瓦·多斯 206, 211

Dostoevsky, Fyodor 费奥多尔·陀思妥耶夫斯基 306

Douglas, Mary 玛丽·道格拉斯 155, 160

Douglass, Frederick 弗雷德里克·道格拉斯 50

Draaisma, Douwe 杜威·德拉埃斯马 368, 376

Drabble, Margaret 玛格丽特·德拉波尔 327

Drachman, D. A. D. A.德拉克曼 277, 282

Droz, Jacques 雅克·德洛兹 46

Dryden, John 约翰·德莱顿 317, 319

Dubiel, Helmut 赫尔姆特·杜比尔 169, 171—72

Dubin, Steven C. 斯蒂文·C.杜宾 58

Dubois, Philippe 菲利普·杜博伊斯 371, 376

Dülffer, Jost 乔斯特·杜弗尔 375—76

Dupont, Florence 弗洛伦斯·杜庞特 89, 95

Durkheim, Emile 埃米尔·涂尔干 8, 90, 141—43, 146, 148, 153—57, 183

Durwen, H.F. H.F.杜尔文 282—83

Duvdevani, T. T.杜德瓦尼 282—83

Eastwood, Clint 克林特·伊斯特伍德 375, 394

Ebbinghaus, Hermann 赫尔曼·艾宾浩斯 220, 221

Echterhoff, Gerald 杰拉德·埃希特霍夫 3, 12—13, 216, 222, 227, 270—73

Eco, Umberto 翁贝托·艾柯 181, 189

Edelman, Gerald M. 杰拉德·M.埃德曼 185, 189

Edelman, Murray 穆雷·埃德曼 177, 179

Edgerton, Gary R. 加利·R.艾格顿 382, 386

Edkins, Jenny 詹妮·埃德金斯 233—34, 239

Edwards, Derek 德雷克·爱德华兹 160, 243, 250—51, 288, 297

Edwards, Janis 贾妮思·爱德华兹 374—75, 377

Edwards, Jonathan 乔纳森·爱德华兹 49

Edy, Jill A. 吉尔·A.艾迪 379, 381, 384, 386

Einstein, Albert 阿尔伯特·爱因斯坦 23, 264

Eisenman, Peter 彼得·艾森曼 359

Elam, Yigal 依盖尔·伊拉姆 2, 14, 152, 160, 401, 406

Elias, Norbert 诺伯特·埃利亚斯 292

Eliot, George 乔治·艾略特 317

Eliot, T. S. T. S.艾略特 101, 326, 329—30

Elitzur, Avshalom C. 艾弗萨洛姆·C.伊利祖尔 283

Elster, Jon 乔恩·埃斯特 167, 172—73, 179

Emerson, Ralph Waldo 拉尔夫·沃尔多·爱默生 325, 330

Empson, William 威廉·爱普森 327

Engelhardt, Tom 汤姆·恩格哈特 59

Equiano, Olaudah 奥拉达·艾奎亚诺 49

Erdle, Birgit 柏吉特·艾德勒 240

Erdrich, Louise 露易丝·厄德里克 50

Erll, Astrid 阿斯特莉特·埃尔 1, 9, 12, 14, 88, 95, 124, 319, 333, 342, 346, 351—52, 375,

377, 392—93, 395, 397, 399, 402—03, 406

Esposito, Elena 艾琳娜·埃斯波西托 9, 11, 13, 86, 95, 97, 127, 189

Evans, Walker 沃克尔·埃文斯 51

Eyerman, Ron 罗恩·埃尔曼 235—36, 239

Febvre, Lucien 吕西安·费弗尔 10, 77—78, 83

Felman, Shoshana 苏姗娜·费尔曼 137

Felperin, Howard 霍华德·菲尔佩林 312, 318

Fentress, James 詹姆斯·芬特里斯 286, 297

Fiedler, Klaus 克劳斯·费德勒 263, 271, 274

Fiore, Stephen M. 斯蒂芬·M.菲奥里 270, 274

Fischer, Gottfried 戈特弗里德·费舍尔 233, 239

Flacks, Richard 理查德·弗莱克斯 384, 386

Fluck, Winfried 温弗里德·弗拉克 341—42

Foerster, Heinz von 海因茨·冯·福尔斯特 184, 189

Fogt, Helmut 赫尔姆特·付格特 124

Ford Coppola, Francis 弗朗西斯·福特·科波拉 391

Ford, Madox Ford 福特·马多克斯·福特 390

Fortunati, Vita 维塔·弗图纳蒂 8, 11, 23, 129, 136—37, 386

Foscolo, Ugo 乌戈·福斯科洛 27—28

Foucault, Michel 米歇尔·福柯 7, 102, 107, 234, 328

Frahm, Klaus 克劳斯·弗拉姆 365

France, Peter 彼得·弗兰斯 330—31

Francesco De Sanctis 弗朗西斯科·德·桑克提 27

François, Etienne 艾蒂安娜·弗朗索瓦 14, 22, 25

Frank, Anne 安妮·弗兰克 328

Franklin, Benjamin 本杰明·富兰克林 49, 57

Franzinelli, Mimmo 米莫·弗兰齐内利 34

Frazier, Charles 查尔斯·弗雷泽 49

Frederick II 弗雷德里克二世 37

Freeman, Mark 马克·弗里曼 294, 297

Frei, Norbert 诺伯特·弗雷 175, 180

Freud, Siegmund 西格蒙德·弗洛伊德 8, 89, 109, 120, 122—23, 142, 154, 207—08, 217, 224, 295,

367, 377

Friedlander, Saul 索尔·弗里德兰德 358, 365

Friedlmeier, Wolfgang 沃尔夫冈·弗里德梅尔 293, 297

Friedrich, Sabine 萨宾·弗雷德里克 350, 352

Frijhoff, Willem 威廉·弗雷霍夫 23, 25

Frost, John 约翰·弗罗斯特 51

Funayama, E.S. E.S.福山 283

Fussell, Paul 保罗·福塞尔 393, 397

Gadamer, Hans-Georg 汉斯·格奥尔格·伽达默尔 291, 297

Gagné, Robert M. 罗伯特·加涅 275, 282

Galileo Galilei 伽利略 23

Gallagher, Catherine 凯瑟琳·加拉格尔 102, 107

Galleran, Nicola 尼古拉·加勒兰 34

Gardian, D.G. D.G.贾迪安 262

Garibaldi, Giuseppe 加里波第 29—32, 35

Gatenby, J.C. J.C.加藤比 283

Gedi, Noa 诺阿·葛迪 2, 14, 152, 160, 401, 406

Geertz, Clifford 克利福德·吉尔茨 4, 14, 92

Gehlen, W. W.盖伦 282, 283

Gell, Alfred 阿尔弗雷德·盖尔 349, 353

Genette, Gérard 热拉尔·热内特 334—36, 342

Gergen, Kenneth J. 肯尼斯·J.葛根 218, 228

Gerz, Jochen 约亨·格尔茨 359

Gessner, Ingrid 英格里德·盖斯纳 58

Gibson, Faith 费斯·吉布森 243, 250

Gierl, Walter 瓦尔特·吉尔 90, 95

Giese, Lucretia H. 卢克里希娅·H.吉斯 58

Giesen, Bernhard 伯恩哈特·吉森 171, 172

Gilmore Simms, William 威廉·西姆斯 48, 49

Goffmann, Erving 欧文·戈夫曼 287, 297

Gogol, Nikolaj 尼古拉吉·果戈尔 307

Goldberg, Vicki 薇姬·戈德堡 374, 375, 377

Goldmann, Lucien 吕西安·戈德曼 151, 160

Goldmann, Stefan 斯特凡·戈德曼 302, 309

Gombrich, Ernst H. 恩斯特·H.贡布里希 8, 14, 110, 118

Gonzaléz-Enriquez, Carmen 卡门·贡查

雷兹-恩里克斯 173，179

Goodin, Robert E. 罗伯特·E. 固廷 118

Gorak, Jan 简·高拉克 311，314，315，317，319

Gould, Warwick 沃维克·古尔德 329，330

Grabbe, Hans-Jürgen 汉斯-于尔根·格拉博 58

Grabes, Herbert 赫伯特·格拉贝斯 12，14，311，315，319

Grainge, Paul 保罗·格兰杰 58，385，386

Grass, Günter 君特·格拉斯 351

Graumann, Carl-Friedrich 卡尔-弗雷德里克·格劳曼 297

Graves, Robert 罗伯特·格雷夫斯 328，390

Greenblatt, Stephen 斯蒂芬·格林布拉特 101，102，107

Gregory, Adrian 亚德里安·格里高利 64，73

Greisch, Jean 让·格蕾斯奇 211

Grice, Paul 保罗·格莱斯 271

Griffin, Michael 迈克尔·格里芬 374，375，377

Groll, Stephan 斯特凡·格罗尔 271，272，273

Grossegger, Elisabeth 伊丽莎白·格罗斯格尔 46

Grusin, Richard 理查德·格鲁辛 392，397

Guillory, John 约翰·盖尔利 312，315，319

Gumplowicz, Ludwig 路德维希·龚普洛维奇 43

Gymnich, Marion 马里恩·金尼柯 340，342

Haacke, Hans 汉斯·海克 359

Hacking, Ian 伊安·哈金 215，223，226，227

Halbwachs, Maurice 莫里斯·哈布瓦赫 V，1—9，11，14，31，77—79，81，83，90—92，95，96，109—12，114，118，127，137，141—49，153，154—58，160，177，183，189，241，248，250，285，367，372，380

Hale White, William 威廉·哈勒·怀特 322

Hallberg, Robert von 罗伯特·冯·哈尔伯格 313，319

Hamilton, Edith 艾迪斯·汉密尔顿 377

Hardin, Curtis D. 柯蒂斯·D. 哈丁 267，270，273

Hardmeier, Christof 克里斯托弗·哈德梅尔 94，95，96

Hardt, Hanno 汉诺·哈特 377, 378

Haroche, Claudine 克劳丁·哈罗克 149

Harpaz-Rotem, Ilan 伊兰·哈普兹-罗特姆 281, 282

Hartman, Geoffrey H. 杰弗里·H.哈特曼 348, 353

Hasek, Jaroslav 雅罗斯拉夫·哈谢克 39, 44

Hass, Kristin Ann 克里斯汀·安·哈特 58

Haupts, M. M.霍普茨 282

Haverkamp, Anselm 安瑟姆·哈弗坎普 310

Hawthorne, Nathaniel 纳撒尼尔·霍桑 49

Hayden, Dolores 杜罗雷斯·海登 65, 73

Head, Henry 亨利·黑德 143, 149

Hebel, Udo J. 乌多·J.黑贝尔 10, 13, 47, 58

Hegel, Georg Wilhelm Friedrich 格奥尔格·威廉·弗里德里希·黑格尔 151, 206

Heidelberger-Leonard, Irene 艾乐娜·海德伯格-莱纳德 239

Heilbrun, Carolyn 卡罗琳·海布伦 327, 329, 331

Heiss, W.D. W.D.海斯 280, 283

Hejl, Peter M. 彼得·M.黑吉尔 406

Heller, Dana 达纳·赫拉尔 58

Hemingway, Ernest 欧内斯特·海明威 391

Henderson, Helene 伊莲娜·亨德森 58

Henke, Christoph 克里斯托弗·亨克 333, 342

Herder, Johann Gottfried 约翰·戈特弗里德·赫尔德 40

Herman, C.P. C.P.赫尔曼 274

Herrnstein Smith, Barbara 芭芭拉·赫恩斯坦·史密斯 313, 319

Herz, Thomas 托马斯·赫兹 175, 180

Heuser, L. L.霍伊泽尔 283

Heydebrand, Renate von 雷娜特·冯·海德布兰德 315, 319

Higgins, E. Tory. E.托利·希金斯 263, 271, 272, 273, 274

Hirsch, E.D. E.D.赫希 258, 262

Hirsch, Marianne 玛丽安·赫希 372, 373, 377

Hirsch, Rudolf 鲁道夫·赫希 46

Hirst, William 威廉·赫斯特 3, 12, 253, 270, 281, 282

Hitler, Adolf 阿道夫·希特勒 24, 395, 396

Hobbes, Thomas 托马斯·霍布斯 43

Hobsbawm, Eric 艾瑞克·霍布斯鲍姆 63, 73

Hodgkin, Katharine 凯瑟琳·霍奇金 129, 137

Hoffmann, E. T. A. E. T. A.霍夫曼 307

Hofmannsthal, Hugo von 胡戈·冯·霍夫曼斯塔尔 41, 46, 153

Hogan, Robert 罗伯特·霍敢 339, 343

Hoheisel, Horst 霍斯特·霍海塞尔 359, 360, 365

Holinka, B. B.霍林卡 282

Holland, Patricia 帕特里夏·霍兰德 372, 377

Holmes, Oliver Wendell 奥利弗·温德尔·霍姆斯 367, 377

Holmes, Richard 理查德·霍姆斯 329, 331

Holodynski, Manfred 曼弗雷德·霍洛丁斯基 293, 297

Hölscher, Tonio 托尼奥·赫尔舍 73, 88, 95

Hooks, Bell 贝尔·胡克斯 50

Hoskins, Andrew 安德鲁·霍斯金斯 14, 392, 397

Hubbard, William 威廉·哈布巴德 48

Huber, Jörg 荣格·胡贝尔 376

Hufbauer, Benjamin 本杰明·赫夫鲍尔 58

Hugo, Victor 维克多·雨果 350, 353

Hunt, Earl 伊尔·亨特 263, 265, 274

Husserl, Edmund 埃德蒙德·胡塞尔 204, 205, 211

Hussy, Walter 瓦尔特·胡斯 270, 273

Hutchins, E. E.哈钦斯 281, 282

Huxford, John 约翰·胡克斯福德 382, 386

Huyssen, Andreas 安德里亚斯·胡伊森 365

Inglis, Ken 肯·英格里斯 63, 73

Ingrao, Charles 查尔斯·英格劳 101

Innis, Harold A. 哈罗德·A.英尼斯 390, 397

Irwin-Zarecka, Iwona 依沃纳·欧文-查雷卡 155, 160, 346, 353

Isnenghi, Mario 马里奥·伊斯能希 10, 27, 34, 35

Jäckel, Michael 米歇尔·加克尔 407

Jacobs, Harriot 哈里特·雅各布斯 50

Jacobson-Widding, Anita 阿妮塔·雅各布森-维丁 118

Jaeger, Hans 汉斯·杰格尔 124

January, David 大卫·简娜瑞 268,

274

Jarausch, Konrad H. 康拉德·H.雅罗斯克 124

Jaspers, Karl 卡尔·雅斯贝尔斯 92, 169

Jeisman, Michael 迈克尔·杰斯曼 365

Jenny, Laurent 劳伦特·珍妮 309

Jensen, Olaf 奥拉夫·詹森 298

Joan of Arc 圣女贞德 61

Johnson, Mark 马克·约翰逊 294, 297

Johnson, Samuel Dr 塞缪尔·约翰逊 316, 317, 321

Johnson, Thomas J. 托马斯·J.约翰逊 381, 386

Jolly, Margaretta 玛格丽塔·乔利 329, 331

Joyce, James 詹姆斯·乔伊斯 317, 351

Jung, Carl Gustav 卡尔·古斯塔夫·荣格 109, 157

Jünger, Ernst 恩斯特·荣格 391

Jünger, Friedrich G. 弗里德里希·G.荣格 98, 107

Junker-Kenny, Maureen 莫琳·容克-肯尼 11, 203, 209, 211

Junod, Tom 汤姆·朱诺德 393

Jureit, Ulrike 乌尔瑞克·朱雷特 124

Kachun, Mitch 米奇·卡春 59

Kafka, Franz 弗朗茨·卡夫卡 39, 42

Kako, Edward 爱德华·卡可 268, 274

Kammen, Michael 迈克尔·卡门 59

Kansteiner, Wulf 伍尔夫·康斯坦纳 6, 11, 229, 231, 239, 254, 262

Karasawa, Minoru 米诺鲁·卡拉萨瓦 273

Kashima, Yoshihisa 鹿岛义久 273, 274

Kay, Paul 保罗·凯伊 268, 274

Keats, John 约翰·济慈 330

Kemble Knight, Sarah 萨拉·肯布尔·奈特 49

Kemp, Sandra 桑德拉·坎普 327

Kempf, Wilhelm 威廉·肯普 228

Kenny, Peter 彼得·肯尼 211

Kermode, Frank 弗兰克·克默德 318, 319

Kern, Stephen 斯蒂芬·柯恩 153, 154, 160

Kessler, J. J.凯斯雷尔 280, 283

Kett, Joseph F. 约瑟夫·F.凯特 258, 262

Kienholz, Edward 爱德华·凯恩霍兹 375

Kienlin, Tobias L. 托比亚斯·L.基恩

林 107

Kiliaan, Cornelius 柯那琉斯·基利安 23, 25

Kingston, Maxine Hong 汤亭亭 124, 297, 318

Kircher, Tilo 提罗·基赫尔 282

Kirchmann, Kay 凯伊·基赫曼 378

Kis, Danilo 丹尼洛·契斯 39

Kitch, Carolyn 卡洛琳·基奇 383, 384, 386

Klein, Kerwin Lee 科文·李·克莱恩 399, 400, 401, 406

Knitz, Andreas 安德里亚斯·克尼兹 365

Koch, Gertrud 格特鲁德·科赫 287, 297

Koch, Torsten 托斯特恩·科赫 298

Koch, W.A. W.A.科赫 15

Koeppen, Edlef 艾德勒·克彭 391

Kohlstruck, Michael 米歇尔·柯斯图克 172, 173, 178, 180

Kollwitz, Käthe 凯绥·珂勒惠支 72

König, Helmut 赫尔穆特·科尼希 172, 173, 178, 180

Konneke, Achim 阿奇姆·康纳克 365

Konrád, György 哲尔吉·康拉德 39, 40, 46

Kopietz, René 雷娜特·科皮艾茨 271, 272, 273

Koselleck, Reinhart 莱因哈特·柯塞勒克 6, 14, 122, 123, 124, 345, 353

Kracauer, Siegfried 齐格弗里德·克拉考尔 369, 377

Kramnick, Jonathan Brody 乔纳森·克兰尼克 311, 315, 319

Krapoth, Hermann 赫尔曼·克拉珀斯 95, 96

Krauss, Robert M. 罗伯特·M.克劳斯 269, 273

Kristeva, Julia 茱莉亚·克里斯特娃 309

Kritz, Neil J. 内尔·J.克里兹 168, 172, 173, 180

Krotz, Friedrich 弗雷德里克·克劳兹 407

Kümmel, Christoph 克里斯托弗·库梅尔 107

Kundera, Milan 米兰·昆德拉 39, 46

Kymlicka, Will 维尔·金利卡 96

Laborde, Denis 丹尼斯·拉伯德 95, 96

Lacan, Jacques 雅克·拉康 234, 235, 261

LaCapra, Dominick 多米尼克·拉卡普拉 130, 136, 137, 139

Lachmann, Renate 雷娜特·拉赫曼

4, 12, 301, 309

Lakoff, George 乔治·拉科夫 294, 297

Lamberti, Elena 艾琳娜·兰姆博蒂 11, 127, 129, 137

Landsberg, Alison 埃里森·兰德斯伯格 347, 353

Lang, Gladys Engel 格莱迪丝·朗 387

Lang, Kurt 库尔特·朗 387

Lange, Dorothea 多萝西娅·兰格 52

Langenohl, Andreas 安德烈亚斯·朗格诺尔 11, 163, 170, 172

Laub, Dori 多利·劳布 137

Le Beau, Brian F. 布莱恩·F.勒波 59

Le Goff, Jacques 雅克·勒高夫 25, 78, 80, 83, 84, 137, 349, 380

Le Rider, Jacques 雅克·勒瑞德尔 10, 37, 46

Leavis, F.R. F.R.利维斯 327

Lee, Hermione 李赫敏 321, 329, 331

Lee, Sau-lai 李秀丽 269, 273

Leggewie, Claus 克劳斯·莱格维 178, 180

Lejeune, Philippe 菲利普·勒热纳 322, 329, 331

Leland, John 约翰·乐兰德 315

Leo XIII 利奥十三世 32

Leroi-Gourhan, André 安德烈·勒华古朗 88, 96, 367, 368, 369, 377

Leutze, Emanuel 伊曼纽尔·洛伊策 52

Levi, Primo 普利莫·莱维 239, 242, 250, 328

Levin, Thomas Y. 托马斯·Y.莱文 377

Levy, Daniel 丹尼尔·列维 14, 59, 166, 172

Levy, Janet 加内特·列维 168, 172

Lewin, Kurt 库尔特·勒温 288, 297

LeWitt, Sol 索尔·勒威特 359

Leys, Ruth 鲁斯·雷伊斯 231, 239

Libeskind, Daniel 丹尼尔·李博斯金 69, 359

Liegle, Ludwig 路德维希·列格勒 124

Lin, Maya 林璎 69

Linenthal, Edward T. 爱德华·利能萨尔 56, 59, 161

Link, Jürgen 于尔根·林克 335

Linke, Angelika 安格利卡·林克 87, 96

Linnaeus 林奈 23

Lipshitz, Jacques 雅克·李普希茨 361

Lipsitz, George 乔治·李普斯茨 59

Liu, James H. 刘豁夫 273

Lloyd, David W. 戴维·W.劳埃德

67, 73

Locke, John 约翰·洛克 6

Loewy, Hanno 汉诺·罗威 124

Loftus, Elizabeth 伊丽莎白·洛夫图斯 270

Loriga, Sabina 萨毕纳·洛里加 210

Löschnigg, Martin 马丁·罗什尼格 333, 342

Lossing, Benjamin J. 本杰明·J.路辛 51

Lotman, Jurij M. 尤里·M.洛特曼 93, 96, 97, 107

Lowenthal, David 戴维·罗温萨尔 152, 160

Luckmann, Thomas 托马斯·卢克曼 109, 118

Luhmann, Niklas 尼克拉斯·卢曼 182, 185, 186, 188, 189

Lukacs, John 约翰·卢卡斯 151, 159

Luria, Aleksandr R. 亚历山大·R.卢里亚 181, 189

Lüscher, Kurt 库尔特·路舍尔 124

Luther King, Martin 马丁·路德·金 50

Luther, Martin 马丁·路德 22

Lutyens, Sir Edwin 埃德温·勒琴斯爵士 69, 72

Lynch, Michael 迈克尔·林奇 251

Lyons, Anthony 安东尼·莱昂斯 273, 274

Lyotard, Jean-François 让·弗朗索瓦·利奥塔 231

Lyttelton, Charles 查尔斯·利特尔顿 316

Machiavelli, Niccolò 尼科洛·马基雅维利 29

MacKenzie, John 约翰·麦肯基 63, 73

Magris, Claudio 克劳迪奥·马格利斯 41, 46

Mailer, Norman 诺曼·梅乐尔 329

Malcolm X 马尔克姆·X 50

Mandelstam, Osip 奥西普·曼德尔斯塔姆 306—08, 310

Mandrou, Robert 罗伯特·芒德鲁 80, 84

Manier, David 大卫·马涅 12, 253, 262

Mann, Thomas 托马斯·曼 110

Mannheim, Karl 卡尔·曼海姆 8, 11, 120, 125

Manning, Frederic 弗雷德里克·曼宁 391

Marcel, Jean-Christophe 让-克里斯托弗·马塞尔 11, 145, 149

Marcus, Laura 劳拉·马尔库斯 326, 329, 331

Maria Theresa 玛利亚·特蕾西娅 37

Marian, Viorica 维奥利卡·马里安 269, 274

Marker, Chris 克里斯·马克 296

Markowitsch, Hans J. 汉斯·J.马科维奇 3, 12, 85, 86, 96, 278, 279, 280, 281, 282, 283, 289, 293, 296, 297

Marsh, Elizabeth J. 伊丽莎白·马什 270, 274,

Martonne, Emmanuel de 伊曼纽尔·德·马托纳 45

Marx, Karl 卡尔·马克思 42, 206, 325, 327

Masaryk, Tomáš Garrigue 托马斯·加里格·马萨里克 45

Massimo Legnani 马西莫·莱尼亚尼 34

Mather, Cotton 科顿·马瑟 48

Maturana, Humberto R. 洪贝尔托·R.玛图拉那 192, 200

Mazzini, Giuseppe 马志尼 28, 30, 31, 35

Merlino, Mario 马里奥·梅利诺 32

Merridale, Catherine 凯瑟琳·梅里代尔 71, 73

Merten, Klaus 克劳斯·梅登 376

Metcalfe, Janet 加内特·梅特卡夫 283

Meyer, Erik 艾瑞克·梅耶 4, 11, 178, 180

Meyers, Oren 欧仁·梅耶斯 383, 387

Middleton, David 大卫·米德尔顿 11, 160, 243, 251, 288, 297

Mill, John Stuart 约翰·斯图亚特·密尔 120, 325

Milton, John 约翰·弥尔顿 101, 317

Mishkin, Mortimer 莫提梅尔·米什金 262, 276, 283

Mitchell, Charlotte 夏洛特·米切尔 327

Mitchell, Margaret 玛格丽特·米切尔 389

Moller, Sabine 萨比内·莫乐尔 298

Molotch, Harvey 哈维·莫罗奇 384, 386

Moltmann, Bernhard 伯恩哈特·莫特曼 124

Momaday, N. Scott N.斯科特·莫玛黛 50

Moog-Grünewald, Maria 玛利亚·穆戈-格鲁内瓦德 315, 319

Moore, Henry 亨利·摩尔 361, 365

Morris, Edmund 埃德蒙·莫里斯 329

Morrison, Toni 托妮·莫里森 50, 106

Morton, Nathaniel 纳撒尼尔·莫顿

48

Mucchielli, Laurent 劳伦特·穆基埃利 11, 142, 149

Müller, Alois Martin 阿洛伊斯·马丁·穆勒 376

Müller, Klaus E. 克劳斯·F.穆勒 297

Munns, Jessica 杰西卡·蒙斯 312, 319

Murakami, Kyoko 村上京子 246—47, 251

Musner, Lutz 鲁茨·穆斯内尔 125

Mussolini, Benito 贝尼托·墨索里尼 31, 33, 34

Nabokov, Vladimir 弗拉基米尔·纳博科夫 296, 306

Namer, Gérard 杰拉德·纳梅尔 93, 96

Napoleon Bonaparte 拿破仑 37, 256, 348

Nash, Cristopher 克里斯托弗·那什 215, 227

Naumann, Friedrich 弗里德里希·瑙曼 37, 46

Neal, John 约翰·尼尔 48, 49

Neisser, Ulric 乌尔瑞克·内瑟尔 269, 274

Nelson, Katherine 凯瑟琳·内尔森 288, 298

Nemoianu, Virgil 尼莫埃努·维吉尔 319

Neumann, Birgit 柏吉特·纽曼 12, 14, 334, 342

Newhall, Beaumont 比奥蒙特·纽霍尔 377

Newton, Isaac 艾萨克·牛顿 23

Nietzsche, Friedrich 弗里德里希·尼采 104, 113, 114, 118, 181, 189, 217, 219, 227, 328

Nievo, Ippolito 伊波利托·涅沃 28, 29

Nino, Santiago 山提亚格·尼诺 164, 172

Nora, Pierre 皮埃尔·诺拉 5, 6, 9, 10, 14, 20—23, 25, 61, 62, 73, 77, 78—79, 82, 83, 84, 93, 137, 205, 207, 261, 262, 380, 401

Norman, Wayne 维尼·诺曼 96

Numeroff, Richard 理查德·纽莫罗夫 393

Nünning, Ansgar 安斯加尔·纽宁 12, 14, 319, 333, 334, 342, 343, 377, 406

O'Connor, K.J. K.J.欧孔诺 283

Occom, Samson 萨姆森·奥科姆 49

Ochsner, Beate 比特·奥克斯内尔 407

Olick, Jeffrey K. 杰弗里·奥立克 1, 3, 4, 11, 14, 127, 137, 155, 160, 345, 346, 353

Olney, James 詹姆斯·奥尔尼 329, 331

Orth, Stefan 斯特凡·欧斯 210, 211

Orwell, George 乔治·奥威尔 105

Palacky, Frantisek 弗兰蒂谢克·帕拉茨基 44

Passerini, Luisa 路易莎·帕瑟里尼 33, 35, 152, 161

Pasteur, Louis 路易·巴斯德 23

Pasupathi, Monisha 莫妮莎·帕苏帕西 218, 227

Paulding, James Kirke 詹姆斯·科克·鲍尔丁 49

Peck, John 约翰·佩克 318

Peirce, Charles S. 查尔斯·S.皮尔士 371, 374

Perkins Gilman, Charlotte 夏洛特·珀金斯·吉尔曼 50

Petersdorff, Friedrich von 弗里德里希·冯·彼得斯多夫 205, 211

Petri, H. L. 佩特里 276, 283

Phelps, Elizabeth A. 伊丽莎白·菲尔普斯 279, 283

Pius IX 庇护九世 31, 32

Pius X 庇护十世 32

Plate, Liedeke 列德克·普雷特 352, 353

Plato 柏拉图 7, 86, 96, 104, 115, 185, 204, 265, 368—69, 377

Platt, Kristin 克里斯汀·普拉特 125

Plutarch 普鲁塔克 324

Poe, Edgar Allan 埃德加·爱伦·坡 307

Polkinghorne, Donald 唐纳德·博金霍尼 216, 228

Pollard, A.W. A.W.波洛德 315

Pope, Alexander 亚历山大·蒲柏 317

Porter Benson, Susan 苏姗·波特·本森 152, 161

Posner, Roland 罗兰·波斯纳 4, 15

Potter, Jonathan 乔纳森·波特 243, 250

Prince Eugene (of Savoy)（萨伏伊的）欧根亲王 41

Prost, Antoine 安东尼·普洛斯特 62, 74

Proust, Marcel 马塞尔·普鲁斯特 391, 107, 154, 243, 251

Pushkin, Aleksandr Sergeevich 亚历山大·谢尔盖耶维奇·普希金 305, 308

Pynchon, Thomas 托马斯·品钦 49

Queen Victoria 维多利亚女王 63

Quintilian 昆体良 10, 19—21, 25, 301—02

Rack, Jochen 乔晨·拉克 92, 95

Radstone, Susannah 苏珊娜·莱德斯通 1, 15, 129, 137

Raimundus Lullus 雷蒙德斯·卢勒 306

Ranger, Terence 特伦斯·兰格尔 63, 73

Ranke, Leopold von 利奥波德·冯·兰克 23, 120, 206

Rapoport, Nathan 内森·拉博波特 361

Redfield, Robert 罗伯特·雷德菲尔德 93, 96, 116, 118

Redgrave, G.R. G.R.雷德格雷夫 315

Reeder, Roberta 罗贝塔·瑞德尔 309

Regier, Terry 特里·雷吉尔 268, 274

Reichel, Peter 彼得·雷赫尔 177, 180

Reinhardt, Jan D. 扬·D.莱因哈特 407

Remarque, Erich Maria 埃里希·玛利亚·雷马克 350, 389, 391

Remotti, Francesco 弗朗切斯科·雷默提 127, 137

Renan, Ernest 厄内斯特·勒南 24, 25

Reulecke, Jürgen 于尔根·罗伊勒克 11, 125

Revel, Jacques 雅克·雷维尔 84

Revelli, Nuto 纽托·列维里 34

Revere, Paul 保罗·里维尔 51

Ribot, Théodule 泰奥杜尔·里博 142

Riccardi, Andrea 安德里亚·理查第 31, 35

Richards, I.A. I.A.理查兹 327

Ricœur, Paul 保罗·利科 11, 203—10, 211, 334, 343

Ridolfi, Maurizio 毛里齐奥·利多尔菲 35

Riefenstahl, Leni 雷妮·瑞芬斯塔尔 287

Rieth, Adolph 阿道夫·瑞斯 365

Rigney, Ann 安·芮格妮 10, 12, 13, 15, 339, 340, 345, 346, 347, 348, 349, 350, 353, 392, 397, 398

Riis, Jacob 雅各布·里斯 52

Robbins, Joyce 乔伊斯·罗宾斯 155, 160, 345, 346, 353

Rochat, Giorgio 乔治·罗夏特 34

Rockwell, Norman 诺曼·洛克威尔 52

Rodriguez, Richard 理查德·罗德里格斯 50

Roediger, Henry 亨利·罗蒂格尔 283

Roht-Arriaza, Naomi 内奥米·罗特-阿

里亚扎 164, 172

Rollins, Peter C. 彼得·C.罗林斯 382, 386

Romano, Ruggiero 鲁格埃罗·罗马诺 29, 35

Roosevelt, Franklin D. 富兰克林·D. 罗斯福 56

Rosch Heider, Eleanor H. 埃莉诺·H. 罗塞·海德尔 268, 274

Rosenthal, Joe 乔·罗森塔尔 374, 375, 394

Rosenzweig, Roy 罗伊·罗森维格 59, 152, 161

Ross, Trevor 特里沃·罗斯 316, 319

Rossi, Paolo 宝拉·罗斯 310

Rössler, Patrick 帕特里克·罗斯勒尔 407

Roth, Gerhard 杰哈德·鲁斯 192, 200

Roth, Joseph 约瑟夫·罗特 41, 42, 44

Roth, Michael 迈克尔·罗斯 233, 239

Roudiez, Leon S. 莱昂·S.罗迪兹 309

Rousseau, Jean-Jacques 让-雅克·卢梭 324

Rowlandson, Mary 玛丽·罗兰森 49

Royal, Robert 罗伯特·罗亚尔 319

Rubin, David C. 戴维·C.鲁宾 266, 270, 274

Ruchatz, Jens 詹斯·鲁查兹 13, 368, 370, 377

Rusch, Gebhard 格布哈德·鲁西 192, 194, 200

Rüsen, Jörn 约恩·吕森 151, 219, 228, 239, 297

Sabrow, Martin 马丁·萨布罗 124

Sacks, Harvey 哈维·萨克斯 248, 251

Samuel, Raphael 拉斐尔·塞缪尔 129, 137

Sanders, Andrew 安德鲁·桑德斯 317

Sanders, Julie 朱丽叶·桑德斯 351, 353

Sandl, Marcus 马库斯·桑德尔 378

Sanga, Glauco 格劳克·桑阿 28, 35

Saniga, Metod 米托德·萨尼加 283

Sapir, Edward 爱德华·萨皮尔 265, 267—68, 274

Sarbin, Theodore R. 西奥多·萨宾 216, 228

Sargent, Henry 亨利·撒根特 51

Sassoon, Siegfried 齐格弗里德·萨松 322—23, 390

Saunders, Max 马克斯·桑德斯 12

Sayre, Robert F. 罗伯特·F.塞里 59

Schacter, Daniel L. 丹尼尔·L.沙克特尔 217, 228, 255, 256, 262, 387

Schafer, Roy 罗伊·沙菲尔 218, 228

Schieder, Theodor 特奥多·谢德尔 153, 161

Schindler, Sabine 萨比尼·辛德勒 58, 59

Schlögl, Rudolf 鲁道夫·施罗格尔 378

Schmeidler, J. J.施梅德勒 282, 283

Schmidt, Sascha 萨斯卡·斯密特 107

Schmidt, Siegfried J. 齐格弗里德·J.施密特 11, 13, 191, 193, 194, 196, 201, 402, 403, 406, 407

Schnock, Frieder 弗莱德尔·施诺克 359, 360

Schoeller, Bernd 伯恩德·舍勒 46

Schooler, Jonathan W. 乔纳森·W.舒勒 270, 274

Schopenhauer, Arthur 阿图尔·叔本华 217

Schudson, Michael 迈克尔·舒德森 159, 161, 380, 381, 382, 385, 386, 387, 400, 407

Schulin, Ernst 恩斯特·舒林 103, 107

Schultz, April 艾普瑞尔·舒尔茨 59

Schulze, Hagen 哈根·舒尔兹 14, 22, 25

Schwab-Trapp, Michael 米歇尔·施瓦博 175, 180

Schwan, Gesine 格西娜·施万 170, 172

Schwartz, Barry 巴里·施瓦茨 59, 159, 161, 380, 384, 387

Schwarzenegger, Arnold 阿诺德·施瓦辛格 105

Schweiker, William 威廉·施维克尔 211

Scott, Clive 克里夫·斯科特 374, 377

Scott, Walter 瓦尔特·司各特 349—51

Sebald, W.G. W.G.色巴尔德 232, 239

Seixas, Peter 彼得·色克萨斯 239

Semin, Gün R. 君·R.瑟敏 264, 271, 274

Semon, Richard 理查德·西蒙 279, 280, 281, 283

Sen, Amartya 阿马蒂亚·森 118

Serra, Richard 理查德·塞拉 359

Sewel, Willem 威廉·西维尔 23, 25

Shakespeare, William 莎士比亚 101, 135, 316, 317, 390

Shalev, Esther 埃斯特·史莱夫 359

Shattuck, Roger 罗杰·沙图克 312,

319

Shelley, Mary 玛丽·谢莉 307
Shepard, Thomas 托马斯·谢泼德 49
Shiffrin, R. M. R. M. 施弗林 276, 282
Shils, Edward 爱德华·希尔斯 152, 161
Sichert, Margit 马吉特·斯彻特 311, 315, 319
Sick, Franziska 弗兰西斯卡·希克 399, 407
Simiand, François 弗朗索瓦·西米昂 142, 146
Simmel, Georg 格奥尔格·西美尔 104, 107
Simms, William Gilmore 威廉·吉尔摩·西姆斯 48—49
Simon, Roger 罗格·西蒙 232—33, 234, 239
Simonides of Ceos 凯奥斯岛的西摩尼得斯 10, 19, 301—03
Singer, Henry 亨利·辛格 393
Singh, Amritjit 阿姆李吉特·辛格 339, 343
Sinz, Rainer 雷纳·辛兹 276, 283
Sivan, Emmanuel 伊曼纽尔·斯凡 72, 73, 74
Skerrett, Joseph 约瑟夫·斯克雷特 343

Smith, John 约翰·史密斯 49
Snow, Stephen E. 斯蒂芬·E.斯诺 59
Socrates 苏格拉底 265
Sommer, Monika 莫妮卡·索梅尔 46
Spence, Donald P. 唐纳德·P.斯宾塞 228
Spence, J. T. J. T. 斯宾塞 282
Spence, K. W. K. W. 斯宾塞 282
Spenser, Edmund 埃德蒙·斯宾塞 317
Spiegelman, Art 阿特·斯皮格曼 345
Spinoza 斯宾诺莎 23
Squire, L. R. L.R.思奎利 283
St. Clair, William 圣克莱尔 329, 330, 331
Staley, Thomas F. 托马斯·F.斯特利 329, 330
Stanley, Liz 利兹·斯坦利 329, 331
Starl, Timm 提姆·斯塔尔 372, 373, 377
Stein, Gertrude 格特鲁德·斯泰因 50
Stern, Daniel 丹尼尔·施特恩 292
Stiegler, Bernd 伯恩德·施蒂格勒 367, 375, 377
Stih, Renata 瑞纳塔·史迪 359, 360
Strachey, Lytton 利顿·斯特拉奇 326
Straub, Jürgen 于尔根·斯特劳布 9, 11, 216, 219, 220, 222, 227, 228, 239

Sturken, Marita 玛丽塔·斯特肯 59, 394, 398
Sugiman, Toshio 杉万俊夫 218, 228, 273
Suleiman, Susan Rubin 苏姗·苏雷曼 137
Susman, Warren 沃伦·苏曼 381, 387
Swindells, Julia 茱莉亚·斯温德尔丝 329, 331
Sznaider, Natan 那坦·施茨内德 59, 166, 172
Tanner, Thomas 托马斯·坦纳 316
Tassani, Giovanni 乔凡尼·塔萨尼 31, 35
Taylor, Diana 戴安娜·泰勒 105, 107
Teichert, Dieter 迪埃特·特伊彻特 205, 211
Tengelyi, Laszlo 拉兹罗·滕盖伊 205, 211
Tennyson, Alfred Lord 丁尼生 317
Terdiman, Richard 理查德·特迪曼 154, 161
Terrace, Herbert S. 赫伯特·泰拉斯 283
Themistocles 地米斯托克利 181
Thiel, A. A.蒂尔 280, 283
Thomae, Dieter 迪尔特·托梅 220, 228
Thompson, John B. 约翰·B.汤普森 407
Thompson, Paul Richard 保罗·汤普森 152, 161
Thot-Hermes 托特-赫尔墨斯 115
Tilly, Charles 查尔斯·蒂利 118
Tobia, Bruno 布鲁诺·托比亚 28, 35
Todorov, Tzvetan 兹维坦·托多罗夫 208, 209, 309
Tolstoy, Leo 列夫·托尔斯泰 348
Tomasello, Michael 迈克尔·托马塞洛 290, 292, 298
Toplin, Robert B. 罗伯特·B.托普林 59
Trabant, Jürgen 于尔根·特拉班特 304, 310
Travers, Len 伦·特拉沃斯 60
Trefil, James 詹姆斯·特里菲尔 258, 262
Trevarthen, Colwyn 科尔文·特里华腾 298
Trotter, David 大卫·特罗特 327
Trumbull, John 约翰·特朗布尔 51
Tschuggnall, Karoline 卡洛琳·图格纳尔 298
Tucker, Aviezer 艾维泽尔·塔克 164, 172

Tucker, George 乔治·塔克 48

Tudor, Henry 亨利·都铎 152, 161

Tulving, Endel 恩德尔·图尔温 255, 256, 262, 276, 278, 280, 281, 283

Turati, Filippo 菲利普·图拉提 32

Tversky, Barbara 芭芭拉·特维斯基 270, 274

Ullern-Weité, Isabelle 伊莎贝拉·乌伦-维特 210

Ullman, Micha 米察·乌尔曼 360

Umberto I 翁贝托一世 32

Underwood, Geoffrey 杰弗里·昂德伍德 268, 273

Uspenskij, Boris 伯里斯·乌斯本斯基 97, 107

Van Gennep, Arnold 阿诺德·范·根纳普 90, 92, 96

Van Paesschen, W. W.范帕森 262

Vanderlyn, John 约翰·范德林 51

Vansina, Jan 让·万思那 112, 118

Vargha-Khadem, Faraneh 法拉纳·维加-哈德姆 256, 262

Veit, Ulrich 乌里奇·维特 107

Verba, Sidney 西德尼·沃尔巴 174, 179

Vico, Giambattista 詹巴蒂斯塔·维柯 304

Vinitzky-Seroussi, Vered 维勒德·维尼茨基-色罗西 4

Vittorio Emanuele II 埃马努埃莱二世 35

Vittorio Emanuele III 埃马努埃莱三世 33

Volkmer, Ingrid 英格里德·沃克梅尔 382, 387

Volpe, Gioacchino 乔阿基诺·沃尔佩 32

Vonnegut, Kurt 库尔特·冯内古特 392

Wagner, Wolfgang 沃尔夫冈·瓦格纳 218, 228

Wagner-Pacifici, Robin 罗宾·华格纳-帕斯菲西 380, 382, 387

Wainberg, M. M.温伯格 282, 283

Waldron, Jeremy 杰里米·沃尔德伦 94, 96

Waldstreicher, David 大卫·沃德斯切 60

Walker, Alice 艾丽丝·沃克 50

Wall, John 约翰·沃尔 211

Warburg, Aby 阿比·瓦尔堡 8—9, 14, 93, 110, 118

Ward, Colleen 科琳·沃德 273

Wardle, Claire 克莱尔·沃德尔 383, 387

Warrington, E.K. E.K.沃灵顿 276, 283

Warton, Thomas 托马斯·沃顿 316, 317

Washington, George 乔治·华盛顿 52, 55, 258

Watkins, K.E. K.E.沃特金斯 262

Watson, John 约翰·华生 265

Wayne, John 约翰·韦恩 394

Weeks, Jim 吉姆·威克斯 60

Weidemann, Arne 阿恩·魏德曼 228

Weidemann, Doris 多丽丝·魏德曼 228

Weigel, Sigrid 西格里德·维格尔 125, 240

Weilnböck, Harald 哈罗德·维恩布克 6, 9, 11, 130, 171, 218, 229, 239, 254, 348

Weinberg, Manfred 曼弗雷德·维因伯格 231—32, 234, 240

Weinbrot, Howard 霍华德·维因布罗特 311, 319

Weinrich, Harald 哈罗德·维因里希 189

Weischenberg, Siegfried 齐格弗里德·维琛博格 376

Weiskrantz, Lawrence 劳伦斯·魏斯克兰兹 265, 274, 276, 283

Wells, H. G. H. G. 威尔斯 307, 325

Wells, Liz 利兹·维尔丝 377

Welzer, Harald 哈罗德·维泽尔 3, 12, 13, 85, 94, 96, 118, 286, 287, 289, 293, 296, 297, 298, 397

Werbik, Hans 汉斯·韦尔比克 228

Wertsch, James V. 詹姆斯·沃茨 279, 283

Wesseling, H. L. 魏瑟林 23, 25

Westwell, Guy 盖伊·维斯特维尔 394, 398

White, Edmund 埃德蒙·怀特 329

White, Hayden 海登·怀特 129, 137, 347, 353

Whitehead, Alfred North 阿尔弗雷德·诺思·怀特海 241, 242, 251

Whiteread, Rachel 雷切尔·怀特雷德 360

Whorf, Benjamin L. 本杰明·L.沃尔夫 265, 267—68, 274

Wickham, Chris 克里斯·魏克哈姆 286, 297

Widlitzek, B. B.维德里奇柯 282

Wiedenmann, Nicole 尼古拉·魏登曼 374, 378

Wiesel, Elie 艾利·威瑟尔 328

Wilde, Oscar 奥斯卡·王尔德 329

Wildt, Michael 迈克尔·维尔德 124

Wilfinger, Gerhard 杰哈德·维尔芬格 46

Wimsatt, W.K. W.K.维姆赛特 326

Wing, Donald 唐纳德·温 315

Winkler, Carol K. 卡洛·K.温克勒尔 374, 375, 377

Winko, Simone 西蒙·温科 314, 319

Winstanley, William 威廉·温斯坦利 316

Winter, Jay 杰伊·温特 10, 64, 72, 73, 74

Winthrop, John 约翰·温斯罗普 48

Winzen, Matthias 马提阿斯·温桢 365

Wittgenstein, Ludwig 路德维希·维特根斯坦 265, 274

Wodianka, Stephanie 斯特伐涅·沃迪安卡 395, 397

Wolfrum, Edgar 埃德加·沃尔夫隆姆 155, 161, 175, 176, 177, 180

Wöll, Andreas 安德里亚斯·沃尔 172, 174, 178

Woolf, Virginia 弗吉尼亚·伍尔芙 326, 329, 390

Woolman, John 约翰·伍尔曼 49

Wordsworth, William 威廉·华兹华斯 317, 323

Wunberg, Gotthard 哥特哈德·翁博格 125

Würker, M. M.伍柯尔 283

Wygotsky, Lev 列维·维戈茨基 292

Yamada, Yoko 山田洋子 218, 228

Yates, Frances A. 弗朗斯·A.叶慈 310

Yehuda, R. 耶胡达 282, 283

Young, James E. 詹姆斯·E.杨 9, 13, 365

Zanna, M.P. M.P.詹那 274

Zapruder, Abraham 亚伯拉罕·泽普鲁德 52

Zelizer, Barbie 芭比·塞里泽 13, 374, 378, 381, 382, 384, 385, 387, 407

Zerubavel, Eviatar 伊维塔·泽鲁巴维尔 154

Zielke, Barbara 芭芭拉·齐尔克 228

Zierold, Martin 马丁·兹罗德 9, 13, 176, 187, 196, 199, 201, 403, 407

Zweig, Arnold 阿诺尔德·茨威格 8

Zweig, Stefan 斯特凡·茨威格 41

术语索引

（索引中的页码为原著页码，检索时请查本书边码）

amnesia (see forgetting) 遗忘症（见遗忘）

anamnesis 回想 89, 204

Annales School 年鉴学派 77—79, 88, 90, 206

archive 档案 85, 97—106, 132, 197—99, 313—16

ars memoriae (mnemotechnics) 记忆技巧（见记忆术）

autobiography 自传 49—50, 101, 156, 197, 218—27, 278, 290—93, 321—30, 336—37, 373

autobiographical memory (see autobiography) 自传记忆（见自传）

cadres sociaux de la mémoire (social frameworks of memory) 《记忆的社会框架》 8, 153—57, 346

canon 经典 24, 50, 90, 94, 100—06, 116, 128, 311—18, 328, 346, 350, 375, 392

cinema 电影院 50—53, 287, 296, 370, 395—96

collective identity 集体记忆 49—55, 100, 151, 177, 195, 207, 235—36, 258—60, 339, 391

collective psychology 集体心理学 78—80, 141, 151

colonialism 殖民主义 9, 38, 48—49, 101—02, 130, 163, 317, 352, 393

commemorative practices (see ritual) 沟通行为（见仪式）

communicative memory 交往记忆 109—18, 178, 281—82, 285—97, 368, 373, 390, 401

cultural identity 文化认同 38—40, 106, 109—10

cultural trauma (see trauma) 文化创伤（见创伤）

declarative memory (see explicit memory) 陈述性记忆（见显性记忆）

digital media 数字媒介 55—56, 97, 104, 135, 198—99, 345, 368—69, 375, 399—404

dynamics of memory 记忆机制 4—6, 97—98, 106, 113, 128, 158—59, 196, 223, 345—52, 369, 382, 392

emplotment (*mise en intrigue*) (see plot) 情节化（见情节）

epistemology 认识论 80, 85, 136, 151, 179, 203—08, 231

ethics of memory 记忆伦理 92, 130, 166—69, 173, 207—10, 216, 232

European memory (see transnational memory) 欧洲记忆（见跨民族记忆）

experience 体验，经验 33, 62, 82, 86—91, 119—24, 129, 154, 185, 192—93, 217—25, 230—38, 241—50, 254—57, 263—67, 286—95, 302, 322—23, 339, 347, 372—73, 390—92

explicit memory 显性记忆 255—57, 266, 276, 293

externalization 外化 12, 104, 261, 367—69

forgetting 遗忘，忘却 38, 57, 97—99, 102—03, 106, 111, 114, 127, 133, 143, 181—89, 199, 208—10, 219, 231, 249, 255—56, 276, 281, 293, 302, 327, 345, 360

generations 世代 9, 66—68, 71, 100—01, 111—15, 119—24, 158, 171, 261, 279, 286, 312, 346, 357—59, 391

genre 类型 111, 117, 135, 304, 307, 314, 321—22, 334, 350, 383—84, 392

global memory (see transnational memory) 全球记忆（见跨民族记忆）

hermeneutics 解释学 82—83, 89, 92, 204—06, 223

historical consciousness 历史意识 46, 103, 106, 112—13, 151—52

historiography 历史学 7, 29, 79, 91, 175—76, 204—05, 219, 347

history and memory 历史与记忆 6—7, 31, 79, 129, 204—08

history of mentalities 心态史 4, 21, 77—83, 121, 151

identity (see collective, cultural, or national identity) 认同（见集体认同、文化认同或民族认同）

implicit memory 隐性记忆 255—57, 266

interdisciplinarity 跨学科 3, 88—89,

136, 216, 229—30, 237, 295—6, 397

intergenerational memory (see generations) 跨世代记忆（见世代）

intermediality 互媒性 301—09, 321, 339—40, 351, 392—95

intertextuality (see intermediality) 互文性（见互媒性）

lieux de mémoire (see sites of memory) 记忆之场（见记忆之场）

literature 文学 40—43, 48—50, 90, 101—02, 106, 231, 287, 301—53, 389—92

loci et imagines (see mnemotechnics) 位置想象（见记忆术）

loci memoriae (see mnemotechnics) 位置记忆法（见记忆术）

mass media 大众传媒 50—53, 117, 122, 133, 176, 187—89, 197—99, 226, 235—37, 263, 287—89, 379—86, 395—96, 400—02

memorials (see monuments) 纪念物（见纪念碑）

metaphors of memory/memory as metaphor 记忆的隐喻/作为隐喻的记忆 2—6, 22, 62, 70, 85—87, 91, 102, 111, 129, 237—38, 303, 305—06, 340, 367, 402

mneme 记忆基质 91, 204

mnemotechnics 记忆术 10, 19—21, 115, 181—84, 301—03

monuments 纪念碑 54—57, 61—73, 98—101, 179, 246, 281—82, 349—52, 357—65, 375

moral function of memory (see also ethics of memory) 记忆的道德功能（亦见记忆伦理）62, 194, 314, 323—24, 348, 374

myth 神话 42, 100, 113, 135, 156, 177, 307, 339, 360, 372, 390—91, 401

narrative 叙事 2, 28—29, 48—50, 62, 101, 130, 156, 171, 193—99, 205, 215—27, 232—34, 253, 267, 287, 304, 323—25, 334—42, 347—52, 373, 390—94

national identity 民族认同 20—21, 24, 37, 41, 131—32, 168, 207

orality and literacy 口传性与文字性 40, 89—90, 105, 112—15, 134—35, 187, 260, 368—69, 402

photography 照片，摄影 52, 69, 367—76, 393—94

places of memory (see sites of memory) 记忆地点（见记忆之场）

plot 情节 205, 222—26, 335—38, 364

politics of history 历史政治 151,

175—79

postcolonialism (see colonialism) 后殖民主义（见殖民主义）

reconciliation 和解 49, 134, 165—68, 209, 246—48

remediation (see intermediality) 补正（见互媒性）

rhetoric 修辞 19—20, 47, 87, 184, 187, 304—06, 374, 381, 390—92

ritual 仪式 53—57, 70—73, 115—17, 157—58, 177, 258—59

schema 图式 5, 192—94, 221—22, 267, 271, 392

sites of memory 记忆之场 19—73, 134, 177, 246, 287—88, 345—46, 375, 392

spaces of memory (see sites of memory) 记忆空间（见记忆之场）

stereotypes 原型 129, 189, 194, 273

temporality (see time) 时间性（见时间）

testimony (see also witnessing) 证词（亦见见证）99, 133—34, 205—07, 232—33, 322—28, 370

time 时间 81—82, 112—13, 121, 128, 147, 176, 187, 204, 219, 223, 234, 244—46, 261, 289, 308, 336—37, 369—70, 379

transnational memory 跨民族记忆 23—24, 37—46, 57—58, 79, 131, 165, 171, 393

trauma 创伤 6, 44, 52, 62, 102, 106, 122, 129—30, 171, 223—27, 229—38, 254, 282, 327, 348, 391

unconscious 无意识 109, 142, 157, 217, 238, 277—79, 294—95, 326

values 价值 38, 64, 90, 103, 113, 131—34, 175, 197, 311, 324, 341, 374

victims 受害者 62, 69, 113, 164—72, 209—10, 224, 230—37, 328, 358—59

witnessing 见证 31, 130, 133—34, 178, 205—06, 233, 270, 302, 322, 327—28, 370

作者简介

阿莱达·阿斯曼（ALEIDA ASSMANN）：曾经在德国海德堡大学和图宾根大学学习英语文学和埃及学，1993年起担任康斯坦茨大学英语文学和文学理论教授。她的研究兴趣有：写作和阅读的历史、文化记忆的媒介、战后德国集体记忆的发展。其著作包括：*Zeit und Tradition* (1999)；*Erinnerungsräume: Formen und Wandlungen des kulturellen Gedächtnisses* (3rd edition 2006)；*Geschichtsvergessenheit/Geschichtsversessenheit: Über den Umgang mit deutschen Vergangenheiten seit 1945* (with Ute Frevert, 1999)；*Einführung in die Kulturwissenschaft: Grundbegriffe, Themen, Fragestellungen* (2006)；*Der lange Schatten der Vergangenheit: Erinnerungskultur und Geschichtspolitik* (2006)；*Geschichte im Gedächtnis: Von der individuellen Erfahrung zur öffentlichen Inszenierung* (2007)。

扬·阿斯曼（JAN ASSMANN）：1976—2003年任德国海德堡大学埃及学教授，现为康斯坦茨大学文化与宗教研究荣誉教授。其著述涉及古代埃及宗教、文学、历史，以及文化理论（文化记忆）、宗教史（一神教和宇宙神论）、文学理论和历史人类学。其著作包括：*Das kulturelle Gedächtnis: Schrift, Erinnerung und politische Identität in frühen Hochkulturen* (Beck, 1992)；*Moses the Egyp-*

tian (Harvard, 1997); *Ägypten: Eine Sinngeschichte* (Beck, 1996), translated as *The Mind of Egypt: History and Meaning in the Time of the Pharaohs* (Harvard, 2003); *The Search for God in Ancient Egypt* (Cornell, 2002); *Death and Salvation in Ancient Egypt* (Cornell, 2006); *Of God and Gods: Egypt, Israel, and the Rise of Monotheism* (University of Wisconsin Press 2008)。

皮姆·邓布尔(PIM DEN BOER):荷兰阿姆斯特丹大学欧洲文化史教授。他曾经在荷兰莱顿大学及法国巴黎的社会科学高等研究院学习历史,1994—1995年曾任尼德兰高等研究院(Netherlands Institute for Advanced Study)院士,2006年曾任纽约大学雷马克欧洲历史研究所访问学者。其著作包括:*History as a Profession: The Study of History in France 1818 - 1914* (Princeton University Press, 1998); *Lieux de mémoire et identités nationales* (Amsterdam University Press, 1993); *Beschaving: Studies over de begrippen hoofsheid, heusheid, beschaving en cultuur* (Amsterdam University Press, 2001); *Simon Stevin: Het burgherlick leven; Vita Politica (1590)* (Bijleveld, 2001; French translation 2005; English translation in preparation); *Europa: De geschiedenis van een idee* (Prometheus, 5th revised edition 2007)。

斯蒂文·D.布朗(STEVEN D. BROWN):英国莱切斯特大学组织和社会心理学教授,荷兰人文研究大学(Universiteit voor Humanistiek)访问教授。他的研究发展了一种社会和批判心理学路径来探讨各种经验环境下的集体记忆问题。最近正在研究围绕2005年伦敦大爆炸的纪念活动,以及社会网络技术中的记忆、调解和认同等问题。目前担任《英国社会心理学学报》(*British Journal of Social Psychology*)副主编。其著作包括:*The Social Psychology of*

Experience: *Studies in Remembering and Forgetting*, co-author, with David Middleton (Sage, 2005); *Psychology without Foundations*: *Constructionism, Mediation and Critical Psychology*, co-author, with Paul Stenner (Sage, 2008)。

阿龙·康菲诺（ALON CONFINO）：美国弗吉尼亚大学德国和欧洲现代史教授、犹太研究项目主任。他撰写了许多关于记忆、民族性和史学方法问题的论著。主要成果有：*The Nation As a Local Metaphor*: *Württemberg, Imperial Germany, and National Memory, 1871 - 1918* (University of North Carolina Press, 1997); *Germany as a Culture of Remembrance*: *Promises and Limits of Writing History* (University of North Carolina Press, 2006); *Between Mass Death and Individual Loss*: *The Place of the Dead in Twentieth-Century Germany* (co-edited, Published in Association with the German Historical Institute, Washington, D. C., 2008); *Foundational Pasts*: *An Essay in Holocaust Interpretation* (CUP, 2011); "History and Memory", in *The Oxford History of Historical Writing, Volume 5*: *Historical Writing Since 1945* (Edited by Axel Schneider and Daniel Woolf, Oxford University Press, 2011)。

杰拉德·埃希特霍夫（GERALD ECHTERHOFF）：德国教授资格，2000年在纽约的社会研究新学院（New School for Social Research）获得博士学位，2001年在哥伦比亚大学做博士后，2008年以前曾任德国比勒费尔德（Bielefeld）大学心理学系助理教授，现为科隆大学访问教授。他的研究兴趣包括：社会对记忆的影响、社会认知、人际沟通、共享的现实、语言和思想，以及记忆的文化和政治语境。曾经在《实验心理学报》（*Journal of Experimental*

Psychology：*General*)、《人格与社会心理学报》(*Journal of Personality and Social Psychology*)、《记忆与认知》(*Memory & Cognition*)、《社会认知》(*Social Cognition*)等国际知名刊物发表论文，主编过多部著作，包括 *Kontexte und Kulturen des Erinnerns* (with Martin Saar, 2002)。

阿斯特莉特·埃尔(ASTRID ERLL)：德国伍珀塔尔大学英国文学和文化教授。她的主要研究领域为：英国文学和英国文化史、文化记忆、后殖民研究、媒体理论以及叙事学。其著述包括：*Gedächtnisromane* (WVT, 2003); *Kollektives Gedächtnis und Erinnerungskulturen* (Metzler, 2005); *Prämediation—Remediation* (WVT, 2007)。与纽宁(Ansgar Nünning)共同担任"媒体与文化记忆"丛书联合主编(*Media and Cultural Memory/ Medien und kulturelle Erinnerung*, MCM, de Gruyter, since 2004)。合编著作有：*Medien des kollektiven Gedächtnisses* (MCM 1, 2004); *Gedächtniskonzepte der Literaturwissenschaft* (MCM 2, 2005); *Literature and the Production of Cultural Memory* (*European Journal of English Studies* 10.1, 2005); *Mediation, Remediation and the Dynamics of Cultural Memory* (MCM 10, 2008)。

艾琳娜·埃斯波西托(ELENA ESPOSITO)：意大利摩德纳大学社会学教授。她出版过好几部关于社会系统理论、媒介理论和社会记忆的著作，其中包括：*Soziales Vergessen: Formen und Medien des Gedächtnisses der Gesellschaft* (Suhrkamp, 2002); *Die Verbindlichkeit des Vorübergehenden: Paradoxien der Mode* (Suhrkamp, 2004); and *Die Fiktion der wahrscheinlichen Realität* (Suhrkamp, 2007)。

维塔·弗图纳蒂(VITA FORTUNATI):意大利博洛尼亚大学英国文学教授。她的主要研究领域为:现代主义、乌托邦文学、妇女研究以及文化记忆。2006年开始担任如下项目的共同协调人:ACUME 2, *A European Thematic Network on Interfacing Sciences, Literature and Humanities*。她出版过不同主题的论著:身体的言语和视觉再现(*The Controversial Women's Body: Images and Representations in Literature and Art*, with Annamaria Lamarra and Eleonora Federici, Bologna University Press, 2003);文化和医学中的女性老年化、女性角度的记忆(*Studi di genere e memoria culturale/Women and Cultural Memory*, edited with Gilberta Golinelli and Rita Monticelli, Clueb, 2004);记忆与创伤("The Impact of the First World War on Private Lives: A Comparison of European and American Writers: Ford, Hemingway, and Remarque," in *History and Representation in Ford Madox Ford's Writings*, ed. Joseph Wiesenfarth, Rodopi, 2004);批判性怀旧的概念("Memory, Desire and Utopia: a New Perspective on the Notion of Critical Utopia," in *Time Refigured: Myths, Foundation Texts and Imagined Communities*, eds. Martin Procházka and Ondrej Pilny, Litteraria Pragensia, 2005)。最近她还与Elena Agazzi合编了一本书:*Memoria e Saperi: Percorsi transdisciplinari*, Meltemi, 2007。

赫伯特·格拉贝斯(HERBERT GRABES):德国吉森大学英语教授,在英美文学和文学理论方面著述颇丰,包括几本关于镜像隐喻历史、纳博科夫(Nabokov)小说、理论性的文学概念、早期英语时评历史以及美国戏剧史的专著。担任*REAL*年鉴共同主编,目前正在从事英国文学史研究,最近编辑的许多著作包括:*Writing the Early Modern English Nation* (2001); *Innovation and Continuity in English Studies: A Critical Jubilee* (2001); *Literary History/Cultural History: Force-Fields and Tensions* (2001); *Literature, Literary History, and Cultural Memory* (2005); and *The Wider Scope of English* (with Wolfgang Viereck, 2006)。

迪特里希·哈特(DIETRICH HARTH):曾经在法兰克福大学和图宾根大学学习德国文学、古典学和社会学,在埃尔朗根大学获得教授资格,后来被任命为海德堡大学近代德国和比较文学教授,曾经应邀前往意大利、法国、西班牙、中国和英国的许多大学讲授文学理论和观念史。他的主要研究兴趣包括文献理论、仪式研究、文化人类学、记忆研究,以及欧洲史学史。他是出版机构 Synchron Publishers Heidelberg (www.synchron-publishers.com) 以及协同研究中心 "Dynamics of Ritual" (www.ritualdynamik.unihd.de) 的创建者之一。其主要论著包括:*Kultur und Konflikt* (co-editor, 1990); *Mnemosyne. Formen und Funktionen der kulturellen Erinnerung* (co-editor, 1991); *Kultur als Lebenswelt und Monument* (co-editor, 1991); *Die Erfindung des Gedächtnisses* (1991); *Revolution und Mythos* (co-editor, 1992); *Das Gedächtnis der Kulturwissenschaften* (1998); "Are Cultures Readable?" (2004); *Ritualdynamik: Kulturübergreifende Studien zur Theorie und Geschichte rituellen Handelns* (co-editor, 2004); "Rituale, Texte, Diskurse: Eine formtheoretische Betrachtung" (2005); "Ritual and Other Forms of Social Action" (2006); "'Alle Kultur nach Auschwitz ist Müll': Zerrformen des kulturellen Gedächtnisses" (2006); and *Ritual und Gedächtnis* (forthcoming)。

乌多·J.黑贝尔(UDO J. HEBEL):曾经任教于美因茨大学、波茨坦大学和弗莱堡大学,担任过美国科罗拉多学院的 Max Kade 杰出访问教授、密歇根大学和哈佛大学访问学者,现为德国雷根斯堡大学美国研究教授兼系主任。其出版著作如下:*Romaninterpretation als Textarchäologie* (1989), *Intertextuality, Allusion, Quotation* (1989), *Transatlantic Encounters* (co-editor, 1995),"*Those Images of Jealuosie*":*Identitäten und Alteritäten im puritanischen Neuengland* (1997), *The Construction and Contestation of American Cultures and Identities in the Early National Period* (editor, 1999), *Sites of Memory in American Literatures and Cultures* (editor, 2003), *Visual Culture in the American Studies Classroom* (co-editor, 2005), *Twentieth-Century American One-Act Plays* (2006)。他发表的论文主要关注美国-北美的记忆文化、殖民地时代的新英格兰、20世纪美国小说和戏剧、非洲裔美国人的戏剧、德裔美国人的图像和视觉文化、美国郊区文化,以及美国研究的理论。他曾经担任德国美国研究协会副主席和巴伐利亚美国研究学术院副主任,目前仍然是这两个机构的理事会成员。他还是学术刊物 *Amerikastudien/American Studies* 的主编、美国古典研究学会的当选会员。

威廉·赫斯特(WILLIAM HIRST):曾经在康奈尔大学接受研究生训练,先后任教于洛克菲勒大学、普林斯顿大学和康奈尔大学,现为美国纽约的社会研究新学院心理学教授。主编过三本书,发表过许多论文,涉及广泛的主题,比如注意、失忆、记忆的社会侧面等等。最近有两篇关于集体记忆的论文分别刊载于 *Memory* (与 David Manier 合作)和 *Social Research* (与 Gerald Echterhoff 合作)。

马里奥·伊斯能希 (MARIO ISNENGHI)：曾经任教于意大利帕多瓦大学和都灵大学，现为威尼斯大学当代史教授。他是一位一战史专家，著有 *Il mito della grande Guerra* (Bari, 1970; currently in the seventh edition)。他的另外两部著作有着多个版本：*Le guerre degli Italiani：Parole immagini ricordi 1848-1945* (Mondadori, 1989); *L'Italia in piazza：I luoghi della vita pubblica dal 1848 ai giorni nostril* (Mondadori, 1994)。他主编了关于意大利记忆之场的三卷本著作 *I luoghi della memoria* (Laterza, 1996-97); 法文译本出版于 2006 年。其最新著作是 *Garibaldi fu ferito：Storia e mito di un rivoluzionario disciplinato* (Donzelli, 2007)。他也是 2008 年创办的刊物 *Belfagor* 的主编之一。

莫琳·容克-肯尼 (MAUREEN JUNKER-KENNY)：曾经求学于德国图宾根大学，在明斯特大学获得神学博士学位，在图宾根大学获得教授资格，现为都柏林三一学院院士、宗教与神学学院副教授。她的主要研究兴趣包括：神学在现代性中的境况、伦理学基础、道德和宗教认同、生物医学伦理。她是 *International Journal of Practical Theology* 和 *Ethics and Education* 这两份学术刊物的共同主编，也是丛书 *Practical Theology in the Discourse of the Humanities* (de Gruyter) 的共同主编。她的著作包括：*Creating Identity：Biographical, Moral, Religious* (edited with Hermann Häring and Dietmar Mieth, SCM Press, 2000) and *Memory, Narrativity, Self, and the Challenge to Think God：The Reception within Theology of the Recent Work of Paul Ricœur* (contributor and edited with Peter Kenny, LITVerlag, 2004)。目前她正在撰写两部新的著作：*Religion and Public Reason* (de Gruyter); *Habermas for*

Theologians (Continuum/T & T Clark)。

艾琳娜·兰姆博蒂（ELENA LAMBERTI）：现为意大利博洛尼亚大学英美文学暂聘教授（Professore a contratto）。2000 年，她的新著 *Marshall McLuhan: Tra arte letteratura e media* (Mondadori, 2000) 获得了意大利加拿大研究协会年度著作奖（青年学者类）。她主编过 *Interpreting/Translating Modernism: A Comparative Perspective* (Compositori Grafiche, 2001) 一书，并著有 *Ford Madox Ford and The Republic of Letters* (with Vita Fortunati, Clueb, 2002) 一书。她曾经作为总协调人的助手，负责过如下项目的设计和发展：ACUME: Cultural Memory in European Countries: An Interdisciplinary Approach (three-year European Thematic Network, 2002-05)。她的研究兴趣包括：英国文学（20 世纪小说、现代主义、后现代主义），加拿大文学（20 世纪），20 世纪批判主义，比较文学，以及关于文学、媒介和技术（信息技术）的跨学科研究。

伍尔夫·康斯坦纳（WULF KANSTEINER）：曾经在 UCLA 和德国的波鸿大学求学，现为美国宾汉姆顿大学（SUNY）历史学和犹太研究副教授，主讲欧洲当代史、媒介历史和史学理论课程。著作包括：*In Pursuit of German Memory: History, Television, and Politics after Auschwitz* (Ohio University Press, 2006); *The Politics of Memory in Postwar Europe* (Duke University Press, 2006, co-editor with Ned Lebow and Claudio Fogu)。他发表的论文涉及历史学、创伤理论、历史在电影和电视中的再现等主题。他还是在 Sage 公司出版的学术刊物 *Memory Studies* 的共同主编。目前他正在编辑一本关于大屠杀文化的局限性的论文集。

雷娜特·拉赫曼（RENATE LACHMANN）：德国康斯坦茨大

学斯拉夫文学和比较文学荣誉教授、海德堡科学和人文学术院院士。她的主要研究领域包括：修辞的历史和理论、记忆的概念、文化的符号学、魔幻文学，以及知识的表述。1990年以来，她出版了如下著作： *Gedächtnis und Literatur：Intertextualität in der russischen Moderne* (Suhrkamp, 1990)，translated as *Memory and Literature* (translators Roy Sellars and Anthony Wall, University of Minnesota Press, 1997)；*Die Zerstörung der schönen Rede：Rhetorische Tradition und Konzepte des Poetischen* (Fink, 1994)；*Erzählte Phantastik：Zu Phantasiegeschichte und Semantik phantastischer Texte* (Suhrkamp, 2002)；*Memoria，Vergessen und Erinnern* (edited with Anselm Haverkamp, Fink, 1993)；*Gedächtniskunst：Raum-Bild-Schrift：Studien zur Mnemotechnik* (Suhrkamp, 1991)；*Rhetorik als kulturelle Praxis* (edited with Riccardo Nicolosi and Susanne Strätling, Fink, 2008)。

安德烈亚斯·朗格诺尔（ANDREAS LANGENOHL）：主要研究社会学和斯拉夫语，在德国吉森大学获得社会学博士学位和教授资格。他的成果涉及现代化理论、集体记忆实践（特别是在俄国）、文化的跨国传播过程，以及金融社会学。2003年起，他主持过一个研究项目"全球化的市场时间"（The Market Time of Globalization），这是吉森大学"记忆文化"协同研究中心的一部分工作。2007年起，他在康斯坦茨大学的"整合的文化基础"卓越中心主持过一个研究小组"Idioms of Social Analysis"。他最近的论著包括："How to Change Other People's Institutions：Discursive Entrepreneurship and the Boundary Object of Competition/Competitiveness in the German Banking Sector," *Economy and Society* 37 (2008) 1；"A Critique of Organizational Capitalism：

The Enabling Fiction of Market Efficiency in Financial Professionals' Narratives"（in *Économistes et anthropologistes à face de la mondialisation*, vol. 2：*La mondialisation au risque des travailleurs*, eds. Laurent Bazin, et al., L'Harmattan, 2008）；"Technology and (Post-) Sociality in the Financial Market：A Re-Evaluation"（with Kerstin Schmidt-Beck, in *Science, Technology and Innovation Studies* 3.1 (2007)）。

雅克·勒莱德尔（JACQUES LE RIDER）：法国高等研究实践学院（École pratique des Hautes Études, 索邦, 巴黎）德国文化史教授（课程主任）。在文化记忆研究领域，他出版过著作 *Transnationale Gedächtnisorte in Zentraleuropa*（edited with Moritz Csáky and Monika Sommer, Studien Verlag, 2002）。他的著作 *Modernité viennoise et crises de l'identité*（Paris, 1990）曾经被 Rosemary Morris 翻译为英文出版，即 *Modernity and Crises of Identity：Culture and Society in Fin-de-siècle Vienna*（Polity Press/Continuum, 1993）。他最近的著作包括：*Nietzsche en France, de la fin du XIXe siècle au temps présent*（Presses Universitaires de France, 1999）；*Journaux intimes viennois*（Presses Universitaires de France, 2000）；*Freud, de l'Acropole au Sinaï*（Presses Universitaires de France, 2002）；*Arthur Schnitzler ou La Belle Époque viennoise*（Belin, 2003）；*Malwida von Meysenbug：Une Européenne du XIXe siècle*（Bartillat, 2005）；*L'Allemagne au temps du réalisme*（1848–1890）（Albin Michel, 2008）。

大卫·马尼尔（DAVID MANIER）：现为纽约城市大学莱曼学院心理学副教授，是一位受过训练的临床心理学家。他曾经在美国纽约的社会研究新学院完成博士学业，并在火奴鲁鲁的国立 PTSD

研究中心（隶属于美国退役军人事务部）接受博士后训练。他在集体记忆、压力、创伤等领域发表了许多论文，最近刚刚有一篇文章刊载于 Memory（与 William Hirst 合作）。

让-克里斯托弗·马塞尔（JEAN-CHRISTOPHE MARCEL）：法国巴黎索邦大学社会学讲师（Maître de conférences）。他的主要研究领域为法国和美国社会学史、涂尔干学派的社会学（尤其是哈布瓦赫的作品）、知识社会学、认知方法。他的论著包括："Les derniers soubresauts du rationalisme durkheimien: Une théorie de 'l'instinct social de survie' chez Maurice Halbwachs" (in *Maurice Halbwachs: Espaces, mémoires et psychologie collective*, eds. Yves Déloye and Claudine Haroche, Publications de la Sorbonne, 2004); "Le déploiement de la recherche au Centre d'Études Sociologiques (1945–1960)" (in *La Revue pour l'histoire du CNRS* 13 (2005)); "Gurvitch et la reconstruction de la sociologie française" (in *Anamnèse* 1 (2005)); "André Davidovitch (1912–1986) et le deuxième âge de la sociologie durkheimienne" (with Laurent Mucchielli, in *L'Année Sociologique* 57.1 (2006)); "Mémoire, espace et connaissance chez Maurice Halbwachs" (in *Maurice Halbwachs, sociologue retrouvé*, eds. Marie Jaisson and Christian Baudelot, Presses de l'ENS, 2007); "Le temps des groups sociaux: Gurvitch critique d'Halbwachs" (in press)。

汉斯·J.马科维奇（HANS J. MARKOWITSCH）：德国比勒费尔德大学生理心理学教授。他曾经在康斯坦茨大学学习心理学和生物学，在康斯坦茨大学、波鸿大学和比勒费尔德大学担任过生物心理学和生理心理学教授，并获得过澳大利亚和加拿大各大学的心理学和神经科学教席。他跟德国、美国各大学以及马克斯·普朗克研究所（Max Planck institutes）的科学家们开展合作。他的研究主要关注记忆失序和意识的神经及心理基础。他独撰、合撰、主编过二十多部著作，撰写过 500 多篇科学论文和专书论文。他的著作包括：*Intellectual Functions and the Brain*（Hogrefe & Huber, 1992）；*Neuropsychologie des Gedächtnisses*（Hogrefe, 1992）；*Gedächtnisstörungen*（Kohlhammer, 1999）；*Gehirn und Verhalten*（with Monika Pritzel and Matthias Brand, Spektrum, 2003）；*Dem Gedächtnis auf der Spur：Vom Erinnern und Vergessen*（Wissenschaftliche Buchgesellschaft/PRIMUS Verlag, 2002/05）；*Gedächtnisstörungen nach Hirnschäden*（Hogrefe, 2004）；*Das autobiographische Gedächtnis*（with Harald Welzer, 2005）；*Tatort Gehirn：Auf der Suche nach dem Ursprung des Verbrechens*（Campus, 2007）；*Falsche Erinnerungen*（with Sina Kühnel, Spektrum, 2008）；*Gedächtnis*（Beck, 2009, forthcoming）。

艾瑞克·梅耶（ERIK MEYER）：现为德国吉森大学"记忆文化"协同研究中心副研究员（research associate）。他的主要研究领域为记忆的政治、记忆与数字媒介、政治传播与大众文化。他跟 Claus Leggewie 合作出版过一部关于柏林大屠杀纪念馆的著作（"*Ein Ort, an den man gerne geht*"：*Das Holocaust-Mahnmal und die deutsche Geschichtspolitik nach* 1989, Hanser, 2005），发表过好几篇有关纪念活动的论文，包括最近的论文"Ort und Bild als Medien historischen Lernens"（in *Soldaten und andere Opfer?*, ed. Ellen Ueberschär, Evangelische Akademie Loccum, 2007）。

大卫·米德尔顿（DAVID MIDDLETON）：英国拉夫堡大学心理学专业的研究顾问（research consultant）和荣誉准教授（Honorary Reader），主讲话语和社会文化心理学（1976 至 2003）。他与拉夫堡大学话语和修辞研究小组（DARG，一个关于话语心理学研究和讨论的平台）有业务联系，担任英国经济和社会研究委员会（ESRC）所属教学研究项目"Learning in and for Interagency Learning"（2004－2008）的研究员、英国 Bath 大学社会文化和行为理论研究中心（CSAT）成员、挪威奥斯陆大学数码环境下的设计、传播和学习跨学科研究中心客座教授。他的研究集中关注各国和体制背景下记忆和遗忘的社会运用。他的著作包括：*The Social Psychology of Experience：Studies in Remembering and Forgetting*（with Steven D. Brown, Sage, 2005）；"Cognition and Communication at Work"（with Yrjo Engeström, Cambridge University Press, 1996）；*Collective Remembering*（with Derek Edwards, Sage, 1990）。

劳伦特·穆基埃利（LAURENT MUCCHIELLI）：法国国家科学研究中心（Centre National de la Recherche Scientifique）高级研究员、凡尔赛大学副教授。他是学术刊物 *Revue d'Histoire des Sciences Humaines* 的创办人和副主编。他的研究兴趣集中在两个方面：社会科学的历史、犯罪与刑罚制度的社会学。在第一个领域，他主编有如下著作：*Histoire de la criminologie française*（L'Harmattan, 1994）；*La sociologie et sa method：Les Règles de Durkheim un siècle après*（L'Harmattan, 1995）；*La Découverte du Social：Naissance de la Sociologie en France*（La Découverte, 1998）；*Le cas Spencer：Religion, science et politique*（Presses Universitaires de France, 1998）；*Mythes et histoire des sciences humaines*（La Découverte, 2004）。现在他主要从事第二个领域的研究。

柏吉特·纽曼（BIRGIT NEUMANN）：她在德国吉森大学从事英国文学和文化方面的教学工作，2006 年起担任吉森大学文化研究国际研究生院负责人。2005 至 2007 年间,她担任过该大学"记忆文化"协同研究中心副主任。她发表的论文涉及记忆、认同和他者性,还有三部著作,分别论述记忆小说(*Erinnerung-Identität-Narration*: *Gattungstypologie und Funktionen kanadischer Fictions of Memory*, de Gruyter, 2005)、18 世纪文学当中关于民族的修辞(*Nationale Fremd-und Selbstbilder in britischen Medien des 18. Jahrhunderts*: *Die Rhetorik der Nation*, WVT, 2008)以及叙事小说研究(与 Ansgar Nünning 合作,Klett, 2008)。

安斯加尔·纽宁(ANSGAR NÜNNING):1996 年起担任德国吉森大学英美文学和文化研究教授。他是该大学人文科学研究生院和文化研究国际研究生院的创建者,也是国际博士项目"文学和文化研究"的学术主任、"记忆文化"协同研究中心成员。他在英美文学、记忆文化、叙事学、文学和文化理论等方面著述颇丰,最近的主要著作包括:*Metzler Lexikon Literatur-und Kulturtheorie* (4th edition 2008);*Introduction to the Study of Narrative Fiction* (with Birgit Neumann, 2008);*Einführung in die Kulturwissenschaften* (edited with Vera Nünning, 2003);*Medienereignisse der Moderne* (edited with Friedrich Lenger, 2008);*Metzler Handbuch Promotion*: *Forschung-Förderung-Finanzierung* (edited with Roy Sommer, 2007);*Englische Literatur unterrichten*: *Grundlagen und Methoden* (with Carola Surkamp, 2006);*An Introduction to the Study of English and American Literature* (with Vera Nünning, 2004, 4th edition 2007);*Kulturwissenschaftliche Literaturwissenschaft* (edited with Roy Sommer, 2004);*Erzähltextanalyse und Gender Studies* (edited with Vera Nünning, 2004)。他主编的丛书有:*Uni Wissen Anglistik/Amerikanistik*,

Uni Wissen Kernkompetenzen; *WVT-Handbücher zum literaturwissenschaftlichen Studium* and *ELCH*: *English Literary and Cultural History* (both with Vera Nünning); *MCM*: *Media and Cultural Memory/Medien und kulturelle Erinnerung* (with Astrid Erll); *WVT-Handbücher zur Literatur-und Kulturdidaktik* (with Wolfgang Hallet)。

杰弗里·奥立克 (JEFFREY OLICK): 美国弗吉尼亚大学社会学和历史学教授。他的著作主要包括: *States of Memory: Continuities, Conflicts and Transformations in National Retrospection* (Duke University Press, 2003); *In the House of the Hangman: The Agonies of German Defeat, 1943 – 1949* (University of Chicago Press, 2005); *The Politics of Regret: On Collective Memory and Historical Responsibility* (Routledge, 2007)。他还与 Daniel Levy 和 Vered Vinitzky-Seroussi 主编了一部著作 *The Collective Memory Reader* (Oxford, 即将出版)。

于尔根·罗伊勒克 (JÜRGEN REULECKE): 1984—2003 年间在德国锡根大学担任现当代史教授, 2003 年以后担任吉森大学当代史教授、"记忆文化"协同研究中心。他主要研究 18 世纪末以来社会政策、社会运动和城市化的历史, 以及当代文化史, 尤其关注 20 世纪青年的历史和代际历史。新近著作包括: *Generationaliät und Lebensgeschichte im 20. Jahrhundert* (editor, 2003); *Söhne ohne Väter: Erfahrungen der Kriegsgeneration* (co-editor, 2004); *Das Konstrukt "Bevölkerung" vor, im und nach dem Dritten Reich* (co-editor, 2005), *Erinnerungen an Kriegskindheiten* (co-editor, 2006), *Good-bye memories? Lieder im Generationengedächtnis des 20. Jahrhunderts* (co-editor, 2007),

Weimars transatlantischer Mäzen: Die Lincoln-Stiftung 1927 bis 1934 (co-editor, 2008)。

安·芮格妮 (ANN RIGNEY): 荷兰乌特列支大学比较文学教授, 在历史和叙事理论、19世纪史学史和文化记忆研究领域著述颇丰。她的著作包括: *The Rhetoric of Historical Representation: Three Narrative Histories of the French Revolution* (Cambridge University Press, 1990); *Imperfect Histories: The Elusive Past and the Legacy of Romantic Historicism* (Cornell University Press, 2001); *Mediation, Remediation, and the Dynamics of Cultural Memory* (co-editor with Astrid Erll, de Gruyter, 2008)。目前她正在研究大众传媒时代的文化记忆和遗忘问题, 而以瓦尔特·司各特的身后历史为个案。

詹斯·鲁查兹 (JENS RUCHATZ): 德国埃尔朗根大学戏剧和媒体研究助理教授。他的主要研究兴趣是媒介的理论和历史, 尤其是摄影的历史和理论、电讯的历史、媒介与个体化、采访的运用以及示范理论。他的著作包括: *Licht und Wahrheit: Eine Mediumgeschichte der fotografischen Projektion* (Fink, 2003); *Gedächtnis und Erinnerung: Ein interdisziplinäres Lexikon* (edited together with Nicolas Pethes, Rowohlt, 2001)。他还在学术刊物 *Handlung, Kultur, Interpretation. Zeitschrift für Sozial- und Kulturwissenschaften* 主编过一期专辑, 题目为 *Gedächtnis disziplinär* (12.1 (2003))。

马克斯·桑德斯 (MAX SAUNDERS): 他在剑桥大学、哈佛大学学习过, 先后担任剑桥大学塞尔文学院研究员和讲师, 现为伦敦国王学院英文教授, 主讲近代英国、欧洲和美国文学, 同时担任传记研究中心主任。他撰有传记 *Ford Madox Ford: A Dual Life*, 2 vols. (Oxford University Press, 1996), 编纂过福特·马多克斯·福特的诗文选集: *Selected Poems* (Carcanet, 1997); *War Prose* (Carcanet, 1999); *Critical Essays* (with Richard Stang, Carcanet, 2002)。他还发表过许多文章,涉及传记、印象主义,以及文学名人 Ford, Conrad, James, Forster, Eliot, Joyce, Rosamond Lehmann, Richard Aldington, May Sinclair, Lawrence, Freud, Pound, Ruskin, Anthony Burgess。他还主编学术杂志 *International Ford Madox Ford Studies*。目前他正在完成一项关于近代文学与传记关系的研究。

齐格弗里德·J. 施密特 (SIEGFRIED J. SCHMIDT): 德国明斯特大学退休教授。他的主要研究兴趣为建构主义、传播理论和媒体文化。新近著作包括: *Kommunikationswissenschaft: Systematik und Ziele* (with Guido Zurstiege, 2007); *Histories & Discourses: Rewriting Constructivism* (2007); *Beobachtungsmanagement: Über die Endgültigkeit der Vorläufigkeit* (Audio-CD, 2007); *Kulturschutt: Über das Recycling von Theorien und Kulturen* (edited with Christoph Jacke and Eva Kimminich, 2006); *Zwiespältige Begierden: Aspekte der Medienkultur* (2004); *Unternehmenskultur: Die Grundlage für den wirtschaftlichen Erfolg von Unternehmen* (2004); *Erfahrungen: Österreichische Texte beobachtend* (2002)。

于尔根·斯特劳布 (JÜRGEN STRAUB): 2002 年以前,他曾经担任埃尔朗根大学和维藤 (Witten-Herdecke) 大学教授,2002—2008 年担任开姆尼茨工业大学人文社会科学学院跨文化传播系主任,2008 年起担任德国波鸿大学社会理论和社会心理学教授。他还担任过比勒费尔德大学跨学科研究中心研究员 (1994—1995 年)、埃森(Essen)人文科学高级研究院(KWI)研究员。2004年起,他和KWI前院长Jörn Rüsen共同担任该院下属的跨文化传播和跨文化竞争研究生项目主任。2004年以来,他还担任Essen人文科学基金会执行主任、弗洛伊德研究院学术顾问。他在如下研究领域有着众多著述:文化与跨文化心理学,跨文化传播和竞争,近代社会中的暴力,行动理论,认同,(个人和集体)记忆,历史意识,叙事心理学,大屠杀浩劫的长期心理、社会和文化影响,移民研究,理论,方法论,以及社会研究的量化方法。

哈罗德·维恩布克(HARALD WEILNBÖCK):在UCLA获得德国研究博士学位,接受过心理分析研究的训练,然后加入UCLA在巴黎的批判理论项目。他的博士论文运用了临床心理学和心理分析领域新近发展出来的一些概念,来分析荷尔德林和黑格尔的文本。他进行过一项有关阅读和媒介传记的德国研究基金项目,在德国莱比锡大学取得了教授资格。他即将出版一部著作,该书将探讨恩斯特·荣格的"边界文学互动"叙事模式。通过进一步的心理治疗训练,他发展出了一条小说的路径去分析文化教学,即群体分析的阅读研讨班(Group-Analytic Reading Seminar)。目前他正服务于苏黎世大学临床心理学系的欧盟研究项目"作为创伤治疗的阅读和媒介互动",这项研究将运用传记研究和定性心理学的方法,他负责咨询和团队监督。他的论著涉及如下主题:媒介研究,文学理论,电影和文学的心理学解读,跨学科的叙事学,以及心理治疗研究。

哈罗德·维泽尔(HARALD WELZER):现任德国埃森(Essen)人文科学高级研究院(KWI)跨学科记忆研究中心主任,维藤大学社会心理学研究教授。近年来最重要的著作包括:"*Opa war kein Nazi!*":*Nationalsozialismus und Holocaust im Familiengedächtnis* (with Karoline Tschuggnall und Sabine Moller,

Fischer, 2002); *Das kommunikative Gedächtnis*: *Eine Theorie der Erinnerung* (Beck, 2005); *Täter*: *Wie aus ganz normalen Menschen Massenmörder werden* (Fischer, 2005); *Klimakriege*: *Wofür im 21. Jahrhundert getötet wird* (Fischer, 2008)。

杰伊·温特 (JAY WINTER): 剑桥大学博士和法律博士, 1979 至 2001 年曾任剑桥大学彭布罗克学院研究员和近代史准教授, 2001 年加入耶鲁大学, 现任 Charles J. Stille 历史学讲座教授。主要研究第一次世界大战历史, 出版有专著 *Sites of Memory, Sites of Mourning*: *The Great War in European Cultural History* (Cambridge University Press, 1995)。此外, 他共同制作了 1996 年 BBC/PBS 电视节目《世界大战与 20 世纪的塑造》, 并获得艾美奖。2006 年耶鲁大学出版社出版了他的两本著作: *Remembering War*: *The Great War between Memory and History in the Twentieth Century*; *Dreams of Peace and Freedom*: *Utopian Movements in the Twentieth Century*。

詹姆斯·杨 (JAMES E. YOUNG): 1988 年起任教于马萨诸塞大学, 担任英国和犹太研究教授, 目前是犹太和近东研究系主任。著作包括: *Writing and Rewriting the Holocaust* (Indiana University Press, 1988); *The Texture of Memory* (Yale University Press, 1993), 该书 1994 年获得全国犹太著作奖; *At Memory's Edge*: *After-Images of the Holocaust in Contemporary Art and Architecture* (Yale University Press, 2000)。他还是纽约市犹太博物馆"记忆的艺术: 历史上的大屠杀纪念物"专题展览 (1994 年 3—8 月, 1994 年 9 月至 1995 年 6 月还在柏林、慕尼黑展出) 的客座策展人, 并主编这次展览的目录 *The Art of Memory* (Prestel, 1994)。1997 年, 他被柏林市议会任命为德国国立"欧洲被害犹太

人纪念馆"五人评审委员之一,该馆选择了 Peter Eisenman 的设计方案,2005 年完工并开放。最近,他被下曼哈顿发展公团(Lower Manhattan Development Corporation)任命为世贸中心遗址纪念馆方案竞征评审专家,Michael Arad 和 Peter Walker 在竞征胜出,目前该馆正在建设之中。

萨拉·杨(SARA B. YOUNG):翻译家、美国威斯康辛大学麦迪逊校区德语系博士候选人,她正在撰写中的博士论文,主题是东德小说对于建筑环境的记忆和再现。她曾经在德国吉森大学英语系、德语系以及威斯康辛大学麦迪逊校区德语系担任过课程教学。她的研究兴趣是 20 和 21 世纪德国文学(特别是东德文学)、空间的表征,以及文化记忆的文学再现。

芭比·塞里泽(BARBIE ZELIZER):美国宾夕法尼亚大学雷蒙·威廉斯传播学讲座教授、安那伯格传播学院文化与传播学者项目主任。她曾经做过新闻记者,因其在新闻、文化、记忆、图像等方面的作品(尤其是关于危机时期的作品)而著名。撰写或主编了起步著作,包括如下获奖作品:*Remembering to Forget*:*Holocaust Memory Through the Camera's Eye* (University of Chicago Press, 1998);*Covering the Body*:*The Kennedy Assassination, the Media, and the Shaping of Collective Memory* (University of Chicago Press, 1992);*Journalism After September 11* (with Stuart Allan, Routledge, 2002)。2004 年,她出版了两部著作:*Taking Journalism Seriously*:*News and the Academy* (Sage);*Reporting War*:*Journalism in Wartime* (with Stuart Allan, Routledge)。她获得过如下奖金或基金:Guggenheim Fellowship, Freedom Forum Center Research Fellowship, and a Fellowship from Harvard University's Joan Shorenstein Center on the Press, Politics, and Public Policy。她还是一位媒体批评家,其作品见于如下媒体: The Nation, the Jim Lehrer News Hour, Newsday, Radio National of Australia。她是学术刊物 *Journalism: Theory, Practice and Criticism* 的共同主编,国际传播学会主席,目前正在撰写一部著作,主题是摄影和新闻即将死亡。

马丁·兹罗德 (MARTIN ZIEROLD): 德国吉森大学文化研究国际研究生教育中心 (GCSC) 副主任。他的研究兴趣包括:文化记忆研究,媒介与传播理论,文化理论,艺术管理。出版过专著 *Gesellschaftliche Erinnerung* (2006),围绕现代媒体和记忆发表过许多论文。联合主编过 *SPIEL* 期刊的专辑 *Memory and Popular Culture* (2008),并将与 GCSC 执行委员会的其他成员一起,担任如下这套新的丛书的主编: *Giessen Contributions to the Study of Culture* (WVT, from 2008)。

图书在版编目(CIP)数据

文化记忆研究指南 / (德)阿斯特莉特·埃尔,(德)安斯加尔·纽宁主编;李恭忠,李霞译. —南京:南京大学出版社,2021.2(2022.10 重印)
(学衡历史与记忆译丛 / 孙江主编)
书名原文:A Companion to Cultural Memory Studies
ISBN 978-7-305-21185-0

Ⅰ.①文… Ⅱ.①阿…②安…③李…④李… Ⅲ.①文化研究 Ⅳ.①G0

中国版本图书馆 CIP 数据核字(2018)第 259920 号

Erll, Astrid & Nünning, Ansgar: A Companion to Cultural Memory Studies
© Walter de Gruyter GmbH Berlin Boston. All rights reserved.
This work may not be translated or copied in whole or part without the written permission of the publisher (Walter De Gruyter GmbH, Genthiner Straße 13, 10785 Berlin, Germany).
Simplified Chinese translation copyright © 2021 by NJUP

江苏省版权局著作权合同登记　图字:10-2011-666 号

出版发行	南京大学出版社
社　　址	南京市汉口路 22 号　邮　编 210093
出 版 人	金鑫荣
丛 书 名	学衡历史与记忆译丛
丛书主编	孙　江
书　　名	**文化记忆研究指南**
主　编	[德]阿斯特莉特·埃尔　[德]安斯加尔·纽宁
译　者	李恭忠　李　霞
责任编辑	张　静
照　　排	南京紫藤制版印务中心
印　　刷	南京爱德印刷有限公司
开　　本	635×965　1/16　印张 35.75　字数 467 千
版　　次	2021 年 2 月第 1 版　2022 年 10 月第 3 次印刷
ISBN	978-7-305-21185-0
定　　价	128.00 元
网　　址:	http://www.njupco.com
官方微博:	http://weibo.com/njupco
官方微信:	njupress
销售咨询:	(025)83594756

* 版权所有,侵权必究
* 凡购买南大版图书,如有印装质量问题,请与所购图书销售部门联系调换